JOSEPH PRINCE

UNVERDIENTE GUNST

UNVERDIENTE GUNST

Dein übernatürlicher Vorteil für ein erfolgreiches Leben

JOSEPH PRINCE

Aus dem Englischen von
Uta Reichmann

Grace today Verlag

Die amerikanische Originalausgabe erschien im Verlag Charisma House unter dem Titel *Unmerited Favor.* Copyright © 2010 by Joseph Prince. Published by arrangement with 22 Media Pte. Ltd., www.josephprince.com.

Die Deutsche Nationalbibliothek verzeichnet diese Publikation in der Deutschen Nationalbibliografie; detaillierte bibliografische Daten sind im Internet über http://dnb.dnb.de abrufbar.

Bibelzitate, sofern nicht anders angegeben, wurden der Schlachter Bibelübersetzung entnommen. Bibeltext der Schlachter, Copyright © 2000 Genfer Bibelgesellschaft. Alle Rechte vorbehalten. Alle Bibelübersetzungen wurden mit freundlicher Genehmigung der Verlage verwendet. Hervorhebungen einzelner Wörter oder Passagen innerhalb von Bibelzitaten wurden vom Autor vorgenommen.

ELB *Revidierte Elberfelder Bibel* © 1985, 1991, 2006, SCM R. Brockhaus im SCM Verlag GmbH & Co. KG, Witten.

EÜ *Einheitsübersetzung*, Copyright © 1980 Kath. Bibelanstalt GmbH, Stuttgart.

LUT *Lutherbibel*, Revidierte Fassung von 1984, Copyright © 1985 Deutsche Bibelgesellschaft Stuttgart.

NEÜ *Neue evangelistische Übersetzung*, Copyright © Karl-Heinz Vanheiden.

NGÜ *Neue Genfer Übersetzung* – Neues Testament und Psalmen, Copyright © 2011 Genfer Bibelgesellschaft.

NLB *Neues Leben Bibel*, Copyright © 2006, SCM R. Brockhaus im SCM-Verlag GmbH & Co. KG, Witten.

ZÜB *Züricher Bibel*, Copyright © 2007, Verlag der Züricher Bibel beim Theologischen Verlag Zürich.

Umschlaggestaltung und Foto: © 22 Media Pte. Ltd.
Corporate Design: spoon design, Olaf Johannson
Abbildungen: © 22 Media Pte. Ltd.
Lektorat: Thilo Niepel, Sonja Yeo, Gabriele Kohlmann
Satz: Grace today Verlag, Gerald Wieser
Druck: CPI – Clausen & Bosse, Leck
Printed in Germany

3. Auflage 2019

Hardcover: ISBN 978-3-943597-75-2, Bestellnummer 371775
E-Book: ISBN 978-3-943597-76-9, Bestellnummer 371776
Hörbuch MP3-CD: ISBN 978-3-943597-77-6, Bestellnummer: 371777

www.gracetoday.de

WIDMUNG

Dieses Buch widme ich in Liebe:

Wendy
Nach all den Jahren freue ich mich immer noch, zu dir nach Hause zu kommen. Wenn ich noch einmal wählen müsste, würde ich mich immer noch für dich entscheiden.

Jessica
Du bist der Grund, warum sich Papa unglaublich gesegnet fühlt.

Darren
Deine Weisheit hat diesem Dienst Flügel verliehen.

New Creation Church
Ihr helft mir zu erkennen, warum Jesus die Gemeinde liebt und sie seine Braut nennt. Danke für all eure Unterstützung und Liebe.

INHALT

Einführung ... 9

Kapitel 1 | Die Definition von Erfolg ... 18

Kapitel 2 | Alles, was du berührst, ist gesegnet ... 30

Kapitel 3 | Erfolgs-sicher werden ... 44

Kapitel 4 | Erfolg, der deine Umstände übersteigt ... 57

Kapitel 5 | Das Bewusstsein der Gegenwart Jesu ... 69

Kapitel 6 | Dein Recht auf Gottes unverdiente Gunst ... 86

Kapitel 7 | Gottes Friede für deinen Erfolg ... 98

Kapitel 8 | Durch Bundesschluss besiegelter Erfolg im Leben ... 111

Kapitel 9 | Gottes Bund der unverdienten Gunst mit uns ... 126

Kapitel 10 | Durch unverdiente Gunst vollkommen gemacht ... 148

Kapitel 11 | Die Transformation der nächsten Generation ... 167

Kapitel 12 | Unsere Aufgabe im neuen Bund ... 186

Kapitel 13 | Wie unverdiente Gunst abgewertet wird ... 208

Kapitel 14 | Das Geheimnis, um guten Erfolg zu haben ... 225

Kapitel 15 | Der gesegnete Mensch im Vergleich zum verfluchten Menschen ... 239

Kapitel 16 | Im Segen Abrahams leben ... 257

Kapitel 17 | Ein Erbe der Welt werden 273

Kapitel 18 | Selbstbezogenheit im Gegensatz zu Christusbezogenheit 291

Kapitel 19 | Das Gebet des namenlosen Knechtes 306

Kapitel 20 | Göttliche Weisheit, die zum Erfolg führt 327

Kapitel 21 | Überreich gesegnet, höchst begünstigt und innig geliebt 347

Kapitel 22 | Das Geheimnis des Geliebten 363

Schlusswort 379

Anmerkungen 383

Bibelstellen 386

EINFÜHRUNG

In diesem Buch geht es voll und ganz um Jesus. Es geht um seine leidenschaftliche Liebe zu dir und seinen Wunsch, dass du in deinem Leben Erfolg erfährst. Aber bevor wir fortfahren, will ich dir folgende Frage stellen: *Glaubst du, dass Jesus an deinem Erfolg interessiert ist?*

Nimm dir einen Moment Zeit, um darüber nachzudenken.

Mein Freund (damit meine ich natürlich immer auch alle Leserinnen), ich bin so froh, dass wir jetzt die Gelegenheit haben, darüber zu sprechen. Ich möchte, dass du verstehst, dass Jesus Freude daran hat, dich zu segnen. Er sieht es gerne, wenn du in jedem Bereich deines Lebens gesegnet bist (Lk 12,32 NLB; Ps 35,27 NEÜ)! Begrenze diese Segnungen in deinem Leben aber nicht. Die Segnungen des Herrn sind nicht (wie manche irrtümlich glauben) auf materielle Dinge beschränkt. Jesus ist unendlich an deinem *vollständigen* Wohlergehen interessiert. Er hat Interesse an deiner Familie, deinem Beruf, einem erfüllten Leben für dich, an deiner Ehe, an deinem Dienst und, lieber Freund, damit ist die Liste noch nicht zu Ende!

Wenn es um deine Wünsche, Hoffnungen und Träume geht, ist kein noch so kleines Detail zu winzig oder unbedeutend für Jesus. Vertrau mir, wenn es dir wichtig ist, ist es auch ihm wichtig! Sogar wenn du im Gebet zu ihm kommst, damit er diesen kleinen Pickel auf der Nase entfernt, wird er dich nicht komisch anschauen und dir spöttisch antworten: »Hey Kumpel, weißt du nicht, dass ich mich um ein ganzes Universum zu kümmern habe? Komm zu mir, wenn du ein größeres Gebetsanliegen hast.« Keineswegs! Tausendmal nein! Jesus wird deine Anliegen niemals als belanglos belächeln und sich darüber lustig machen. Er ist niemals abweisend oder herablassend. Er ist nicht wie einige deiner sogenannten »Freunde«, denen es Spaß macht, sich über deine Schwächen lustig zu machen. Wenn es dich stört, »stört« es auch ihn.

Jesus ist jemand, bei dem du völlig authentisch sein kannst. Du kannst Zeit mit ihm verbringen und du selbst sein, ohne heucheln oder eine Rolle spielen zu müssen. Er begegnet dir immer mit Liebe und du kannst mit ihm über alles reden. Er liebt es, sich mit dir über deine Träume, deine Sehnsüchte, deine Hoffnungen zu unterhalten. Er will dich von Dingen aus deiner Vergangenheit heilen, mit denen du zu kämpfen hast. Er ist an deinen gegenwärtigen Herausforderungen interessiert. Er will mit dir weinen, wenn du am Boden bist, und mit dir jubeln bei all deinen Siegen.

Jesus ist die personifizierte Liebe und Sanftheit. Pass aber auf, dass du seine Sanftheit nicht mit den verweichlichten und schwachen Darstellungen von ihm verwechselst, die du in einigen alten Gemälden gesehen hast. Er ist Sanftheit und Stärke in einem. Er ist Sanftmut und Majestät, menschlich und göttlich, Samt und Stahl. Weißt du, manchmal, wenn wir versuchen, bestimmt und stark zu sein, walzen wir die Gefühle anderer nieder und verletzen sie dann mit unseren Worten. Wenn wir dagegen versuchen, sanft zu sein, übertreiben wir es gern mit der Nettigkeit und machen uns zu Fußabstreifern, die von anderen ausgenutzt werden.

Lass uns von uns selbst wegschauen und auf Jesus sehen. Er konnte eine Horde von intriganten Pharisäern in einem Augenblick streng zum Zurückweichen zwingen, indem er sie aufforderte: »Wer unter euch ohne Sünde ist, der werfe den ersten Stein auf sie!« (Joh 8,7). Und gleich im nächsten Augenblick konnte derselbe Jesus einer zerbrochenen Frau, die beim Ehebruch ertappt worden war, geradewegs in die Augen schauen und sie mit einem tiefen Mitgefühl in seiner Stimme fragen: »Wo sind sie? Hat dich keiner von ihnen verurteilt? … Dann verurteile ich dich auch nicht … Geh und sündige nicht mehr« (Joh 8,10–11 NLB).

Das ist unser Gott!

Er verkörpert alle heldenhaften Qualitäten, nach denen sich die Menschheit sehnt. Aber statt Jesus zu suchen, haben sich viele an die billigen Hollywood-Imitationen von Heldentum gewöhnt, die sich auf unechte Ideale von »Männlichkeit« stützen.

In einem Moment konnte ein müder Jesus in einem Fischerboot tief schlafen und die rauen Wellen des Galiläischen Meeres vergessen, die gegen das unglückliche Gefährt schlugen. Aber im nächsten Moment siehst du ihn entschlossen auf die stürmische See starren, seinen starken Zimmermannsarm zum Himmel erhoben. Mit einem einzigen Befehl in absoluter Vollmacht über Himmel und Erde unterwarfen sich die Wellen und beruhigten sich sofort zu spiegelglatter Stille (Mk 4,37–39).

Jesus ist zu 100 Prozent Mensch und gleichzeitig zu 100 Prozent Gott. Als Mensch versteht er dich; er identifiziert sich mit allem, was du durchgemacht hast, was du gerade durchmachst und was du in deinem Leben noch jemals durchmachen wirst. Er weiß zum Beispiel, was es bedeutet, nach einem langen Tag müde zu sein. Da er aber ein liebender Gott ist, hast du alles auf deiner Seite – seine Kraft, seine Autorität und seine Ressourcen.

Weißt du, dass du Jesus wichtig bist? Du darfst mit voller Sicherheit in deinem Herzen wissen, dass Jesus dich in- und auswendig kennt und dich dennoch vollkommen akzeptiert und vollkommen liebt. Wenn du beginnst, das zu verstehen, wirst du begreifen, dass es wirklich diese unverdiente Gunst ist, die jede Unvollkommenheit und Schwachheit in deinem Leben in etwas Vollkommenes verwandelt – diese Gunst von Jesus, von der du weißt, dass du sie nicht verdienst, sie dir nicht verdient hast und sie dir nicht verdienen kannst. Wenn du Herausforderungen gegenüberstehst, wie zum Beispiel Mangel in irgendeinem Bereich, Süchten, Ängsten, Krankheiten oder zerbrochenen Beziehungen, wird die unverdiente Gunst Jesu dich beschützen, dich befreien, dir Erfolg bescheren, dich wiederherstellen und dich versorgen. Seine unverdiente Gunst wird dich verwandeln, bis du zur Ganzheit gelangst, und es ist die Güte Gottes – nicht deine eigenen Bemühungen und Anstrengungen –, die dich dorthin bringt, zu seiner Ehre ein siegreiches Leben zu führen.

Vor ein paar Jahren sagte ich meiner Gemeinde, dass es im Wesentlichen zwei Wege gibt, die wir in unserem Leben einschlagen können. Der eine ist, uns vollständig auf unsere eigenen Anstrengungen zu verlassen; der andere, uns vollkommen auf Gottes unverdiente Gunst und seine Segnungen zu verlassen. Für mich und mein Haus ist die Entscheidung ganz klar. Ich verlasse mich in jedem Bereich meines Lebens fest auf seine unverdiente Gunst: in Ehe, Familie, Gemeinde und allem, womit ich es sonst zu tun habe.

Nun ist es an *dir*, eine Entscheidung zu treffen: dein Leben völlig auf deine eigenen Anstrengungen zu gründen oder es ganz und gar auf die unverdiente Gunst Jesu zu stützen. Es gibt nur zwei Wege – entweder du verlässt dich auf »verdiente Gunst«, die durch eigene Anstrengungen kommt, oder du wirst durch die Gnade (die *unverdiente Gunst*), durch das Kreuz und den Gehorsam Jesu Christi gesegnet! Der erste ist der Weg der Welt, der zweite ist Gottes Weg.

Der weltliche Weg zum Erfolg ist auf Verdienst und Leistung gegründet. Gottes Weg zum Erfolg unter dem neuen Bund steht in direktem Gegensatz dazu und beruht auf seiner unverdienten

Gunst. Du kannst sie dir nicht erarbeiten. Du kannst sie dir nicht verdienen. Und ganz gewiss kannst du dich ihr nicht als würdig erweisen. Sie kommt durch Gottes Gnade und durch die Kraft dessen, was auf Golgatha vollbracht wurde. Sie richtet sich gegen jedes weltliche System, das du je kennengelernt oder auf das du dich je verlassen hast. Gottes Wege sind höher und sie führen immer zu einem guten und bleibenden Erfolg.

Mein Freund, es gibt keinen Mittelweg. Du kannst nicht deine eigenen Anstrengungen mit Gottes Gnade vermischen. Wähle seine unverdiente Gunst und alle Ehre fällt zurück auf Jesus. Jeder Erfolg, jede Chance, jeder Segen oder Durchbruch, sei es in Gesundheit, Familie oder Beruf – Erfolg in allen Bereichen deines Lebens –, kommt durch seine unverdiente Gunst. Das kommt niemals von dir selbst!

»Nun, Pastor Prince, sollte es da nicht einen Teil geben, den der Mensch macht, und einen anderen Teil, den Gott erfüllt? Sollte nicht der Mensch sein Bestes geben und Gott den Rest machen lassen?«

Ich bin so froh, dass du mir diese Frage stellst!

Siehst du, wenn Leute sagen, dass der Mensch seinen Teil übernehmen muss, kommen sie irgendwann mit einer Liste von Forderungen an, die jemand erfüllen muss, um sich für Gottes Segnungen zu qualifizieren. Sie sagen Dinge wie: »Damit Gott deine Gebete erhört, musst du dies oder jenes tun und dies oder jenes lassen.« Und währenddessen wird diese Liste von Dingen, die wir tun müssen oder nicht tun dürfen, um uns für Gottes Segnungen zu qualifizieren, immer länger.

Lass uns hier einmal innehalten. Kommt dir diese Liste von Forderungen, die wir zu erfüllen haben, damit Gott uns segnet, nicht unheimlich bekannt vor? Ich denke, dass viele von denen, die auf diese Forderungen bestehen, wohlmeinende und aufrichtige Menschen sind. Aber was sie tun, ob wissentlich oder unwissentlich, besteht letztlich darin, andere zurück auf den alten Bund des Gesetzes zu verweisen!

Das ist die Art und Weise, wie das Gesetz Moses funktionierte. Unter dem alten Bund waren Gottes Segnungen davon abhängig, dass der Mensch eine Liste von Forderungen erfüllte. Aber wir stehen nicht mehr unter dem alten Bund des Gesetzes.

Darum geht es im Christentum nicht. Der *neue Bund*, unter dem wir heute stehen, beruht völlig darauf, dass das Blut Jesu unsere Sünden beseitigt hat! »Denn wenn schon das Blut von Böcken und Stieren und die Asche einer Kuh die Unreinen, die damit besprengt werden, so heiligt, dass sie leiblich rein werden, *wie viel mehr wird das Blut Christi*, der sich selbst kraft ewigen Geistes Gott als makelloses Opfer dargebracht hat, unser Gewissen von *toten Werken* reinigen, damit wir dem lebendigen Gott dienen« (Hebr 9,13–14 EÜ). Sich auf eigene Anstrengungen zu verlassen, um sich Gunst bei Gott zu verdienen, wird als »tote Werke« angesehen. Es ist Gottes Wunsch für uns, dass wir uns vollständig auf die unverdiente Gunst Jesu verlassen.

Nur um eines klarzustellen: Es ist nicht Pastor Prince, der findet, dass am alten Bund etwas falsch war. Gott selbst sagt: »Hätte der erste Bund [der Bund des Gesetzes] keine Mängel gehabt, wäre es nicht nötig gewesen, ihn durch einen zweiten [den Bund der Gnade] zu ersetzen« (Hebr 8,7 NLB). Das heutige christliche Leben ist keine Religion, die darauf beruht, was du tust oder nicht tust. Tatsache ist, dass das christliche Leben überhaupt keine Religion ist. Es geht darum, eine Beziehung zu haben, die völlig darauf gegründet ist, WAS GOTT SELBST AM KREUZ GETAN HAT! Wenn du vollständig empfängst, was Jesus für dich *getan* hat, wird dein »Tun« mühelos hervorfließen.

Höre, was der große Apostel der Gnade, Paulus, dazu zu sagen hatte: »Aber durch Gottes Gnade bin ich, was ich bin; und seine Gnade, die er an mir erwiesen hat, ist nicht vergeblich gewesen, sondern ich habe mehr gearbeitet als sie alle; jedoch nicht ich, sondern die Gnade Gottes [unverdiente Gunst], die mit mir ist« (1Kor 15,10). Also, mein Freund, um deine Frage zu beantworten, würde ich sagen: Mach dir keine Sorgen darüber, was der »menschliche Teil« ist. Konzentriere dich wie Paulus vollständig auf den Teil Jesu: seine Ehre, seine unverdiente Gunst auf deinem Leben. Und durch Gott wirst du irgendwann die Energie haben, mehr zu beten, mehr in der Bibel zu lesen und sowohl Gott als auch deinem Umfeld mehr zu dienen – einfach weil die unverdiente Gunst Gottes in deinem Leben nicht vergeblich ist. Du wirst auch feststellen, dass sogar die Umsetzung von allem, was du tust, nicht von dir kommt, sondern durch seine in dir überfließende Gnade.

Einige Leute denken, dass Gnade die Heiligkeit Gottes gefährden würde. Absolut nicht! Die Gnade hat viel höhere Maßstäbe als das Gesetz des Mose. Wenn du unter der Gnade bist, wirst du mühelos die Forderungen des Gesetzes von Mose erfüllen und sogar bei Weitem übertreffen! Verstehst du das? Wenn du verstehen kannst, was ich in dieser Einleitung sage, bist du schon gesegnet worden!

Lass mich jetzt zum Ende dieser Einleitung kommen. Ich weiß nichts von dir, aber ich spüre die Gegenwart Jesu, während ich dir dies schreibe. Ich habe zum Ausdruck gebracht, was er mir für dich aufs Herz gelegt hat. Ich möchte dir eine biblische Grundlage für dieses Buch zeigen, denn vielleicht fragst du dich, warum ein Buch, das von unverdienter Gunst handeln soll, sich als ein Buch herausstellt, in dem sich alles um Jesus dreht!

Schlag mit mir 2. Petrus 1,2 auf. Es ist wichtig, dass du es selbst in Gottes Wort siehst. Ich zitiere den Vers aus der englischen *Amplified Bible*:

> ***Möge Gnade** (die Gunst Gottes) **und Friede** (welcher ist: vollkommenes Wohlergehen, alles notwendige Gute, aller geistlicher Reichtum und Freiheit von Ängsten und aufwühlenden Leidenschaften und moralischen Konflikten) **für euch immer mehr zunehmen in der** [völligen, persönlichen, genauen und korrekten] **Erkenntnis Gottes und Jesu, unseres Herrn.** – 2. Petrus 1,2 AMP*

Es ist wirklich so einfach. *Wenn du Jesus siehst*, wird die unverdiente Gunst Gottes wie ein reißender Fluss in jeden ausgetrockneten Bereich deines Lebens fließen, sei es dein physischer Körper, dein Beruf, deine Ehe oder deine Finanzen! Je mehr du in der Erkenntnis unseres liebenden Retters und seines vollbrachten Werkes am Kreuz wächst, umso mehr wird die unverdiente Gunst Gottes in deinem Leben zunehmen. Und es ist seine unverdiente Gunst, die bewirken wird, dass du dich an der Art von Erfolg erfreuen kannst, die weit über deine natürliche Intelligenz, Eignung und Fähigkeit hinausgeht!

Viele große Männer Gottes haben Wertvolles über Gunst geschrieben, aber ich möchte, dass du in diesem Buch erkennst, dass Gottes unverdiente Gunst kein Thema ist. Es ist keine Lehrmeinung. GOTTES UNVERDIENTE GUNST IST DAS EVANGELIUM! Gottes unverdiente Gunst ist kein Lehrfach. Sie ist eine PERSON, UND IHR NAME IST JESUS. Wenn du Jesus hast, hast du unverdiente Gunst! Jesus und unverdiente Gunst können nicht getrennt voneinander bestehen. Unverdiente Gunst ist in seinem ganzen Wesen und in seinem vollbrachten Werk auf Golgatha verkörpert.

Unglücklicherweise ist das Wort »Gnade« in der modernen Kirche zu einem theologischen Gegenstand gemacht oder als bloße Lehrmeinung eingeordnet worden. Auch in der heutigen Umgangssprache wird das Wort »Gnade« missbraucht und entwertet. Zum Beispiel werden dir von vielen Einkaufszentren, wenn du auf den Parkplatz fährst, »fünf Minuten Gnadenfrist« gewährt, bevor Parkgebühren erhoben werden. Das macht das Wort »Gnade« so billig!

Um dem heutigen Leser zu helfen, die Fülle von Gnade zu verstehen, werde ich die Worte »unverdiente Gunst« und »Gnade« in diesem Buch synonym verwenden, weil Gnade die unverdiente, nicht selbst erworbene, leistungsunabhängige Gunst Gottes ist. Um dir zu helfen, Gnade in einem frischen und neuen Licht zu sehen, werde ich immer, wenn ich Bibelstellen zitiere und das Wort Gnade erscheint, in Klammern »unverdiente Gunst« hinzufügen. Ich will, dass du anfängst, Gnade (unverdiente Gunst) in ihrer Fülle zu verstehen und zu sehen.

In diesem Buch geht es um den übernatürlichen Vorteil, den du hast, um ein erfolgreiches Leben zu führen. Ich vertraue darauf, dass du, nachdem du das Buch gelesen hast, tatsächlich zu glauben beginnst, dass Gott persönlich an deinem Erfolg interessiert ist. Du bist sein kostbares Kind und er will, dass du Erfolg hast und im Leben herrschst. Wenn du das glaubst, wirst du auch anfangen, auf seine unverdiente Gunst zu vertrauen, um in jedem Bereich deines Lebens Erfolg zu haben.

Es ist mein Gebet, dass du, während du in die Seiten dieses Buches eintauchst, immer mehr von Jesus siehst und beginnst, seine unverdiente Gunst in einer nie zuvor erlebten Weise zu erfahren. Mache dich bereit, heute Gottes übernatürlichen Erfolg durch seine unverdiente Gunst zu erfahren!

KAPITEL 1

DIE DEFINITION VON ERFOLG

Die drückend heiße Sonne Ägyptens brennt nieder auf den belebten Markt. Der unverwechselbare Duft aromatischer Gewürze schwebt über den endlosen Reihen von Händlern, die ihre Waren und Kostbarkeiten aus nah und fern anpreisen. Wenn du über die Menge schaust, findest du eine bunte Mischung von Menschen: Tänzer, Musiker, Diebe, geschäftige Hausfrauen, Taschendiebe und wohlhabende Grundbesitzer; alle sind hier versammelt, um einzukaufen, zu feilschen, die unzähligen Gegenstände in den Auslagen zu beäugen und zu durchsuchen. Alles, von den aufwendigsten Schöpfungen aus kostbarem Metall bis hin zum Viehbestand, hat seinen Preis. Für 20 Silberstücke kann dir sogar ein Sklave gehören. Es gibt hier keine Regeln für einen fairen Handel. Ein gutes Angebot bringt dir, was du begehrst. Ein geringes lässt dich mit leeren Händen dastehen.

Mitten in diesem Gedränge und der Betriebsamkeit steht auf dem Marktplatz beim Brunnen ein etwa siebzehnjähriger junger Mann, der am Hals und an den Händen mit groben Seilen fest gefesselt ist. An den Einschnitten an seinen Handgelenken und um seinen Hals herum kann man sehen, dass die Händler nicht sehr liebenswürdig gewesen waren, als sie zum Markt eilten, um ihre Beute rechtzeitig anbieten zu können. Ein Gerücht hatte die Runde gemacht, dass Potifar, ein hoher Beamter am Hofe des Pharaos, geplant hatte, heute einen Kauf zu tätigen.

Der junge Mann ist nach den vielen Tagesmärschen benommen. Seine Beine knicken immer wieder unter ihm ein, seine Arme sind vom ständigen Zerren ermüdet und sein Mund ist durch die trockenen Wüstenwinde ausgetrocknet. Er ist in einem fremden Land, wo die Menschen in einer unverständlichen Sprache sprechen. Ohne jeglichen Besitz, nicht einmal mit einem Lendenschurz, um seine Blöße zu bedecken, wird er gefesselt und vollkommen nackt ausgestellt und angeboten. Bald wird er wie ein Tier gegen seinen Willen untersucht und in lebenslange Sklaverei verkauft werden.

Und dennoch nennt Gott höchstpersönlich diesen jungen Mann, der Josef heißt, einen erfolgreichen Mann!

Nun denk mal einen Moment darüber nach und stell dir vor, dass du dich mitten in diesem ägyptischen Marktgeschehen befindest. Wenn du unter den vielen neugierigen und unbeteiligten Zuschauern auf dem Platz wärst, würdest du diesen jungen Mann, der gerade als Sklave verkauft wird, für »einen erfolgreichen Mann« halten?

Natürlich nicht!

Dennoch sagt Gott mit seinen eigenen Worten, dass Josef ein erfolgreicher Mann war – ein Mann, dem alles gelang.

> *Und Josef war nach Ägypten hinabgeführt worden. Und Potifar, ein Kämmerer des Pharao, der Oberste der Leibwächter, ein Ägypter, kaufte ihn aus der Hand der Ismaeliter, die ihn dorthin hinabgeführt hatten.* ***Der HERR aber war mit Josef, und er war ein Mann, dem alles gelang*** *[engl.:* ***und er war ein erfolgreicher Mann****]; und er blieb im Haus seines ägyptischen Herrn. – 1. Mose 39,1–2 ELB*

Erfolg hängt davon ab, wen du hast

Gottes Definition von Erfolg steht im Gegensatz zu der weltlichen Definition. Amerikanische Unternehmen messen Erfolg an dem, was *du* getan hast, an dem, was *du* bewerkstelligt hast, und an dem, was *du* erwirtschaftet hast. Er beruht vollständig darauf, dass *du* all deine Zeit, deine Energie und deine Mittel dafür einsetzt, Leistung zu erbringen und dir Titel zu verdienen.

Nun wurden wir aber Zeugen, wie dieses zügellose Wirtschaften zu einer Banken- und Finanzkrise am US-Hypothekenmarkt, dem Zusammenbruch verschiedener Finanzinstitute und schließlich zu einer Weltwirtschaftskrise führte.

Mein Freund, ich will dich ermutigen zu erkennen, dass das weltliche Modell von Erfolg instabil ist und auf einem wackligen Fundament steht. Es sieht vielleicht wie ein gutes Leben aus, ist aber zeitlich begrenzt, und wir haben alle gesehen, wie der flüchtige Reichtum der Welt sich in Rauch auflöst und so leicht davonfliegt wie der Sand in der Wüste.

Es ist die Gegenwart des Herrn in deinem Leben, die dich erfolgreich macht!

---

1. Mose 39,2 macht deutlich, dass Erfolg nicht darin besteht, *was* du hast, sondern vielmehr darin, *wen* du hast! Materiell gesehen hatte Josef wirklich gar nichts, aber zur gleichen Zeit hatte er alles, weil der Herr mit ihm war. Die materiellen Güter, die du angehäuft hast oder die du fieberhaft anzusammeln versuchst, machen dich nicht erfolgreich. Es ist die Gegenwart des Herrn in deinem Leben, die dich erfolgreich macht!

Wir müssen lernen, nicht mehr Dingen hinterherzulaufen, sondern stattdessen nach Gott zu streben. Gott betrachtet deine Beziehung zu ihm als das einzige Gut, das du für jeglichen Erfolg in deinem Leben brauchst. Ich kann mir keinen schlimmeren Start vorstellen als den, den Josef hatte. Er war vollkommen nackt. Er hatte nichts! Kein Bankkonto, keine Ausbildung, keine Verbindung zu einflussreichen Leuten, nichts. Gott sei Dank erzählt die Bibel die Geschichte von Josef, der mit nichts angefangen hat, damit wir, du und ich, heute Hoffnung haben können. Wenn du denkst, dass du wie Josef nichts hast, nun, dann kannst du anfangen, an die Kraft der Gegenwart des Herrn in deinem Leben zu glauben. Fang an, auf Jesus zu schauen, und nimm das Versprechen aus dieser Bibelstelle für dich selbst in Anspruch!

Ich will dir zeigen, wie du dieses Versprechen auf dein eigenes Leben beziehen kannst. Füge hier deinen Namen in Gottes Verheißung für dich ein:

»Der Herr ist mit mir, ____________________, und ich bin ein erfolgreicher Mensch.«

Nun lies es dir selbst laut vor. Wenn es nötig ist, lies es dir hundertmal laut vor und fang an, es als deine Realität anzusehen. Hefte dieses Versprechen an deinen Spiegel, und jeden Morgen, wenn du deine Zähne putzt, erinnere dich daran: Wenn du heute zur Arbeit oder zur Schule gehst oder wenn du den Tag damit beginnst, dich zu Hause um die Kinder zu kümmern (oder was auch immer du zu erledigen hast) – der Herr ist mit dir. Und weil er mit dir ist, BIST DU BEREITS EIN ERFOLG! Wenn du Jesus in deinem Leben hast, versuchst du nicht länger ein Erfolg zu sein; du BIST ein Erfolg!

Dich zu retten ist Gottes Tätigkeitsbeschreibung

Ich will dir eine kraftvolle Wahrheit mitteilen, die in der Geburt Jesu verborgen liegt. Maria war mit Josef verlobt; noch bevor sie als Mann und Frau intim geworden waren, zeigte sich, dass sie durch das Wirken des Heiligen Geistes ein Kind erwartete. Josef, der ein gerechter Mann war und Maria nicht bloßstellen wollte, dachte daran, »sie heimlich zu verlassen« (Mt 1,19 LUT).

Bedenke, dass Josef zu diesem Zeitpunkt noch nicht wusste, dass das ungeborene Kind vom Heiligen Geist war. Er dachte, dass Maria Unzucht getrieben hätte. Dennoch wollte dieser gerechte Mann sie nicht in der Öffentlichkeit bloßstellen. Wenn man damals bei sexuellen Kontakten vor der Ehe ertappt wurde, wurde man zu Tode gesteinigt. Das waren die Kultur und das Gesetz der Juden zu jener Zeit. Aber Josef liebte seine zukünftige Frau Maria und wollte ihre Würde bewahren und ihr Leben beschützen, so gut er konnte.

Nun, während Josef über diese Dinge nachdachte, erschien ihm ein Engel im Traum und sagte: »Josef, du Sohn Davids, fürchte dich nicht, Maria, deine Frau, zu dir zu nehmen; denn was sie empfangen hat, das ist von dem Heiligen Geist. Und sie wird einen Sohn gebären, dem sollst du den Namen *Jesus* geben, denn er wird sein Volk retten von ihren Sünden« (Mt 1,20–21 LUT). Der Name »Jesus« lautet auf Hebräisch *Jeschua* und enthält die Abkürzung von *Jahwe*, was der hebräische Name Gottes ist. Also heißt »Jesus« wortwörtlich »*Jahwe* ist unser Retter« oder »der Herr ist unser Retter«! Was für ein wundervoller Name!

Jedes Mal, wenn du den Namen Jesus anrufst – der Name, der über allen anderen Namen ist –, bittest du Gott selbst, dir zu helfen. Dich zu retten ist die Tätigkeitsbeschreibung Jesu! Egal, um welche Krise, Herausforderung oder welchen Umstand es auch geht – körperlich, finanziell oder emotional –, du kannst den Namen Jesu anrufen und der allmächtige Gott selbst wird dich retten!

Mein Freund, du kannst dir Zeit nehmen, um die Namen Gottes kennenzulernen, die er im alten Bund offenbart hat, wie *Elohim, El-Schaddai, El-Eljon, Jahwe-Jireh, Jahwe-Rapha* und *Jahwe-Nissi.* Du kannst ganze Studien über die Namen Gottes machen. Ich habe überhaupt nichts dagegen. Auch ich predige in meiner Gemeinde über die Namen Gottes, aber all diese Namen werden dir nichts bedeuten, wenn du nicht weißt, dass der allmächtige Gott selbst, Jesus, dich erst von deinen Sünden erretten will und dann auch aus all deinen Herausforderungen.

Gott kann allmächtig sein, aber wenn du keine Zuversicht hast, dass er an deinem Erfolg interessiert ist, wird seine Macht dir nichts bedeuten. Deshalb musst du dir nicht alle Namen Gottes im alten Bund einprägen. Was du brauchst, ist eine vollständige Offenbarung darüber, dass im neuen Bund Jesus dein *Retter* ist! Wofür ist Tiger Woods berühmt? Golf! Wofür ist David Beckham berühmt? Fußball! (Nein, er ist berühmt für Produktwerbung!) Wofür ist Jesus berühmt? Dafür, dich zu retten!

Jesus ist dein Retter!

Das ist noch nicht alles, mein Freund. In der Bibel heißt es weiter: »Dies alles aber ist geschehen, damit erfüllt würde, was der Herr durch den Propheten geredet hat, der spricht: ›Siehe, die Jungfrau wird schwanger werden und einen Sohn gebären; und man wird ihm den Namen *Immanuel* geben‹, das heißt übersetzt: ›Gott mit uns‹« (Mt 1,22–23). Nun ist es für uns sehr interessant zu bemerken, dass Jesus nicht einfach nur Jesus heißt! Sein Name ist auch Immanuel und bedeutet: Der allmächtige Gott ist mit uns.

Jesus ist Immanuel, der allmächtige Gott mit uns

Ein lieber Bruder berichtete mir, dass er vor Jahren, obwohl er schon gläubig war, ein Alkoholproblem hatte. Jeden Abend war er unterwegs und betrank sich so, dass er sich am nächsten Morgen nicht mal mehr daran erinnern konnte, wie er nach Hause gekommen war. Er versuchte alles, um mit dem Trinken aufzuhören, scheiterte aber immer wieder.

Eines Tages ging er mit einigen Freunden Squash spielen und nach dem Spiel legte er sich auf den Boden, um sich auszuruhen. Während er ruhte, spürte er, wie die Gegenwart Jesu über ihn kam, und im selben Augenblick beendete der Herr seine Alkoholsucht und befreite ihn vollständig davon, trinken zu wollen!

Heute ist dieser Bruder, den der Herr vom Alkoholismus befreit hat, ein Hauptleiter in meiner Gemeinde. Ist es nicht typisch für Gott, das Schwache in der Welt zu nehmen, um das Starke zuschanden zu machen, und das Geringe in der Welt, um das Weise zuschanden zu machen?

Weißt du, all unser Kämpfen, unsere Willenskraft, Disziplin und unsere eigenen Anstrengungen können nicht das bewirken, was der Herr mit seiner Gegenwart in einem einzigen Augenblick tun kann. Und während wir gerade über Jesus reden, wer weiß, ob seine Gegenwart nicht auch etwas Zerstörerisches in deinem Leben wegnimmt? Siehst du, du wirst nicht durch Anstrengung verändert. Du wirst dadurch verändert, dass du Jesus anschaust und glaubst, dass er dich liebt und dich retten will.

Nun, was bedeutet die Aussage »Gott mit uns«? Wir müssen sie auf die gleiche Weise verstehen, wie die Hebräer sie verstanden hätten. Hierin finden wir etwas Wunderbares – es ist das Geheimnis von Immanuel! Der jüdische Geist versteht darunter, dass du, wenn Gott *mit dir* ist, bei allen Unternehmungen in deinem Leben erfolgreich bist. Glaube nicht nur meinen Worten. Schau in den Chroniken der jüdischen Geschichte nach. Wann immer der Herr *mit ihnen* war im Kampf, wurden die Kinder Israels laut der Bibel niemals besiegt und jeder militärische Feldzug endete in einem überwältigenden Erfolg.

In der Schlacht um Jericho eroberten sie die Stadt sogar einfach nur mit einem Schrei (Jos 6,20). Warum? Der Herr war mit ihnen. Selbst in den Schlachten, bei denen sie zahlenmäßig unterlegen waren, triumphierten sie, weil der Herr mit ihnen war. In der heutigen Zeit ist es nicht anders. Wenn die Bibel sagt, dass Jesus mit dir ist, dann ist er mit dir, um dir zu helfen, dich zu unterstützen, Dinge zu deinen Gunsten zu wenden und dir Gutes widerfahren zu lassen. Er ist nicht, wie manche fälschlicherweise glauben, mit dir, um dich zu verdammen, zu richten oder Fehler an dir zu finden! Wenn der allmächtige Gott mit dir ist, wird Gutes in dir, um dich herum und durch dich geschehen. Ich habe das immer wieder miterlebt!

Wenn der allmächtige Gott mit dir ist, wird Gutes in dir, um dich herum und durch dich geschehen.

Was es bedeutet, dass der Herr wirklich mit mir ist, habe ich schon in meinen frühen Teenagerjahren erfahren. Eine der ersten Wahrheiten, die der Heilige Geist mir beibrachte, war

1. Mose 39,2 (ELB): »Der HERR aber war mit Josef, und er war ein Mann, dem alles gelang …« Und weißt du was? Ich fing an, diesen Vers jeden Tag für mich in Anspruch zu nehmen und sagte laut: »Jesus ist mit mir und alles, was ich tue, wird mir gelingen.« Ich machte mir die Gegenwart Jesu bewusst. Es ist eine Sache, geistig zuzustimmen, dass Jesus mit dir ist, aber es ist etwas anderes, sich allmählich der Gegenwart Jesu bewusst zu sein. Du kannst anfangen, dir seine Gegenwart bewusst zu machen, indem du aussprichst, dass sie da ist.

Mache dir seine Gegenwart bewusst und erlebe seine Macht

Weißt du, dass die beste Zeit, um Jesus für seine Gegenwart zu danken, die ist, wenn du seine Gegenwart nicht »fühlst«? Wenn es um die Gegenwart Jesu geht, dann richte dich nicht nach deinen Gefühlen. Gefühle können trügerisch sein. Halte an seinem Versprechen fest, dass er Immanuel ist!

Hast du schon mal von der Geschichte eines Bräutigams gehört, der kurz nach der Hochzeitszeremonie seinen Pastor sprechen wollte? Er ging auf ihn zu und sagte: »Pastor, kann ich Sie mal kurz sprechen?«

»Natürlich«, antwortete der Pastor.

Der Bräutigam sagte: »Wissen Sie was? Ich fühle mich gar nicht verheiratet.«

Der Pastor packte ihn am Kragen und knurrte ihn an: »Hör zu, Junge. Du BIST verheiratet, ob du dich so fühlst oder nicht, verstanden? Nimm einfach im Glauben an, dass du verheiratet bist!«

Siehst du, mein Freund, du kannst dich nicht nach deinen Gefühlen richten. Du richtest dich nach der Wahrheit, und die Wahrheit lautet: Gott hat versprochen: »Ich will dich nicht aufgeben und dich niemals verlassen!« (Hebr 13,5). Also ist die beste Zeit, dir seine Gegenwart bewusst zu machen, genau die, wenn es sich so *anfühlt*, als wäre Jesus Hunderttausende von Kilometern entfernt. Erinnere dich daran, dass Gefühle nicht auf der Wahrheit beruhen. Gottes Wort ist Wahrheit!

Gefühle beruhen nicht auf der Wahrheit.
Gottes Wort ist Wahrheit!

Zurück zu mir: Kurz nachdem ich die Highschool absolviert hatte, nahm ich einen Teilzeitjob in einer Grundschule an, bei dem mir die Verantwortung für eine Klasse voller Zehnjähriger übertragen wurde. Ich erinnere mich an einen Tag, an dem ich mich, während ich mir seine Gegenwart bewusst machte, im Wohnzimmer hinkniete und betete: »Herr, ich danke dir einfach, dass du immer mit mir bist.« Während ich kniete, trug der Herr mir auf, speziell für eines der Mädchen aus meiner Klasse zu beten, das an diesem Tag in der Schule gefehlt hatte.

Natürlich kommt es aus verschiedenen Gründen immer wieder mal vor, dass Kinder den Unterricht versäumen, und der Herr hatte mir noch nie aufs Herz gelegt, speziell für eines von ihnen zu beten. Dieses Mädchen war das erste! Der Herr teilte mir sehr deutlich mit, seinen Schutz über dieses Mädchen zu erbitten und es mit dem kostbaren Blut Jesu zu bedecken.

Am nächsten Tag war ein großer Tumult in der Schule und ich erfuhr, dass das Mädchen an dem Nachmittag, an dem der Herr mir aufgetragen hatte, für es zu beten, von einem berüchtigten Serienmörder entführt worden war. Der Killer Adrian Lim hatte mehrere Kinder entführt, um sie dem Teufel als Opfer darzubringen. Er glaubte, dass der Teufel ihm Macht geben würde, wenn er ihm das Blut dieser Kinder darbrächte.

Im Laufe der folgenden Tage war dieses Mädchen aus meiner Klasse überall in den nationalen Medien zu sehen, weil es auf wundersame Weise freigelassen worden war. Traurigerweise war dieses Mädchen das einzige, das freikam. Alle anderen entführten Mädchen waren brutal ermordet worden.

Als sie wieder in die Klasse kam, fragte ich sie, wie sie freikommen konnte. Sie sagte, dass der Entführer über ihr »betete«, dann aber plötzlich aufhörte und ihr mitteilte: »Die Götter wollen dich nicht.« Daraufhin ließ er sie noch am selben Abend frei. Natürlich wissen du und ich, warum die »Götter« sie nicht wollten – sie war durch das Blut Jesu bedeckt und beschützt gewesen!

Höre auf das, was ich hier sage. In Amerika und überall auf der Welt versucht der Teufel heute, eine neue Generation zu zerstören, weil er Angst hat, dass die jungen Menschen des neuen Jahrtausends die Welt für Jesus einnehmen werden. Deshalb müssen wir den Schutz Jesu über unsere Kinder ausbreiten.

Ich erzähle dir das alles, weil ich möchte, dass du die Bedeutung und die Macht erkennst, die darin liegt, dir seine Gegenwart bewusst zu machen. In meiner Zeit als Lehrer war ich für die Klasse verantwortlich, genauso wie ich heute für die Gemeinde verantwortlich bin. Denk mal mit mir darüber nach: Wie in aller Welt hätte ich mit meinem begrenzten Wissen und meiner begrenzten Intelligenz wissen können, dass eine meiner Schülerinnen in ernsthafter Gefahr war? Das ist unmöglich! Aber weil der Herr, der alle Dinge weiß, mit mir war, machte er mich zu einem erfolgreichen Lehrer.

Genauso möchte ich – egal, welche Funktion oder welchen Beruf du innehast, ob du ein Schullehrer, ein Unternehmer oder eine Hausfrau bist –, dass du erkennst, dass Jesus mit dir ist und dich erfolgreich machen will. Nun erinnere dich, dass mir das alles passierte, bevor ich ein Vollzeitpastor wurde. Also glaube bitte nicht, dass diese unverdiente Gunst Jesu nur für Pastoren gilt. Lieber Freund, seine unverdiente Gunst ist für dich. Der Herr Immanuel ist *mit dir.*

Egal, welche Funktion du innehast – Jesus ist mit dir und will dich erfolgreich machen.

Siehst du, nicht wir sind es, sondern er. Wenn Jesus mit uns ist, wird er uns bei allem, was wir tun, Erfolg schenken und bewirken, dass wir zur Ehre Gottes in jedem Bereich unseres Lebens gute Resultate erzielen. Wenn Gott es für Josef tun kann, einen jungen Mann, der in die Sklaverei verkauft wurde, dann kann er es auch für dich tun!

»Der Herr ist mit mir, ____________________, und ich bin ein erfolgreicher Mensch.«

In dem Maße, wie dir bewusst wird, dass Jesus mit dir ist, wirst du erleben, wie er dich bei allem, was du tun musst, zum Erfolg führt!

KAPITEL 2

ALLES, WAS DU BERÜHRST, IST GESEGNET

Ich hoffe, dass du mittlerweile erkennen kannst, dass Gottes Definition von Erfolg im Gegensatz zu der weltlichen Definition steht. Die Welt schaut darauf, *was* du hast, während Gott darauf schaut, *wen* du hast. Das weltliche System gründet sich auf das, was du getan hast, während Gott auf das schaut, was Jesus am Kreuz für dich getan hat. Das klingt simpel, aber tu es nicht ab, nur weil es einfach sein soll. Das Evangelium ist einfach und man braucht schon Theologen, um es kompliziert zu machen!

Du kannst die Entscheidung treffen, dein Leben auf dich selbst aufzubauen und dir nach der weltlichen Definition Reichtum und Erfolg zu erarbeiten, zu bewirken, zu erkämpfen und anzusammeln. Oder du kannst dich heute dafür entscheiden, dich in deinem Leben voll und ganz auf Jesus, seinen Verdienst und sein Werk am Kreuz zu verlassen, um Erfolg zu haben. Im Grunde geht es um die Frage der Abhängigkeit. Auf wen verlässt du dich? Auf dich selbst oder auf Jesus? Willst du für dich selbst kämpfen oder willst du, dass der allmächtige Gott, der Schöpfer von Himmel und Erde, für dich kämpft?

Siehst du, wenn du dich auf dich selbst verlässt, trägst *du* den ganzen Stress, die Lasten und die Sorgen, die deine Umstände dir vielleicht bringen. Aber wenn du dich auf Jesus verlässt, um Erfolg in deinem Leben zu haben, dann verspricht die Bibel dir etwas Wunderbares: »Macht euch um nichts Sorgen! Wendet euch vielmehr in jeder Lage mit Bitten und Flehen und voll Dankbarkeit an Gott und bringt eure Anliegen vor ihn. Dann wird der Frieden Gottes, der alles Verstehen übersteigt, über euren Gedanken wachen und euch in eurem Innersten bewahren – euch, die ihr mit Jesus Christus verbunden seid« (Phil 4,6–7 NGÜ). Wenn Jesus die Quelle deines Erfolges ist, dann gibt es keinen Stress, und Gottes Frieden wird dein Herz und deinen Verstand bewahren. Das hebräische Wort für »Frieden« ist *schalom*. Seine Bedeutung beinhaltet Frieden, Wohlergehen, Gesundheit, Vollständigkeit, Heil-Sein und Sicherheit. Was für eine mächtige Festung haben wir in Jesus!

In einer Krise? Jesus kann dich retten

Mein Freund, die Umstände, die dich umgeben, mögen düster erscheinen. Dein Bankkonto ist vielleicht im Minus. Durch Umstrukturierungen in der Firma hast du vielleicht deine Einkommensquelle verloren und keine Ahnung, wie du nächsten Monat die Miete bezahlen sollst. Vielleicht wird dein Heim bald zwangsvollstreckt. Vielleicht steckst du mit Kreditkartenschulden in der Klemme und die Freunde, denen du einst vertraut hast, haben dich enttäuscht. Möglicherweise hast du von deinem Arzt gerade eine verheerende Diagnose bekommen. Die ganze Welt um dich herum scheint zusammenzubrechen; du fühlst dich niedergeschmettert, frustriert und enttäuscht.

Was kannst du nun tun? Lieber Freund, jetzt ist es Zeit, von dir selbst wegzuschauen und auf Jesus zu sehen. In deiner Frustration wirst du dich vielleicht fragen: »Was kann Jesus schon für mich tun? Kann er mich aus meiner Krise retten?« Die Antwort ist gewiss – ja, er kann es! Genau das hat er für Josef getan und er kann das Gleiche natürlich auch für dich tun!

Josef – der Augapfel seines Vaters

Lass uns aus dem Leben Josefs in der Bibel weitere kraftvolle Wahrheiten ziehen. Seine Geschichte beginnt in 1. Mose 37. Sein Vater machte keinen Hehl daraus, dass er Josef mehr liebte als alle seine anderen Kinder, und er ließ ein einzigartiges Festtagsgewand aus vielen Farben anfertigen, das er nur Josef gab. Die hebräische Wortgruppe für »Festtagsgewand« lautet *kuttonät pas*. Der Ausdruck beschreibt einen Mantel aus verschiedenfarbigen Stoffstücken. Der Mantel ist eine lange Tunika mit Ärmeln, die von bessergestellten jungen Männern und Frauen getragen wurde, eine Ehrenkleidung.[1] Daher unterschied sich diese Tunika von dem gewöhnlichen Arbeitergewand, das seine Brüder trugen. Josefs Gewand war keine gewöhnliche Kleidung, die aus grobem Leinen gewoben war, sondern bestand aus geschickt gewobenem, feinem und hochwertigem Leinen. Warum ist das wichtig? Es ist wichtig, weil Josef im Vergleich zu seinen Brüdern nicht nur besser aussehende Kleidung hatte – das Gewand war zudem ein öffentliches Zeichen dafür, dass Josef in den Augen seines Vaters ein höheres Ansehen genoss.

Dieses feine Leinengewand hob Josef von seinen Brüdern ab, wenn es um ihre Verantwortlichkeiten in der Familie ging. Es bedeutete, dass Josef nicht wie seine Brüder auf den Feldern arbeiten oder die Herde hüten musste. Alles, was er zu tun hatte, war, seinem Vater Beachtung zu schenken und ihm Freude zu bereiten. Was für eine großartige Aufgabenbeschreibung! Deshalb finden wir auch Josef meistens an der Seite seines Vaters, während seine Brüder unter der drückend heißen Sonne arbeiteten.

Josefs Gewand steht deshalb für eine spezielle Position der Gunst und der Ruhe bei seinem Vater. Es war also kein Wunder: Wenn seine Brüder ihn in der Tunika sahen, wurden sie jedes Mal daran erinnert, dass ihr Vater Josef mehr liebte als irgendeinen von ihnen. Voller Neid und Missgunst hassten sie Josef und konnten nicht friedlich mit ihm reden. Darüber hinaus teilte Josef seinen Brüdern zwei Träume mit, die er vom Herrn bekommen hatte, und diese Träume verschlimmerten ihren Hass auf ihn nur noch. Wütend machten sie seine Träume lächerlich und verspotteten ihn mit den Worten: »Willst du etwa unser König werden? Willst du über uns herrschen?« (1Mo 37,8).

Josef – von seinen Brüdern verraten

Eines Tages, als die Brüder die Herde ihres Vaters auf den Feldern in Dotan hüteten, sahen sie Josef aus der Ferne näherkommen und ihnen arglos zuwinken. Sie wussten, dass er von ihrem Vater geschickt worden war, um sie zu kontrollieren. Und sie kochten vor Wut, als sie sich daran erinnerten, wie dieser kleine Verräter beim letzten Mal, als er ihnen hinterherspionierte, Jakob einen negativen Bericht überbracht hatte.

Überwältigt von einer Mischung aus Wut und Eifersucht auf Josef beschlossen seine Brüder, ihn zu töten. »›Da kommt ja der Träumer!‹, sagten sie zueinander. ›Los, wir töten ihn und werfen ihn dann in eine der Zisternen. Anschließend erzählen wir, ein wildes Tier habe ihn gefressen. Dann werden wir ja sehen, was aus all seinen Träumen wird!‹« (1Mo 37,19–20 NLB).

Ahnungslos und mit strahlenden Augen ging Josef auf seine Brüder zu, um sie zu begrüßen. Ohne Vorwarnung packten seine Brüder ihn und zogen ihm gewaltsam sein wundervolles Gewand aus. Während er sich die ganze Zeit verzweifelt wehrte, wurde er zu einer nahen Zisterne geschleppt und in die dunkle Tiefe gestoßen.

Jede Hoffnung, dass seine Brüder ihm vielleicht nur einen Streich gespielt haben könnten, schwand, als sie nach einer Weile zurückkehrten, um seinen geknebelten und gefesselten Körper hochzuziehen, damit sie ihn einer Gruppe von midianitischen Kaufleuten übergeben konnten, die auf ihrem Weg nach Ägypten waren. Danach sehen wir Josef erst wieder, als er mit Seilen gefesselt wie ein Stück Fleisch auf dem ägyptischen Markt verkauft wird.

Du bist nicht am Ende, wenn der Herr mit dir ist

Kennst du irgendjemanden, der in einer schlimmeren Situation ist, als es Josef damals war? Seine ganze Welt schien zusammengebrochen zu sein. Noch vor ein paar Tagen lag er in den Armen seines Vaters, aber nun hatten seine eigenen Brüder ihn betrogen. Alles, was er besaß, war ihm genommen worden. Er hatte alles verloren und war nur noch ein Sklave in einem fremden Land.

Es geht nicht um das, was du hast.
Entscheidend ist, wen du hast.

War das Josefs Ende? Den natürlichen Gegebenheiten nach sah es sicherlich so aus. Doch wenn sich auch die Welt gegen Josef verschworen hatte, so war der Herr noch lange nicht am Ende angelangt. Wir haben im vorherigen Kapitel gelernt, dass der Herr sogar in dieser schrecklichen Lage mit Josef war und ihn selbst an diesem dunklen und trostlosen Punkt in Josefs Leben einen erfolgreichen Mann nannte! Erinnere dich: Es geht nicht darum, was du hast. Entscheidend ist, *wen* du hast.

»Wie kann der Herr einen jungen Sklaven ohne einen einzigen Cent oder irgendeinen Besitz erfolgreich machen?«

Nun, lass uns mit der Josefsgeschichte fortfahren. 1. Mose 39,3 (EÜ) teilt uns mit: *»Dieser [Potifar] sah, dass der Herr mit Josef war und dass der Herr alles, was er unternahm, unter seinen Händen gelingen ließ.«* Das ist eine gewaltige Aussage und sie beinhaltet das Versprechen, dass du Jesus in jedem Bereich deines Lebens vertrauen kannst. Kannst du dir vorstellen, dass jedes Projekt, jeder Auftrag und sogar jede Besorgung, die du machst, gelingt? Deine Hände werden zu Händen des Segens. Du berührst deine Familienmitglieder und sie werden gesegnet. Deine Firma kämpft vielleicht mit der Bewältigung eines schwierigen Projektes, aber sobald man es in deine Hände legt, wird das Projekt gesegnet. Wo du auch hingehst, bist du ein Segen und es ist nur eine Frage der Zeit, bis jemand oder etwas durch dich gesegnet wird!

Gottes Gegenwart bei allem, was wir tun

Wie also soll das geschehen? Der Herr Jesus wird es geschehen lassen, wenn du dich auf die gleiche Weise auf ihn verlässt, wie Josef es getan tat. Josef hatte nichts. Er konnte nicht auf seine Fachkenntnisse oder Erfahrungen zurückgreifen (er war nie ein Sklave gewesen), noch konnte er sich auf natürliche Beziehungen verlassen (sein Vater war ja aus dem Rennen, weil er glaubte, dass Josef von einem wilden Tier getötet worden war). Alles, was Josef hatte, war die Gegenwart des Herrn, und er verließ sich darauf, dass der Herr seine Gegenwart, seine Kraft und seine Herrlichkeit durch ihn offenbarte!

Wenn sich die Gegenwart Gottes in deinem Leben offenbart, dann ist das der Moment, in dem seine Herrlichkeit durch dich aufleuchtet.

Genau das brauchen du und ich – eine Offenbarung der Gegenwart Gottes bei allem, was wir tun! Weißt du, es ist eine Sache, Jesu Gegenwart zu haben (alle Christen haben seine Gegenwart, weil sie ihn als persönlichen Herrn und Retter angenommen haben), aber wenn sich seine Gegenwart in deinem Leben *offenbart*, dann ist das der Moment, in dem seine Herrlichkeit durch dich aufleuchtet!

Sogar Potifar, ein Heide, konnte es sehen

Vergiss nicht, dass Josefs Herr, Potifar, nicht an Gott glaubte. Er war ein Ägypter, der Götzen verehrte. Doch die Werke von Josefs Händen ließen die offenbarte Gegenwart des Herrn auf herrliche Weise durchscheinen. Da konnte sogar dieser ungläubige Heide das greifbare Resultat der besonderen Salbung, Kraft und Segnung des Herrn auf Josefs Leben sehen. Potifar wunderte sich und konnte nicht anders, als anzuerkennen, dass der Herr mit Josef war, und dass »der Herr in seiner Hand alles gelingen ließ, was er unternahm« (1Mo 39,3).

Ist es nicht interessant, dass Potifar nicht einfach nur zu dem Schluss kam, dass Josef ein guter Arbeiter war? Stattdessen konnte Potifar erkennen, dass es nicht Josefs Fähigkeiten waren, sondern Josefs Gott, der alles gelingen ließ, was er unternahm. 1. Mose 39,3 sagt uns, dass »der Herr in seiner Hand alles gelingen ließ, was er unternahm«. Das hatte nichts mit dem »geistlichen Urteilsvermögen« Potifars zu tun – er war kein Gläubiger und hatte keine geistliche Unterscheidungsfähigkeit, was die Dinge Gottes betraf. Also sagt mir diese Stelle, dass Potifar Zeuge greifbarer Ergebnisse gewesen sein muss, die wirklich übernatürlich waren. Diese Resultate müssen sehr spektakulär gewesen sein, denn sie überzeugten ihn davon, dass sie mehr als nur gewöhnliche menschliche Fähigkeiten waren!

Vielleicht beauftragte Potifar Josef damit, neue Brunnen für seinen Haushalt zu graben, und jeder Brunnen, den Josef grub, brachte sogar inmitten einer Dürre Wasser hervor. Vielleicht brachten die Felder, die Josef bestellte, eklatant größere Ernten ein als alle anderen Felder in der Umgebung. Vielleicht sah er auch, wie Josef seinen Gott anrief, als die Kinder im Haus an einer landesweiten Epidemie litten, und wie alle geheilt wurden. Worum es auch ging, Potifar wusste, dass die erfolgreichen Ergebnisse, deren Zeuge er war, nicht von Josefs natürlichen Fähigkeiten kamen. Sie mussten darauf beruhen, dass der Herr mit Josef war und Gott alles unter seinen Händen gelingen ließ. Ist das nicht wunderschön?

Begehre die Ergebnisse, die Jesus hatte

Persönlich ist es mein Gebet und mein Wunsch für meinen Dienst, die gleichen Ergebnisse zu erzielen wie Josef. Bei allem, was ich tue, will ich, dass die Menschen Jesus sehen und Jesus allein! Wenn ich für ein krankes Kind bete, dann will ich ganz gewiss nicht die Ergebnisse, die ich mit eigenen Händen erreichen kann. Wenn es um die Ergebnisse geht, die Joseph Prince alleine erreichen kann, kann ich versichern, dass das Kind krank bleibt. Nein, ich will die Ergebnisse, die nur Jesus hervorbringen kann! Wenn ich über Jesus und sein vollbrachtes Werk predige, ist es mein Gebet, dass meine Gemeinde und die Menschen, die sich die weltweiten Übertragungen ansehen, nicht hören, was *ich* zu sagen habe, sondern was *Jesus* durch mich zu ihren Herzen spricht.

Begehre die Ergebnisse,
die nur Jesus hervorbringen kann!

Ich bin nur ein Gefäß und meine Worte haben keine Macht. Aber auf *sein* Wort hin werden Sünder von neuem geboren und sind für alle Ewigkeit gerettet. Kranke Körper werden geheilt, Dämonen fliehen, Ehen werden wiederhergestellt und Familien zusammengeführt, Schulden werden auf übernatürliche Weise getilgt, Ängste verschwinden in seiner vollkommenen Liebe, Herzen werden ermutigt, Hoffnung wiederhergestellt und Freude erneuert. Also, DAS sind die Jesus-mäßigen Ergebnisse, die ich will! Durch seine erstaunliche und unverdiente Gunst sehen wir, wie diese Dinge Woche für Woche in unserer Gemeinde geschehen!

Nicht unser Tun, sondern Gottes unverdiente Gunst

Traurigerweise verstehen die Menschen dieser Welt und sogar einige Christen nicht, was es bedeutet, sich auf Jesus zu verlassen. Zum Beispiel denken manche Menschen, dass Joseph Prince die New Creation Church durch eine kluge Strategie oder durch einen umfassenden Zehnjahresplan irgendwie von 150 auf 32.000 Gottesdienstbesucher vergrößert hat. Ein geistlicher Leiter, der in meinem Land bahnbrechend gewirkt hat, fragte mich einst, was ich täte, um die Gemeinde wachsen zu lassen. Ich antwortete, es geschehe alles durch Gnade – durch Jesu unverdiente Gunst. Er erwiderte: »Ja, ja, ich weiß, dass es durch Gnade geschieht, aber ernsthaft, was *tust* du?«

Wenn du aufhörst zu tun und anfängst, dich auf Gottes übernatürliche Gunst zu verlassen, wirst du auch allmählich die Jesus-mäßigen Ergebnisse erleben.

Leider ist »Gnade« in vielen christlichen Kreisen zu einem Klischee geworden. Weißt du, Menschen sind zu viel mit dem Tun beschäftigt. Sie wollen immer wissen, was du richtig machst, um die gleichen Ergebnisse zu erzielen wie du. Der Sinn dieses Buches besteht darin, dich zu ermutigen, dich nicht auf dein Tun zu konzentrieren, sondern deine Aufmerksamkeit auf Jesus zu richten. Hör auf mit dem Versuch, dir Gottes Segnungen zu verdienen, und fange an, dich für jeden Erfolg in deinem Leben auf die unverdiente Gunst Jesu zu verlassen. Wenn du mit dem Tun aufhörst und anfängst, dich auf seine göttliche Gunst zu verlassen, vertraue mir, dann wirst du auch allmählich die Jesus-mäßigen Ergebnisse erleben.

Während ich dieses Buch schreibe, glaube ich genauso an die Jesus-mäßigen Ergebnisse in *deinem* Leben. Lies nicht, was ich zu sagen habe. Bitte empfange das, von dem ich glaube, dass Jesus es mir für dich aufs Herz gelegt hat. Ich bin nur ein Zeigestock und ich schreibe dieses Buch, um dir die Person Jesu zu zeigen! Es ist seine offenbarte Gegenwart, seine herrliche Macht, die in deinem Herzen und durch deine Hände arbeitet und bewirkt, dass alles, was du berührst, die Jesus-mäßigen Ergebnisse hervorbringt. Dabei werden letztlich sogar deine härtesten Kritiker zu dem Schluss kommen müssen, dass der Herr mit dir ist und das Werk deiner Hände gelingen lässt!

Lieber Freund, hör auf, auf deine äußeren Umstände zu schauen oder auf die Lage, in der du dich gerade befindest. Egal, ob dein Arbeitgeber gläubig ist oder nicht: Jesus kann ALLES, was du tust, gelingen lassen, wenn du dich in deinem Berufsleben auf seine unverdiente Gunst verlässt! Und glaube mir, wenn das geschieht, wird dein Arbeitgeber aufhorchen und feststellen, dass an dir etwas Besonderes ist. Du wirst aus der Masse hervorstechen! Erinnere dich, dass derselbe Herr, der mit Josef war, heute mit dir ist. Sein Name ist Jesus, und weil Jesus *mit* dir ist, kannst du bei allem, was du tust, mit gutem Erfolg rechnen!

Weil Jesus mit dir ist, rechne mit gutem Erfolg bei allem, was du tust!

Wenn dir zum Beispiel ein Vertriebsprojekt anvertraut ist, dann glaube, dass dein Verkäuferteam Rekordzahlen erreichen wird, wie es sie in deinem Betrieb vorher noch nie gegeben hat. Wenn du die Finanzen deiner Firma betreust, dann glaube, dass du legale Wege findest, deiner Firma dabei zu helfen, Betriebsausgaben einzusparen und die Liquidität zu steigern wie noch nie. Wenn du mit Geschäftsentwicklung zu tun hast, dann glaube, dass Jesus aufgrund seiner unverdienten Gunst auf deinem Leben dir Türen öffnen kann, die deiner Firma bisher immer verschlossen waren. Vielleicht ist deine Firma noch ein kleines, gerade gegründetes Unternehmen im Silicon Valley, aber aus unerfindlichen Gründen mögen dich alle großen Bosse von Microsoft, IBM und Oracle. Sie wissen nicht genau warum, aber da ist einfach etwas Besonderes an dir. Das lässt sie miteinander darum konkurrieren, die besten Wege zu finden, wie sie mit dir zusammenarbeiten können. Und am Ende bleibt dir die Qual der Wahl!

Verlasse dich ausschließlich auf Jesus,
wenn du seine Erfolge erleben willst.

Mein Freund, das ist die unverdiente Gunst Gottes in Aktion. Aus menschlicher Sicht magst du ungeeignet und unerfahren sein, aber erinnere dich, dass all diese Unfähigkeiten nur im natürlichen Bereich existieren. Du, lieber Freund, lebst und handelst aber im übernatürlichen Bereich! Der Herr Jesus ist zu 100 Prozent mit dir. Du bist in den Augen Gottes eine erfolgreiche Person und wenn du dich auf ihn verlässt, wird er bewirken, dass alles, was deine Hände berühren, Erfolg haben wird.

Ohne ihn können wir nicht. Ohne uns will er nicht.

Bevor ich dieses Kapitel beende, will ich dich ein kraftvolles Prinzip lehren, das dir helfen wird, Gottes Herz in Bezug auf deinen Erfolg zu verstehen. Ich vertraue darauf, dass du in deinem Herzen inzwischen nicht mehr daran zweifelst, dass Jesus unendlich an deinem Erfolg interessiert ist. Jedoch wirst du dich vielleicht fragen: »Wenn das der Fall ist, warum erlebt dann nicht jeder Christ, den ich kenne, diese Jesus-mäßigen Erfolge in seinem Leben?«

In mehr als zwei Jahrzehnten im Predigtdienst habe ich Folgendes vom Herrn gelernt: *Ohne ihn können wir nicht. Ohne uns will er nicht.* Das bedeutet einfach, wir müssen die Tatsache einsehen, dass es keinen echten, dauerhaften und bleibenden Erfolg geben kann, wenn wir uns nicht auf Jesus verlassen – ohne ihn können wir nicht. Wenn der Herr das Haus nicht baut, lehrt uns die Bibel, ist unsere Arbeit vergeblich (Ps 127,1 NLB). Gläubige, die den Erfolg des Herrn erfahren wollen, müssen sich diese Wahrheit eingestehen und damit anfangen, sich einzig und allein auf Jesus zu verlassen.

Es gibt einige Gläubige, die es vielleicht nicht laut aussprechen, aber in ihrem Herzen denken sie, dass sie auch ohne Jesus erfolgreich sein können. Weil sie daran glauben und danach handeln, fallen sie aus dem höher gestellten Bereich der Gnade Gottes (seiner unverdienten Gunst) zurück in das Gesetz, wo sie wieder versuchen, sich durch eigene Anstrengungen Erfolg zu verdienen. Gottes Wort erklärt uns: »Denn wenn ihr durch das Gesetz vor Gott bestehen wollt, seid ihr von Christus getrennt und aus Gottes Gnade [unverdienter Gunst] gefallen« (Gal 5,4 NLB).

Das sind starke Mahnworte. Sobald du anfängst, dich auf eigene Verdienste und Anstrengungen zu verlassen, um dir Gottes Gunst zu verdienen, fällst du in das System des Gesetzes zurück.

Du bist von Christus abgeschnitten und aus dem Bereich herausgefallen, wo Gottes unverdiente Gunst in deinem Leben arbeitet. Versteh mich nicht falsch: Jesus ist immer noch mit dir (er wird dich nicht aufgeben und dich niemals verlassen [Hebr 13,5]), aber wenn du dich auf deine eigenen Anstrengungen verlässt, schneidest du dich tatsächlich von seiner unverdienten Gunst in deinem Leben ab.

Was meine ich also, wenn ich sage: »Ohne uns will er nicht«? Nun, Jesus ist ein Gentleman. Er wird dir seine unverdiente Gunst und seinen Erfolg nicht mit Gewalt eintrichtern. Er braucht deine Erlaubnis, um in deinem Leben zu wirken. Er wartet geduldig darauf, dass du ihm vertraust. Er wartet geduldig darauf, dass du dich auf seine unverdiente Gunst verlässt – so wie Josef ihm vertraute und sich völlig auf die Gegenwart des Herrn verließ, bis dessen offenbarte Gegenwart die Führung übernahm und sich Jesu Herrlichkeit in allem widerspiegelte, was Josef berührte.

Lieber Freund, lass uns schnell begreifen, dass wir ohne Jesus nicht erfolgreich sein können. Und wenn wir uns nicht für seine unverdiente Gunst entscheiden, dann wird er uns nicht dazu zwingen. Gottes unverdiente Gunst fließt beständig zu uns und Jesus wartet darauf, dass wir ans Ende unserer eigenen Möglichkeiten gelangen. Er wartet darauf, dass du aufhörst, dich mit deinen eigenen Bestrebungen abzumühen, dir seine Gunst irgendwie zu »verdienen«, und dich stattdessen einfach auf ihn verlässt. Also fang an, in Jesu unverdienter Gunst zu ruhen und seine offenbarte Gegenwart und Herrlichkeit bei allem, was du in die Hand nimmst, zu erleben!

KAPITEL 3

ERFOLGS-SICHER WERDEN

So sehr wir an den Jesus-mäßigen *Ergebnissen* in unserem Leben interessiert sind, ist es für uns genauso wichtig, auch den Jesus-mäßigen *Erfolg* anzustreben. Gott will nicht, dass wir eine Art von Erfolg haben, an der wir zerbrechen. Ich bin mir sicher, dass du schon viele Geschichten von Menschen gehört hast, die durch einen unerwarteten Glücksfall, eine Erbschaft oder den ersten Preis in einer Lotterie plötzlich sehr viel Geld bekamen. Bei einigen von diesen Leuten führte der plötzliche Reichtum jedoch nicht zu einem besseren Leben. Stattdessen wissen wir, dass er in vielen Fällen ihr Leben verschlechterte oder sogar zerstörte.

Oft waren diese Menschen nicht fähig, mit ihrem angeblichen Erfolg umzugehen und verließen irgendwann ihre Frauen und ließen zu, dass ihre Familien vor ihren Augen auseinanderbrachen. Vielleicht kauften sie alle möglichen Dinge und lebten in riesigen Häusern. Dennoch verspürten sie ein ständiges Gefühl der Einsamkeit, Leere und Unzufriedenheit. Die traurige Wahrheit ist, dass viele von denen, die das Glück hatten, zu einem solch plötzlichen Reichtum zu kommen, ihn völlig verprassten, und manche gingen sogar Bankrott. Solche Ergebnisse sind eindeutig weder die Jesus-mäßigen Ergebnisse noch der Jesus-mäßige Erfolg. Lass mich eines von vornherein klar stellen: Gott hat kein Problem damit, dass du Geld besitzt, aber er will nicht, dass das Geld dich besitzt!

»Aber Pastor Prince, wie können Sie sagen, dass Gott kein Problem damit hat, dass wir Geld besitzen? Sagt nicht die Bibel, dass Geld die Wurzel allen Übels ist?«

Einen Moment, das steht so nicht in der Bibel. Lass uns biblisch korrekt sein. Was in der Bibel steht, ist dies: »Denn *die Liebe zum Geld* ist die Wurzel aller möglichen Übel« (1Tim 6,10 NLB). Siehst du den Unterschied? Geld zu besitzen, macht dich nicht schlecht. Was zu allen möglichen Schlechtigkeiten führt, ist die leidenschaftliche Liebe zum Geld, die einer Besessenheit gleicht. Nur weil ein Mensch kein Geld in seiner Tasche hat, heißt das nicht, dass er heilig ist. Er kann trotzdem den ganzen Tag an Geld denken, davon träumen und danach gieren. Du musst nicht viel Geld besitzen, um Geld zu lieben. Wenn ein Mensch ständig Lotteriescheine kauft, in Kasinos geht und mit Aktien spekuliert, dann hat dieser Mensch eindeutig eine Liebe zum Geld. Er ist besessen davon, mehr Geld zu bekommen.

Er will dich segnen, damit du ein Segen sein kannst!

Als Gott Abraham berief, sagte er zu ihm: »Ich will dich segnen … und du sollst ein Segen sein« (1Mo 12,2 ELB). Du und ich, als Gläubige des neuen Bundes in Christus, werden Nachkommen Abrahams genannt (Gal 3,29 NLB), und wie Abraham sind wir dazu berufen, ein Segen zu sein. Nun, wie können wir ein Segen sein, wenn wir nicht zuvor gesegnet wurden? Wie können wir ein Segen für andere sein, wenn wir ständig wegen Krankheiten ans Bett gefesselt sind, von der Hand in den Mund leben, niemals genug für unsere Familie haben und uns ständig etwas von anderen leihen müssen? So geht es auf keinen Fall, mein Freund. Gott will, dass du gesund und stark bist, und er will, dass du mehr als genug finanzielle Mittel hast, um deinen Verwandten, deinen Freunden, deiner Gemeinde oder anderen, die Hilfe brauchen, großzügig geben zu können. Wie kannst du in der Lage sein, anderen zu helfen, wenn du selbst alle Hilfe brauchst, die du nur kriegen kannst? Es ist bestimmt nicht das Beste, was Gott für dich hat, wenn es für dich selbst kaum reicht. Er will dich segnen, damit du ein Segen sein kannst!

Das Evangelium von Jesus Christus bewirkt übernatürliche Heilung und Versorgung

»Oh, Pastor Prince, jetzt weiß ich, dass Sie einer von diesen Predigern sind, die ein Evangelium verkündigen, bei dem es nur um Gesundheit, Reichtum und Wohlstand geht!«

So etwas wie ein »Wohlstandsevangelium« gibt es nicht. Es gibt nur ein Evangelium, und das ist das Evangelium von Jesus Christus. Durch das vollbrachte Werk Jesu am Kreuz kannst du dich darauf verlassen, dass Jesus sein Auferstehungsleben in deinem Körper von Kopf bis Fuß pulsieren und durch ihn fließen lässt. Krankheiten und Leiden sind nicht von Gott. Am Kreuz trug Jesus nicht nur unsere Sünden, sondern auch unsere Krankheiten, Leiden und Schwachheiten, und »durch seine Wunden sind wir geheilt worden« (Jes 53,5)!

Aber das ist noch nicht alles, mein Freund. Am Kreuz trug Jesus auch den Fluch der Armut! So erklärt es das Wort Gottes: »Denn ihr kennt ja die Gnade [unverdiente Gunst] unseres Herrn Jesus Christus, dass er, obwohl er reich war, um euretwillen arm wurde, damit ihr durch seine Armut reich würdet« (2Kor 8,9). Lies diesen Vers einmal selbst. In dem ganzen Kapitel geht es um Geld und darum, ein finanzieller Segen für die zu sein, die in Not sind. Also lass dir von niemandem weismachen, es ginge in diesem Vers um »geistlichen« Reichtum.

Eine Sache, an die ich meine Gemeinde immer wieder erinnere, ist: Lies einen Vers immer in seinem Kontext, denn wenn du den »Text« aus seinem »Kontext« holst, wird er zu einem »Con«[2]! Lass dich von niemandem um Gottes Segnungen in deinem Leben betrügen. Ich frage dich noch einmal: Wie willst du für irgendjemanden ein Segen sein, wenn du ständig krank bist oder wenn du dir laufend von jemandem etwas leihen musst, um damit woanders Schulden zu begleichen? Mein Freund, der Teufel ist es, der will, dass du krank und arm bist. Doch der Gott, den ich kenne, hat einen sehr hohen Preis bezahlt, um dich von dem Fluch der Krankheit und der Armut zu befreien!

Wir müssen verstehen, wie Gott vom Standpunkt einer *Beziehung* aus mit uns umgeht. Wie würdest du als Vater oder Mutter deinem Kind Charakterstärke und Geduld beibringen? Durch Krankheit und Leid? Natürlich nicht! Es gibt spezielle Einrichtungen, in die solche Eltern eingewiesen werden! Noch einmal: Wie würdest du als Vater oder Mutter deinem Kind Demut beibringen? Indem du dein Kind für den Rest seiner Tage mit Armut verfluchst? Auf keinen Fall! Nun, ist es nicht erstaunlich, wie kristallklar alles wird, wenn wir es aus der Sicht von Eltern betrachten und es auf unsere eigenen Kinder anwenden?

Wenn du anfängst, nach dem Vorbild einer Beziehung zu denken, wird alles ineinanderfließen und du wirst die Dinge immer mehr aus Gottes Perspektive sehen. Er ist unser Vater, der auf der Beziehungsebene handelt. Durch seine unverdiente Gunst in unserem Leben lernen wir Charakterstärke, Geduld und Demut, wenn wir unsere eigenen Anstrengungen loslassen und uns von ihm abhängig machen. Je besser wir unseren Vater kennen, desto mehr werden wir wie er. Auf diese Weise lässt uns Gott in allen Bereichen unseres Lebens von Herrlichkeit zu Herrlichkeit zunehmen. Das geschieht einfach, wenn wir ihn anschauen (2Kor 3,18)!

Du weißt, dass wir als Eltern immer das Beste für unsere Kinder wollen. Wie viel mehr will wohl unser Vater im Himmel das Beste für uns, seine kostbaren Kinder? Genauso, wie du willst, dass deine Kinder gesund sind, will Gott, dass du seine göttliche Gesundheit genießt. Und genauso, wie du willst, dass deine Kinder immer mehr als genug haben, will Gott, dass du dich an seiner übernatürlichen Versorgung erfreust. Wenn er dich versorgt, dann mach dich auf eine Netze zerreißende und Boote versenkende Ladung gefasst (Lk 5,6–7). Mach dich auf zwölf Körbe voller Essensreste gefasst (Joh 6,13)! In Matthäus 7,11 (NLB) rückt die Bibel diese Dinge am deutlichsten ins rechte Licht: Wenn nun ihr, als unvollkommene Eltern euren »Kindern Gutes tut, wie viel mehr wird euer Vater im Himmel denen, die ihn darum bitten, Gutes tun«!

Genauso, wie du willst, dass deine Kinder immer mehr als genug haben, will Gott, dass du dich an seiner übernatürlichen Versorgung erfreust.

Nun lass uns mal auf eine Intensivstation in irgendeinem Krankenhaus gehen. Schau die Menschen an, wie sie keuchend versuchen, den nächsten Atemzug zu holen und trotz der Schmerzmittel, die in ihre zerschundenen Körper gepumpt werden, qualvoll stöhnen. Schau dir die untröstliche Frau an, die gerade ihren

Mann verloren hat und im Flur völlig aufgelöst weint. Und dann schau mir in die Augen und sag mir, dass du wirklich denkst, dies sei das Werk unseres liebenden Vaters.

Dann gehe mit mir durch die malariabefallenen Straßen eines Elendsviertels und sieh dir die Kinder an, die sich durch Berge von Abfall wühlen und dankbar jeden Rest weggeworfener Nahrung essen, den sie finden können. Schau dir die jungen Mädchen an, die zur Prostitution gezwungen werden, und die vernarbten Körper verzweifelter Eltern, die keine andere Wahl hatten, als ihre Organe zu verkaufen, um über die Runden zu kommen. Dann schau mir noch einmal in die Augen und sage mir, dass du glaubst, Armut käme vom Vater.

Also wirklich! Selbst die Welt hat mehr gesunden Menschenverstand als so manche Christen! Sieh dir an, was Menschen wie Bill und Melinda Gates, Warren Buffett und Bono tun. Sie benutzen ihre Berühmtheit, ihren Besitz und ihre Zeit, um gegen Krankheit und Armut zu kämpfen. Und hier sind Gläubige, die von gesetzlichen Glaubensansichten völlig verblendet sind und uns weismachen wollen, Krankheit und Armut seien von Gott. Ich hoffe, dass du anfängst zu sehen, wie verzerrt und beschämend dieses Bild ist.

Gott ist nicht dagegen, dass du Geld und materielle Dinge besitzt. Er hat etwas dagegen, wenn Geld und Dinge dich besitzen.

Mein Freund, verstehe das richtig: Gott verabscheut Krankheit und Armut ist ihm zuwider. Er hat alles gegeben, was er hatte, um Krankheit und Armut zu vernichten, als er uns seinen einzigen Sohn Jesus Christus gab, um am Kreuz für uns zu sterben. Er legte sowohl alle Sünden der Menschheit wie auch den Fluch der Krankheit und Armut auf den Körper Jesu. Jetzt müssen die Menschen nur noch auf das vollbrachte Werk Jesu reagieren, und ihre Sünden werden ihnen vergeben, ihre Körper werden geheilt und ihre Armut wird in der Tat Geschichte sein!

Gott will, dass du an Geist, Seele und Leib gesegnet bist. Er ist nicht dagegen, dass du Geld und materielle Dinge besitzt. Aber lass mich klarstellen: Er hat etwas dagegen, wenn Geld und Dinge *dich besitzen.* Ich sage meiner Gemeinde oft: »Nutzt das Geld und liebt die Menschen. Liebt nicht das Geld und nutzt Menschen aus.« Gott will, dass du und deine Familie vollständig gesegnet seid und ihr mehr als genug habt, um ein Segen zu sein. Aber gleichzeitig will er sichergehen, dass der Erfolg dich und deine Familie nicht zerstört. Um Erfolgs-sicher zu sein, bewahre dein Herz brennend mit Leidenschaft für Jesus und seine Gegenwart anstatt für inhaltslose materielle Dinge.

Erfolgs-sicher – halte deinen Blick auf Jesus gerichtet

Im Wort Gottes heißt es: »Trachtet vielmehr zuerst nach dem Reich Gottes und nach seiner Gerechtigkeit, so wird euch dies alles hinzugefügt werden!« (Mt 6,33). Nun, was ist das Reich Gottes? Der Apostel Paulus sagt uns in Römer 14,17, dass das Reich Gottes nicht Essen und Trinken ist, sondern »Gerechtigkeit, Friede und Freude im Heiligen Geist«.

Wenn du deinen Blick auf Jesus gerichtet hältst und weiter dem Reich Gottes nachjagst – d. h. der Gerechtigkeit Jesu, seinem Frieden und seiner Freude –, dann verspricht Gottes Wort, dass dir »dies alles« hinzugefügt wird. »Dies alles« bezieht sich auf das, was du essen, trinken und anziehen wirst. Jesus sagt uns, dass uns solche Anliegen gar nicht in Beschlag nehmen müssen. Wenn dein Vater sogar die Vögel des Himmels ernährt, die weder säen noch ernten noch Vorräte in Scheunen sammeln, wie viel mehr wird er sich um dich kümmern, da du ihm viel wertvoller bist als die Vögel (Mt 6,25–32)!

Je mehr du deine Aufmerksamkeit darauf richtest, Jesus in all seiner Schönheit anzuschauen, und je weniger du darum kämpfst, dir Dinge zu verdienen, umso Erfolgs-sicherer wirst du.

Lieber Freund, halte deine Augen auf Jesus und sein vollbrachtes Werk am Kreuz gerichtet. Er wird dir nicht nur die Dinge dazugeben, die du in diesem Leben brauchst; er wird auch dafür sorgen, dass du Erfolgs-sicher wirst. Nun lass uns mal das Buch Jeremia aufschlagen, um zu sehen, was der Herr über Reichtum, Weisheit und Stärke zu sagen hat.

> *Der Weise rühme sich nicht seiner Weisheit und der Starke rühme sich nicht seiner Stärke, der Reiche rühme sich nicht seines Reichtums; sondern wer sich rühmen will,* ***der rühme sich dessen, dass er Einsicht hat und mich erkennt****, dass ich der Herr bin, der Barmherzigkeit, Recht und Gerechtigkeit übt auf Erden! Denn daran habe ich Wohlgefallen, spricht der Herr.*
> *– Jeremia 9,22–23*

Lasst uns ein Volk sein, das sich nicht auf seine eigene Weisheit, seine eigene Stärke und seinen eigenen Reichtum (kurz gesagt: unsere eigenen Verdienste) verlässt. Die Person Jesu zu verstehen und zu erkennen soll stattdessen unser Ruhm (unsere Abhängigkeit) sein. Erkenne, dass er uns gnädig und voller unverdienter Gunst für uns ist. Erkenne, dass er Gerechtigkeit gegen jede Ungerechtigkeit ausübt. Erkenne, dass er selbst Gerechtigkeit ist und uns in seinen Mantel der Gerechtigkeit hüllt. Je mehr du deine Aufmerksamkeit darauf richtest, Jesus in all seiner Schönheit anzuschauen, und je weniger du dich abmühst, dir Dinge zu verdienen, umso Erfolgs-sicherer wirst du.

Lass uns weiter vom Leben Josefs lernen. Dort liegen immer noch einige Schätze verborgen, die wir noch nicht angesprochen haben, und ich möchte, dass du erkennst, was es bedeutet, wenn ein Mensch Erfolgs-sicher ist. Im vorigen Kapitel haben wir gesehen, wie die offenbarte Gegenwart des Herrn alles, was Josef in seinem Leben tat, gelingen ließ. Die Ergebnisse, die Josef hervorbrachte, waren so außergewöhnlich, dass sogar Potifar, ein Ungläubiger ohne geistliche Erkenntnis, mit eigenen Augen sehen konnte, dass der Herr mit Josef war. Potifar war kein Narr. Als er bemerkte, dass alles, was Josef unter die Hände kam, gelang, fand Josef »Gunst in seinen Augen«. Und so beförderte Potifar Josef schnell zum Aufseher über sein Haus und unterstellte »alles, was er besaß« der Befugnis Josefs. Dann berichtet die Bibel, dass der Herr Potifars Haus »um Josefs Willen« segnete und dass der Segen Gottes auf allem war, was Potifar im Haus und auf den Feldern hatte (1Mo 39,4–5 ELB).

Mein Freund, die unverdiente Gunst, die du beim Herrn hast, wird überfließen und bewirken, dass du Gunst bei den Menschen um dich herum hast. Wenn Jesus in deinem Beruf bewirkt, dass alles, was du in die Hand nimmst, von Erfolg gekrönt ist, wirst du

Gunst bei deinem Chef erlangen, und das wird zu beschleunigtem Wachstum und zu Beförderung führen. Glaube daran: Weil *du*, ein Kind Gottes, im Betrieb bist, wird dein Betrieb florieren und gesegnet sein. Der Herr wird den Betrieb, in dem du bist, um deinetwillen segnen.

Der Unterschied zwischen Gottes unverdienter Gunst und Günstlingswirtschaft

Wir haben gesehen, dass Josef ein erfolgreicher Mann war, weil der Herr mit ihm war und weil er sich auf die unverdiente Gunst Gottes verließ. Für dich ist es auch wichtig zu erkennen, dass es einen erheblichen Unterschied zwischen *unverdienter Gunst* und *Günstlingswirtschaft* gibt.

Gottes unverdiente Gunst beruht vollständig auf der Leistung Jesu Christi und wir haben sie durch sein vollbrachtes Werk am Kreuz empfangen. Wir haben nichts dazu beigetragen, uns seine Gunst zu verdienen. Sie ist vollkommen unverdient. Günstlingswirtschaft dagegen stinkt nach eigenem Verdienst. Personen, die sich in ihrem Weiterkommen auf Günstlingswirtschaft verlassen, müssen Klinken putzen, Geheimniskrämerei betreiben, manipulative Taktiken anwenden, hinterhältig sein und alle möglichen Kompromisse eingehen, um das zu bekommen, was sie wollen. Sie setzen ihre ganze Kraft dafür ein, sich selbst Türen zu öffnen, und verlieren sich selbst dabei.

Gott hat höhere und bessere Mittel und Wege für dich. Es schmerzt ihn zu sehen, wie seine kostbaren Kinder sich unterwürfig einschmeicheln, nur um im Leben weiterzukommen. Wenn eine Tür zugeht, dann ist es eben so! Glaube voller Zuversicht, dass Gott einen besseren Weg für dich hat. Du musst dich *nicht* auf Günstlingswirtschaft verlassen, um dir Möglichkeiten offen zu halten, wenn du Gottes unverdiente Gunst auf deiner Seite hast!

So ging Josef vor. Er verließ sich auf den Herrn, um erfolgreich zu sein, und nicht auf Günstlingswirtschaft, was für ihn bedeutet hätte, seine eigenen Glaubensüberzeugungen zu untergraben. Als Potifars Frau immer wieder versuchte, Josef dazu zu verführen, mit ihr zu schlafen, konnte sich Josef auf dem festen Fundament der unverdienten Gunst behaupten. Nebenbei bemerkt: Ich denke, dass Josef einer echten Versuchung gegenüberstand. Vergiss nicht, dass Potifar ein hochrangiger Offizier war. Er war der Oberste der Leibgarde, ein Mann mit Rang, Einfluss und Vermögen. Als Weltmann wird er wohl keine hässliche Frau mit innerer Schönheit geheiratet haben und ganz bestimmt auch keine achtzigjährige Großmutter! Er wird sicherlich eine junge und wunderschöne Frau zur Ehefrau genommen haben; möglicherweise war sie eine der schönsten Frauen des Landes.

Es besteht also kein Zweifel daran, dass sie für Josef eine echte Versuchung darstellte, weshalb Josef auch weglaufen musste! Diese Frau hat Josef nicht nur einmal versucht. Die Bibel berichtet, dass sie »Tag für Tag auf Josef einredete« und ihn lockte, mit ihr zu schlafen (1Mo 39,10 ELB). Aber Josef weigerte sich und sagte: »[Potifar] ist in diesem Haus nicht größer als ich, und er hat mir gar nichts vorenthalten als nur dich, weil du seine Frau bist. Wie sollte ich dieses große Unrecht tun und gegen *Gott* sündigen?« (1Mo 39,9 ELB).

Seine Worte machen deutlich, dass Josef die Quelle seines Erfolges, seiner Gunst und seiner Segnungen kannte. Potifars Frau nachzugeben wäre für ihn nicht nur ein großes Unrecht und eine Sünde gegen *Potifar* gewesen, sondern auch gegen *Gott*. Er wusste, dass jeder Segen, den er erfahren hatte, das Ergebnis der Gunst *des Herrn* ihm gegenüber war. Er wusste, dass es nicht Potifar war, der ihn von einem niedrigen Sklaven zu einem Aufseher über Potifars gesamten Besitz befördert hatte. Es war der Herr!

Führe eine lebendige Beziehung mit Jesus und gehe auf seinen Wegen

Was ich jetzt sagen werde, ist wirklich wunderschön. Manchmal fragen mich die Leute: »*Pastor Prince, wenn Sie Ihrer Gemeinde nicht die Zehn Gebote lehren, was wird die Menschen dann leiten?*« Mein Freund, der Herr selbst wird sie leiten! Schau dir das Leben Josefs an. Er lebte, lange bevor die Zehn Gebote Mose auf dem Sinai gegeben wurden. Dennoch konnte er Potifars wunderschöne Frau, die sich ihm an den Hals warf, anschauen und zu ihr sagen: »Wie könnte ich … ein so großes Unrecht begehen und gegen Gott sündigen?«

Zu wissen, dass Jesus selbst dein Erfolg ist, macht dich Erfolgs-sicher!

All das fand statt, lange bevor es ein Gebot gab wie: »Du sollst nicht ehebrechen!« (2Mo 20,14). Die Frage lautet: Wer hat Josef das gelehrt? Wer hat ihm beigebracht, dass Ehebruch ein großes Unrecht gegen Gott ist? Denk mal darüber nach. Er war ein junger, heißblütiger Mann, weit weg von zu Hause, und er wusste, wenn er sich auf Günstlingswirtschaft verlassen und mit Potifars Frau geschlafen hätte, hätte es ihm viele weitere Vergünstigungen eingebracht. Er hätte gegen Gott und auch gegen seine Brüder, die ihn verraten hatten, verbittert sein können. Er hätte sich entscheiden können, den maximalen Vorteil aus dieser Lage zu ziehen, die sich ihm bot. Immerhin schien es so, als hätten ihn die einzigen Menschen, die ihm wichtig waren, aufgegeben. Aber weißt du was? Josef hatte eine Beziehung mit Gott. Er hatte eine Beziehung mit dem König der Könige. Er wusste, dass der Herr in dieser ganzen Zeit bei jedem Schritt mit ihm gewesen war und ihn nicht verlassen hatte.

Weißt du, wir können keine Beziehung mit dem Gesetz (mit zwei kalten Steinplatten) haben, aber wir können eine lebendige Beziehung zu Jesus haben. Er wird seine Gesetze in unser Denken geben und sie in unser Herz schreiben (Hebr 8,10), sodass wir auf seinen Wegen gehen, die zum Leben führen. Josef hatte keine Zehn Gebote, die ihn leiteten. Alles, was er hatte, war eine lebendige Beziehung mit dem Herrn. Er wusste, dass Jesus selbst sein Erfolg war, und das machte ihn Erfolgs-sicher!

KAPITEL 4

ERFOLG, DER DEINE UMSTÄNDE ÜBERSTEIGT

Die Gegenwart Jesu ist alles, was du brauchst. Es ist aufregend, seine Gegenwart jeden Tag zu genießen, bei allem, was du tust. Die Bibel berichtet von einer Gruppe von Freunden, die das Dach eines Hauses abdeckten, um die Menschenmenge zu umgehen, die ihnen den Weg zu Jesus versperrte. So konnten sie ihren gelähmten Freund zu Jesus bringen, damit er geheilt würde (Mk 2,1–12). Ich liebe diese »Was-immer-es-kostet«-Mentalität, um in der Gegenwart Jesu zu sein. Aber weißt du was? Heute müssen wir nicht mehr Berge erklimmen, durch weite Ozeane schwimmen oder Dächer abdecken, um in seiner Gegenwart zu sein. Genau da, wo du stehst, ist Jesus, dein Immanuel, mit dir!

In der Bibel steht eine eindringliche rhetorische Frage und ich ermutige dich, sie dir einzuprägen:

Ist Gott für uns, wer kann gegen uns sein? – Römer 8,31

Es ist bedauerlich, dass sich heute immer noch einige Gläubige die Frage stellen: »Ist Gott wirklich für mich?« Nun, mein Freund, das Wort Gottes sagt NICHT »*vielleicht* ist Gott für uns« oder »*hoffentlich* ist Gott für uns«. Es sagt einfach: »Ist Gott für uns, wer kann gegen uns sein?« Und wirklich, wenn Gott für uns ist, welcher Widerstand kann sich gegen uns behaupten? Wenn Gott selbst für dich streitet, dich verteidigt und dich rechtfertigt, welche Widrigkeit oder welcher Widersacher kann dann gegen dich bestehen? Nichts und niemand! Halleluja!

»Aber Pastor Prince, wie kann es sein, dass Gott auf unserer Seite ist? Obwohl ich Christ bin, versage ich immer noch und werde den heiligen Maßstäben Gottes nicht gerecht. Hin und wieder verliere ich im Straßenverkehr die Beherrschung, von Zeit zu Zeit werde ich immer noch wütend auf meine Frau und auf meine Kinder. Warum sollte Gott auf meiner Seite sein, wenn ich versage? Wissen Sie denn nicht, dass Gott heilig ist?«

Alles großartige Fragen. Ich sage dir, warum. Die Antwort findest du am Kreuz. Das Blut, das Jesus, der Sohn Gottes, am Kreuz vergossen hat, bringt Gott auf deine Seite. Heute kann Gott *für* dich sein, selbst wenn du versagst, weil das Blut Jesu dich weißer als Schnee gewaschen hat!

Wegen des Blutes des vollkommenen Lammes – Jesus Christus – ist Gott heute für dich.

Hast du den Film *Die Zehn Gebote* von Cecil DeMille oder den Zeichentrickfilm *Der Prinz von Ägypten* gesehen? Erinnerst du dich, was in der Nacht des Passahs geschah? Die Kinder Israels bestrichen ihre Türpfosten mit dem Blut des Lammes. Was bewirkte das Blut? Das Blut stellte Gott auf ihre Seite! Keine Familie, die ihre Türpfosten mit Blut bestrichen hatte, musste den Tod ihrer Erstgeborenen befürchten.

Nun denke mal einen Moment darüber nach: Wurden die erstgeborenen Kinder Israels in dieser Nacht bewahrt, weil sie sich perfekt verhielten, oder wurden sie wegen des Blutes des Lammes bewahrt? Natürlich war es wegen des Blutes des Lammes!

Genauso wenig segnet Gott dich, der du ein Gläubiger des neuen Bundes bist, weil du dich perfekt verhältst. Er ist heute *für dich* wegen des Blutes des vollkommenen Lammes – Jesus Christus. Das ist der Grund, warum wir Gläubige heute nicht für uns selbst kämpfen müssen. Ich drücke es gerne so aus: »Wenn Gott für uns ist, wer kann dann erfolgreich gegen uns sein?« Erinnere dich immer daran, dass Gott heute durch das Blut Jesu auf deiner Seite ist. Seine Heiligkeit und Gerechtigkeit, vor denen Menschen sich fürchten, sind jetzt wegen Jesu Blut auf deiner Seite. Seine unverdiente Gunst ist auf deiner Seite und alle Ressourcen des Himmels gehören dir – alles aufgrund des Blutes Jesu! Also, wer kann gegen dich bestehen? Keine Krankheit, kein Leiden, kein Kreditgeber, keine böse Anklage, kein Gerücht – keine Waffe, die gegen dich geschmiedet wird, kann erfolgreich sein (Jes 54,17 NLB)!

Du kannst dir Gottes Gunst nicht verdienen, weil sie ein Geschenk ist

»In Ordnung, Pastor Prince, Jesus ist mit einigen Menschen, weil sie eine Menge Gutes tun. Ich tue nicht viel Gutes für Gott oder für andere – wie kann Jesus also mit mir sein?«

Manche Leute glauben, dass sie Gott auf ihre Seite ziehen können, indem sie viel Nächstenliebe üben oder viele gute Taten vollbringen. Irgendwie haben sie die Vorstellung, dass Gott sich auf ihre Seite stellt und ihnen Gunst erweist, wenn sie den Armen beträchtliche Geldsummen spenden oder ihre Freizeit in den Dienst in der Gemeinde investieren. Mein Freund, lass uns mal offen darüber reden. Gott ist nicht mit dir, weil du dies oder jenes tust oder weil du dies oder jenes getan hast. Diese Denkart richtet den Blick immer noch auf *dich*. Gottes Liebe zu dir ist bedingungslos. Ihm geht es um Beziehung, nicht um Regeln.

Bei Gesetzlichkeit dagegen geht es nur um Regeln, die du einhalten musst, und darum, wie oft du etwas Bestimmtes tun solltest. Alles dreht sich dabei um *dich* – du bist es, der etwas tut oder nicht tut, um dir Gottes Gunst zu verdienen und ihn auf deine Seite zu ziehen. Das Christsein wird zu einem Leben der Gesetzlichkeit für Christen, die meinen, wenn sie viel Bibel lesen, beten, fasten oder ihre Freizeit in die Gemeinde investieren, werden sie mehr Gunst bei Gott bekommen. Ihre ganzen Werke, so meinen sie, werden Gott dazu bewegen, auf ihrer Seite zu sein und ihre Gebete zu beantworten.

Aber glaubst du wirklich, dass du durch deine guten Werke Gott zu etwas überreden kannst? Ich will dir eine Frage stellen: Beantwortet Gott deine Gebete aufgrund deiner Leistung oder aufgrund Jesu Leistung? Ist er auf deiner Seite wegen deiner Leistung oder wegen Jesu Leistung? Komm schon, es ist wichtig, diese grundlegenden Wahrheiten richtig zu verstehen und nicht immer wieder in den Versuch zu verfallen, dir Gottes Gunst verdienen zu wollen, wenn er doch will, dass wir alles durch seine unverdiente Gunst *empfangen*. Behaupte ich, dass du nicht die Bibel lesen, nicht beten, nicht fasten oder dem Herrn nicht in der Gemeinde dienen sollst? Nein, tausendmal nein! Alles, was ich sagen will, ist: Wenn du diese Dinge tust, dann tue sie aus einem Herzen, das *will*, und nicht aus einem Herzen, das *muss*, weil gesetzliche Pflichten zu erfüllen sind.

Denk mal einen Moment mit mir darüber nach. Willst du, dass dein Ehepartner mit dir Zeit verbringt, weil er oder sie das will, oder weil er oder sie es *muss*? Glaubst du, dass unser liebender Gott anders ist? Jesus ist nicht an Werken interessiert, die gesetzlich motiviert sind. Er ist an deinem Wunsch interessiert, wertvolle Zeit in seinem Wort mit ihm zu verbringen, damit er zu dir reden, dich ermutigen und dir die notwendige Weisheit für den Tag mitgeben kann. Es geht nicht darum, dass du eine tägliche Bibellesequote erfüllst, genügend Gebetsminuten ansammelst oder lange genug fastest, damit du dich für die Segnungen Jesu qualifizierst. Absolut nicht.

Wenn du all dies tust, dann sollte es deswegen sein, weil du eine beständige Offenbarung davon hast, dass die Gegenwart Jesu mit dir ist, ein Verständnis, dass seine unverdiente Gunst dir gilt, und die Gewissheit, dass er auf deiner Seite ist. Und weil deine Wertschätzung für seine Liebe, die du nicht verdienst, in dir überfließt, begehrst du, seine Stimme zu hören und sein Angesicht zu suchen. Du fängst damit an, dem Herrn aus ganzem Herzen zu vertrauen und dich nicht auf deinen Verstand zu verlassen. Du beginnst, ihn auf allen deinen Wegen zu erkennen und erlaubst ihm, dir den Weg zu ebnen und dich zu leiten (Spr 3,5–6). Ist es nicht erstaunlich, dass ein Mensch – verblendet durch seine eigenen Bemühungen – etwas so Wunderbares wie wertvolle Zeit mit Jesus zu verbringen, verdreht und zu einem Werk macht?

Die Gegenwart Jesu in deinem Leben ist ein Geschenk Gottes. Du könntest gar nicht genug gute Werke vollbringen, um dir seine Gunst zu verdienen.

Mein Freund, Gott ist heute *mit dir* aufgrund seines kostbaren Sohnes, Jesus. Denn so sehr hat Gott die Welt geliebt, dass er seinen eingeborenen Sohn *gab*, und sein Name ist Immanuel. Gott *gab* uns Jesus. Die Gegenwart Jesu in deinem Leben ist ein Geschenk Gottes. Du könntest gar nicht genug Gutes tun, um dir die Gegenwart Jesu zu verdienen. Du könntest nicht genug gute Werke vollbringen, um dir seine Gunst zu verdienen. Seine Gegenwart in deinem Leben ist ein Geschenk. Da es nun *nichts* gibt, was du getan hast, um dir seine Gegenwart in deinem Leben zu verdienen, gibt es auch *nichts*, was du tun könntest, das seine Gegenwart dazu bringen würde, dich zu verlassen. Hast du Jesus einmal in dein Herz aufgenommen, wird er dich nicht aufgeben und dich niemals verlassen (Hebr 13,5)!

»Aber Pastor Prince, wenn ich versage, verlässt mich Jesus dann nicht?«

Nein, Jesus ist direkt an deiner Seite, um dich zu ermutigen und um dich zur Ganzheit zurückzubringen. Du sagst vielleicht: »Aber ich verdiene es nicht!« Das stimmt. Darum heißt es ja auch *unverdiente Gunst*. Es gibt da einen wundervollen Psalm, in dem steht: »Von dem HERRN kommt es, wenn eines Mannes Schritte fest werden, und er hat Gefallen an seinem Wege. Fällt er, so stürzt er doch nicht; denn der HERR hält ihn fest an der Hand« (Ps 37,23–24 LUT). Wenn du versagst, ist Jesus da, um dich festzuhalten. Er haut nicht einfach ab wie einige deiner sogenannten »Freunde«. Du kannst dich auf ihn verlassen. Er ist ein treuer, zuverlässiger und vertrauenswürdiger Freund. Selbst wenn du ihm untreu bist, ist er immer noch bei dir, bereit, dir aufzuhelfen und dich gänzlich wiederherzustellen. Amen! Die Bibel spricht über einen Freund, der »treuer als ein Bruder« ist (Spr 18,24 NLB). So ist Jesus!

Der göttliche Austausch

Im Alten Testament gab es unter dem Gesetz eine Zeit, während der Gott nur dann mit dir war, wenn du vollständig gehorsam warst. Aber wenn du versagtest, verließ er dich. Du und ich dagegen sind heute unter einem ganz anderen Bund und Gott wird uns niemals verlassen. Warum? Aufgrund dessen, was Jesus am Kreuz getan hat. Am Kreuz wurde er zu unserem Brandopfer. Er trug unsere Sünden und nahm unsere Strafe auf sich. Gottes Urteil gegen unsere Sünden traf Jesus, der am Kreuz von seinem Vater verlassen wurde, damit wir heute Gottes ständige, nie vergehende Gegenwart in unserem Leben haben können.

Jesus schrie: »Mein Gott, mein Gott, warum hast du mich verlassen?« (Mt 27,46), damit du und ich genau wissen würden, was am Kreuz geschah. Das ist der Moment, als der göttliche Austausch stattfand. Am Kreuz nahm Jesus unsere Sünden auf sich und gab Gottes Nähe auf, wohingegen wir seine Gerechtigkeit annahmen und die Nähe erhielten, die Jesus zu Gott hatte. Nun gehört uns Gottes Gegenwart in Ewigkeit. Was für ein göttlicher Austausch!

Wenn du richtig handelst, ist er mit dir. Sogar wenn du versagst, ist er immer noch mit dir!

Lass uns gemeinsam nachschauen, was die Bibel über unser Erbe in Christus sagt: »›Ich werde dich nie verlassen und dich nicht im Stich lassen.‹ Deshalb können wir zuversichtlich sagen: ›Der Herr steht zu mir, deshalb fürchte ich mich nicht. Was können mir Menschen anhaben?‹« (Hebr 13,5–6 NLB). Was für eine Zuversicht können wir heute haben! Weißt du, was »nie« hier bedeutet? Es bedeutet, wenn du ganz oben bist, ist er mit dir. Wenn du ganz unten bist, ist er mit dir. Wenn du glücklich bist, ist er mit dir. Wenn du traurig bist, ist er mit dir. Wenn du richtig handelst, ist er mit dir. Und sogar wenn du versagt hast, ist er immer noch mit dir! Das meinte Jesus, als er sagte, dass er dich *nie* verlassen und dich nicht im Stich lassen werde.

Falls du immer noch nicht überzeugt bist, zeige ich dir, was im griechischen Grundtext steht. Als Gott sagte: »Ich werde dich *nie* verlassen und dich nicht im Stich lassen«, wurde eine »doppelte Verneinung«[3] benutzt, um die stärkste Bedeutung von »niemals« auszudrücken, die in der griechischen Sprache möglich ist. Es werden die griechischen Worte *ou me* gebraucht, die im Grunde bedeuten: »nie und nimmer« oder »niemals nicht«. Und diese doppelte Verneinung erscheint in dieser einen Aussage des Herrn zweimal. *Ou me* wird sowohl für »nie« als auch für »nicht« verwendet. Mit anderen Worten sagt Gott: »Ich werde dich nie und nimmer verlassen und dich nie und nimmer im Stich lassen!« Die *Amplified Bible* macht deutlich, was Gott wirklich meinte:

> *Ich will dich auf keinen Fall fallen lassen noch dich aufgeben noch dich ohne Hilfe lassen. [Ich will] nicht, [ich will] nicht, [ich will] dich nicht in irgendeiner Weise hilflos lassen noch [dich] im Stich lassen (meine Hand von dir lösen)! [Ganz gewiss nicht!] – Hebräer 13,5*[4]

Wow, das ist, was Jesus für uns getan hat! Er gab uns die bleibende Gegenwart Gottes! Mein Freund, du musst das ein für alle Mal in deinem Herzen festmachen: Gott wird dich *niemals* verlassen! Gott wird dich *niemals* im Stich lassen! Und wenn dir irgendjemand erzählt, du könntest die Gegenwart des Herrn verlieren, dann hör nicht darauf. Lass nicht zu, dass dieser Mensch dich der Gewissheit der Gegenwart Gottes in deinem Leben beraubt. Wenn Gott »nie und nimmer« sagt, dann meint er »nie und nimmer«, denn unser Gott kann nicht lügen!

Beurteile Gottes Gegenwart und unverdiente Gunst nicht anhand deiner Umstände

Nun, da du weißt, dass Gottes Gegenwart in deinem Leben eine garantierte Konstante ist, möchte ich, dass du erkennst: Du kannst Gottes Gegenwart und unverdiente Gunst in deinem Leben nicht anhand deiner Umstände beurteilen. Damit du verstehen kannst, was das bedeutet, lass uns weiter das Leben Josefs erforschen und dort fortfahren, wo wir im vorangegangenen Kapitel aufgehört haben.

Josef hatte gerade die Annäherungsversuche von Potifars Frau zurückgewiesen und wie schon ein Sprichwort sagt: »Die Hölle kennt keine größere Wut als die einer verschmähten Frau!« Aus reiner Bosheit klagte sie Josef der versuchten Vergewaltigung an und schwenkte als »Beweismittel« die Kleidung, die Josef in ihren Händen zurückgelassen hatte, als er vor ihr floh. Als Potifar die Version der Geschichte hörte, die seine Frau erzählte, wurde er zornig und er packte Josef, nahm ihm die Autorität, die er ihm gegeben hatte, und warf ihn ins Gefängnis.

Versetze dich mal in Josefs Lage. Was geschieht hier? Es klingt so vertraut, nicht wahr? Mit noch frischen und schmerzhaften Erinnerungen an seine Brüder, die ihn in eine Zisterne geworfen hatten, wird er hier erneut in einen Kerker geworfen, obwohl er nichts falsch gemacht hatte. Jeder Durchschnittsmensch wäre bitter und wütend auf Gott! Die meisten Menschen würden fragen: »Wo ist Gott? Warum hat Gott ihn so weit gebracht, nur um ihn dann aufzugeben und zu verlassen? Wie konnte das geschehen? Wo ist die Gerechtigkeit gegen diese falsche Anklage?«

Aber Josef war buchstäblich kein Durchschnittstyp! Er wusste, dass der Herr ihn niemals verlassen oder im Stich lassen würde. Josef betrachtete nicht seine Umstände, sondern hielt seinen Blick auf die Gegenwart des Herrn gerichtet. Unabhängig davon, ob er ein gewöhnlicher Sklave war, ein Vorsteher in Potifars Haus oder nun ein Gefangener, der für eine Tat, die er nicht begangen hatte, mit einer lebenslangen Gefängnisstrafe rechnen musste, beurteilte Josef die unverdiente Gunst Gottes nicht anhand seiner Umstände. Statt bitter zu werden, hielt er an der Hoffnung auf den Herrn fest. Statt das Handtuch zu werfen und an Gott und dem Leben zu verzweifeln, blieb er zuversichtlich, weil er wusste, dass sein ganzer Erfolg mit der Gegenwart des Herrn verbunden war.

Und wie der Herr ihn befreit hat! Bitte lies es selbst, damit du sehen kannst, was der Herr für Josef getan hat.

> *Doch der Herr war auch dort mit Josef und sorgte dafür, dass Josef die Gunst des Gefängnisverwalters gewann. Der Verwalter übertrug Josef die Aufsicht über alle anderen Gefangenen und über alles, was im Gefängnis geschah. Der Verwalter musste sich um nichts mehr kümmern. Denn der Herr war mit Josef und ließ alles gelingen, was er tat.* – 1. Mose 39,21–23 NLB

Wenn du Gottes unverdiente Gunst hast, kannst du einfach nur erfolgreich sein

Wenn, wo immer du bist, die unverdiente Gunst Gottes auf dir ruht, wie sie auch auf Josef ruhte, ist Folgendes unausbleiblich: Du findest erstens immer Gunst, zweitens gelingt dir alles, was du tust, und drittens musst du einfach Wachstum und Beförderung in einem Maß erfahren, das deine kühnsten Vorstellungen übersteigt.

Erkennst du, dass dies das durchgängige Muster in Josefs Leben war? Es spielte keine Rolle, ob er ein Sklave oder ein Gefangener war. Dasselbe gilt für dich. Wenn die unverdiente Gunst Gottes auf dir ist, bist du wie ein Gummiball im Wasserbecken. Natürliche Umstände können versuchen, dich nach unten zu ziehen und unter Wasser zu halten, aber die unverdiente Gunst Gottes wird immer dafür sorgen, dass du – PLOPP – plötzlich ganz oben auftauchst.

Lass dich nicht von deinen jetzigen Umständen entmutigen. Ich weiß, manchmal scheinen die Dinge trostlos, bedrückend und vielleicht sogar verheerend, aber es ist noch nicht vorbei, mein Freund. Ich habe dieses Buch geschrieben, um dir zu sagen, dass es noch nicht vorbei ist! Ich glaube auch nicht nur eine Sekunde daran, dass du von den Millionen Büchern, die gerade veröffentlicht werden, rein zufällig genau dieses in deinen Händen hältst. Das ist göttliche Bestimmung und ich glaube, dass Gott dir sagt: »Gib nicht auf. Es ist noch nicht vorbei!«

Die tiefsten Punkte deines Lebens sind oft die Ausgangsbasis für die großartigsten Beförderungen, die Gott in deinem Leben bewirkt. So war es für Josef! Lass uns das Band zurückspulen und die Fingerabdrücke des Herrn in den Höhen und Tiefen in Josefs Leben beobachten. Wenn Josef nicht von seinen Brüdern verraten worden wäre, wäre er nicht als Sklave verkauft worden. Wenn er nicht als Sklave verkauft worden wäre, wäre er nicht in Potifars Haus gewesen. Wenn er nicht in Potifars Haus gewesen wäre, wäre er nicht als Gefangener in ein ägyptisches Gefängnis geworfen worden, ein Gefängnis speziell für Gefangene des Königs. Wäre er nicht in diesem speziellen Gefängnis gewesen, hätte er nicht die Träume der Beamten des Pharaos gedeutet. Wenn er nicht ihre Träume gedeutet hätte, wäre er nicht zwei Jahre später vorgeladen worden, um den Traum des Pharaos zu deuten.

Wenn er dessen Traum nicht gedeutet hätte, hätte der Pharao ihn nicht zum Premierminister des gesamten ägyptischen Reiches befördert!

Das sagte der Pharao zu Josef: »Da Gott dir die Bedeutung der Träume offenbart hat, musst du der weiseste Mann im ganzen Land sein! Hiermit ernenne ich dich zu meinem Stellvertreter. Mein Volk soll deinen Anweisungen gehorchen. Nur ich allein werde im Rang noch über dir stehen … Hiermit gebe ich dir Vollmacht über ganz Ägypten« (1Mo 41,39–41). Wenn wir zurückschauen, wird deutlich, dass Gott Josefs dunkelste Stunde in dessen glanzvollste Stunde verwandelte!

Deine Tiefpunkte sind die Ausgangsbasis für die großartigsten Beförderungen, die Gott in deinem Leben bewirkt.

Du hast gesehen, wie Gottes Gegenwart in Josefs Leben und seine unverdiente Gunst bewirkten, dass Josef aus einer Grube heraus in einen Palast befördert wurde, von einem Misthaufen ins Capitol Hill, von einem Klohäuschen ins Weiße Haus. Hör auf, auf deine Umstände zu schauen, und lass nicht mehr zu, dass sie dich entmutigen. Derselbe Gott, der mit Josef war, ist genau jetzt mit dir. Du kannst nicht versagen! Du kannst Erfolg erwarten, der deine gegenwärtigen Umstände übersteigt!

KAPITEL 5

DAS BEWUSSTSEIN DER GEGENWART JESU

Lass uns einige praktische Wege anschauen, wie du Gottes offenbarte Gegenwart in deinem Leben *erfahren* kannst, indem du dir *seine Gegenwart bewusst machst.* Es ist eine Sache, theoretisch zu wissen, dass Gott mit dir ist; aber um seine Gegenwart zu erleben, musst du dich für sie sensibilisieren, indem du sie dir bewusst machst.

Das ist nicht schwierig. Eigentlich sollte es sogar mühelos sein. Weißt du, dass du, sogar während du über Jesus liest, dir seine Gegenwart bewusst machst? Wenn du etwas über Jesus liest und entdeckst, was er in seinem Wort über dich sagt, dann bist du dir gerade mühelos seiner Gegenwart bewusster geworden.

Und während du mehr und mehr an Jesus denkst, wirst du anfangen, einen Frieden zu erleben, den du niemals gehabt hast, eine Stärke wie nie zuvor und eine Freude, die man mit Worten nicht beschreiben kann. Weisheit beginnt zu fließen und deine Entscheidungsfähigkeit wird geschärft. Einfach indem du der Gegenwart des Sohnes des lebendigen Gottes ausgesetzt bist, ereignet sich auf übernatürliche Weise der Durchbruch, für den du dich vorher abgemüht hattest.

Mein Freund, Bäume strengen sich nicht an und kämpfen nicht, um Früchte hervorzubringen. Stattdessen werden Früchte mühelos produziert, wenn die Bäume entsprechendem Sonnenlicht und Wasser ausgesetzt sind. Ähnlich werden in deinem Leben mühelos gute Früchte hervorgebracht, wenn du dem Licht des SOHNES[5] und dem lebendigen Wasser von Gottes Wort ausgesetzt bist. Dein Sieg ist eine Frucht. Dein Erfolg ist eine Frucht. Deine Gesundheit ist eine Frucht. Familiäre Harmonie ist eine Frucht. Beruflicher Erfolg ist eine Frucht. Alle diese guten Früchte entstehen einfach dadurch, dass du in der Gegenwart des Herrn bist! Stress, Depression und Ärger verschwinden und beherrschen deine Gedanken nicht mehr. Sorge kann in deinem Denken nicht mehr Fuß fassen. Das Bewusstsein der vollkommenen Liebe Jesu für dich beseitigt jede Spur von Unruhe und Angst. Du fühlst dich wie die neue Schöpfung in Christus, die du ja bist, und beginnst dich auch so zu verhalten – unabhängig von deinen gegenwärtigen Umständen. Halleluja!

Gottes Gegenwart ist mit dir, um dich erfolgreich zu machen, und nicht, um dir deine Fehler aufzuzeigen

Es geschieht etwas Einzigartiges und sehr Kostbares, wenn du siehst, dass der Herr mit dir ist. Vertraue dem Herrn, dass er deine Augen dafür öffnet, ihn in deinen Umständen zu sehen – und je mehr du ihn siehst, umso mehr offenbart er sich. Bist du gerade dabei, einen wichtigen Geschäftsabschluss vertraglich zu besiegeln, dann versichere ich dir: Wenn du dabei den Herrn an deiner Seite sehen kannst, wird seine Weisheit durch dich fließen und er wird dir übernatürliche Einsicht in alle Vertragslücken, Vertragsbestandteile und Kündigungsklauseln dieser Vereinbarung geben, die du gerade unterschreiben willst.

Wenn du Jesus mit einbeziehst und seine Gegenwart anerkennst, wirst du bei jeder Entscheidung, die du triffst, bemerken, wie er sich durch die An- oder Abwesenheit seines Friedens einmischt. Oberflächlich kann alles in Ordnung scheinen, aber wenn sich irgendwie jedes Mal ein Gefühl des Unwohlseins bemerkbar macht, wenn du über deine Entscheidung nachdenkst, wäre mein Rat an dich, erst einmal innezuhalten und nachzufragen. Hast du erst einmal den Herrn mit einbezogen und verspürst nun einen Mangel an Frieden, dann ist das oft seine Führung, um dich zu beschützen. Sogar wenn du mitten im Streit mit deinem Ehepartner bist, werden sich deine Worte in dem Moment verändern, in dem du dir der Gegenwart des Herrn bewusst wirst. Irgendwie wird sich eine übernatürliche Beherrschung breitmachen, von der du weißt, dass sie nicht von dir kommt. Das ist ebenfalls der Herr!

Gottes Gegenwart ist mit dir, um dich zu leiten, um dich zu führen, um zu bewirken, dass du immer mehr wie Christus wirst, und um dich bei jeder Aufgabe, die du übernimmst, erfolgreich zu machen.

Bevor wir weitermachen, muss ich einfach noch Folgendes sagen: Es ist für dich wichtig, dass du den Gedanken, dass Gott gegenwärtig ist, um *Fehler* an dir *zu finden*, mit der Wurzel ausreißt. Du bist vielleicht in einem Umfeld groß geworden, in dem deine Eltern sich ständig über deine Fehler geärgert und dich auf dein Fehlverhalten hingewiesen haben; aber übertrage diese Eigenschaften nicht auf den Herrn. Gott kennt jede deiner Eigenarten und dennoch liebt er dich vollkommen, weil er dich durch die Brille des Kreuzes sieht, an dem sein Sohn alle Schwächen in deinem Leben weggenommen hat!

Sogar der aktuelle Streit mit deinem Ehepartner ist durch das Blut Jesu reingewaschen. Die Gegenwart des Herrn ist nicht mit dir, um dich zu richten oder dir mit einem riesigen Schläger eins überzuziehen, sobald du etwas falsch machst. Nein, mein Freund, seine Gegenwart ist mit dir, um dich zu leiten, um dich zu führen, um zu bewirken, dass du immer mehr wie Christus wirst, und um dich bei jeder Aufgabe, die du übernimmst, erfolgreich zu machen.

Wo du auch stehst, der Herr ist mit dir. Selbst inmitten deiner Ängste, wenn du allein in deinem Zimmer bist, ist er dort bei dir. In dem Moment, in dem du anfängst, seine Gegenwart zu beachten, sie zu pflegen und zu kultivieren, werden alle deine Ängste, Beklemmungen und Sorgen wie Butter an einem heißen Tag dahinschmelzen – oder wie der Psalmist David es ausdrückt: »Die Berge zerschmelzen wie Wachs vor dem Herrn …« (Ps 97,5).

Du kannst dich nicht selbst therapieren, um dich von deinen Ängsten oder deinen Sorgen zu befreien. Es hilft nichts, dich selbst überreden zu wollen, indem du sagst: »Komm schon, hör auf, dich zu sorgen. Es gibt nichts, worüber du dir Sorgen machen müsstest.« Es funktioniert einfach nicht. Die Schulden werden dir immer noch vor Augen sein und deine Probleme werden unüberwindbar scheinen wie eh und je, egal wie sehr du auch versuchst, dich selbst aufzubauen. Das ist die Art, wie die Welt es versucht, aber es funktioniert nicht. Es bedarf der Gegenwart des Herrn, um dich von den Sorgen dauerhaft zu befreien.

Jesus verlangt nicht von dir, dass du dir alles schönredest und in einem Zustand der Verleugnung lebst. Keineswegs! Er sagt dir vielmehr: »Inmitten deines Leidens bin ich dein Schild. Ich bin dein Verteidiger. Ich bin deine Festung. Ich bin deine Zuflucht. Ich bin deine Versorgung. Ich bin deine Heilung. Ich bin dein Versorger. Ich bin dein Friede. Ich bin deine Freude. Ich bin deine Weisheit. Ich bin deine Stärke. Ich bin deine Ehre und der, der dich aufrichtet« (siehe Ps 3,4)! Amen! Er verlangt nicht von dir, dass du so tust, als wären die Fakten nicht da. Er will, dass du dies erkennst: ER IST DORT MIT DIR!

Wenn du weißt, dass der Herr mit dir und für dich ist und du deine Probleme in seine mächtigen Hände legst, wirst du genauer einschätzen können, wie »groß« deine Probleme wirklich sind. Als sie in deinen Händen waren, haben das Gewicht und die Last deiner Probleme dich erdrückt. Aber wenn du Jesus mit einbeziehst, werden die ehemals gigantischen Probleme in seinen Händen mikroskopisch klein!

Gottes Liebe zu dir ist persönlich, tiefgreifend und allumfassend

Weißt du, warum heute viele Gläubige ihre Sorgen nicht auf den Herrn werfen? Weil sie keine Offenbarung darüber haben, dass er für sie sorgt. Schau dir an, was sein Wort sagt: »Alle eure Sorge werft auf ihn; denn *er sorgt für euch*« (1Petr 5,7). Nur wenn du vollkommenes Vertrauen hast, dass Jesus sich um dich kümmert, wirst du deine Sorgen auf ihn werfen. Denk einfach mal über Folgendes nach: Würdest du in deiner Not einen Verwandten oder einen Freund um Hilfe bitten, wenn du dir nicht sicher wärest, dass diese Person dir deine Bitte erfüllen wird? Jesus sorgt für dich. Wenn du dich an ihn wendest, dann sei dir gewiss, dass du seine volle Aufmerksamkeit hast und er dir mit allem himmlischen Reichtum beisteht!

Vielleicht denkst du jetzt: »Nun, ich bin sicher, dass Jesus wichtigere Dinge zu tun hat, als sich mit meinen Problemen zu befassen.« Warte mal. Durch diese Aussage hast du gerade gezeigt, dass du nicht wirklich glaubst, Jesus würde für dich sorgen. Aber nun lass uns mal einen Blick darauf werfen, was die Bibel sagt: »… Auch die Haare auf eurem Kopf sind alle gezählt. Habt deshalb keine Angst, denn ihr seid ihm wertvoller als ein ganzer Schwarm Spatzen« (Lk 12,7 NLB).

Ich liebe und kümmere mich um meine süße Tochter Jessica. Aber so sehr ich sie auch liebe und für ihr Wohlergehen sorge, habe ich doch niemals die Anzahl der Haare auf ihrem Kopf gezählt! Sie hat keine Ahnung, was für ein großer Segen sie für mich schon gewesen ist. Ich liebe es, sie zu küssen, an ihren Haaren zu riechen, sie fest zu umarmen. Dennoch habe ich mir, trotz all meiner Liebe zu ihr, niemals die Zeit genommen, die Haare auf ihrem Kopf zu zählen!

Gott ist wesentlich und zutiefst an jeder Minute und an jedem Aspekt deines täglichen Lebens beteiligt.

Aber weißt du, dass dein himmlischer Vater die genaue Anzahl der Haare auf deinem Kopf kennt? Ich hoffe wirklich, dass du anfängst, das Herz Jesu zu erfassen und seine Liebe für dich nicht verallgemeinerst. Seine Liebe zu dir ist allumfassend. Wenn es ihm schon wichtig ist, den Überblick über die Haare auf deinem Kopf zu behalten, gibt es dann wirklich etwas, das zu unbedeutend ist, um mit ihm darüber zu reden?

Gottes Liebe zu dir betrifft jede Kleinigkeit. Jesus sagte, dass ohne den Willen des Vaters nicht ein einziger Spatz auf den Boden fällt. Bist du nicht mehr wert als ein Spatz? Ist Gott ein Gott, der die Uhr aufzieht und sie dann allein tickend zurücklässt, bis Jesus wiederkommt? Ist er nur an großen Ereignissen in der Welt beteiligt? Ist er nur an den bedeutenden Ereignissen unseres Lebens beteiligt – wie unserer Errettung – oder ist er wesentlich und zutiefst an jeder Minute und an jedem Aspekt deines täglichen Lebens beteiligt? Was denkst du? Die Bibel sagt, dass er seine Schafe beim Namen ruft (Joh 10,3.14). Mein Freund, seine Liebe für dich ist persönlich, tiefgreifend und allumfassend!

Erkenne Jesus in allem, was du tust

Wenn du deine Bibel studierst und weißt, dass der Herr mit dir ist, wirst du erstaunt sein, wie Gottes Wort lebendig wird. So lese ich das Wort. Ich studiere es nicht nur, um die Botschaft für die Sonntagspredigt vorzubereiten. Ich lese das Wort, um Jesu lebendiges Wasser zu trinken. Ich bin mir bewusst, dass Jesus an meiner Seite ist, mich lehrt und zu meinem Herzen spricht, und ich kann dir sagen, dass wir in diesen Zeiten die besten Unterhaltungen haben und ich aus solchen Zeiten immer erfrischt und energiegeladen hervorgehe.

In seinem Wort zu lesen, ist zu einer großartigen, persönlichen Zeit der innigen Gemeinschaft zwischen Jesus und mir geworden. Ich verliere mich in seiner Gegenwart und werde regelrecht in sie hineingezogen, bis ich kein Zeitgefühl mehr habe. Ich kann dir nicht sagen, wie oft ich, nachdem ich mich in sein Wort vergraben hatte, auf die Uhr gesehen und festgestellt habe, dass es schon fünf Uhr morgens war! Weißt du, wie es ist, wenn du mit Freunden, die du gern hast, in einem Café einen dampfenden Milchkaffee genießt und du so viel Spaß hast, lachst und Gemeinschaft hast, dass es scheint, als wäre die Zeit stehen geblieben? Nun, du kannst die Gegenwart Jesu auf die gleiche Weise genießen!

Wenn du dir erst einmal bewusst bist, dass Jesus mit dir ist, fühlt sich Bibellesen nicht mehr wie eine lästige Arbeit oder Pflicht an. Du ertappst dich nicht dabei, wie du auf das Ticken der Uhr achtest – tick … tick … tick … tick … tick … – und dich fühlst, als wäre eine Ewigkeit vergangen, obwohl erst fünf Minuten vorüber sind! So fühlt sich eine lästige Pflicht an: als würde die Zeit stillstehen und du kannst es nicht erwarten, endlich fertig zu werden. Die Bibel zu lesen und gleichzeitig von seiner Gegenwart getrennt zu sein, ist ein totes Werk. Aber wenn es so ist, als würde man sich mit seinen besten Freunden treffen, dann scheint die Zeit immer zu kurz zu sein!

Erkenne den Herrn in allem, was du tust, und lerne, ihn in alles mit einzubeziehen. Er macht alles wunderbar in deinem Leben. Wenn du auf deine Vergangenheit schaust, dann können die Narben von gestern in deiner Erinnerung immer noch schmerzen. Vielleicht wurdest du als Kind sexuell missbraucht oder wurdest von jemandem, dem du vertraut hast, emotional verletzt. Wenn du jetzt zurückschaust, empfindest du vielleicht alles gleichzeitig – die Wut, den Frust und die Enttäuschung – und der Schmerz sticht immer noch in dein Herz. Aber ich möchte dich herausfordern, Jesus in deinen Schmerz mit einzubeziehen. Erkenne, wie der Herr dich hält und sanft deine Wunden heilt. Jesus ist bei dir, um dich wiederherzustellen, dir neuen Lebensmut zu schenken und alle Scham- und Schuldgefühle wegzunehmen.

Lieber Freund, er will dich wissen lassen, dass deine Vergangenheit nicht die Zukunft bestimmt, die er für dich bereithält. Hast du erst einmal den Herrn mit einbezogen und ihn an deine bitteren Wasser gelassen, wird er diese Bitterkeit in Süße verwandeln. Genau das hat der Herr für die Kinder Israels getan. Als sie zu einem Ort kamen, der Mara hieß, konnten sie das Wasser nicht trinken, weil es bitter war. Mose schrie zum Herrn und der Herr zeigte ihm ein Stück Holz, das Mose ins Wasser warf. Als er das tat, sagt die Bibel, »wurde das Wasser süß« (2Mo 15,25).

Deine Vergangenheit wird nicht die Zukunft bestimmen, die Gott für dich bereithält.

Warum wurde das faulige, nicht trinkbare Wasser erfrischend und süß? Die Antwort darauf liegt in dem Holz, das hineingeworfen wurde. Das Holz symbolisiert das Kreuz, an dem unser Herr Jesus hing und an dem er jedes zerbrochene Herz und jeden Schmerz verursachenden Vertrauensbruch auf sich genommen hat. Wenn du Jesus in deine Situationen mit hineinnimmst, kann er bewirken, dass jede bittere Erfahrung süß wird! Rede mit ihm und erlaube seiner Gegenwart, dich heute wiederherzustellen!

Wenn du dir der Gegenwart Jesu bewusst wirst, werden seine Herrlichkeit, Schönheit und Macht auf dich abfärben

David ist ein wunderbares Beispiel für jemanden, der mit dem Herrn sprach und sich jederzeit seine Gegenwart bewusst machte. Sogar als junger Teenager, während er die Schafe seines Vaters auf den Feldern hütete, sang er dem Herrn Psalmen und Lieder und spielte auf seiner Harfe.

In 1. Samuel 16 berichtet die Bibel, dass König Saul sehr verstört war und seine Diener ihm sagten, er werde von einem bösen Geist gequält. Sie rieten ihm, David zu sich zu rufen, damit er für ihn auf der Harfe spiele, weil böse Geister wichen, wenn David Harfe spielte. Einer der Diener gibt uns eine begeisterte Beschreibung von David: »... ein begabter Harfenspieler. Er ist auch mutig und tapfer im Kampf und wortgewandt. Außerdem ist er ein sehr gut aussehender Mann und der Herr ist mit ihm« (1Sam 16,18 NLB). Weißt du, warum David, nur indem er Harfe spielte, bewirken konnte, dass Saul erfrischt wurde? Weißt du, warum David solche Auszeichnungen für sich in Anspruch nehmen konnte? Ich denke, dass wir die Antwort darauf im letzten Teil des Verses finden: »... und der Herr ist mit ihm.«

Ein paar Jahre nachdem Wendy und ich geheiratet hatten, gab es einen Vorfall, den ich niemals vergessen werde. Eines Tages, ich war auf dem Weg nach Hause, war ich in einen überfüllten Aufzug gestiegen. In einem anderen Stockwerk quetschte sich eine Gruppe von Frauen in diesen Aufzug und, Mann, war ihr Parfüm vielleicht penetrant!

Du kannst nicht in der Gegenwart des Herrn sein, ohne dass seine Herrlichkeit, seine Majestät, seine Schönheit, seine Kraft, seine Liebe und sein Friede auf dich abfärben.

Wie dem auch sei – geradezu benebelt und dem Ersticken nahe kam ich nach Hause und begrüßte Wendy mit einem Kuss und meinem üblichen »Hallo Schatz, ich bin wieder da«. Dann schaute sie mich an und sagte: »Das ist ein Frauenduft. Ich kenne diesen Duft.« Ich sagte ihr: »Hör zu, Schatz, hör zu ... ehrlich, gerade eben ...« Und deshalb ist es so wichtig, sich in der Ehe gegenseitig zu vertrauen!

Ich bin mir sicher, dass du etwas Ähnliches auch schon erlebt hast. Bist du jemals durch ein Restaurant oder einen anderen Raum gelaufen, der voller Rauch war? Du rauchst vielleicht nicht, aber während du durch den Raum läufst, nehmen deine Haare und Kleider den Geruch des Rauchs auf. Ebenso kannst du nicht in der Gegenwart des Herrn sein, ohne dass seine Herrlichkeit, seine Majestät, seine Schönheit, seine Kraft, seine Liebe und sein Friede auf dich abfärben. Du fängst an, wie Jesus zu riechen, bist so kraftvoll wie er und mit Frieden erfüllt wie er! Kein Wunder, dass Apostelgeschichte 4,13 über Petrus und Johannes berichtet: »Als sie [die Führer und Ältesten Israels] aber die Freimütigkeit von Petrus und Johannes sahen und erfuhren, dass sie ungelehrte Leute und Laien seien, verwunderten sie sich; und sie erkannten, dass *sie mit Jesus gewesen waren.*«

Mache dir die Gegenwart Jesu in deinem Beruf bewusst

Wo du auch stehst, was immer du auch tust: Mit der Gegenwart des Herrn und seiner unverdienten Gunst, die dich umhüllen, ist es dir unmöglich, keinen Erfolg zu haben. Als ich in meinen frühen Zwanzigern berufstätig wurde, machte ich mir auch bei der Arbeit die Gegenwart Jesu bewusst und wurde nach kurzer Zeit der Topverkäufer meines Arbeitgebers. Ich schloss nicht nur die größten Aufträge für meine Firma ab, sondern verschaffte ihr auch die höchste Anzahl an Geschäftsabschlüssen.

Ich begann als einer der am niedrigsten bezahlten Angestellten in der Firma, aber der Herr hat mich ständig befördert und gab mir innerhalb desselben Unternehmens verschiedene Einkommensquellen, bis ich schließlich zu einem der dort bestbezahlten Angestellten wurde. Bitte missverstehe mich nicht, ich erzähle dir das nicht, um mich zu brüsten. Ich bin mir ohne jeden Zweifel bewusst, dass all die Erfolge, die ich während meiner beruflichen Laufbahn erlebt habe, das Ergebnis der Gegenwart Jesu und seiner unverdienten Gunst in meinem Leben war.

Ich erzähle dir von meinem beruflichen Werdegang (bevor ich ein Vollzeitpastor wurde), damit du hinterher nicht meinst, ich hätte großen Erfolg vom Herrn erfahren, nur weil ich ein Pastor bin. Nein. Wie ich schon erwähnte: Ganz gleich, welchen Beruf du ausübst, du kannst die Gegenwart Jesu und seine unverdiente Gunst erleben, und *er* wird dich erfolgreich machen!

Es spielt keine Rolle, ob du Koch, Fahrer oder Berater bist. Gott ist auf deiner Seite, um dich zu segnen und dich erfolgreich zu machen. Natürlich verstehst du, dass ich nur von moralisch einwandfreien Berufen spreche. Du kannst dich nicht auf die unverdiente Gunst Gottes verlassen, wenn du in einer Branche arbeitest, die von dir verlangt, deine christliche Moral abzulegen. Wenn du in einer moralisch korrupten Branche arbeitest oder einen Job hast, bei dem von dir erwartet wird, dass du lügst, betrügst oder etwas vortäuschst, dann rate ich dir, diese Stelle aufzugeben! Du hast es nicht nötig, von einer Arbeitsstelle abhängig zu sein, für die du deinen Überzeugungen untreu werden musst, nur um dein Einkommen zu sichern. Gott liebt dich inniglich und er hat etwas so viel Besseres für dich auf Lager. Vertrau ihm.

Gott ist da, um dich vor der Selbstzerstörung zu bewahren. Er will dir großen Erfolg schenken und er liebt dich zu sehr, als dass du in einem Job bleiben müsstest, der dich zu Kompromissen zwingt. In der Bibel heißt es: »Ein guter Name ist wertvoller als großer Reichtum, und Freundlichkeit ist besser als Silber und Gold« (Spr 22,1). Gott hat größere Mittel und einen besseren Plan für dein Leben!

Mach dir die Gegenwart Jesu bewusst, indem du ihm dankst und ihn wertschätzt

Es gibt Christen, die theoretisch wissen, dass Gott mit ihnen ist, die sich aber seine Gegenwart nicht aktiv bewusst machen. Für mich persönlich ist einer der besten Wege, mir die Gegenwart des Herrn bewusst zu machen, ihm allezeit zu danken. Du kannst ihm für alles danken. Sag einfach: »Herr, ich danke dir für diesen wundervollen Sonnenuntergang. Ich danke dir für deine Liebe und dafür, dass du mich mit guten Dingen und mit guten Freunden umgibst.«

Es gibt keine Grenzen, wofür du ihm danken kannst, da jedes gute und vollkommene Geschenk, das wir heute genießen, direkt von ihm kommt (Jak 1,17). Selbst wenn du einen harten Arbeitstag hattest und du einer scheinbar unmöglichen Aufgabe gegenüberstehst, kannst du dir seine Gegenwart bewusst machen. In dem Moment, in dem du feststellst, dass dein Herz mit Sorgen beschwert und dein Verstand von Ängsten geplagt ist, vertraue Jesus deine Herausforderungen an und danke ihm, dass das Problem nicht größer ist als seine Hände. Fange an, es ihm zu übergeben und verlasse dich auf seine Kraft, seine Macht und seinen Frieden.

Wenn du das tust, machst du dir die Gegenwart des Herrn bereits bewusst. Und wenn du seine Gegenwart ehrst und dich so verhältst, als wäre er wirklich mit dir, betrachtet er dies als Glauben an ihn und setzt sich für dich und deinen Erfolg ein – egal, in welcher Situation du auch sein magst.

Es ist traurig, wenn Christen sich wie manche Ehemänner verhalten, die ihre Frauen zu einer Feier mitnehmen, nur um sie komplett zu ignorieren. Ihre Frauen können direkt neben ihnen stehen, aber diese Kerle sind so mit ihren eigenen Freunden beschäftigt, reden über den Aktienmarkt, die Wirtschaft oder das letzte Spiel im Fernsehen, als wären ihre Frauen gar nicht dabei.

Ladys, kennt ihr solche Männer? Ich weiß, ihr Männer, die ihr gerade dieses Buch lest, ihr seid nicht so. Seid also nicht beleidigt, okay? Ich weiß, du schätzt und liebst deine Frau. Ich versuche lediglich zu verdeutlichen, dass allein die Tatsache, dass jemand körperlich in deiner Nähe ist, nicht bedeuten muss, dass sich diese Person auch von dir geschätzt weiß. Wertschätzung entsteht nur, wenn du anfängst, die Anwesenheit dieser Person zu beachten.

Ich halte gerne in einem mit Menschen gefüllten Raum nach Wendy Ausschau. Und wenn sich unsere Blicke dann im Raum treffen, ist es so, als ob alle Menschen um mich herum augenblicklich vergessen sind und nur Wendy übrig bleibt. Ich will sie wissen lassen, dass ich es schätze, wenn sie mit mir zu einer Abendveranstaltung oder einem Treffen geht. Ich behaupte nicht, dass ich Wendy ständig so wahrnehme, aber es gibt diese besonderen Momente, und ich lege großen Wert darauf, dass sie sich einzigartig fühlt. Für mich ist sie einzigartig, aber sie zu schätzen und ihr das *Gefühl zu geben,* einzigartig zu sein, ist etwas ganz anderes. Wie dem auch sei, wie alle Ehemänner wachse auch ich noch in diesem Bereich.

Was du schätzt, wird in deinen Augen wertvoll.

Was also bedeutet das Wort »schätzen« bzw. »wertschätzen«? Es bedeutet: »an Wert zunehmen«. Wenn du jemanden wertschätzt, nimmt diese Person in deinen Augen an Wert zu. Mein Freund, der Herr ist schon mit dir, also fange an, dir seine Gegenwart bewusst zu machen. Fange an, ihm zu danken, ihn wertzuschätzen und seinen Wert in deinen Augen zunehmen zu lassen.

Was hat David gemeint, als er sagte: »Allein den Herrn will ich loben …« (Ps 34,3 NLB)? Im Englischen steht hier statt »loben« »vergrößern« – können wir Gott größer machen? Natürlich nicht. Der Herr ist schon sehr groß. Aber das Problem ist, dass unsere Vorstellung von ihm manchmal viel zu klein ist. Das erinnert mich an eine Geschichte von einem Jungen, der am Strand spielte. Er rannte glücklich zwischen seiner Sandburg und dem Meer hin und her und schüttete einen Eimer Wasser nach dem anderen in den Wassergraben, den er um seine Burg herum gebuddelt hatte. Als es Zeit war zu gehen, verfinsterte sich sein kleines Gesicht und er hängte sich sorgenvoll an den Ärmel seiner Mutter. »Mami«, sagte er, »das Meer hat bestimmt bald kein Wasser mehr, weil ich so viele Eimer rausgenommen habe.«

Ob wir uns dessen bewusst sind oder nicht, das ist die Art und Weise, wie wir Gott manchmal sehen. Wir fürchten uns davor, von ihm zu nehmen, weil wir nicht wissen, dass seine Quellen unerschöpflich sind. Wir verwandeln uns in diesen kleinen Jungen, der Angst hatte, er könnte mit seinem kleinen Plastikeimer den Ozean austrocknen lassen. Deshalb sagte David: »Hey Brüder, kommt, lasst uns den Herrn vergrößern. Lasst uns ihn in unserem Herzen, in unserem Verstand, in unserem Bewusstsein größer machen. Kommt schon, lasst uns den Herrn vergrößern!« Wir können den Herrn nicht größer machen, als er schon ist, aber wir können ihn sicherlich in unserem Bewusstsein größer werden lassen, indem wir seine Gegenwart mehr und mehr erkennen.

Kenne deinen Oberbefehlshaber

Es ist interessant, bei dem zuzuhören, was manche Christen sagen. Du hörst sie vielleicht darüber reden, was der Teufel ihnen angetan hat, wie sie echt wütend auf den Teufel wurden und wie sie die ganze Nacht damit verbracht haben, den Teufel in die Schranken zu weisen. Solche Christen laufen vielleicht auch überall herum und erzählen den Leuten, was der Teufel ihnen gesagt hat, aber du wirst sie niemals sagen hören, was *der Herr* ihnen gesagt hat. Rate mal, warum? Sie sind auf die falsche Frequenz eingestellt.

Statt Jesus und seine Gegenwart größer werden zu lassen und sich seiner bewusst zu sein, vergrößern sie den Teufel und sind mehr Teufel-bewusst als Jesus-bewusst. Das ist wirklich traurig! Sie reden immer über geistliche Kampfführung und den Teufel. Weißt du, dass die beste Kampfführung darin besteht, den Herrn Jesus in deinem Leben größer zu machen? Die Bibel erklärt: »Gott wird sich erheben und seine Feinde zerstreuen …« (Ps 68,2 NLB). Amen!

Vor Kurzem unterhielt ich mich mit einer Medizinerin über geistliche Kampfführung. Sie erzählte mir: »Wenn eine Krankheit in deinem Körper ist, musst du deren genaue medizinische Bezeichnung kennen, damit du ganz gezielt dagegen beten kannst.« Dann sagte sie etwas selbstgefällig zu mir: »Für jemanden, der in der Armee gewesen ist, solltest du das eigentlich wissen: Die wichtigste militärische Strategie besteht darin, deinen Feind zu kennen.«

Ich lächelte sie an und sagte: »Eigentlich glaube ich, dass die wichtigste militärische Strategie nicht die ist, deinen Feind zu kennen, sondern deinen Oberbefehlshaber und seine Anweisungen an dich.«

Mein Freund, kennst du deinen Oberbefehlshaber, Jesus Christus? Bist du dir völlig bewusst, dass seine Gegenwart und unverdiente Gunst mit dir sind? Fange an, dir die Gegenwart Jesu heute in deinem Leben bewusst zu machen und erlebe, wie er deine Situation verändern wird!

KAPITEL 6

DEIN RECHT AUF GOTTES UNVERDIENTE GUNST

Es besteht kein Zweifel daran, dass alle Gläubigen die unverdiente Gunst Gottes in ihrem Leben erfahren wollen. Jeder von uns will in Ehe, Familie, Beruf wie auch im Dienst Erfolg erleben. Wir wollen uns alle an Gottes besten und reichsten Segnungen erfreuen. Wir wollen, dass seine Versorgung, seine Gesundheit und seine Kraft mächtig durch unser Leben fließen, und wir wissen, dass alle diese Segnungen in Gottes unverdienter Gunst verborgen sind. Wenn seine unverdiente Gunst auf unserer Seite ist, kann nichts gegen uns bestehen. Aber wenn seine Gunst unverdient ist, wie können wir uns dann für sie qualifizieren? Wenn wir sie uns nicht verdienen oder erarbeiten können, wie können wir dann sicher sein, dass wir seine unverdiente Gunst haben?

Wenn man auf die Kirchengeschichte zurückblickt, hat es schon viele hervorragende Schriften gegeben, in denen es darum ging, wie Gläubige die Gunst Gottes erleben können. Wir sind gelehrt worden, uns hohe Ziele zu setzen, positiv zu sein und eine bevorzugte Behandlung zu erwarten. Ich danke Gott für christliche Prediger und Autoren, die Gläubige herausfordern, Gottes Gunst in ihrem heutigen Leben zu erwarten. Ich bin durch solche geistlichen Dienste, die eine enorme Hoffnung und Ermutigung für den Leib Christi sind, sehr gesegnet worden.

Wir brauchen weltweit mehr Dienste, die sich dem neuen Bund verschreiben; Dienste, die von der Person Jesu nur so strotzen, das Kreuz verherrlichen und das vollbrachte Werk Christi erheben. Wir brauchen Dienste, die Gläubige daran erinnern, dass Gott wegen ihrer Sünden nicht mehr böse auf sie ist und dass all ihr Versagen – das vergangene, das gegenwärtige und sogar das zukünftige – gänzlich ans Kreuz genagelt und dort gerichtet worden ist. Wir haben genug von den Diensten, die sich auf das überholte Gesetz gründen und Gott fälschlicherweise als jemanden darstellen, der hart und zornig ist.

Als einer meiner Schwerpunkte in diesem Buch will ich auf den bestehenden Lehrsätzen über Gunst aufbauen und die Gläubigen darin festigen, *dass sie heute das Recht auf Gottes unverdiente Gunst in ihrem Leben haben*, und ihnen zeigen, *warum das so ist.* Kennst du die Antworten auf die folgenden Fragen?

Warum darfst du erwarten, dass dir Gutes widerfährt?

Warum darfst du Gottes unverdiente Gunst genießen?

Warum darfst du Gott um Großes bitten?

Deine Gerechtigkeit in Christus ist dein Recht auf Gottes unverdiente Gunst

Lieber Freund, du findest alle Antworten auf dem Berg Golgatha, auf der Schädelstätte. Das ist der Ort, wo der einzige sündlose Mensch zur Sünde wurde, damit du und ich in ihm zur Gerechtigkeit Gottes werden können. Seine Gerechtigkeit ist *dein Recht* auf Gottes unverdiente Gunst.

Du darfst Gutes erwarten …

Du darfst Gottes unverdiente Gunst genießen …

Du darfst Gott um Großes bitten …

… weil du durch das Opfer Jesu am Kreuz zur Gerechtigkeit Gottes wurdest!

Glaube nicht nur meinen Worten. Es ist wichtig, dass du es selbst im Wort liest:

> *Den [Jesus Christus], der Sünde nicht kannte, hat er [Gott] für uns zur Sünde gemacht, damit wir Gottes Gerechtigkeit würden in ihm [Jesus Christus]. – 2. Korinther 5,21 ELB*

Deine Gerechtigkeit in Christus ist das sichere Fundament, auf das du deine Erwartungen, Gottes unverdiente Gunst zu erhalten, bauen kannst. Gott sieht dich durch das Kreuz seines Sohnes, und genauso wie Jesus heute der Segnungen, des Friedens, der Gesundheit und der Gunst würdig ist, bist auch du es (1Joh 4,17)!

Die richtige Definition von Gerechtigkeit

Heutzutage gibt es eine Menge Missverständnisse über die Bedeutung von »Gerechtigkeit«. Viele Gläubige verbinden mit Gerechtigkeit eine Liste von Dingen, die sie tun müssen, und wenn sie diese Liste erfüllen, fühlen sie sich »gerecht«. Wenn sie im Gegenzug bei ihrem Tun oder Verhalten versagen, fühlen sie sich »ungerecht«. Doch diese Definition und dieses Verständnis von Gerechtigkeit sind falsch.

Gehen wir zu dem zurück, was die Bibel dazu zu sagen hat. Schau dir noch einmal 2. Korinther 5,21 an. Wir sind nicht gerecht, weil *wir* das Richtige tun. Wir *wurden* gerecht, weil *Jesus* das Richtige für uns am Kreuz getan hat. »Gerechtigkeit« ist also nicht auf *unser* richtiges Tun gegründet. Sie ist vollständig auf das richtige Tun Jesu gegründet. Beim wahren Christsein geht es nicht darum, etwas *richtig zu machen*, um gerecht zu werden. Es geht nur darum, *richtig* an Jesus *zu glauben*, um gerecht zu werden.

Fällt dir auf, dass wir darauf konditioniert worden sind, Segen mit dem richtigen Tun zu verbinden? Die meisten Glaubenssysteme beruhen auf einem Leistungsprinzip, bei dem du gewisse Forderungen erfüllen musst – den Armen geben, anderen Gutes tun und für die Benachteiligten sorgen –, um einen gewissen Zustand der Gerechtigkeit zu erlangen. Das alles klingt sehr edel, selbstaufopfernd und reizvoll für unser Fleisch, das sich gerne so fühlt, als wären es unsere guten Werke gewesen, mit denen wir uns unsere Gerechtigkeit verdient haben.

Aber Gott schaut nicht auf deine hohen Ideale, Opfer oder guten Werke, um dich gerecht zu sprechen. Er ist nur an der Demut Jesu interessiert, die sich am Kreuz zeigt. Er schaut auf das vollkommene Opfer seines Sohnes auf Golgatha, um dich zu rechtfertigen und gerecht zu machen! Wenn du durch gute Werke gerechtfertigt und durch das Halten der Zehn Gebote gerecht werden willst, verleugnest du das Kreuz Jesu. Genauso gut könntest du sagen: »Das Kreuz reicht nicht aus, um mich zu rechtfertigen. Ich brauche auch meine guten Werke, um mich selbst rein und gerecht vor Gott zu machen.«

Es gibt da einen wundervollen Vers im Neuen Testament, wo der Apostel Paulus sagt: »Ich mache die Gnade Gottes [unverdiente Gunst] nicht ungültig; denn wenn Gerechtigkeit durch Gesetz kommt, dann ist Christus umsonst gestorben« (Gal 2,21 ELB).

Mein Freund, lass uns diesen Vers nicht auf die leichte Schulter nehmen. Beachte sorgfältig, was Paulus hier sagt. Gewissermaßen sagt er: Wenn du dich auf *deine* guten Werke, *dein* Tun und *deine* Fähigkeit verlässt, um durch das perfekte Einhalten der Zehn Gebote gerecht zu werden, dann ist Jesus umsonst gestorben! Das ist die Bedeutung von »vergeblich« – umsonst!

Deine Gerechtigkeit ist geschenkt, nicht verdient

Wenn du den Film *Die Passion Christi* von Mel Gibson nicht gesehen hast, dann ermutige ich dich, dir die DVD zu holen und dir anzuschauen, was Jesus alles für dich auf dem Weg zum Kreuz getan hat. Beachte die Seelenqualen, die er im Garten Gethsemane erduldet hat, wo er betete, um sich auf die Tortur vorzubereiten, von der er wusste, dass sie auf ihn zukommen würde.

Schau dir an, wie dein König von skrupellosen römischen Soldaten festgenommen wurde, die sich über ihn lustig machten und ihm eine aus Dornen geformte Krone fest auf den Kopf drückten. Schau dir an, wie dein Retter einen Hieb nach dem anderen durch eine Peitsche erlitt, die dafür bestimmt war, größtmögliche Schmerzen zuzufügen – eine Geißel, die mit zerbrochenem Glas und Haken durchsetzt war, sodass mit jedem Schlag Fleisch aus seinem bereits zerfetzten Rücken gerissen wurde.

In einer der Szenen brach er unter den Hieben zusammen und ich schrie innerlich auf und wünschte mir, er würde liegenbleiben, damit seine Peiniger nachließen. Aber er blieb nicht liegen. Mit seinen Gedanken auf dich und mich gerichtet, klammerte er sich an den Pfahl und zog sich selbst hoch, um das volle Maß der Geißelung auf sich zu nehmen, denn er wusste, dass wir durch seine Wunden geheilt sein würden (Jes 53,5).

Seine Todesqual war noch nicht beendet, als die hartgesottenen Soldaten es leid wurden ihn auszupeitschen. Die Soldaten schoben ein schweres Kreuz auf seinen völlig blutüberströmten Rücken und zwangen ihn, die splittrigen Balken in Richtung Golgatha zu tragen. Nachdem er diese bösartige Behandlung kaum überlebt hatte, war es kein Wunder, dass Jesus, nachdem er einen Teil des Weges taumelnd hinter sich gebracht hatte, unter der Last des Kreuzes zusammenbrach. Die Soldaten mussten einen Passanten dazu zwingen, Jesus beim Tragen des Kreuzes zu helfen. Danach wurde unser Herr auf das Kreuz gelegt und bekam auf brutale Weise riesige, lange Nägel durch seine Hände und Füße geschlagen.

Hat Jesus das alles umsonst ertragen? War es vergebens?

Genau das sagen nämlich die Christen, die darauf bestehen, sich ihre Gerechtigkeit durch das Gesetz zu verdienen.

Lass mich noch einmal Paulus anführen, damit du selbst sehen kannst, was ich meine:

> *Ich mache die Gnade Gottes [unverdiente Gunst] nicht ungültig; denn wenn Gerechtigkeit durch Gesetz kommt, dann ist Christus umsonst gestorben. – Galater 2,21* ELB

Mein Freund, mach nicht die Gnade (unverdiente Gunst) Gottes in deinem Leben zunichte, indem du auf dich selbst baust und versuchst, dich durch eigene Anstrengungen vor Gott gerecht zu machen. Wir können uns Gottes Gunst und Annahme nicht verdienen. Wir können Gerechtigkeit nur als kostenloses Geschenk von Gott empfangen. Während Gottes Gerechtigkeit für uns ein kostenloses Geschenk ist, hat sie ihn viel gekostet. Er bezahlte dafür mit dem Blut seines geliebten Sohnes Jesus Christus. Sie ist ein Geschenk, das nur gratis gegeben werden kann, nicht weil sie billig ist, sondern weil sie einfach unbezahlbar ist!

»Aber Pastor Prince, wie kann ich, der nichts richtig gemacht hat, gerecht gemacht werden?«

Gut, beantworte mir zuerst Folgendes: Wie konnte Jesus, der keine Sünde kannte, am Kreuz für uns zur Sünde werden?

Weißt du, Jesus selbst hatte keine Sünde, aber er nahm die Sünden der ganzen Menschheit auf sich. Auf der anderen Seite hatten du und ich selbst keine Gerechtigkeit, doch am Kreuz nahm Jesus alle unsere Sünden auf sich (die vergangenen, gegenwärtigen und zukünftigen) und gab uns im Austausch dafür seine vollkommene, ewige Gerechtigkeit. Ist diese Gerechtigkeit, die wir erhalten haben, nun das Ergebnis unserer Werke oder das seines Werkes? Es ist eindeutig, dass unsere Gerechtigkeit das Ergebnis *seines* Werkes ist, und wir können seine Gerechtigkeit nur durch seine unverdiente Gunst empfangen!

Unsere Gerechtigkeit ist das Ergebnis von Jesu Werk und wir können seine Gerechtigkeit nur durch seine unverdiente Gunst empfangen!

Lass mich dir die deutlichste Definition von Gnade (unverdienter Gunst) in der Bibel zeigen:

> *Wenn aber aus Gnade [unverdienter Gunst], so ist es nicht mehr um der Werke willen; sonst ist die Gnade [unverdiente Gunst] nicht mehr Gnade [unverdiente Gunst]; wenn aber um der Werke willen, so ist es nicht mehr Gnade [unverdiente Gunst], sonst ist das Werk nicht mehr Werk. – Römer 11,6*

Kannst du mir folgen? Es gibt keinen Mittelweg. Entweder bist du durch Gottes unverdiente Gunst gerecht oder du versuchst, dir aufgrund deiner eigenen Werke Gerechtigkeit zu verdienen. Du verlässt dich entweder auf Jesus oder auf dich selbst.

Die Stimme der Anklage

Vielleicht fragst du dich: »Was ist daran so besonders? Warum ist es so wichtig zu wissen, wie ich gerecht wurde? Ist das nicht etwas, das Theologen und Bibelschüler ergründen sollten?«

Jetzt kommen wir zum spannenden Teil. Es ist wichtig aus folgendem Grund: Während du versuchst, Gott zu glauben, dass er in deinem Leben Großes tun kann und will, und du darauf vertraust, dass deine Gebete erhört werden, wird dich die Stimme der Anklage belästigen:

»Was glaubst du, wer du bist?«

»Weißt du nicht mehr, wie du heute Morgen deine Ehefrau angeschrien hast? Warum sollte Gott dir heute Gunst für deine wichtige Präsentation auf der Arbeit geben?«

»Schau, wie schnell du auf der Straße die Nerven verlierst. Wie kannst du die Frechheit besitzen zu erwarten, dass dir gute Dinge widerfahren?«

»Du nennst dich selbst Christ? Wann hast du denn das letzte Mal in der Bibel gelesen? Was hast du für Gott getan? Warum sollte Gott dein Kind heilen?«

Klingen diese Anklagen nicht schrecklich vertraut? Und die Art und Weise, wie du dann auf diese Stimme der Anklage reagierst, wird aufdecken, was du wirklich glaubst. Das ist die Bewährungsprobe für das, was du glaubst. Jetzt kommt's drauf an! Der eine Mensch denkt: »Ja, das stimmt, ich verdiene es nicht. Wie kann ich erwarten, dass bei der Präsentation in der Firma Gottes Gunst auf mir ist, wenn ich heute Morgen so schroff zu meiner Frau gewesen bin?« Das ist die Antwort eines Menschen, der glaubt, dass er sich seine Gerechtigkeit und Annahme vor Gott verdienen muss. Dieser Mensch glaubt, dass er nur dann Gutes von Gott erwarten darf, wenn sein Verhalten gut und seine Liste an selbstauferlegten Forderungen abgehakt ist.

Er wird wahrscheinlich in sein Büro stürmen, weil er immer noch vor Zorn über seine Frau kocht. Am Schlimmsten ist jedoch, dass er sich wegen seines Zorns von der Gegenwart Jesu abgeschnitten fühlt und denkt, er sei ungeeignet, Gott um seine Gunst bei dieser Präsentation zu bitten. Zerzaust und aufgewühlt betritt er den Konferenzraum. Er vergisst seine Argumente und sucht angestrengt nach Worten, was dazu führt, dass seine Firma diesen wichtigen Kunden verliert. Seine Vorgesetzten sind von ihm enttäuscht und halten ihm eine gewaltige Standpauke. Frustriert und beschämt fährt er auf dem Nachhauseweg wie ein Irrer und hupt jedes Auto an, das sich bei Grün nicht sofort in Bewegung setzt. Zuhause angekommen regt er sich sogar noch mehr über seine Frau auf, weil er sie dafür beschuldigt, ihn am Morgen in eine so schlechte Stimmung versetzt zu haben. Er macht sie für seine schreckliche Präsentation und für den Verlust des wichtigen Kunden verantwortlich! Es ist alles IHRE Schuld!

Und jetzt sieh dir mal den Unterschied an, wenn diese Person stattdessen denkt: »Ja, du hast Recht. Ich verdiene Gottes Gunst überhaupt nicht, denn ich habe heute Morgen meiner Frau gegenüber die Fassung verloren. Aber weißt du was? Ich schaue nicht auf das, was ich verdiene. Ich schaue auf das, was Jesus verdient. Selbst in diesem Moment danke ich dir, Jesus, dass du mich als vollkommen gerecht ansiehst. Aufgrund des Kreuzes und deines vollkommenen Opfers darf ich bei meiner Präsentation Gottes unverdiente Gunst erwarten. Alle meine Fehler, sogar mein Ton heute Morgen, sind von deiner Gerechtigkeit bedeckt. Ich darf Gutes erwarten – nicht weil ich gut bin, sondern weil du gut bist! Amen!«

Siehst du den erstaunlichen Unterschied? Diese Person ist auf die Gerechtigkeit Jesu gegründet und nicht auf ihr eigenes, richtiges Tun oder auf ihr gutes Benehmen. Dieser Mann geht zur Arbeit und verlässt sich dabei auf die unverdiente Gunst Jesu. Er legt eine hervorragende Präsentation hin und schließt für seine Firma den Vertrag mit dem wichtigen Kunden ab. Seine Vorgesetzten sind von seiner Vorstellung beeindruckt und merken ihn für die nächste Beförderung vor. Er fährt mit Frieden und Freude nach Hause und fühlt die Liebe und Gunst des Vaters. Folglich ist er auch geduldiger gegenüber anderen Fahrern.

Richtiger Glaube führt immer zur richtigen Lebensweise.

Heißt das nun, dass er alle seine Fehler unter den Teppich kehrt und so tut, als wären sie nie geschehen? Keineswegs! Dieser Mann, der sich völlig darüber bewusst ist, dass der Herr mit ihm ist, wird in Christus die Kraft finden, sich bei seiner Frau für seinen Ton ihr gegenüber zu entschuldigen. Weißt du, ein Herz, das von unverdienter Gunst berührt wurde, kann nicht an Unversöhnlichkeit, Zorn oder Bitterkeit festhalten. Welche der obigen Schilderungen zeigt wahre Heiligkeit? Natürlich die zweite. Sich auf Gottes Gunst zu verlassen, führt zu tatsächlich ausgelebter Heiligkeit. Der richtige Glaube führt immer zur richtigen Lebensweise.

Die Gnade Gottes antwortet dir in dem Moment, wenn du sie am wenigsten verdienst

Die Gnade Gottes ist die nicht erarbeitete, unverdiente und leistungsunabhängige Gunst Gottes. Wenn Gott dir in dem Moment antwortet, in dem du es am wenigsten verdienst: *Das* ist Gnade. *Das* ist seine erstaunliche und unverdiente Gunst! An deinem Tiefpunkt, in deiner dunkelsten Stunde scheint sein Licht für dich und du wirst zum Empfänger seiner unverdienten Gunst, und ein Empfänger von Gunst kann gar nicht anders, als diese Gnade an andere weiterzugeben.

Mein Freund, in und aus uns selbst verdienen wir gar nichts Gutes. Aber weil wir in Christus und in seiner Gerechtigkeit sind, wird Gott uns heute keine Segnungen für unser Leben vorenthalten. Unsere Aufgabe ist es nicht, uns mit unseren eigenen Werken abzumühen und dabei unabhängig von Gott zu sein, sondern vielmehr unser Augenmerk darauf zu richten, alles von ihm zu empfangen, was wir brauchen.

Ich glaube, dass du Gottes unverdiente Gunst umso mehr erfahren wirst, je größer dein Gerechtigkeitsbewusstsein ist. Wenn die Stimme der Disqualifizierung dich an all die Bereiche erinnert, in denen du versagt hast, *dann* ist das genau der richtige Moment, sich Jesus zuzuwenden und auf seine Stimme zu hören, die dich für qualifiziert erklärt. Das ist der wahre Glaubenskampf! Der Glaubenskampf besteht darin, zu glauben, dass du durch Glauben und nicht durch Werke gerecht gemacht bist. Paulus, der über seine Errungenschaften unter dem alten Bund spricht, sagt, er sehe sie alle »als Verlust an, weil die Erkenntnis Christi Jesu, meines Herrn, alles übertrifft. Seinetwegen habe ich alles aufgegeben und halte es für Unrat, um Christus zu gewinnen und in ihm zu sein. Nicht *meine eigene Gerechtigkeit* suche ich, *die aus dem Gesetz hervorgeht*, sondern jene, die durch den Glauben an Christus kommt, *die Gerechtigkeit, die Gott aufgrund des Glaubens schenkt*« (Phil 3,8–9 EÜ).

Es gibt in der Bibel also ganz offensichtlich zwei Arten von Gerechtigkeit: 1. Eine Gerechtigkeit, die hervorgeht aus *deinem* Gehorsam und *deinem* Versuch, sie sich zu verdienen. 2. Eine Gerechtigkeit, die aus dem Glauben an *Jesus Christus* kommt.

Nur eine von diesen beiden hat ein festes und nicht zu erschütterndes Fundament. Eine ist auf *dich* und *deine* Fähigkeiten gebaut, das Gesetz zu halten, die andere auf den Fels der Ewigkeit: Jesus Christus. Die eine gibt dir nur gelegentlich die Zuversicht, Gott um seine Gunst zu bitten – und zwar abhängig von deiner Einschätzung, wie gut du etwas hinbekommen hast. Die andere hingegen gibt dir die STÄNDIGE Zuversicht, dass du Zugang zu seiner unverdienten Gunst hast – sogar dann, wenn du denkst, dass du höchst unwürdig bist.

Worauf willst du dich verlassen, wenn es darauf ankommt? Auf deine eigene, wackelige Gerechtigkeit oder auf die vollkommene, felsenfeste Gerechtigkeit Jesu? Es ist der Glaube an die Gerechtigkeit Jesu, die dir das Recht auf Gottes unverdiente Gunst gibt. Aufgrund dessen, was Jesus am Kreuz getan hat, darfst du heute erwarten, dass dir Gutes widerfährt. Du darfst Gott um Großes bitten und dich nach der wunderbaren Bestimmung ausstrecken, die er für dich und deine Familie hat.

Seine Gerechtigkeit ist dein Recht auf Gottes unverdiente Gunst! Lass nicht zu, dass irgendeine Stimme der Anklage dir etwas anderes erzählt!

KAPITEL 7

GOTTES FRIEDE FÜR DEINEN ERFOLG

Friede ist nicht die Abwesenheit von Schwierigkeiten in deinem Leben. Er ist nicht die Abwesenheit von Unfrieden, Herausforderungen oder Dingen, die in deinem äußeren Umfeld nicht harmonisch sind. Es ist möglich, inmitten der größten Krise deines Lebens zu sein und dennoch Frieden zu erleben. Das ist der wahre Friede, den du mit Jesus erleben kannst – Friede, der alles Verstehen übersteigt. Menschlich gesehen ergibt es keinen Sinn, dass du dich in einer Notlage völlig ruhig und friedvoll fühlst, aber übernatürlich betrachtet kannst du mit Frieden erfüllt sein!

Die Welt definiert Frieden, Harmonie und Ruhe anhand dessen, was im Bereich der Sinne geschieht. Die weltliche Vorstellung von Frieden sieht vielleicht so aus: ein Mann in einer Hängematte an einem weißen Sandstrand in Hawaii, Luau-Musik, die leise in der Hütte spielt, Kokospalmen, die sich in vollkommenem Einklang wiegen, und warme, blaue Wellen, die träge am Ufer ausrollen. Das nennt die Welt Frieden – bis die Realität sich wieder bemerkbar macht und der flüchtige Friede, den man gerade eben noch erlebt hat, sich in Luft auflöst!

Weißt du, mein Freund, du kannst mit deiner äußeren Umgebung deinen innerlichen Unfrieden nicht dauerhaft besänftigen. Nur Jesus kann berühren, was du im Innern fühlst, und diesen

Unfrieden in seinen Frieden verwandeln. Mit dem Herrn an deiner Seite und dem bleibenden Frieden in dir kannst du deine äußeren Umstände beeinflussen. Nicht anders herum. Mit Jesus findet Veränderung immer von innen nach außen statt und nicht von außen nach innen.

Friede mitten im Sturm

Ich erinnere mich, von einem Kunstwettbewerb gelesen zu haben, bei dem es darum ging, »Frieden« zu malen. Der Künstler, der in seinem Werk Frieden am eindrücklichsten darstellen konnte, würde den Wettbewerb gewinnen. Die Künstler sammelten ihre Farben, Leinwände und Pinsel zusammen und machten sich an die Arbeit, um ihre Meisterwerke zu erschaffen. Als es an der Zeit war, die Kunstwerke zu beurteilen, waren die Richter beeindruckt von den verschiedenen friedlichen Szenen, die von den Künstlern dargestellt worden waren. Da gab es ein majestätisches Werk, das den Glanz eines Sonnenuntergangs über saftigem Grün einfing, ein anderes, das eine ruhige Landschaft mit in Mondlicht getauchten Hügeln darstellte, und ein weiteres bewegendes Werk, das einen einzelnen Mann zeigte, der gemächlich durch ländliche Reisfelder spazierte.

Dann kamen die Richter zu einem sonderbaren Werk, das fast entsetzlich aussah und für manchen vielleicht sogar hässlich. Es war der genaue Gegensatz zu all den anderen Werken, welche die Richter gesehen hatten. Es war ein wilder Missklang an grellen Farben, und die Aggression, mit der der Künstler seinen Pinsel über die Leinwand geführt hatte, war offensichtlich. Es stellte einen wütenden Sturm dar, bei dem sich die Meereswellen bedrohlich hoch auftürmten und mit donnernder Gewalt heftig gegen den zerklüfteten Rand einer Klippe schlugen. Blitze zuckten über den verdunkelten Himmel und die Äste des einzigen Baumes, der über die Klippe ragte, wurden von der Wucht des Sturmes zur Seite gefegt. Nun, wie konnte dieses Bild der Inbegriff von Frieden sein?

Dennoch verliehen die Richter den ersten Preis einstimmig an den Künstler, der den tobenden Sturm gemalt hatte. Während die Ergebnisse zunächst unverständlich erschienen, wurde die Entscheidung der Richter sofort klar, wenn man einen genaueren Blick auf die Leinwand warf. Versteckt in einer Felsspalte in der Klippe verbirgt sich eine Adlerfamilie in ihrem Nest. Die Adlermutter ist den tobenden Winden ausgesetzt, aber ihre Jungen sind sich des Sturms nicht bewusst und unter dem Schutz ihrer Flügel eingeschlafen.

Genau *das* ist die Art von Frieden, die Jesus dir und mir gibt! Er gibt uns Frieden, Sicherheit, Deckung und Schutz, sogar inmitten eines Sturms. Der Psalmist beschreibt es wunderschön: »Wer im Schutz des Höchsten lebt, der findet Ruhe im Schatten des Allmächtigen … Er wird dich mit seinen Flügeln bedecken, und du findest bei ihm Zuflucht. Seine Treue schützt dich wie ein großer Schild« (Ps 91,1.4).

Jesus gibt uns Frieden, Sicherheit, Deckung und Schutz, sogar inmitten eines Sturms.

Es gibt keinen sichereren Ort als die schützende Zuflucht unter den Flügeln unseres Retters. Es spielt keine Rolle, welche widrigen Umstände um dich herum wüten. Du kannst zum Herrn rufen und ihn um seine unverdiente Gunst bitten, wie David es in

Psalm 57,2 (NLB) tat: »Gott, sei mir gnädig und erbarme dich über mich, denn bei dir suche ich Schutz. Unter den Schatten deiner Flügel will ich mich flüchten, bis das Unglück vorüber ist.« In der englischen Bibelübersetzung *New King James Version* steht: »Sei mir barmherzig, oh Gott, sei mir barmherzig! Denn meine Seele vertraut auf dich; und im Schatten deiner Flügel nehme ich Zuflucht, bis dieses Elend vorüber ist.«[6] Welch gesegnete Gewissheit dürfen wir heute haben, wenn wir wissen, dass selbst dann, wenn um uns herum Elend und Zerstörung wüten, wir im Herrn Zuflucht finden können.

Beginne deinen Tag mit Jesus

Weißt du, dass dein Gott verheißen hat, dass keine Waffe, die gegen dich geschmiedet wird, erfolgreich sein wird (Jes 54,17 NLB)? Nun, er hat nicht versprochen, dass *keine* Waffen gegen dich geschmiedet werden. Er hat versprochen, dass, selbst wenn Waffen gegen dich geschmiedet werden, sie dich nicht verletzen oder besiegen werden.

Es gibt alle möglichen Waffen, die gegen die Menschheit geschmiedet werden, insbesondere in diesen letzten Tagen. Denk nur an die vielen Arten tödlicher Viren, Krankheiten und Seuchen in der Welt. Wenn du das Fernsehen einschaltest und dir die Nachrichten anschaust, geht es scheinbar bei allem, was du hörst, nur um Krieg, Unruhen, Katastrophen, Finanzkrisen, Gewalt, Arbeitslosigkeit, Hungersnöte, den globalen Kollaps, Hypothekenkrisen, wachsende Kreditkartenschulden, Zusammenbrüche von Aktienmärkten und große Unternehmen, die Insolvenz anmelden. Es ist erstaunlich, wie viele Menschen morgens aufwachen und als Erstes nach der Zeitung greifen, um schlechte Nachrichten zu lesen, bevor sie sich auf den Weg zur Arbeit machen. Und dann, kurz bevor sie ins Bett gehen, sehen sie sich auch noch die Nachrichten im Fernsehen an.

Bitte versteh mich nicht falsch: Ich bin nicht dagegen, Zeitung zu lesen, Nachrichten zu schauen oder überhaupt fernzusehen. Aber ich will dich ermutigen, deinen Tag stattdessen mit Jesus zu beginnen, dir seine Gegenwart bewusst zu machen, ihn anzuerkennen, ihm deine Pläne zu übergeben und ihm zu vertrauen, dass er dir seine unverdiente Gunst, Weisheit und Stärke für den heutigen Tag schenken wird. Sei wie Josef in der Bibel. Der Herr war mit Josef und er war ein erfolgreicher Mann! Dein Erfolg rührt nicht daher, dass du auf dem letzten Stand bist, wenn es um den neuesten Virus oder die jüngste Katastrophe geht. Nein, dein Erfolg wird daher rühren, dass du auf die Frequenz der Gegenwart Jesu eingestellt bist!

Es gibt viele Leute in meiner Gemeinde, die ihren Tag damit beginnen, das Abendmahl zu nehmen – nicht als Ritual, sondern als eine Zeit, um sich an Jesus und die Macht seines Kreuzes zu erinnern. Während sie das Brot essen, verlassen sie sich auf Jesus, um seine Stärke und sein göttliches Leben in ihren Körper aufzunehmen. Während sie aus dem Kelch trinken, machen sie sich erneut das Geschenk der Gerechtigkeit bewusst, das das Blut Jesu am Kreuz erworben hat. Was für eine wunderbare Art, den Tag zu beginnen!

Ich habe inzwischen auch festgestellt, dass der letzte Gedanke vor dem Einschlafen sehr wichtig ist. Ich habe es schon ausprobiert und du kannst es auch tun: Wenn du ins Bett gehst, denke an Jesus und danke ihm für den Tag. Du kannst auch über eine seiner Verheißungen nachdenken, zum Beispiel über die in Jesaja 54,17. Sag einfach: »Danke, Vater. Dein Wort erklärt, dass keine Waffe, die gegen mich geschmiedet wird, erfolgreich sein wird!«

Danach wache ich auf und fühle mich meistens belebt und munter, voller Energie und erfrischt, obwohl ich nicht lang geschlafen habe.

Wenn ich im Gegenzug dazu ins Bett gehe und mir noch der Kopf schwirrt von dem, was ich gerade in den Nachrichten gehört habe, fühle ich mich beim Aufwachen immer noch müde, obwohl ich vielleicht viel länger als gewöhnlich geschlafen habe. Manchmal habe ich sogar Kopfschmerzen. Kennst du das auch? Nun, das musst du nicht noch einmal erleben. Lass deinen Tag von der Gegenwart Jesu durchdrungen und umgeben sein. Beginne den Tag mit Jesus, genieße ihn über den Tag hinweg und beende den Tag, indem du über Jesus nachdenkst!

Weißt du, Psalm 127,2 (EÜ) beschreibt genau das, worüber wir gerade sprechen. Dort steht: »Es ist umsonst, dass ihr früh aufsteht und euch spät erst niedersetzt, um das Brot der Mühsal zu essen; denn zu Recht gibt der Herr den Seinen den Schlaf.« Das Brot der Welt ist das Brot der Mühsal, doch Jesus ist unser Brot des Lebens (Joh 6,35). Wenn du dich von ihm ernährst, wirst du physisch, emotional und geistlich genährt, während das Brot der Welt dich nur körperlich erschöpft und dich emotional austrocknet, weil es deinem Leben Stress, Angst und Sorge hinzufügt.

Ist es nicht wunderbar, dass ein qualitativ guter Schlaf ein Geschenk Gottes ist? Wenn du nachts mit dem Einschlafen kämpfst, vertraue auf Jesus. Lass in deinem Herzen ein Bewusstsein entstehen, dass du von ihm geliebt bist, und ruhe in seinem Versprechen, dass er »den Seinen den Schlaf gibt«. Bist du der oder die Seine? Natürlich bist du das! Also bist du berechtigt, den Segen des Schlafes zu empfangen. Schlaflosigkeit ist nicht von Gott, aber Schlaf kommt von ihm!

Achte darauf, was durch die Tore deiner Augen und Ohren kommt

Ich sah mir kürzlich eine sehr beliebte Fernsehsendung an, in der der Moderator sogenannte Experten über die amerikanische Wirtschaft befragte. Ein »Experte« war sehr positiv gestimmt und nannte seine Gründe, warum er so optimistisch war. Dann unterbrach ihn ein anderer »Experte« und nannte seine Gründe für eine düstere wirtschaftliche Aussicht. Ich sah mir dieses Programm über eine Stunde lang an, doch letztendlich konnten sich diese »Experten« auf nichts einigen.

Wenn wir uns von Jesus ernähren, werden Weisheit, Verständnis, Friede, Freude und unverdiente Gunst durch unser Leben fließen!

Bei solchen Diskussionen, sei es im Fernsehen, in den Zeitungen oder im Internet, geht es darum, zwei Seiten zu präsentieren: eine gute und eine schlechte. Am Ende wird keine echte Lösung gefunden. Einige Zeit nachdem ich diese Sendung gesehen hatte, erzählte ich meinem Pastorenteam, dass ich etwas festgestellt hatte: Ich hatte mich unwissentlich von dem Baum der Erkenntnis von Gut und Böse ernährt. Das ist alles, was ich vom Anschauen solcher Programme bekam – mehr Wissen darüber, was gut und was böse war; aber dieses Wissen brachte mir nichts.

Wenn wir uns andererseits von der Person Jesu ernähren, die der Baum des Lebens ist, werden wir feststellen, wie seine Weisheit, sein Verständnis, sein Friede, seine Freude und seine unverdiente Gunst in unserem Leben fließen! Um es zu wiederholen:

Ich sage nicht, dass du keine Nachrichten schauen sollst. Ich sage nur, dass es wichtig ist, darauf zu achten, womit du deine Augen nährst. Es ist viel wirkungs- und kraftvoller, von Jesus erfüllt zu sein, anstatt von weltlichem Wissen.

Ich ermutige meine Gemeinde immer dazu, aufmerksam zu sein, was durch die Tore ihrer Augen und Ohren kommt. Im Grunde bedeutet das, dass wir uns bewusst sein müssen, was wir uns regelmäßig anschauen und anhören. Das Buch der Sprüche, das reich an Gottes Weisheit ist, sagt uns: »Mein Sohn, *achte auf meine Worte*, zu meinen Reden neige *dein Ohr*. Lass sie nicht aus *deinen Augen*, bewahre sie *in deinem Herzen*. Denn sie sind *Leben* für die, die sie finden, und *Heilung* sind sie für den ganzen Leib« (Spr 4,20–22 ZÜB).

Je mehr wir Jesus hören und sehen, umso gesünder und stärker werden wir! Unsere sterblichen Körper werden von seinem Auferstehungsleben und seiner Kraft durchdrungen!

Gott sagt uns, wir sollen darauf achthaben, was wir *hören*, was wir *sehen* und was in *unserem Herzen* ist. Er will, dass unsere Ohren voll sind von den gnadenvollen Worten Jesu und unsere Augen voll von der Gegenwart Jesu und dass unsere Herzen darüber nachsinnen, was wir in Jesus gehört und gesehen haben. Das bedeutet es im neuen Bund, auf Gottes Worte zu achten, denn Jesus ist das fleischgewordene Wort Gottes. In Johannes 1,14 heißt es: »Und das Wort ist Fleisch geworden und hat unter uns gewohnt und wir haben seine Herrlichkeit gesehen, die Herrlichkeit des einzigen Sohnes vom Vater, voll Gnade [unverdienter Gunst] und Wahrheit.«

Es geht bei allem darum, Jesus anzuschauen, und während wir ihn anschauen, werden wir mehr und mehr in sein Bild verwandelt, voll unverdienter Gunst und Wahrheit! Verpasse diese mächtige Verheißung nicht, mein Freund. Die Tore deiner Augen und Ohren auf Jesus auszurichten führt dazu, dass er unser *Leben* und unsere *Heilung* ist. Die Bibel zeigt uns: Auf Jesus zu hören und zu sehen wirkt sich auf die Gesundheit unseres Körpers aus. Je mehr wir Jesus hören und sehen, umso gesünder und stärker werden wir! Unsere sterblichen Körper werden von seinem Auferstehungsleben und seiner Kraft durchdrungen!

Wenn wir uns ständig die Nachrichten zu Gemüte führen, dann ist es kein Wunder, wenn wir uns schwach und müde fühlen. Das ist einfach keine vollwertige Nahrung für uns. Bitte höre genau hin, was ich sage: Es ist in Ordnung, dich über die Ereignisse in der Welt auf dem Laufenden zu halten und zu wissen, was im Nahen Osten geschieht und wie die Entwicklungen in Wirtschaft und Politik sind. Solche Informationen sind eventuell sogar wichtig für die Branche, in der du arbeitest. Ich erwarte nicht von dir, ein Ignorant zu sein oder in einer Höhle zu leben. Ich sage nur, dass du nicht eine Überdosis weltlicher Nachrichten und Entwicklungen nehmen und dich davon völlig vereinnahmen lassen solltest.

Empfange den Schalom Jesu für jeglichen Lebensstress

Die beste Art, um zu erkennen, ob du in die Dinge der Welt verwickelt bist, ist, dich sachlich selbst zu fragen: »Ist mein Herz beunruhigt?« Ich denke, dass der häufigste Killer in der heutigen Zeit *Stress* ist. Ärzte in meiner Gemeinde haben mir erzählt, dass sie einem Patienten, der hohen Blutdruck hat, raten können, sei-

nen Salzkonsum einzuschränken. Sie können ihre Patienten auch anweisen, ihre Zucker- und Cholesterinzufuhr einzuschränken. Aber eine Sache können sie als Ärzte bei ihren Patienten nicht kontrollieren, und das ist deren Stresspegel.
Ich persönlich glaube, dass die körperliche Ursache vieler Beschwerden heutzutage Stress ist. Stress kann verursachen, dass alles Mögliche im Körper aus dem Gleichgewicht gerät. Er kann vorzeitige Alterung, Ausschläge, Magenschmerzen und sogar abnorme Wucherungen in deinem Körper verursachen. Um es kurz zu machen: Stress tötet! Ärzte sagen uns, dass gewisse körperliche Symptome in Wirklichkeit »psychosomatisch« sind. Das bedeutet, dass diese Symptome ihre Ursache in psychischen Problemen wie zum Beispiel Stress haben. Stress stammt nicht von Gott. Von ihm kommt *Friede*!

Ich hoffe, du beginnst zu verstehen, warum Jesus sagte: »Ich lasse euch ein Geschenk zurück – meinen Frieden. Und der Friede, den ich schenke, ist nicht wie der Friede, den die Welt gibt. Deshalb sorgt euch nicht und habt keine Angst« (Joh 14,27 NLB). Jesus wird aber nicht das Wort »Friede« benutzt haben. Das griechische Neue Testament übersetzt »Frieden« mit *eirene*, aber da Jesus ein aramäisches Hebräisch gesprochen hat, wird er das Wort *schalom* benutzt haben – »**Schalom** hinterlasse ich euch, meinen **Schalom** gebe ich euch, nicht einen **Schalom,** wie die Welt ihn gibt, gebe ich euch.«

In der hebräischen Umgangssprache ist *schalom* ein sehr inhaltsreiches Wort. Es gibt kein deutsches Wort, das die Fülle, den Reichtum und die Kraft, die in dem Wort *schalom* enthalten sind, exakt wiedergibt. Deshalb konnten es die Bibelübersetzer nur mit dem Wort »Frieden« übersetzen. Aber während das Wort *schalom* Frieden zwar beinhaltet, bedeutet es doch *so viel* mehr. Lass uns einen Blick in das hebräische Wörterbuch von *Brown Driver &*

Briggs werfen, um eine bessere Vorstellung von dem zu bekommen, was Jesus gemeint hat, als er sagte: »Schalom hinterlasse ich euch«.

Das hebräische Lexikon beschreibt *schalom* als *Vollständigkeit, Sicherheit, Unversehrtheit (im Körper), Wohlbefinden, Gesundheit, Erfolg, Friede, Ruhe, Stille, Zufriedenheit, Friede in zwischenmenschlichen Beziehungen, Friede mit Gott speziell in der Bundesbeziehung und Friede anstelle von Krieg.*[7] Wow, was für ein gewaltiges Wort! Das ist der Schalom, den Jesus dir vererbt hat: seine Vollständigkeit, seine Sicherheit, seine Unversehrtheit, sein Wohlbefinden, seine Gesundheit, seinen Erfolg, seinen Frieden, seine Ruhe, seine Stille, seine Zufriedenheit, seinen Frieden in zwischenmenschlichen Beziehungen, seinen Frieden mit Gott durch den Bund, der am Kreuz geschlossen wurde, und seinen Frieden anstelle von Krieg. All das, mein Freund, ist heute ein Teil deines Erbes in Christus! Ich weiß nicht, wie es dir geht, aber wenn ich das auf mich wirken lasse, hüpft mein Herz auf und ab und preist den Herrn!

Kannst du das volle Ausmaß dessen erfassen, was es bedeutet, den Schalom Jesu in deinem Leben zu erfahren? Kannst du dir dein Leben frei von Reue, Ängsten und Sorgen vorstellen? Wie gesund, lebhaft, voller Energie und stark wärst du dann!

Der Friede, den Jesus gibt, ermöglicht dir ein erfolgreiches Leben

Jesus gibt dir seinen Schalom, um dich für Erfolg in deinem Leben vorzubereiten. Du kannst in deiner Ehe, deiner Familie oder deinem Beruf nicht erfolgreich sein, wenn Angst dich lähmt und handlungsunfähig macht. Heute, wenn du das liest, glaube ich von ganzem Herzen, dass Jesus schon angefangen hat, in deinem Herzen zu arbeiten, um dich von Ängsten jeglicher Art zu befreien. Das kann Versagensangst sein, die Angst vor Erfolg, die Angst vor der Meinung anderer Leute über dich oder sogar die Angst, dass Gott nicht mit dir sein könnte.

Alle Ängste, die du heute in deinem Leben erfährst, entstanden aus einer Unwahrheit, einer Lüge, an die du irgendwie geglaubt hast. Vielleicht hast du geglaubt, dass Gott zornig auf dich ist, du ihm missfällst und dass seine Gegenwart weit weg von dir ist. Aus diesem Grund sagt die Bibel: »Wo die Liebe regiert, hat die Angst keinen Platz; ›Gottes‹ vollkommene Liebe vertreibt jede Angst. Angst hat man nämlich dann, wenn man mit einer Strafe rechnen muss. Wer sich also noch ›vor dem Gericht‹ fürchtet, bei dem ist die Liebe noch nicht zum vollen Durchbruch gekommen« (1Joh 4,18 NGÜ).

Der Schalom Jesu ist auf deiner Seite, um dein Leben erfolgreich zu machen.

Diese Schriftstelle teilt uns Folgendes mit: Wenn du allmählich eine Offenbarung darüber bekommst, dass Gott dich vollkommen liebt (nicht aufgrund dessen, was du vollbracht hast, sondern aufgrund dessen, was Jesus für dich vollbracht hat), wird diese Offenbarung der unverdienten Gunst Jesu jede Furcht, jede Lüge, alle Ängste, alle Zweifel und jede Sorge, dass Gott gegen dich sein könnte, vertreiben. Je mehr du eine Offenbarung über Jesus hast und darüber, dass er dich vollkommen gemacht hat, umso freier wirst du sein, um seinen vollkommenen Schalom zu empfangen und im Leben erfolgreich zu sein!

Mein Freund, sei dir gewiss, dass du als ein an Jesus Christus Glaubender absoluten Frieden mit Gott hast. Der neue Bund der Gnade ist auch als der Friedensbund bekannt. Heute bist du auf der Gerechtigkeit Jesu gegründet und nicht auf deiner eigenen. Wegen Jesus sagt dir Gott heute Folgendes: »… so schwöre ich jetzt, dass ich dir nie mehr zürnen und nie mehr drohen [dich verdammen] werde. Auch wenn Berge weichen und Hügel beben, soll meine Gnade nicht von dir gehen; und der *Bund meines Friedens* soll niemals wanken …« (Jes 54,9–10).

Gott ist auf deiner Seite. Der Schalom Jesu ist auf deiner Seite, um dein Leben erfolgreich zu machen. Die Ressourcen des Himmels stehen dir zur Verfügung. Selbst wenn du dich momentan mitten in einem Sturm befindest, denke an das Bild der Adlerjungen, die unter den Flügeln ihres Versorgers behütet werden und trotz des Sturms fest schlafen. Und möge der Schalom Gottes, der allen Verstand übersteigt, dein Herz und deine Gedanken bewahren in Christus Jesus (Phil 4,7). Geh hin in diesem Frieden, mein Freund, und bleibe in seinem Schalom!

KAPITEL 8

DURCH BUNDESSCHLUSS BESIEGELTER ERFOLG IM LEBEN

Dieses Kapitel könnte eines der grundlegendsten und ausschlaggebendsten Kapitel in diesem Buch sein. Ich glaube, wenn du dir Zeit nimmst zu verstehen, was Gott mir heute für dich aufs Herz gelegt hat, wird er ein starkes Fundament in deinem Leben legen, das dich für jeden Erfolg vorbereitet. Ich wünsche mir für dich, dass du keine Abstriche mehr machst, wenn es darum geht, das Evangelium von Gottes unverdienter Gunst in deinem Leben zu verstehen. Gottes Gnade und unverdiente Gunst IST der neue Bund, dessen Vorzüge du heute genießen kannst. Abstriche und Verwirrung entstehen, wenn Gläubige anfangen, darum zu kämpfen, sich wieder unter den alten Bund Moses zu begeben.

Ich will dir schildern, was im Wesentlichen geschieht, wenn sie darauf bestehen, weiter unter dem Bund des Gesetzes zu bleiben. Stell dir Folgendes vor: Deine Firma hat dich befördert, gewährt dir eine beträchtliche Gehaltserhöhung von mehreren Tausend Dollar jeden Monat und gibt dir obendrauf noch ein neues Auto sowie ein wunderschönes neues Zuhause. Um diese Beförderung zu beurkunden, arbeitet die Personalabteilung einen neuen Arbeitsvertrag für dich aus, der alle neuen Bedingungen festlegt, zu denen dein Arbeitgeber sich bereiterklärt hat. Nun nehmen wir mal an, du bestehst darauf, weiterhin nach deinem alten Gehalt bezahlt zu werden, dein altes Auto zu fahren und in deiner alten Wohnung zu bleiben. Anstatt dich über die neuen Arbeitsbedingungen zu freuen, die dir angeboten werden, streitest du dich mit deinen Vorgesetzten und verlangst, dass man dich vollständig nach deinem alten Arbeitsvertrag entlohnt!

Klingt das lächerlich?

Absolut!

Dennoch entspricht das genau dem, was manche Gläubige heute tun. Sie haben in ihrem Herzen entschieden, dass sie unter dem alten Bund des Gesetzes bleiben und sich auf ihre eigenen Werke verlassen wollen, um sich die Segnungen, Anerkennung und Gunst Gottes zu verdienen. Sie haben das Kreuz zunichte gemacht und vergessen, dass Gott einen neuen Bund aufgerichtet hat, einen Bund seiner *unverdienten Gunst* durch das vollkommene Opfer Jesu Christi. Nun lass mich dir einige Schriftstellen geben, die explizit den neuen Bund und den alten Bund gegenüberstellen und miteinander vergleichen, damit du erkennen kannst, dass ich mir das nicht ausdenke.

Gott bemängelte den alten Bund des Gesetzes

Durch das vollbrachte Werk Jesu befindest du dich unter dem neuen Bund der unverdienten Gunst. Der alte Bund, der sich auf deine Werke gründete, ist nun überflüssig geworden. Schau dir an, was Hebräer 8,13 (NLB) sagt:

> *Wenn Gott von einem neuen Bund spricht, bedeutet dies, dass er den ersten für veraltet erklärt. Der alte Bund ist damit überholt, und sein Ende steht bevor.*

Lies diesen Vers aufmerksam in deiner Bibel nach. Es ist nicht Joseph Prince, der sagt, dass der alte Bund überflüssig geworden ist. Ich wiederhole nur, was ich in der Bibel gelesen habe. Gottes Wort sagt uns unmissverständlich, dass der Bund Moses veraltet und überholt ist. Er ist für den Gläubigen, der heute unter dem neuen Bund in Christus ist, nicht mehr von Bedeutung! Also bin nicht ich es, der den alten Bund beanstandet. *Gott selbst* bemängelte den alten Bund des Gesetzes.

Lass uns einen weiteren Vers anschauen:

> *Hätte der erste Bund keine Mängel gehabt, wäre es nicht nötig gewesen, ihn durch einen zweiten zu ersetzen.*
> *– Hebräer 8,7* NLB

Die englische *Living Bible* fängt die Aufgebrachtheit des Apostels Paulus über den alten Bund des Gesetzes folgendermaßen ein: »Das alte Abkommen hat nicht einmal funktioniert. Hätte es funktioniert, wäre es nicht nötig gewesen, es durch ein anderes zu ersetzen. Aber Gott selbst bemängelte das Alte …« (Hebr 8,7–8).[8]

Denk mal einen Moment ganz sachlich darüber nach. Lege nur mal für eine Sekunde alle traditionellen Lehrmeinungen, die du gehört oder gelesen hast, beiseite. Lass uns gemeinsam darüber nachdenken, aber nicht auf der Grundlage dessen, was Menschen sagen, sondern vollständig davon ausgehend, was Gott in seinem Wort sagt. Unsere einzige und unerschütterliche Grundlage ist Gottes Wort. Wenn wir von diesem soeben gelesenen Teil der Bibel ausgehen – wenn an dem alten Bund des Gesetzes nichts falsch gewesen wäre –, warum hätte Gott dann seinen einzigen und kostbaren Sohn hingeben sollen, damit er brutal ans Kreuz geschlagen würde und er mit uns einen neuen Bund schließen könnte? Wieso sollte er bereitwillig einen so hohen Preis zahlen und erlauben, dass Jesus öffentlich gedemütigt wird und unmenschliche Gewalt erleidet, wenn an dem alten Bund des Gesetzes nicht irgendetwas grundsätzlich falsch gewesen wäre?

Das Kreuz beweist, dass Gott den alten Bund für mangelhaft befunden und beschlossen hatte, ihn außer Kraft zu setzen. Er war fest entschlossen, uns von unseren Sünden zu erretten, indem er einen neuen Bund mit seinem Sohn Jesus schloss. Das ist die erstaunliche bedingungslose Liebe, die Gott für dich und mich hat. Er wusste, dass kein Mensch durch das Gesetz gerechtfertigt und gerecht gemacht werden konnte. Nur das Blut seines Sohnes würde in der Lage sein, uns in Christus zu rechtfertigen und uns gerecht zu machen.

In den gesamten 1500 Jahren der Geschichte Israels unter dem Bund des Gesetzes gibt es keinen einzigen Menschen, der durch das Gesetz gerecht gemacht wurde. Sogar die Besten von ihnen, wie zum Beispiel David, scheiterten. Die Bibel beschreibt ihn als einen Mann nach dem Herzen Gottes (1Sam 13,14; Apg 13,22). Aber sogar er scheiterte – er beging Ehebruch mit Batseba und ließ ihren Mann Uriah töten. Welche Hoffnung sollten wir, du und ich, also unter dem Gesetz haben?

Unter dem Gesetz sind sogar die Besten gescheitert. Unter der Gnade kann sogar der Schlechteste gerettet werden!

Gott sei Dank, dass unter dem neuen Bund seiner unverdienten Gnade sogar der Schlechteste von uns den Namen Jesus anrufen und ihn als persönlichen Herrn und Retter empfangen kann. In nur einem Augenblick können wir durch den Glauben an den mächtigen Namen Jesu gerecht gemacht werden! Unter dem Gesetz sind sogar die Besten gescheitert. Unter der Gnade kann sogar der Schlechteste gerettet werden!

Kenne deine Bundesrechte in Christus

Ich kann nicht genug betonen, wie überaus wichtig es für einen Gläubigen ist zu wissen, dass er unter dem neuen Bund der unverdienten Gunst Gottes steht und nicht mehr unter dem Gesetz. Viele gute, wohlmeinende und aufrichtige Gläubige leben heute in ständiger Niederlage, weil sie den neuen Bund und all die Vorzüge, die Jesus für sie am Kreuz erkauft hat, nicht kennen.

»Aber Pastor Prince, wir sollten nicht nach Vorzügen Ausschau halten, wenn wir an Jesus glauben.«

Ich bin froh, dass du diesen Punkt ansprichst. Lass uns mal schauen, was der Psalmist David darüber sagt: »Preise den HERRN, meine Seele, und all mein Inneres seinen heiligen Namen! Preise den HERRN, meine Seele, und *vergiss nicht alle seine Wohltaten*! Der da vergibt alle deine Sünde, der da heilt alle deine Krankheiten. Der dein Leben erlöst aus der Grube, der dich krönt mit Gnade und Erbarmen. Der mit Gutem sättigt dein Leben. Deine Jugend erneuert sich wie bei einem Adler« (Ps 103,1–5 ELB).

Lieber Freund, das ist das Herz Gottes. Er will, dass du dich an *alle* Wohltaten erinnerst, die Jesus durch sein Blut für dich erkauft hat! Es ist sein Herzenswunsch, dass du dich an jeder Wohltat, an jedem Segen und an jeder Gunsterweisung im neuen Bund seiner Gnade erfreust. Vergebung der Sünde gehört dir. Gesundheit gehört dir. Göttliche Bewahrung gehört dir. Gunst gehört dir. Gute Dinge und die Erneuerung deiner Jugend gehören dir! Das alles sind kostbare Geschenke, die der Herr dir gibt, und es bereitet ihm unaussprechliche Freude, wenn er sieht, dass du dich an diesen Geschenken erfreust und im Leben erfolgreich bist. Aber die *Unkenntnis* darüber, was Jesus am Kreuz vollbracht hat, beraubt viele Gläubige der Fähigkeit, sich an diesen guten Geschenken und Vorzügen zu erfreuen.

Das erinnert mich an die Geschichte eines Mannes, der eine verarmte, alte Frau besuchte, die im Sterben lag. Während er in dem engen Raum ihres zerfallenen Hauses neben ihrem Bett saß, erregte ein einzelner Bilderrahmen, der an der kahlen Wand hing, seine Aufmerksamkeit.

Statt eines Bildes enthielt der Rahmen ein gelbes Stück Papier, auf dem etwas geschrieben stand. Er fragte die Frau nach dem Papier und sie antwortete: »Nun, ich kann nicht lesen, daher weiß ich nicht, was darauf steht. Aber vor langer Zeit habe ich für einen sehr wohlhabenden Mann gearbeitet, der keine Familie hatte. Kurz bevor er starb, gab er mir dieses Stück Papier und ich hob es die letzten vierzig, fünfzig Jahre als Erinnerung an ihn auf.« Der Mann schaute genauer nach, was der Rahmen enthielt, zögerte einen Moment und sagte dann: »Wissen Sie, dass das der letzte Wille und das Testament dieses Mannes ist? Er benennt Sie als einzige Erbin über seinen ganzen Reichtum und sein ganzes Eigentum!«

Was wir brauchen, ist eine größere Offenbarung und Wertschätzung von Jesus und von allem, was er für uns getan hat!

Fast 50 Jahre lang hatte diese Frau in elender Armut gelebt, hatte Tag und Nacht gearbeitet, um sich mit ihrem mageren Lebensunterhalt durchzuschlagen. Die ganze Zeit über war sie in Wirklichkeit die Besitzerin eines ausladenden Anwesens und eines beneidenswerten Reichtums gewesen. Dennoch hatte ihre eigene Unkenntnis sie schlichtweg eines Lebens in Fülle und Luxus beraubt, an dem sie sich hätte erfreuen können. Es ist eine traurige Geschichte, aber es ist noch trauriger, dass sich diese Tragödie tagtäglich in dem Leben der Gläubigen abspielt, die nicht begreifen, welches Erbe Jesus ihnen hinterlassen hat, als er sein Leben am Kreuz aufgab.

Was wir heute nicht brauchen, sind noch mehr Gesetze, um die Gläubigen anzuleiten. Was wir brauchen, ist eine größere Offenbarung und Wertschätzung von Jesus und von allem, was er für uns getan hat! In Hosea 4,6 bedauert Gott: »Mein Volk geht zugrunde aus Mangel an Erkenntnis …« Lass uns nicht zu diesen Menschen gehören. Lass uns stattdessen Menschen sein, die voll von der Erkenntnis Jesu, seiner Person, seiner Liebe und seines vollbrachten Werkes sind. Erlaube deiner Unkenntnis nicht mehr, dich zu berauben. Finde heute alles über deine Bundesrechte in Christus heraus!

Den alten und neuen Bund richtig unterscheiden

Um den neuen Bund der Gnade völlig wertschätzen zu können, müssen wir erst einmal verstehen, was ein »Bund« ist. Durch die Geschichte der Menschheit hindurch hat Gott mithilfe seiner Bündnisse Beziehungen zum Menschen hergestellt. Ein Bund ist nicht lediglich ein Vertrag oder eine rechtswirksame Vereinbarung. Er ist viel mehr als das. An jedem Bund ist auch Blut beteiligt. Deshalb ist auch eine Ehe kein Vertrag. Sie ist ein Bund. Beim Vollzug der Ehe ist vorgesehen, dass Blut vergossen wird. Das zeigt, wie wichtig ein Bund in Gottes Augen ist. Die Ehe gründet sich auf Blut und wird durch Blut eingeweiht.

Ich zeige dir einen sehr einfachen Weg, um die gesamte Bibel zu verstehen. Schau dir den Teil der Bibel an, der mit »Altes Testament« gekennzeichnet ist; dieser beschäftigt sich vorwiegend mit dem alten Bund. Wenn du dir den Teil der Bibel anschaust, der mit »Neues Testament« gekennzeichnet ist, ist *das* im Grunde genommen der neue Bund. Dennoch fängt der neue Bund eigentlich nicht mit den vier Evangelien von Matthäus, Markus, Lukas und Johannes an, da diese Bücher vorwiegend vom Leben Jesu vor dem Kreuz handeln. Tatsächlich fängt der neue Bund nach der Auferstehung Jesu Christi an. Deshalb stellt das Kreuz für uns den markantesten Punkt dar, an dem der neue Bund beginnt.

»Pastor Prince, ist diese Sache mit dem alten und neuen Bund nicht nur etwas für Bibelschüler? Warum soll das für mich von Bedeutung sein?«

Warte mal kurz. Bevor du die Hände über dem Kopf zusammenschlägst und aufgibst, will ich dir erklären, warum es von entscheidender Bedeutung für jeden Gläubigen ist, den Unterschied zwischen dem alten und dem neuen Bund zu verstehen. Es ist deshalb so entscheidend, weil es heutzutage in der Gemeinde eine ganze Menge Missverständnisse und Fehlauslegungen der Bibel gibt. Sie sind das Ergebnis davon, dass Menschen die Bibel lesen, studieren, auslegen und lehren, ohne ein klares Verständnis davon zu haben, wie sie den alten und den neuen Bund richtig unterscheiden sollen. Sie führen munter und arglos Abschnitte des Alten Testaments an, ohne das Kreuz Jesu in ihre Auslegung mit einzubeziehen. Sie lassen es so aussehen, als hätte das Kreuz nichts verändert!

Also, bevor du einen Vers aus dem Alten Testament anführst, um zu zeigen, wie böse Gott auf die Gläubigen wegen ihrer Sünden ist, vergiss nicht, dass er aus dem Zusammenhang des Alten Testaments stammt, als Christus noch nicht am Kreuz gestorben war. Behaupte ich, dass du das Alte Testament nicht lesen sollst? Nein, du solltest es lesen, aber mit *Jesus als Schlüssel*, um dir all die kostbaren Edelsteine, die in Gottes Wort versteckt sind, zu erschließen. Während Jesus im Alten Testament *verborgen* ist, ist er im Neuen Testament *offenbart*. Je tiefer du im neuen Bund gegründet bist, umso mehr wirst du Jesus im Alten Testament sehen können.

Wenn du meinen Dienst kennst, wirst du wissen, dass ich ein Gnadenprediger des neuen Bundes bin, der es liebt, aus dem Alten Testament zu lehren und die verborgenen Geheimnisse Jesu zu enthüllen! Die ganze Schrift ist von Gott inspiriert und nützlich – gar keine Frage. Aber die Bibel muss heute im Licht des Kreuzes studiert und gelesen werden. Denk über die folgende brillante Weisheit nach, die der Apostel Paulus seinem jungen Lehrling Timotheus schrieb: »*Strebe eifrig* danach, dich Gott als bewährt zu erweisen, als einen Arbeiter, der *sich nicht zu schämen braucht, der das Wort der Wahrheit recht teilt*[9]« (2Tim 2,15). Ich glaube von ganzem Herzen, dass diese Anweisung aus Gottes Wort auch heute noch für alle Gläubigen gilt, die das Wort lesen – und ganz besonders für angehende Bibellehrer.

Lerne die Bündnisse richtig zu unterscheiden! Gott verheißt dir persönlich, dass du dich nicht schämen musst, wenn du dies tust. Wenn du dir gewiss bist, dass Jesus ein für alle Mal gestorben ist, um den vollen Preis für alle deine Sünden zu bezahlen (Hebr 10,12–14), wird niemand in der Lage sein, dich hinters Licht zu führen, wenn er Kapitel und Verse aus dem Alten Testament aus dem Zusammenhang reißt, um dich davon zu überzeugen, dass Gott darauf aus ist, dich für deine Sünden zu bestrafen. Niemand kann dich zu dem Glauben verleiten, dass Gott dir Krankheiten und Leiden schickt, um deinen Charakter zu bilden und dich Demut zu lehren, wenn du zweifellos weißt, dass Jesus gekommen ist, damit du Leben in Fülle hast, und dass er alle deine Krankheiten, Schmerzen und Leiden am Kreuz auf seinen eigenen Leib genommen hat (Mt 8,16–17).

Heute sind alle gerechten Forderungen des Gesetzes in deinem Leben durch Jesus erfüllt!

Lass dir von niemandem erzählen, dass Gott dich nicht erfolgreich machen wird, wenn du nicht alle Forderungen des Gesetzes erfüllst, denn was das Gesetz nicht tun konnte, hat Gott getan, indem er seinen Sohn sandte (Röm 8,3). Heute sind alle gerechten Forderungen des Gesetzes in deinem Leben durch Jesus erfüllt!

Erkennst du, wie kraftvoll das ist? Lass dich von niemandem mit schwer verständlichen Passagen der Bibel in die Irre führen, wenn dir Jesus doch so viele klare, detaillierte Abschnitte aus der Schrift gegeben hat, die seine Gunst und Segnungen beschreiben, die im neuen Bund für dein Leben gelten! Nur weil sich jemand Lehrer, Prophet oder Apostel nennt, heißt das nicht, dass er auch Autorität darin hat, Gottes Wort zu lehren. Hör auf, dich selbst zu disqualifizieren, weil du Jesus und seinen neuen Bund nicht richtig kennst. Lass dir von niemandem sagen, dass du das Gesetz brauchst, um gerecht gemacht zu werden, wenn du doch weißt, dass du heute durch Jesus Christus gerecht bist!

Die Bedeutung des Gesetzes auf dieser Seite des Kreuzes

Für *wen* also ist das Gesetz? In 1. Timotheus 1,8–10 (EÜ) sagt Paulus: »Wir wissen: Das Gesetz ist gut, wenn man es im Sinn des Gesetzes anwendet und bedenkt, dass *das Gesetz nicht für den Gerechten bestimmt ist*, sondern für Gesetzlose und Ungehorsame, für Gottlose und Sünder, für Menschen ohne Glauben und Ehrfurcht, für solche, die Vater und Mutter töten, für Mörder, Unzüchtige, Knabenschänder, Menschenhändler, für Leute, die lügen und Meineide schwören …«

Mein Freund, verstehst du das? Das Gesetz ist *nicht für dich als Gläubigen* bestimmt, der in Christus gerecht gemacht wurde! Das Gesetz gilt nicht für den, der sich unter dem neuen Bund der Gnade befindet. Das Gesetz ist für ungerechte Menschen – Ungläubige, die Jesus nicht als ihren Retter empfangen haben. Der Zweck des Gesetzes besteht darin, diese Menschen ans Ende ihrer eigenen Möglichkeiten zu bringen und ihnen zu der Erkenntnis zu verhelfen, dass sie den Herrn brauchen.

Das Gesetz ist dazu da, all dein Ungenügen aufzudecken; aber die Gnade (unverdiente Gunst) verweist dich darauf, dass du in Christus genug bist.

Paulus stellt die Zielsetzung des Gesetzes im Brief an die Galater sehr deutlich heraus, wenn er sagt: »So ist also das Gesetz unser Lehrmeister geworden auf Christus hin, damit wir aus Glauben gerechtfertigt würden. Nachdem aber der Glaube gekommen ist, sind wir nicht mehr unter dem Lehrmeister« (Gal 3,24–25). Das ist die Rolle des Gesetzes: uns zu zeigen, dass wir aus uns selbst heraus niemals fähig sein werden, die vollkommenen Maßstäbe Gottes zu erreichen. Deshalb führt uns das Gesetz dahin, dass wir uns von Jesus abhängig machen, der uns rechtfertigt und uns durch sein vollbrachtes Werk gerecht macht! Ich bin *für* das Gesetz, aber nur aus einem Grund; dem Grund, aus dem Gott das Gesetz gegeben hat: Er gab das Gesetz, um uns auf Jesus zu verweisen. Das Gesetz war niemals dazu bestimmt, dass Menschen es einhalten, und kein Mensch hat es je eingehalten noch wird jemals einer dazu in der Lage sein.

Siehst du, mein Freund, das Gesetz *verlangt* vom Menschen, aber die Gnade (unverdiente Gunst) *gibt* dem Menschen. Das Gesetz verurteilt den Sünder, aber Gnade (unverdiente Gunst) macht den Sünder gerecht. Das Gesetz bringt den Tod, aber Gnade (unverdiente Gunst) bringt Leben in Fülle. Das Gesetz ist dazu da, all dein Ungenügen aufzudecken; aber die Gnade (unverdiente Gunst) verweist dich darauf, dass du in Christus genug bist. Unter dem Gesetz zieht Gott sich zurück, wenn der Mensch versagt. Aber unter der Gnade (unverdienter Gunst) wird Gott dich nicht aufgeben und dich niemals verlassen (Hebr 13,5), auch wenn du versagst.

Das Gesetz macht dir deine Sünden bewusst, während die Gnade (unverdiente Gunst) dir deine Gerechtigkeit bewusst macht. Das Gesetz sagt dir, dass du versagt hast, aber Gnade (unverdiente Gunst) zeigt dir, dass du in Christus mehr als ein Überwinder bist. Im Gesetz geht es darum, was *du* tun musst, aber bei der Gnade (unverdienten Gunst) dreht sich alles um das, was *Jesus* für dich getan hat. Das Gesetz legt dir die Last auf, die Leistung selbst zu erbringen, während Gnade (unverdiente Gunst) die Last auf die Leistung Jesu legt. Das Gesetz macht dich Selbst-bewusst, aber die Gnade (unverdiente Gunst) macht dich Christus-bewusst. Ich hoffe, du fängst an zu erkennen, dass der neue Bund der unverdienten Gunst Gottes, von dem Gott sagt, er beruhe »auf besseren

Zusagen« (Hebr 8,6 NLB), dem alten Bund des Gesetzes bei Weitem überlegen ist.

In der Kirchengeschichte gab es während des finsteren Mittelalters eine Zeit, in der das Wort Gottes von den Menschen ferngehalten wurde. Die Auslegung der Bibel war einer kleinen exklusiven Gruppe von Menschen vorbehalten, die diesen Umstand ausnutzte, um die Massen zu kontrollieren und zu manipulieren. Alle möglichen Irrlehren und Glaubensvorstellungen, die auf der Tradition der Menschen und nicht auf Gottes Wort beruhten, hielten die Menschen in Angst. Das zeigt uns, dass die Gemeinde ohne Gottes Wort im Dunkeln tappt. Gott sei Dank ist sein Wort heute in vielen Sprachen verfügbar. Gottes Volk ist nicht mehr den Auslegungen des Wortes unterworfen, die auf den Traditionen der Menschen beruhen; sie können das Wort stattdessen selbst lesen und das Herz Gottes entdecken. Außerdem hat Gott im neuen Bund den fünffältigen Dienst eingerichtet, damit Hirten (Pastoren), Lehrer, Apostel, Propheten und Evangelisten den Leib Christi zurüsten können.

Empfange von Diensten des neuen Bundes

Vergewissere dich, dass du von Diensten empfängst, die auf dem neuen Bund der Gnade gegründet sind, und nicht von Diensten, die zwischen den zwei Bündnissen hin- und herschwanken. Wenn Gottes Wort nicht recht in alten und neuen Bund unterteilt wird, kommt es zu Verwirrung, und das nennt Gott »Vermischung«. Er kann Vermischung nicht segnen. Denn sie stellt ihn so dar, als sei er manchmal böse auf uns, weil wir das Gesetz nicht halten können, und manchmal, als wolle er uns segnen, weil er gnädig ist. Vermischung lehrt uns, dass Gott manchmal zufrieden mit uns ist, dass jedoch ein anderes Mal unsere Gemeinschaft mit Gott zerbrochen ist, weil wir versagt haben.

Ein Gläubiger kann in einer Vermischung keinen Frieden, keine Gewissheit und keine Zuversicht finden. Du kannst keinen neuen Wein in alte Schläuche füllen, weil du beides verlieren wirst (Mk 2,22). Das Gesetz wird seine überführende Kraft verlieren, die dich zu Christus bringt, wenn man es mit Gnade ausgleicht. Gnade wird ihr eigentliches Wesen verlieren – nämlich unverdient und nicht durch eigene Anstrengungen erworben zu sein –, wenn den Menschen gesagt wird, dass sie sich immer noch auf sich selbst und ihre eigenen Werke verlassen müssen, um Gottes Gegenwart und Gunst zu verdienen. Das ist ein kompletter Widerspruch. Was der Mensch »*Ausgeglichenheit*« nennt, nennt Gott »*Vermischung*«.

Prüfe alles, was du hörst, anhand von Gottes Wort

Ich will dich ermutigen, alles, was du hörst, anhand von Gottes Wort zu prüfen. Ich sage meiner Gemeinde immer, sie soll die Bibel selbst lesen und nicht alles einfach schlucken, was irgendein Prediger sagt, und da schließe ich mich mit ein. Sei weise und schluck nicht einfach alles – den Haken, die Leine, das Blei, den Angler und sogar seine Stiefel! Sei kritisch, wenn du etwas hörst, bei dem dein Geist sich nicht wohlfühlt, wie zum Beispiel, wenn dir ein Prediger sagt: »Gott macht dich krank, um dir eine Lektion zu erteilen.« Stell dir selbst die Frage: »Stimmt das mit dem neuen Bund der unverdienten Gunst Gottes überein? Gibt es Schriftstellen des neuen Bundes, die diese Lehrmeinung bestätigen?«

Die Antwort ist offensichtlich, wenn du sie erst einmal mit Jesus und mit dem, was er am Kreuz für dich getan hat, in Einklang bringst! Warum sollte Gott dir Krankheiten auferlegen, wenn Jesus doch alle Krankheiten und Leiden am Kreuz auf seinen eigenen Körper genommen hat? Mit der völligen Gewissheit im Herzen, dass Krankheit nicht von Gott ist, kannst du den Glauben haben, geheilt zu werden! Aber was für eine Gewissheit kannst du haben, wenn du der Lüge glaubst, dass deine Beschwerden von Gott stammen? Nun, anstatt zu denken, dass Gott gegen dich ist, wirst du erkennen, dass er auf deiner Seite ist! Dein Vertrauen wird wiederhergestellt, Glaube erneuert und seine Heilung kann ungehindert durch jede Zelle, jedes Gewebe und jedes Organ deines Körpers fließen!

Um dieses Kapitel zu beenden, will ich dir noch die Worte von Miles Coverdale mitgeben, der gesagt hat: »Es wäre dir eine große Hilfe, die Schrift zu verstehen, wenn du dir nicht nur merken würdest, was gesprochen oder geschrieben wurde, sondern auch, von wem und zu wem, mit welchen Worten, zu welcher Zeit, wo, zu welchem Zweck, unter welchen Umständen und unter Berücksichtigung dessen, was dem Text vorausgeht und was ihm folgt.«[10]

Im Wesentlichen sagte er, dass wir alles in seinem Zusammenhang lesen müssen, um die Bibel verstehen zu können. Was für ein wichtiger Rat von dem Mann, der im 16. Jahrhundert die erste englische Bibel übersetzte und herausbrachte.

Mein Freund, wann immer du die Bibel liest, unterscheide die zwei Bündnisse in rechter Weise voneinander und du wirst dich niemals schämen müssen. Jetzt, da du Jesus in dein Leben aufgenommen hast, stehst du unter dem neuen Bund, und unter diesem Bund ist es dein Recht, die unverdiente Gunst Jesu zu genießen, um Erfolg im Leben zu haben!

KAPITEL 9

GOTTES BUND DER UNVERDIENTEN GUNST MIT UNS

Mein Freund, wenn wir über Gottes unverdiente Gunst in deinem Leben sprechen, dann gibt es da etwas, was du wissen solltest: Gottes unverdiente Gunst ist nicht nur etwas, um das du in bestimmten Momenten bitten kannst, wie zum Beispiel, wenn du dich auf ein Vorstellungsgespräch vorbereitest oder im Begriff bist, eine wichtige Präsentation zu halten. Natürlich kannst du Gott in diesen Lagen um seine Gunst bitten, aber in Wirklichkeit ist seine unverdiente Gunst in deinem Leben so viel mehr! Gottes unverdiente Gunst ist ein Bund. Warum solltest du dich in deinem Leben nur mit vorübergehenden Erfahrungen seiner Gunst zufriedengeben, wenn du völligen und ständigen Zugang zu dem ewigen Bund seiner Gunst hast?

Wenn du den Bund verstehst, den du durch Jesus Christus hast, wirst du darüber hinausgehen, nur ab und zu einen flüchtigen Blick auf seine unverdiente Gunst zu werfen, und dir bewusst werden, wie seine unverdiente Gunst jeden Aspekt deines Lebens durchdringt, angefangen bei deiner Beziehung zu Jesus. Du wirst sehen, wie sich seine unverdiente Gunst in deinem Familienleben, bei deiner Arbeit und in deinen Beziehungen offenbart. Mach dich darauf gefasst zu erleben, wie Gottes Gunst in deinem Leben immer sichtbarer wird und lass dich von ihren Ergebnissen beeindrucken.

Gottes unverdiente Gunst ist ein Bund,
den du mit ihm hast.

Männer, bereitet euch darauf vor, die besten Plätze im Lokal zu bekommen, wenn ihr eure Verabredung zu einem romantischen Diner ausführt. Bereitet euch darauf vor, spezielle Preisnachlässe »ohne besonderen Grund« zu bekommen. Ihr Frauen, schaut zu, wie nahezu leere Boutiquen sich mit Kunden füllen, nachdem ihr hineingegangen seid, weil Gottes unverdiente Gunst überall, wo ihr hingeht, auf euch ist. Und wenn die Gegenwart des Herrn mit dir ist, dann wird alles, was du berührst, gesegnet. Du bist ein Segen, der nur darauf wartet, sichtbar zu werden!

Die unverdiente Gunst, die du genießen darfst, ist ein Bund, den du mit Gott hast. In diesem Buch hast du bereits gesehen, dass ein Bund viel mehr ist als nur ein Rechtsvertrag. Damit du in dem Bund der unverdienten Gunst Gottes gegründet werden kannst, lass uns tiefer in das Studium der biblischen Bündnisse eintauchen. Du sollst ein besseres Verständnis von dem Bund bekommen, unter dem wir heute leben.

Durch die Geschichte hindurch hat Gott mit den Menschen mehrere Bündnisse geschlossen. So gibt es zum Beispiel die Bundesschlüsse mit Adam, mit Noah und mit Abraham, um nur einige zu nennen. Die zwei zentralen Bündnisse sind aber der alte Bund Moses und der neue Bund Jesu. Wenn du diese beiden wichtigsten Bündnisse verstehst und weißt, inwiefern sie sich deutlich unterscheiden, glaube ich, dass du eine unerschütterliche Grundlage für dein Vertrauen auf Gottes unverdiente Gunst haben wirst.

Es sind verschiedene Begriffe benutzt worden, um diese Bündnisse zu beschreiben. Wie im vorigen Kapitel besprochen, wird der alte Bund so genannt, weil er alt und überholt ist. Er ist auch bekannt als der mosaische Bund (weil er durch Mose gegeben wurde), der Bund vom Sinai (weil die Zehn Gebote auf dem Berg Sinai gegeben wurden) und der Bund des Gesetzes (weil er darauf beruhte, dass der Mensch das Gesetz hielt). Auf der anderen Seite ist der neue Bund von Jesus – der Bund, unter dem wir heute leben – auch bekannt als der Bund der Gnade (weil er auf Gottes unverdienter, nicht selbst erworbener, leistungsunabhängiger Gunst beruht) und als der Bund des Friedens (weil er den Schalom Jesu zum Ausdruck bringt).

Der wichtigste Unterschied zwischen dem alten und dem neuen Bund

Ich will dir eine Schriftstelle zeigen, die den Unterschied zwischen dem alten und dem neuen Bund am deutlichsten aufzeigt:

> *Denn das Gesetz wurde durch Mose gegeben; die Gnade [unverdiente Gunst] und die Wahrheit ist durch Jesus Christus geworden [gekommen]. – Johannes 1,17*

Achte darauf, dass Wahrheit auf derselben Seite ist wie Gottes unverdiente Gunst und dass sowohl Gnade (unverdiente Gunst) als auch Wahrheit durch Jesus Christus kamen. Als ich diesen Vers im griechischen Grundtext studierte, fand ich heraus, dass »Gnade und Wahrheit« eigentlich als eine Einheit zusammengefasst werden, da ihnen das Verb »ist« folgt, also das Verb in der

Einzahl. Mit anderen Worten: In Gottes Augen sind Gnade und Wahrheit synonym – unverdiente Gunst ist Wahrheit, und Wahrheit ist unverdiente Gunst.

Manchmal sagen mir die Leute Dinge wie: »Nun, es ist ja schön, dass du Gnade predigst, aber wir müssen den Menschen auch etwas über die Wahrheit erzählen.« Das lässt es so erscheinen, als wären Gnade und Wahrheit zwei verschiedene Dinge, während sie in Wahrheit aber ein und dasselbe sind. Du kannst die Gnade nicht von der Wahrheit trennen und die Wahrheit nicht von der Gnade, da beide in der Person Jesu Christi verkörpert sind. Tatsächlich wird nur ein paar Verse vorher – nämlich in Johannes 1,14 (NLB) – über die Person Jesu das Folgende gesagt: »Er, der das Wort ist, wurde Mensch und lebte unter uns. Er war *voll Gnade [unverdienter Gunst] und Wahrheit* und wir wurden Zeugen seiner Herrlichkeit, der Herrlichkeit, die der Vater ihm, seinem einzigen Sohn, gegeben hat.« Gnade und Wahrheit *ist* zusammen geworden – durch die Person und den Dienst Jesu. Gnade ist keine Doktrin oder Lehrmeinung. Gnade ist eine Person.

Du kannst die Wahrheit nicht von der Gnade und die Gnade nicht von der Wahrheit trennen, da beide in der Person Jesu Christi verkörpert sind.

Das steht im Gegensatz zu dem alten Bund des Gesetzes, der durch Mose auf dem Berg Sinai *gegeben* wurde. Wir können erkennen, dass Gott im Umgang mit den zwei Bündnissen sehr genau ist und sie nicht miteinander vermischt. Gnade ist Gnade und Gesetz ist Gesetz. Gnade ist durch Jesus geworden, während das Gesetz durch Mose gegeben wurde. Jesus kam nicht, um uns noch mehr Gesetze zu geben. Er kam, um uns seine unverdiente Gunst zu geben, die seine Wahrheit ist! Es würde dir großen Nutzen bringen, bei jedem Mal, wenn du in der Bibel das Wort Gnade liest, es gedanklich mit »unverdienter Gunst« zu übersetzen – denn das ist die wahre Bedeutung von Gnade.

Der Bund der Gnade mit Abraham

Als ich vor vielen Jahren gerade das Wort Gottes studierte, sprach der Herr zu mir und sagte: »Bevor das Gesetz gegeben wurde, ist keines der Kinder Israels gestorben, als sie aus Ägypten auszogen. Obwohl sie gegen die von Gott eingesetzte Leitung murrten und klagten, ist kein Einziger von ihnen gestorben. Das ist ein Bild reiner Gnade.« Ich hatte weder jemanden darüber predigen hören noch jemals etwas darüber in einem Buch gelesen, also durchforschte ich sogleich diese Stellen in der Bibel – und tatsächlich: Ich konnte niemanden finden, der gestorben war, bevor das Gesetz gegeben wurde!

Gott hat die Kinder Israels von einem Leben der Sklaverei befreit, indem er große Zeichen und Wunder vollbrachte. Aber als sie sahen, dass sie zwischen dem Roten Meer und der ägyptischen Armee gefangen waren, beklagten sie sich bei Mose und sagten: »Hast du uns etwa hierher gebracht, damit wir in der Wüste sterben? Gab es denn nicht genug Gräber für uns in Ägypten? Warum hast du uns das angetan und uns aus Ägypten geführt?« (2Mo 14,11 NLB). Was für eine Dreistigkeit! Und dennoch: Hat Gott diejenigen bestraft, die murrten? Nein, vielmehr hat er die Israeliten auf beeindruckende Art und Weise gerettet, indem er das Rote Meer vor ihnen teilte, damit sie vor ihren Verfolgern, die ihnen dicht auf den Fersen waren, fliehen konnten.

Nachdem sie das Rote Meer durchquert hatten und auf die andere Seite gelangt waren, murrten sie weiter, wieder und wieder, trotz der übernatürlichen Versorgungen und des gnädigen Schutzes Gottes. An einem Ort namens Mara klagten sie, das Wasser sei bitter, und Gott machte es süß und erfrischend für sie (2Mo 15,23–25). Dann, als sie nichts zu essen hatten, murrten sie wieder gegen Mose und sagten: »Hätte uns der Herr doch nur in Ägypten getötet … Dort hatten wir immerhin Fleisch und genügend Brot zu essen. Stattdessen habt ihr uns in diese Wüste geführt, damit wir hier alle verhungern« (2Mo 16,3 NLB). Ihre undankbaren Schimpftiraden waren nicht nur allein gegen Mose gerichtet, sondern auch gegen Gott. Hat Gott danach Feuer und Schwefel auf sie regnen lassen? Nein! Er ließ himmlisches Brot regnen, um sie zu ernähren! Es war, als würde jedes neue Murren einen neuen Erweis von Gottes Güte hervorbringen!

Weißt du, warum?

Bevor das Gesetz gegeben wurde, ist keines der Kinder Israels gestorben, obwohl sie gegen die von Gott eingesetzte Leitung murrten und klagten. Das ist ein Bild reiner Gnade.

Weil sich alle diese Geschehnisse ereignet hatten, bevor die Zehn Gebote gegeben worden waren. Siehst du, bevor das Gesetz gegeben wurde, lebten die Kinder Israels unter Gnade (unverdienter Gunst) und alle Segnungen und Versorgungen, die sie erhielten, waren von Gottes Güte abhängig und nicht von ihrem Gehorsam. Der Herr hat sie nicht wegen ihrer Güte oder ihres guten Verhaltens aus Ägypten befreit. Er hat sie durch das Blut des Lammes (ein Bild, das auf das Blut des Lammes Gottes hinweist) herausgeführt, das in der Passahnacht an die Türpfosten gestrichen worden war.

Die Kinder Israels waren abhängig von Gottes Treue dem Bund gegenüber, den er mit Abraham geschlossen hatte; ein Bund, der auf Gottes Gnade (seiner unverdienten Gunst) beruhte. Abraham lebte mehr als 400 Jahre, bevor das Gesetz gegeben wurde, also lange bevor es die Zehn Gebote gab. Gott hatte eine persönliche Beziehung zu Abraham, weil Abraham an Gottes Gnade glaubte und nicht weil Abraham dem Gesetz gehorchte. Gottes Wort erläutert unmissverständlich, dass Abraham nicht durch das Gesetz gerecht wurde: »Wenn nämlich Abraham aus Werken gerechtfertigt worden ist, hat er zwar Ruhm, aber nicht vor Gott. Denn was sagt die Schrift? ›Abraham aber glaubte Gott, und das wurde ihm als Gerechtigkeit angerechnet‹« (Röm 4,2–3). Wie wurde Abraham gerecht gemacht? Er glaubte Gott, und das wurde ihm als Gerechtigkeit angerechnet!

Die gute Nachricht für dich und mich lautet: Heute leben wir unter dem neuen Bund der Gnade (der unverdienten Gunst) und Gottes unverdiente Gunst ruht auf uns. Seine Segnungen und seine Versorgungen für uns beruhen vollständig auf SEINER GÜTE und SEINER TREUE. Halleluja! Als die Israeliten von Ägypten zum Berg Sinai wanderten, lebten sie unter dem Bund der Gnade, den Gott mit Abraham geschlossen hatte. Deshalb brachte Gott sie trotz ihrer Sünden aus Ägypten heraus und versorgte sie auf übernatürliche Weise, *nicht aufgrund ihrer Güte und Treue, sondern aufgrund seiner Güte und Treue.* Wie genial ist das denn?

Der Tausch der Bündnisse

Gottes Wunsch war es, eine Beziehung zu den Kindern Israels zu haben. Als sie am Berg Sinai ankamen, wurde Mose von Gott beauftragt, ihnen Folgendes zu sagen: »Ihr habt gesehen, was ich den Ägyptern angetan habe. Ich habe euch sicher hierher *zu mir gebracht, so wie ein Adler seine Jungen auf seinen Flügeln trägt.* Wenn ihr mir nun gehorcht und den Bund haltet, den ich mit euch schließen werde, *sollt ihr vor allen anderen Völkern der Erde mein besonderes Eigentum sein … Ihr sollt mir ein Königreich von Priestern, ein heiliges Volk sein …*« (2Mo 19,4–6 NLB). Es lag eine Sanftheit in Gottes Stimme, als er nacherzählte, wie er das Volk zu sich geführt hatte, um eine besondere Beziehung zu ihm aufbauen zu können.

Die größte aller Tragödien ereignete sich jedoch, als die Kinder Israels Gott auf das antworteten, was sie am Fuße des Berges Sinai gerade gehört hatten. Sie waren stolz und hatten kein Interesse an der Art von Beziehung, die Gott sich vorgestellt hatte. Sie wollten mit Gott nur auf Abstand zu tun haben, durch unpersönliche Gebote. Sie schienen vergessen zu haben, dass es Gottes unverdiente Gunst gewesen war, die sie aus Ägypten geführt hatte, seine unverdiente Gunst, die ihnen einen Weg geöffnet hatte, wo es eigentlich keinen Weg gab, und seine unverdiente Gunst, die ihnen Manna vom Himmel gegeben hatte.

Nun wollten sie den Bund der Gnade, unter dem sie waren, gegen eine andere Art von Bund eintauschen. Als Mose ihnen mitteilte, was Gott ihm gesagt hatte, antworteten sie darauf voller Hochmut (was an der hebräischen Satzstellung erkennbar ist) und sagten im Wesentlichen: »Alles, was Gott von uns fordert, können wir mit Leichtigkeit ausführen« (siehe 2Mo 19,8)! Mit anderen Worten sagten sie zu Gott: »Gott, richte und segne uns nicht länger aufgrund deiner Güte und Treue. Beurteile uns nach unseren Verdiensten. Segne uns aufgrund unseres Gehorsams, weil wir mit Leichtigkeit ausführen können, was immer du von uns verlangst!«

Ab diesem Zeitpunkt schlug Gott sofort einen anderen Ton gegenüber den Kindern Israels an. Er entfernte sich von ihnen und sagte Mose, er solle den Menschen auftragen, dem Berg Sinai nicht zu nahe zu kommen, denn der Berg sei heilig. Was war geschehen? Sobald Gottes Gnade zurückgewiesen worden war und die Menschen sich anmaßten, Gott auf der Grundlage ihrer eigenen Gerechtigkeit und ihres Gehorsams gegenüberzutreten, zog er sich von ihnen zurück. Hör dir den Ton an, den er den Israeliten gegenüber gebrauchte, nachdem sie sich entschieden hatten, sich unter den Bund des Gesetzes zu begeben: »Dieses Mal werde ich dir in einer dichten Wolke begegnen … Wer den Berg berührt, muss mit dem Tod bestraft werden! Niemand darf ihn berühren. Wer es trotzdem tut, soll gesteinigt oder durchbohrt werden …« (2Mo 19,9–13 NLB).

Was für eine Veränderung! Die Gegenwart des Herrn war bei jedem Schritt ihres Weges mit ihnen gewesen, tagsüber in einer Wolkensäule, nachts in einer Feuersäule. Der Herr hatte sie durch das Rote Meer geführt und für jedes ihrer Bedürfnisse gesorgt. Aufgrund seiner Treue gegenüber dem Bund mit Abraham, der auf seiner Gnade (unverdienten Gunst) beruhte, war er gut zu ihnen. Aber jetzt warnte er die Kinder Israels, sich von seiner Gegenwart fernzuhalten! Er konnte nicht länger auf dieselbe Weise mit ihnen umgehen, nachdem sie es vorgezogen hatten, sich im Umgang mit ihm unter einen anderen Bund zu begeben – einer, der auf ihrer Leistung und ihrem Gehorsam gegründet war und nicht wie vorher auf seiner Güte.

Und tatsächlich, gleich zu Beginn des nächsten Kapitels, nachdem die Israeliten Gott gesagt hatten, er solle sie aufgrund ihres Verdienstes beurteilen, gab Gott ihnen die Zehn Gebote und der Bund des Gesetzes wurde eingeführt. Aber konnten die Israeliten ihrer Prahlerei – dass sie alles umsetzen könnten, was Gott ihnen gebot – wirklich gerecht werden? Auf keinen Fall! Direkt am Fuß des Berges Sinai schufen sie aus dem Gold, das Gott ihnen gegeben hatte, ein goldenes Kalb und beteten es als den Gott an, der sie aus Ägypten geführt hatte!

Je mehr du versuchst, aus eigener Kraft das Gesetz zu halten, umso mehr wird es das hervorbringen, was es von Anfang an hervorbringen sollte – dein Versagen und deine Sünden.

Gleich nachdem sie sich angemaßt hatten, Gottes Gebote halten zu können, brachen sie das allererste Gebot: »Du sollst keine anderen Götter neben mir haben!« (2Mo 20,3). *Warum haben sie eine solch furchtbare Tat begangen*? Der Apostel Paulus sagt uns, dass »die Kraft der Sünde … das Gesetz« ist (1Kor 15,56). Je mehr du versuchst, aus eigener Kraft das Gesetz zu halten, umso mehr wird es das hervorbringen, was es von Anfang an hervorbringen sollte: dein Versagen und deine Sünden. Und das wird solange geschehen, bis du ans Ende deiner selbst kommst: bis du erkennst, dass du aus dir selbst heraus Gottes vollkommenen Maßstäben nicht entsprechen kannst, und du dich schließlich ganz und gar auf seine Gnade (unverdiente Gunst) und Güte verlässt.

Nachdem sie die Bündnisse getauscht hatten, veränderte sich die Art, wie Gott auf das Murren der Kinder Israels reagierte. In 4. Mose 21,5 (NLB) berichtet die Bibel, dass sie sich beklagten: »Warum habt ihr uns aus Ägypten geführt? Etwa, damit wir hier in der Wüste sterben? Hier gibt es weder Brot noch Wasser und dieses Manna können wir nicht mehr sehen!« Das klingt doch wie eine der Klagen, die sie früher schon geäußert hatten, oder? Aber sieh dir an, was diesmal geschah: »Da schickte der Herr Giftschlangen. *Viele der Israeliten* wurden gebissen und *starben*« (4Mo 21,6 NLB).

Nun möchte ich aber darauf hinweisen, dass Gott diese Schlangen nicht extra erschaffen hat, damit sie die sich beklagenden Menschen beißen würden – die Schlangen waren die ganze Zeit über in der Wildnis gewesen. Gott hatte einfach nur seine schützende Hand von den Menschen genommen und somit den Schlangen erlaubt, sie anzugreifen. Wir sehen, dass die Israeliten jetzt starben, wenn sie murrten! Warum reagierte Gott so unterschiedlich auf die gleiche Sünde des Murrens? Weil er nun aufgrund eines anderen Bundes an ihnen handelte. Die Israeliten hatten den Bund, den Gott mit Abraham geschlossen hatte, der auf Gnade (unverdienter Gunst) beruhte, gegen den mosaischen Bund eingetauscht, der auf ihrer Leistung beruhte. Schutz war nun von ihrer Fähigkeit abhängig, das Gesetz vollkommen einzuhalten. Aber Gott sei Dank leben wir nicht mehr unter dem alten Bund. Aufgrund des Kreuzes wird Gott seine schützende Hand nicht von uns nehmen.

Die Bedingungen des alten Bundes

In 5. Mose 28 gibt es einen wunderschönen Abschnitt, der von den wundervollen Segnungen Gottes berichtet, die alle Bereiche unseres Lebens betreffen, einschließlich unserer Familien, Berufe und Finanzen. Lass uns einige dieser Segnungen anschauen:

> *Ihr werdet gesegnet werden in euren Städten und ihr werdet gesegnet werden auf dem Land. Ihr werdet gesegnet werden mit vielen Kindern, reichen Ernten und zahlreichen Jungtieren bei euren Schaf-, Ziegen- und Rinderherden … Der Herr wird seine Schatzkammer, den Himmel, für euch öffnen, um es zur rechten Zeit regnen zu lassen und um all eure Arbeit zu segnen. Ihr*

werdet vielen Völkern etwas ausleihen, selbst aber nie etwas von ihnen borgen müssen. – *5. Mose 28,3–4.12* NLB

Das waren Segnungen, die unter dem alten Bund des Gesetzes verheißen wurden. Aber wie sollte man diese Segnungen unter dem alten Bund erhalten?

Gott beantwortete diese Frage, als er sagte: »*Wenn ihr den Geboten des Herrn, eures Gottes*, die ich euch heute gebe, *gehorcht* und sie genau befolgt, wird der Herr euch zum Kopf und nicht zum Schwanz machen … *Ihr dürft von keinem einzigen Gebot, das ich euch heute gebe, abweichen.* Lauft keinen anderen Göttern nach und verehrt sie nicht« (5Mo 28,13–14 NLB). Um unter dem alten Bund Gottes Segnungen zu erhalten, liegt die Betonung auf einem großen »WENN« – *WENN* du Gottes Gebote vollkommen einhalten kannst, dann kannst du dich an seinen Segnungen erfreuen! Ist das ein gutes Angebot? Das bedeutet grundsätzlich, dass der alte Bund des Gesetzes vollständig auf deinen Werken und deiner Fähigkeit beruhte, Gottes Gebote fehlerlos einzuhalten. Nur dann konntest du gesegnet werden!

Aber was geschieht, *WENN* du daran scheiterst, Gottes Gebote vollständig zu halten? Unter diesem alten Bund des Gesetzes sagte Gott:

> ***Wenn** ihr jedoch dem Herrn, eurem Gott, nicht gehorcht und seine Gebote und Vorschriften, die ich euch heute gebe, nicht gewissenhaft befolgt, werden euch die folgenden Flüche treffen: Ihr werdet verflucht sein in den Städten und ihr werdet verflucht sein auf dem Land. … Ihr werdet gestraft sein mit wenig Kindern, schlechten Ernten und wenig Jungtieren bei euren Schaf-, Ziegen- und Rinderherden … Der Herr selbst wird Flüche, Verwir-*

> *rung und Bedrohung über euch bringen bei allem, was ihr tut, bis ihr schließlich bald zugrunde gegangen und vernichtet seid, weil ihr Unrecht getan und mich verlassen habt. – 5. Mose 28,15–16.18.20* NLB

Das ist echt schwere Kost! Wenn du die Wahl hättest, heute unter den alten Bund des Gesetzes zurückzugehen, würdest du es tun?

Unter dem alten Bund wurdest du gesegnet, wenn du Gottes Gesetz tadellos einhieltest, aber du zogst auch schreckliche Flüche auf dich, wenn du daran scheitertest! Warum, glaubst du, bemängelte Gott diesen Bund? Der alte Bund des Gesetzes lag weit unter Gottes Möglichkeiten für die Kinder Israels. Aber sie baten praktisch darum, als sie damit prahlten, aufgrund ihrer eigenen Werke gesegnet werden zu können. Sie wiesen seine unverdiente Gunst ab. Sie wiesen den Bund ab, den Gott mit Abraham geschlossen hatte, und erklärten, dass sie aufgrund ihrer eigenen – anstatt Gottes – Güte beurteilt werden wollten.

Gott wollte sein Volk auf der Grundlage seiner unverdienten Gunst segnen, aber weil sie lieber gesegnet werden wollten gemäß ihrer eigenen Fähigkeit, das Gesetz zu halten, musste er ihren selbstzerstörerischen Hochmut demütigen. Er zeigte ihnen seine vollkommenen Maßstäbe, die kein Mensch jemals erreichen kann – er gab ihnen den alten Bund des Gesetzes.

Das Gesetz – ein Schatten der guten Dinge, die kommen sollten

Woher wissen wir, dass der Bund des Gesetzes unter Gottes Möglichkeiten lag? Nun, wäre dieser Bund gut genug gewesen, hätte

Gott nicht Jesus senden müssen, um am Kreuz für uns zu sterben. Aber sieh dir an, was Gott tat – er sandte seinen einzigen Sohn, Jesus Christus, um am Kreuz an unserer Stelle das Gesetz vollkommen zu erfüllen. Jesus, der keine Sünde kannte, nahm alle Flüche auf seinen eigenen Körper und bezahlte den vollen Preis für die Sünden der ganzen Menschheit. So können wir uns unter dem neuen Bund, der durch ihn kam, vollständig auf seine unverdiente Gunst verlassen und alle Segnungen in unserem Leben erhalten. Mein Freund, die unverdiente Gunst, in deren Genuss wir heute durch Jesus unter dem neuen Bund kommen, ist das Beste, was er für uns hat!

Um dir zu beweisen, dass Jesus (und nicht das Gesetz) Gottes Bestes ist: Weißt du, dass Gott schon im selben Kapitel, in dem die Zehn Gebote gegeben wurden, Schattenbilder verborgen hat, die auf das Opfer Jesu am Kreuz hinweisen?

Ich will dir etwas über das Lesen und Verstehen des Alten Testamentes aufzeigen. Das Alte Testament ist voller Schatten, Typen und Bilder, die auf die Person Jesu und seinen Tod am Kreuz hinweisen. Paulus erklärt dies im Brief an die Hebräer, wenn er davon spricht, dass das Gesetz »nur einen *Schatten* von den zukünftigen Gütern« hat (Hebr 10,1 LUT).

Wenn du den Schatten eines Gegenstandes siehst, dann weißt du, dass der Gegenstand in der Nähe ist. Mit dem Wissen, dass das Gesetz ein Schatten der »zukünftigen Güter« ist, müssen wir herausfinden, auf was sich die »zukünftigen Güter« beziehen. Paulus beantwortet uns diese Frage, wenn er darüber spricht, dass die Rituale unter dem Gesetz »nur ein Schatten des Zukünftigen [sind]. Die Wirklichkeit aber ist Christus selbst.« (Kol 2,17 NLB). Die Schatten, die im Alten Testament versteckt sind, weisen auf die *greifbare Wirklichkeit* im Neuen Testament hin, die Jesus Christus selbst ist! Würde es dich sattmachen, wenn du den bloßen Schatten eines

Hamburgers isst? Nein, du musst die greifbare Wirklichkeit zu dir nehmen, um satt zu werden!

Lass uns nun zu dem zurückkehren, worüber wir vorher gesprochen haben. Weißt du, dass Gott sogar dann an Jesus dachte, als er die Zehn Gebote gab? Gott bereitete sich damals schon darauf vor, seinen Sohn zu senden, um für dich und mich zu sterben! Jesus ist im alten Bund verborgen und im neuen Bund offenbart. Er ist der Schlüssel, um das Alte Testament aufzuschließen, und das macht die Enthüllung eines jeden Details, das in der Bibel enthalten ist, so spannend. In meinem Dienst dreht sich alles darum, die Person Jesu sichtbar zu machen, und das, was ich dir gleich mitteilen werde, bringt meine geistlichen Hormone regelrecht zum Brodeln.

Jesus ist im alten Bund verborgen und im neuen Bund offenbart. Er ist der Schlüssel, um das Alte Testament aufzuschließen.

Bist du bereit? Lass uns noch einmal zu 2. Mose 20 zurückkehren, wo die Zehn Gebote gegeben wurden. Wir können sehen, dass Gott, sogar als er die Zehn Gebote gab, schon Jesu Tod am Kreuz im Sinn hatte. Er wusste, dass die Menschen das Gesetz nicht halten konnten, also traf er Vorkehrungen für das Kreuz – als Antwort auf das Versagen der Menschen. Nachdem das Gesetz gegeben wurde, war Gottes sofortige Anweisung an Mose, ihm einen Altar zu bauen. Was ist ein Altar? Ein Altar ist ein Ort, an dem Opfer dargebracht werden. Genau hier siehst du einen Schatten des Kreuzes von Golgatha, an dem Jesus geopfert wurde. Doch damit nicht genug. Gott gab einige Anweisungen, auf welche Weise der Altar zu bauen sei, die sogar noch mehr über das Kreuz offenbaren.

In den letzten zwei Versen von 2. Mose 20 sagt Gott zu Mose: »Wenn ihr mir jedoch Altäre aus Stein errichtet, dann gebraucht nur unbehauene Steine. Bearbeitet sie nicht mit einem Meißel, denn damit entweiht ihr sie.« (2Mo 20,25 NLB). Diese Anweisung sagt uns, dass am Kreuz keine menschliche Anstrengung (behauene Steine) beteiligt sein darf. Es zeigt, dass keine menschlichen Werke zu dem vollbrachten Werk Jesu hinzugefügt werden dürfen, weil es sonst entweiht würde. Ebenso sagte Gott: »Du sollst auch *nicht auf Stufen zu meinem Altar hinaufsteigen*, damit nicht deine Blöße an ihm aufgedeckt wird« (2Mo 20,26 ELB).

Du kannst zu dem Opfer Jesu weder etwas hinzufügen noch kannst du dir seine Gunst verdienen, indem du dich auf deinen Gehorsam dem Gesetz gegenüber verlässt.

Mein Freund, der Mensch kann durch seine eigenen Schritte keinen Zugang zu Gottes unverdienter Gunst erhalten. Die eigenen Anstrengungen des Menschen, um sich Gottes Gunst zu verdienen, werden nur seine eigenen Schwächen aufdecken. Gunst kommt nur durch das Werk Jesu am Kreuz. Du kannst zu seinem Werk weder etwas hinzufügen noch kannst du dir seine Gunst verdienen, indem du dich auf deinen Gehorsam dem Gesetz gegenüber verlässt. Jesus tat ein vollständiges Werk am Kreuz und rief aus: »Es ist vollbracht!« (Joh 19,30). Ist es nicht ein beglückendes Gefühl, Jesus im Alten Testament offenbart zu sehen?

Aber ich bin noch nicht fertig. Ich habe nur den Altar erwähnt. Was ist mit den Opfern? Ich werde in diesem Buch nicht in die Details der Opfergaben gehen. Begnügen wir uns damit, dass Gott den Kindern Israels auftrug, ihm Opfer darzubringen. Diese Opfer befinden sich im 3. Buch Mose, das uns einen ausführlichen Bericht über Brandopfer, Friedens- bzw. Heilsopfer, Speiseopfer, Sündopfer und Schuldopfer liefert.

»Pastor Prince, warum gibt es so viele Arten von Opfern und warum ist das für mich wichtig?«

Weil alle diese fünf Opfer *Schatten* sind, die auf das eine vollkommene Opfer hinweisen, das für uns vollbracht wurde – Jesus Christus am Kreuz. Das einmalige Opfer Jesu ist so reich an Wahrheiten, dass es fünf verschiedener Opfer bedarf, um sein einziges Opfer am Kreuz zu verbildlichen.

Du siehst also, mein Freund, dass Gott, als er die Zehn Gebote gab, schon auf dem Herzen hatte, Jesus als das endgültige Opfer zu senden, um die Menschen von ihrem Versagen zu erlösen. Als der Bund des Gesetzes eingeführt wurde, wusste Gott von Anfang an, dass die Menschen scheitern würden und keiner das Gesetz jemals völlig halten und gesegnet werden könnte. Das ist der Grund, warum er aus seiner Liebe zu den Menschen Opfer zur Verfügung stellte – sogar als er das Gesetz gab. Gott wollte sicherstellen, dass es für sein Volk einen Ausweg gab, damit sie, wenn sie beim Halten des Gesetzes scheiterten, ihre Opfer bringen konnten, bevor die Flüche über sie kamen. Halleluja! Wie können wir ihn nicht lieben?

Lieber Freund, du wirst sehen, dass sogar der *Ablauf*, dem die Israeliten bei den Opferungen folgten, voller Wahrheiten steckt. Gott ist hier allerdings nicht so direkt, denn: »Es ist Gottes Ehre, eine Sache zu verbergen, aber die Ehre der Könige, eine Sache zu erforschen« (Spr 25,2). Da du jedoch heute dieses Buch liest, bist du im Begriff, noch mehr der wunderschönen Schatten dessen zu erkennen, was auf Golgatha geschah. Wenn zum Beispiel ein Sünder sein Opfer zum Priester brachte, musste das Lamm ohne Makel,

Runzeln oder Fehler sein. Nachdem der Priester das Lamm untersucht hatte, musste der Sünder seine Hände auf den Kopf des Lammes legen. Dann tötete der Sünder das Lamm und brachte es auf dem Altar als Opfer dar.

Der Priester untersucht das Lamm, um zu sehen, ob es makellos ist.

»Warum kann der Sünder nicht irgendein Lamm zum Priester bringen?«

Das Lamm musste vollkommen sein, weil es ein Bild von der Vollkommenheit Jesu ist – er ist unser vollkommenes Opfer, ohne Makel, Runzeln oder Schandflecken durch die Sünde!

Der Sünder überträgt seine Sünden auf das unschuldige Lamm, während die Unschuld des Lammes auf den Sünder übertragen wird.

»Was hat ein Sünder, der seine Hände auf das Lamm legt, mit uns heute zu tun?«

Das ist eine Handlung mit zweifacher Bedeutung: Der Sünder überträgt seine Sünden auf das unschuldige Lamm, während die Unschuld des Lammes sich auf den Sünder überträgt. Der Sünder ist nun gerecht gemacht und geht, von jedem Fluch befreit, seines Weges. Es hat alles mit uns zu tun, weil es ein erstaunliches Bild des göttlichen Austausches ist, der am Kreuz stattgefunden hat. Am Kreuz wurden *alle* unsere Sünden auf Jesus gelegt, das Lamm Gottes, das die Sünden der ganzen Welt wegnahm. Aber Jesus hat nicht nur unsere Sünden weggenommen. Er hat auch *seine Gerechtigkeit auf uns übertragen*, damit du und ich heute für immer von dem Fluch des Gesetzes erlöst sein können!

»Warum musste das Lamm getötet werden?«

Um das Opfer abzuschließen, muss das Lamm getötet werden. Nun kann der Mensch, der das Opfer brachte, mit der Gerechtigkeit des Lammes seines Weges gehen. Statt der Flüche, die er eigentlich verdient, kann er nun Gottes Segnungen erwarten.

Durch sein einmaliges und vollkommenes Opfer, mit dem Jesus alles bezahlt hat, hat er dich lebenslang von der Sünde befreit und du kannst nun mit der Gerechtigkeit des Lammes Gottes dein neues Leben führen! Du kannst jetzt in der zuversichtlichen Erwartung leben, dass die Segnungen Gottes auf dich kommen werden. Was für ein Leben!

Das Lamm erleidet das Gericht Gottes. Der Opfernde geht mit den Segnungen Gottes davon.

Lieber Freund, Jesus musste einen qualvollen Tod sterben. »Denn der Lohn der Sünde ist der Tod« (Röm 6,23). Er hat nicht nur deine Sünden weggenommen und dir seine Gerechtigkeit gegeben. Er hat auch die *Strafe* für unsere Sünden an seinem Körper getragen. Sobald du Jesus als deinen persönlichen Herrn und Retter angenommen hast, bist du kein Sünder mehr. All deine Sünden – vergangene, gegenwärtige und zukünftige – wurden ein für alle Mal am Kreuz bestraft. Jesus muss nie wieder gekreuzigt werden. Sein einmaliges, vollkommenes Opfer, mit dem er alles bezahlte, hat dich lebenslang von Sünde befreit! Aufgrund dessen, was Jesus für dich getan hat, kannst du dich heute an allen Segnungen des neuen Bundes erfreuen. Du bist nun unter dem neuen Bund seiner unverdienten Gunst und alle Bedingungen, die es zu erfüllen galt, damit du gesegnet werden kannst, sind von Jesus erfüllt worden!

KAPITEL 10

DURCH UNVERDIENTE GUNST VOLLKOMMEN GEMACHT

Im letzten Kapitel haben wir darüber gesprochen, wie du dich an allen Segnungen des neuen Bundes erfreuen kannst, weil du nun unter dem Bund seiner unverdienten Gunst lebst und alle Bedingungen dieses Bundes, den du mit Gott hast, durch Jesus erfüllt worden sind. Gott bemängelte den alten Bund, bei dem der Mensch nur durch seine Tugend und durch das Befolgen des Gesetzes gesegnet werden konnte – und ersetzte ihn durch den neuen Bund seiner unverdienten Gunst, bei dem du wegen des Gehorsams Jesu kontinuierlich gesegnet werden kannst.

Ich hoffe, du fängst an zu verstehen, dass kein Mensch durch die Zehn Gebote vollkommen gemacht werden kann. Kein Mensch kann das Gesetz fehlerlos einhalten und aufgrund des Gesetzes vollkommen gemacht und gesegnet werden. Wir müssen uns einzig und allein auf Jesus verlassen, damit Gottes Segnungen in unser Leben kommen. Nur Jesus kann die völlig gerechten Forderungen des Gesetzes an unserer Stelle erfüllen. Wenn du das Alte Testament durchsuchst, wirst du keinen Einzigen unter dem alten Bund finden, der durch das Gesetz gesegnet, gerechtfertigt oder geheiligt wurde. Kein Einziger konnte dem vollkommenen Maßstab des Gesetzes entsprechen. Sogar König Salomo, der das goldene Zeitalter des alten Israels einläutete, versagte – trotz all seiner Weisheit und Einsicht.

Gott wusste, dass es unter dem alten Bund für die Kinder Israels unmöglich war, durch ihre perfekte Einhaltung des Gesetzes gesegnet zu werden, weshalb er einen Ausweg für sie schaffte. Trotz ihrer Sünden wurden sie nicht durch den Fluch des Gesetzes vernichtet, weil sie Gott jeden Morgen und jeden Abend Brandopfer darbrachten (2Mo 29,38–39). Im vorangegangenen Kapitel haben wir gelernt, dass im Alten Testament Schatten verborgen sind, die auf Jesus hinweisen. Ich werde dir jetzt einen weiteren Schatten enthüllen. Jesus, unser makelloses Opfer, hing von 9 Uhr morgens bis 15 Uhr nachmittags am Kreuz (Mk 15,25 NLB; Lk 23,44–46 NLB) und erfüllte so den Typus des Morgen- und des Abendopfers!

In der Bibel gibt es keine unbedeutenden Details. Gott hat nicht alle Einzelheiten der Opferungen in der Bibel festgehalten, damit wir sonntags eine große und beeindruckende Bibel in die Kirche mitnehmen können. Nein, alle Details weisen auf wunderschöne Art und Weise auf das eine Opfer Jesu am Kreuz hin; sogar die *Zeiten*, zu denen die Israeliten nach Gottes Anweisung ihre Opfer bringen sollten, weisen auf unseren Retter hin. Deshalb konnten die Kinder Israels sogar unter dem alten Bund wegen JESUS gesegnet werden, auch wenn sie versagten. Jedes Opfer, das Gott ihnen auftrug, wies auf das Werk Jesu am Kreuz hin!

Wer nur gegen ein einziges Gebot verstößt,
hat sie alle gebrochen!

Denk mal einen Moment über Folgendes nach. Wenn es den Israeliten möglich gewesen wäre, das Gesetz Gottes perfekt zu halten, warum wären dann unter dem alten Bund Tieropfer und andere Opfer nötig gewesen? Sie haben vielleicht versucht, das Gesetz äußerlich zu halten. Was ihr Verhalten anbelangt, haben sie vielleicht keine Götzen verehrt, keinen Ehebruch begangen oder jemanden umgebracht. Aber der moralische Standard des Gesetzes ist makellos; sie versagten in Gottes Augen, weil sie innerlich sündigten.

Wenn zum Beispiel ein Mann eine Frau, abgesehen von seiner eigenen, mit Lust anschaute oder wenn jemand wütend auf seinen Nachbarn wurde, dann beurteilte ihn Gott genauso, als hätte er die Sünde des Ehebruchs oder des Mordes begangen. Und wenn sie nur gegen *ein einziges* Gesetz verstießen, hatten sie *alle* Gesetze gebrochen (Jak 2,10 NLB)! Gottes Maßstäbe sind viel höher als die der Menschen. Der Mensch mag aufgrund der äußeren Erscheinung beurteilen, aber Gott war nicht an der lediglich *äußerlichen* Einhaltung seiner Gesetze interessiert. Er verlangte die Befolgung des Gesetzes auch im Herzen und im Verstand!

»Aber Pastor Prince, ist das nicht ein wenig hart? Wer kann die Zehn Gebote innerlich ***und*** *äußerlich vollständig halten?«*

Ganz genau, mein Freund, das stimmt. Niemand konnte oder kann es! Das Gesetz ist ein unmöglicher Anspruch und es war dazu bestimmt, alle menschlichen Bemühungen, sich Gottes Gunst zu verdienen, zum Schweigen zu bringen. Deshalb brauchten die Kinder Israels die richtigen Opfertiere und Opferarten, um sie zu schützen. Sie hätten das Gesetz niemals vollkommen befolgen können, so wie es Gott verlangte. Nebenbei bemerkt: Ich habe mir die Ansprüche des Gesetzes nicht ausgedacht. Es war Jesus, der gelehrt hat, dass das Gesetz sowohl innerlich als auch äußerlich gehalten werden müsse. Er sagte nämlich: »Jeder, der auf seinen Bruder zornig ist, gehört vor Gericht [wegen Mordes]« (Mt 5,22 NGÜ), und außerdem: »Wer eine Frau auch nur mit einem

Blick voller Begierde ansieht, hat im Herzen schon mit ihr die Ehe gebrochen« (Mt 5,28 NLB).

Jesus kam, um dem Menschen die unverfälschten Forderungen von Gottes Gesetz zu zeigen. Die Pharisäer hatten das Gesetz auf ein Niveau herabgesetzt, das sie durch eigene Anstrengungen aufrechterhalten konnten, um dann mit ihrer Fähigkeit, das Gesetz halten zu können, zu prahlen. Aber Jesus kam, um ihr völliges Versagen aufzudecken, und zeigte ihnen, dass Gottes Gesetz ein unerreichbarer Maßstab für den Menschen war. Es war Jesus, der sagte: »Wenn du durch dein rechtes Auge zu Fall kommst, dann reiß es aus und wirf es weg … Und wenn du durch deine rechte Hand zu Fall kommst, dann hau sie ab und wirf sie weg …« (Mt 5,29–30 NGÜ). Offensichtlich war es nicht seine Absicht, dass die Menschen ihn wörtlich nehmen, sonst sähe die Gemeinde wohl aus wie ein riesiges Lazarett! Nein, Jesus hat lediglich das Gesetz auf sein ursprüngliches Niveau zurückgebracht, damit jeder Mensch ans Ende seiner Möglichkeiten kommt und erkennt, dass er einen Retter braucht!

Kein Mensch kann durch das Gesetz gerechtfertigt werden

Ich will dies weiter erläutern. Schau mit mir in den Römerbrief, wo Gottes Wort uns zeigt, was es bedeutet, unter dem alten Bund des Gesetzes zu sein:

> *Da ist kein Gerechter, auch nicht einer … Wir wissen aber: Was das Gesetz sagt, das sagt es denen, die mit dem Gesetz leben,* ***damit jeder Mund gestopft werde*** *und alle Welt schuldig sei vor Gott. Denn es gilt ja:* ***Durch das Tun dessen, was im Gesetz geschrieben***

steht, wird kein Mensch vor ihm gerecht werden;
denn ***durch das Gesetz kommt es bloß zur Erkenntnis***
der Sünde. – *Römer 3,10.19–20* ZÜB

Diverse Wahrheiten stecken in diesen Versen. Erstens sagen sie uns, dass das Gesetz dazu bestimmt war, »aller Welt« zu zeigen, dass sie vor Gott durch ihre Sünden schuldig ist. KEIN Fleisch kann durch das Befolgen des Gesetzes gerechtfertigt werden. Die ganze Menschheit braucht den Erlöser, der sie errettet! Dieser Abschnitt erklärt auch, warum das Gesetz gegeben wurde. Gott gab das Gesetz, um die Sünden der Menschen aufzuzeigen, denn »durch das Gesetz kommt Erkenntnis der Sünde«. Hör aufmerksam zu. *Die Zehn Gebote waren niemals dafür bestimmt, Sünde zu unterbinden.* Sie haben gar nicht die Kraft, Sünde aufzuhalten. Gott gab das Gesetz, um die Sünde des Menschen *aufzuzeigen*! Wenn du diese letzte Aussage verstehen kannst, wirst du auch eines der größten Missverständnisse verstehen, die es heute in der Gemeinde gibt.

Heute bekommen wir in der Gemeinde alles Mögliche über die Zehn Gebote zu hören. Es gibt Leute, die denken, dass manche Gläubige mit Sünde kämpfen, weil nicht genug über die Zehn Gebote gelehrt wird. Diese Leute nehmen an, die Gläubigen würden frei von der Sünde, wenn man nur offensiv und streng genug über das Gesetz und über alle »Du sollst nicht …« predigt! Hat in den 1500 Jahren, in denen die Kinder Israels unter dem alten Bund des Gesetzes waren, das Gesetz verhindern können, dass Sünde begangen wurde? Gibt es irgendeine biblische Grundlage dafür, dass eine starke Betonung der Zehn Gebote Heiligkeit hervorbringt und Sünde aufhält? Ganz und gar nicht!

Das Gesetz reizt zur Sünde

Ich weiß, dass ich hier vermutlich manchem auf die Füße treten werde, aber lass uns danach gehen, was Gottes Wort sagt, und nicht nach dem, was Menschen sagen. Ich habe im Neuen Testament keine Schriftstelle gefunden, die mir sagt, dass ich mehr über das Gesetz lehren soll, damit die Sünde aufhört. Im Gegenteil, Gottes Wort sagt in 1. Korinther 15,56, dass »die Kraft der Sünde aber das Gesetz [ist]«. Der Apostel Paulus erläutert dies näher in Römer 7, wenn er sagt: »… ohne das Gesetz hätte ich nicht erkannt, was Sünde ist. *Ich hätte nicht begriffen, was Begierde ist, wenn das Gesetz nicht sagen würde: ›Gib der Begierde keinen Raum!‹ Die Sünde ergriff die Gelegenheit und weckte in mir durch das Verbot jede nur denkbare Begierde. Ohne das Gesetz ist also die Sünde tot*« (Röm 7,7–8 NGÜ). Lies diese Verse noch einmal. Das Gesetz hält die Sünde nicht auf. Es reizt zur Sünde und weckt »jede nur denkbare Begierde«!

Unsere menschliche Neigung zu sündigen wurde entfacht, als das Gesetz gegeben wurde.

Um dir zu helfen, das zu verstehen, musst du erkennen, dass unsere menschliche Neigung zu sündigen angefacht wird, sobald ein Gesetz gegeben wird. Stell dir beispielsweise eine Gruppe Jungen vor, die durch eine Straße gehen, in der ein Gewächshaus neben dem anderen steht. Keins der Gewächshäuser weckt ihr Interesse und die Jungen nehmen sie kaum wahr. Dann kommen sie zu einem bestimmten Gewächshaus voll mit Schildern, auf denen steht: »Zerbrechliches Glas. Steine werfen verboten. Unbefugtes

Betreten wird strafrechtlich verfolgt.« Plötzlich halten sie an und beginnen wagemutig genau das zu tun, von dem die Schilder sie anweisen, es *nicht* zu tun.

Das Nächste, was du hörst, ist das Geräusch von zerbrechendem Glas und die Jungen, die johlend und lachend wegrennen. Beachte, dass dieselbe Gruppe von Jungen kurz vorher an derselben Art von Gewächshäusern vorbeiging, ohne dass irgendetwas vorgefallen war. Aber sobald ein Gesetz eingeführt wird, wird die menschliche Neigung zu sündigen geweckt. Das ist, was das Gesetz tut. Es reizt das Fleisch und ruft, um es mit Paulus Worten zu sagen, »alle Begierde« hervor.

Paulus sagt weiter:

> ***Ich dagegen lebte, solange ich noch ohne Gesetz war. Als dann aber das Gebot kam, fing die Sünde an zu leben – und ich starb.*** *Das Gebot, das mir das Leben erhalten sollte, brachte mir den Tod. – Römer 7,9–10* NEÜ

Paulus hat hier ein paar wirklich überzeugende Dinge gesagt. C. S. Lewis hat ein brillantes Buch geschrieben: *Dienstanweisung für einen Unterteufel.* Es geht darin um die Geschichte eines Oberteufels, der einen Unterteufel lehrt, wie man die menschliche Schwäche und Zerbrechlichkeit ausnutzt. Gleichermaßen könnte ich mir vorstellen, dass Römer 7,9 der vermutlich am meisten studierte und auswendiggelernte Vers in der Hölle ist. Wahrscheinlich bekommen alle jungen Dämonen diese Verse beigebracht und die Lehreinheit heißt: »Wie organisiere ich eine Erweckung der Sünde«! Paulus zufolge kommt durch die Einführung des Gesetzes eine ERWECKUNG DER SÜNDE zustande. Und das ist noch nicht alles. Abgesehen davon, dass Sünde erweckt wird, tötet das Gesetz auch noch und bringt den Tod! Ist es dann nicht erstaunlich, dass es wohlmeinende Prediger gibt, die eindringlich die Zehn Gebote predigen, das Gesetz aufzwingen und gleichzeitig denken, dass dadurch die Sünde verschwinden würde?

Vorher haben wir gesehen, dass laut Römer 3,20 »durch das Gesetz Erkenntnis der Sünde [kommt]«. Mit anderen Worten: Ohne das Gesetz gäbe es keine Erkenntnis der Sünde. Du kannst zum Beispiel auf einer Straße, für die keine Geschwindigkeitsbegrenzung gilt, mit jeder beliebigen Geschwindigkeit fahren und niemand kann dich beschuldigen, du wärest zu schnell gefahren. Aber haben die Behörden für diese Straße erst einmal eine Geschwindigkeitsbegrenzung eingeführt, dann weißt du, dass du das Gesetz brechen würdest, wenn du zum Beispiel schneller als 100 km/h fährst.

Der Feind benutzt das Gesetz, um Verdammnis auf dich zu laden und dir ein Gefühl der Schuld und der Gottesferne zu geben.

Ebenso sagt Paulus: »Ich hätte ja von der Begierde nichts gewusst, wenn nicht das Gesetz gesagt hätte: Du sollst nicht begehren.« Deshalb überschüttet dich der Feind ständig mit Anschuldigungen und gebraucht dabei die Stimme eines Gesetzeshüters. Er benutzt das Gesetz und die Gebote, um dein Versagen aufzuzeigen, um ins Rampenlicht zu stellen, wie dich dein Verhalten für die Gemeinschaft mit Gott disqualifiziert hat. Er will ständig hervorheben, wie unwürdig du doch bist, Gottes Annahme, Liebe und Segnungen zu empfangen! Der Feind benutzt das Gesetz, um Verdammnis auf dich zu laden und dir ein Gefühl der Schuld und der Gottesferne zu geben. Er weiß: Je mehr Verdammnis und

Schuld du erfährst, desto mehr wirst du dich von Gott entfremdet fühlen und folglich umso zuverlässiger in dieser Sünde verharren.

Das Gesetz wurde ans Kreuz genagelt

Ich bete jedoch, lieber Freund, dass du heute die WAHRHEIT erkennst, dass Jesus das Gesetz bereits ans Kreuz genagelt hat:

> *Er hat **die Liste der Anklagen gegen uns gelöscht**; er hat die Anklageschrift genommen und vernichtet, indem er sie **ans Kreuz genagelt** hat. Auf diese Weise hat Gott die Herrscher und Mächte dieser Welt entwaffnet. Er hat sie öffentlich bloßgestellt, indem er durch Christus am Kreuz über sie triumphiert hat. – Kolosser 2,14–15* NLB

Was bedeutet das für Gläubige heutzutage? Als das Gesetz des alten Bundes ans Kreuz genagelt wurde, wurden damit der Feind und seine Fürsten ENTWAFFNET! Der Feind hatte sich mit dem Gesetz bewaffnet, um die Menschheit anzuklagen und zu verdammen, aber ich habe eine gute Nachricht für dich, mein Freund. Der Teufel kann das Gesetz nicht länger als Waffe gegen den Gläubigen benutzen, um ihn zu verdammen, denn unter dem neuen Bund ist jeder, der an Jesus glaubt, frei vom Gesetz! Unser Retter hat den Schuldschein, der gegen uns sprach, samt seinen Forderungen bereits getilgt! Leider wissen viele Gläubige unter dem neuen Bund nicht, dass sie nicht mehr unter dem Gesetz leben. Sie leben durch ihren Mangel an Erkenntnis in ständiger Niederlage und der Feind macht sich ihre Unwissenheit zunutze und führt weiterhin den alten Bund des Gesetzes gegen sie an, um sie zu verdammen und Sünde in ihrem Leben zu erwecken.

»Pastor Prince, wenn Jesus das Gesetz ans Kreuz nageln musste, heißt das nicht, dass das Gesetz schlecht ist?«

Nein! Tausendmal nein! Paulus selbst beantwortet diese Frage in Römer 7,12 (NLB), wenn er feststellt: »Das Gesetz selbst aber ist heilig, und das Gebot ist heilig, gerecht und gut.« Doch obwohl das Gesetz heilig, gerecht und gut ist, hat es *keine Kraft,* dich heilig, gerecht und gut zu machen. Das Gesetz ist wie ein Spiegel. Alles, was ein Spiegel tun kann, ist dir die Wahrheit und deine Mängel aufzuzeigen. Wenn du in einen Spiegel schaust und die Person, die du siehst, hässlich, schmutzig oder unvollkommen ist, ist das dann die Schuld des Spiegels? Natürlich nicht. Der Spiegel tut nur seine Arbeit. Und so ist es auch mit dem Gesetz. Es zeigt dir Gottes vollkommene Heiligkeit, Gerechtigkeit und Güte und enthüllt gleichzeitig deine Unvollkommenheit und deine Unfähigkeit, Gottes Ansprüche zu erfüllen. Und so wie du einen Spiegel nicht dazu verwenden kannst, um den Schmutz zu entfernen, den er auf deinem Gesicht sichtbar macht, kannst du auch das Gesetz nicht dazu benutzen, um die aufgezeigte Sünde zu entfernen und dich heilig zu machen.

Im selben Kapitel erklärt Paulus weiter, warum das Gesetz ans Kreuz genagelt werden musste:

> *Das Gesetz ist also gut, weil es vom Geist Gottes kommt. Ich aber bin als Mensch wie in die Sklaverei verkauft und werde von der Sünde beherrscht. Ich begreife mich selbst nicht, denn ich möchte von ganzem Herzen tun, was gut ist, und tue es doch nicht. Stattdessen tue ich das, was ich eigentlich hasse. – Römer 7,14–15 NLB*

Es gibt keinen Zweifel darüber, dass Gottes Gesetz rein und geistlich ist, aber Paulus zeigt uns ganz klar, dass das Gesetz ihn nicht daran hinderte, sündigen zu wollen, sobald sein Fleisch durch es angestachelt wurde. Beachte seine Qual, wenn er in Vers 19 (NLB) sagt: »Wenn ich Gutes tun will, tue ich es nicht. Und wenn ich versuche, das Böse zu vermeiden, tue ich es doch.«

Wenn du dich völlig dem Gesetz unterwirfst, wird es dich ans Ende deiner Möglichkeiten treiben, und du wirst an einen Punkt kommen, an dem du eine glasklare Offenbarung darüber hast, dass du dich aus dir selbst heraus nicht retten kannst.

Also, welche Lösung hatte Paulus? In seiner Verzweiflung schrie er hinaus: »Was bin ich doch für ein elender Mensch! Wer wird mich von diesem Leben befreien, das von der Sünde beherrscht wird?« (Röm 7,24 NLB). Die, die sich dem Gesetz *völlig* unterwerfen – anstatt es auf ein solches Niveau zu senken, bei dem sie sich selbst vormachen können, sie könnten das Gesetz völlig erfüllen –, werden das Gleiche erleben, was auch Paulus erlebt hat. Das Gesetz wird dich ans Ende deiner Möglichkeiten treiben und du wirst an einen Punkt kommen, an dem du eine glasklare Offenbarung darüber hast, dass du dich aus dir selbst heraus nicht retten kannst!

Beachte, dass Paulus seinen Schrei an eine Person richtet. Er fragte: »… *Wer* wird mich von diesem Leben befreien, das von der Sünde beherrscht wird?« Seine Antwort darauf? »Gott sei Dank: Jesus Christus, unser Herr!« (Röm 7,25 NLB). Die Lösung findet man nicht in Gegenständen – den zwei kalten und unpersönlichen Steinplatten, auf denen die Zehn Gebote niedergeschrieben waren. Die Lösung findet man in der Person Jesu! Du kannst keine Beziehung zu einem kalten Stück Stein haben, aber mit Jesus kannst du eine Beziehung haben, weil er eine Person ist! Deine Antwort findest du einzig und allein in Christus! Auch wenn du versagst, macht sein Blut dich gerecht und gut. Durch seine Gnade (unverdiente Gunst) in deinem Leben bist du vollkommen gemacht.

Mein Freund, als Jesus am Kreuz starb, hat er den vollen Preis für deine Sünden bezahlt. Er hat die volle Strafe für *alle* deine Sünden auf sich genommen. Aber er hat nicht deine Fähigkeit entfernt, versucht zu werden, sündhafte Begierden oder Gedanken zu haben. Solange du in deinem gegenwärtigen Körper bist, wirst du das Gleiche erleben, was Paulus erlebt hat. Du wirst Versuchungen und sündhafte Begierden und Gedanken haben. Das ist die Wahrheit, und Paulus hat sich nicht davor gefürchtet oder sich geschämt, darüber zu reden. Wenn Jesus gestorben wäre, um sündiges Handeln und sündhafte Begierden und Gedanken von uns zu nehmen, dann hätte er, bei allem gebührendem Respekt, versagt. Denn wir wissen alle, dass wir heute immer noch zur Sünde versucht werden können. Das Gesetz kann Sünde nicht aufhalten. Nur eine Offenbarung von Gottes Gnade kann es.

Die Kraft, nicht mehr zu sündigen

Die Lösung für diese Versuchungen, sündhaften Begierden und Gedanken finden wir im ersten Vers des nächsten Kapitels: »Also gibt es jetzt keine Verdammnis für die, die in Christus Jesus sind« (Röm 8,1 ELB). (Nebenbei bemerkt: Es gibt einige Bibelübersetzungen, etwa die *Schlachter Bibel*, die fortfahren und sagen: »die nicht gemäß dem Fleisch wandeln, sondern gemäß dem Geist«. Dies wurde durch spätere Bibelübersetzer hinzugefügt. In den ältesten Manuskripten des Neuen Testaments, die uns heute zur Verfügung stehen, heißt es im Griechischen nur: »*Also gibt es jetzt keine Verdammnis für die, die in Christus Jesus sind.*«)

Du wirst von Zeit zu Zeit Versuchungen und sündhafte Gedanken erleben, aber inmitten dieser Versuchungen musst du eines wissen: Also *gibt es jetzt* keine Verdammnis für die, die in Christus Jesus sind. Beachte, dass dieser Vers in der Gegenwartsform geschrieben ist. Selbst wenn dir gerade jetzt in diesem Moment sündhafte Gedanken durch den Kopf gehen, gibt es keine Verdammnis, weil du IN CHRISTUS JESUS bist! Sollten wir deswegen diesen sündhaften Gedanken einfach nachgeben? Natürlich nicht.

Du hast nun die Kraft Christi, dich über deine Versuchung zu erheben und, unabhängig von deinen Werken, in deiner gerechten Identität in Christus zu ruhen.

Sünde kann in einem Menschen, der sich vollkommen darüber bewusst ist, dass er in Christus gerecht ist, keine Wurzeln schlagen. Du kannst nicht verhindern, dass Vögel über deinen Kopf fliegen, aber du kannst sicherlich verhindern, dass ein Vogel auf deinem Kopf ein Nest baut. Genauso kannst du nicht verhindern, dass dir Versuchungen, sündhafte Begierden und Gedanken durch den Kopf gehen, aber du kannst dich selbst ganz bestimmt davon abhalten, entsprechend dieser Versuchungen und sündhaften Begierden und Gedanken *zu handeln*. Wie? Indem du in dem Moment, wenn du versucht wirst, bekennst, dass du die Gerechtigkeit Gottes in Christus Jesus bist!

Die Kraft Jesu, mit der du jede Versuchung überwinden kannst, kommt ins Spiel, wenn du dir selbst im Moment der Versuchung bewusst bleibst, dass Jesus immer noch mit dir ist und du in ihm gerecht bist, und das unabhängig von deinen Werken (Röm 4,6)! Wenn du das tust, weist du die Verdammnis für die Versuchung zurück, der du gerade gegenüberstandst. Du hast nun die Kraft Christi, um dich über deine Versuchung zu erheben und, unabhängig von deinen Werken, in deiner gerechten Identität in Christus zu ruhen. Das, lieber Freund, ist das Leben eines Überwinders in Christus!

Ich habe so viele Zeugnisse von Menschen erhalten, die von zerstörerischen Gewohnheiten befreit wurden. Es waren aufrichtige und wertvolle Menschen, die sich nach einem Durchbruch sehnten, aber nicht wussten, was sie tun sollten. Aber nachdem sie einmal gelernt hatten, dass ihre Gerechtigkeit unabhängig von ihren Werken von Christus kommt, fingen sie an, jedes Mal, wenn sie versucht wurden, zu bekennen, dass sie immer noch die Gerechtigkeit Gottes waren. Und Stück für Stück, je mehr sie anfingen zu glauben, dass sie in Christus gerecht sind, und je mehr sie sich weigerten, die Verdammnis für ihre vergangenen Fehler und für ihre gegenwärtige Versuchung zu akzeptieren, umso mehr wurden sie von den Süchten befreit, die sie gefangen hielten!

Ein Bruder aus den USA, der meine Botschaften schon seit längerer Zeit hort, schrieb mir, dass er süchtig nach Pornografie gewesen war und ein sexuell unmoralisches Leben geführt hatte, seit er 14 Jahre alt war. Obwohl er Jesus mit 18 Jahren angenommen hatte, hatte er mit diesem Bereich seines Lebens weiterhin Probleme. Er schrieb Folgendes:

> *Als Ergebnis schlechter Einflüsse und schlechter Entscheidungen meinerseits wurde ich süchtig nach Pornografie und fing im Alter von 14 Jahren an, ein sexuell unmoralisches Leben zu führen. Ich war 18 Jahre alt, als*

ich errettet wurde, aber ich hatte immer noch mit dieser Art von Gedanken und mit einigen alten Gewohnheiten zu kämpfen. Ich versuchte alles, um von sexueller Unmoral und lustvollen Gedanken frei zu werden.

Dann hörte ich eine Botschaft von Pastor Prince mit dem Titel: »Gute Dinge geschehen Menschen, die glauben, dass Gott sie liebt«[11]. Ich hörte sie immer und immer wieder und zum ersten Mal wurde Gottes Liebe wirklich real für mich. Es war mir möglich, Gottes bedingungslose Liebe immer und immer wieder zu empfangen und sie hat mein Herz geheilt.

Gottes Liebe hat mich befreit! *Vielen Dank für die Botschaft, die ihre Gemeinde in die Welt aussendet. Sie verändert das Leben tatsächlich!*

Es war die Offenbarung, dass Gott ihn trotz seines Versagens und seiner Unvollkommenheit *bedingungslos* liebte, die diesem Bruder half, von seinen Angewohnheiten, die ihn über viele Jahre hinweg gebunden hatten, frei zu werden. Gott will *nicht*, dass du sündigst, denn Sünde zerstört dich. Aber auch wenn du versagst, musst du wissen: Es gibt keine Verdammnis, weil du IN CHRISTUS JESUS bist und deine Sünden durch sein Blut weggewaschen sind! Wenn Gott dich anschaut, sieht er dich nicht in deinem Versagen. Von dem Moment an, als du Jesus als deinen persönlichen Herrn und Retter angenommen hast, sieht Gott dich *im* auferstandenen Jesus, der zu seiner Rechten sitzt! Und genauso wie Jesus makellos und ohne Schuld ist, bist auch du es! Gott hat seinen Sohn gesandt, um für dich am Kreuz zu sterben, *als* du noch Sünder warst. Ganz offensichtlich liebt er dich also nicht nur dann, wenn du in deinem Verhalten und in deinen Gedanken vollkommen bist. Seine Liebe zu dir ist bedingungslos!

Eine andere liebe Schwester aus meiner Gemeinde schrieb mir, wie der Herr ihr Leben von Grund auf verändert hatte. Sie war regelmäßig in Nachtklubs und Kneipen gegangen, hatte Obszönitäten von sich gegeben, Drogen genommen, sich von ihrer Familie entfernt und sich auf illegale Handlungen wie Diebstahl und den Vertrieb raubkopierter Software eingelassen. Während dieser Zeit war sie oft depressiv und hatte sogar Selbstmordgedanken. Schließlich war sie am Boden zerstört und hatte das Gefühl, dass alles in ihrem Leben schief gelaufen war. Sie konnte sich selbst kaum davon überzeugen weiterzuleben. In dieser Zeit wurde sie von ihrer Schwester zur New Creation Church mitgenommen und von der Botschaft der Gnade erfasst. Das ist ihr Zeugnis:

> *Ich hörte das erste Mal von Gnade und* ***erfuhr, dass Gott Kriminelle wie mich nicht verachtet oder verurteilt*** *… Ich war erstaunt, da ich anfing, das Christentum zum ersten Mal in einem neuen Licht zu sehen.*
>
> *Um es kurz zu machen: Ich forderte den Herrn eines Tages heraus, mir seine Existenz und Liebe zu mir zu beweisen und genau das hat er getan. Innerhalb von zwei Wochen hatte Jesus mich ganz für sich gewonnen und ich nahm ihn froh in mein Leben auf. Und wie die Leute immer sagen: Der Rest ist Geschichte …*
>
> *Ich möchte gern bezeugen, dass es die GNADE und nicht das GESETZ war, die mich, eine große Sünderin, zu Gott geführt hat. Mit der Zeit hat der Herr mich von einer Kriminellen in eine Frau verwandelt, die über beide Ohren in Jesus verliebt ist! Er veränderte mein äußeres Verhalten nicht sofort, als ich noch ein Babychrist war. Stattdessen* ***ließ er seine Liebe und Gnade im Überfluss in mein Leben hineinfließen,***

> ***was mich schließlich von innen nach außen veränderte****. Gnade mag nicht unbedingt sofortige Ergebnisse hervorrufen, aber ihre Früchte sind gewiss und dauerhaft!*
>
> *Gerade als meine Familie ihre Hoffnung für mich aufgegeben hatte, tat mein Papa-Gott ein Wunder, indem er mich mühelos von innen heraus in einen neuen Menschen verwandelte! Jeder in meiner Umgebung war über die Veränderung erstaunt, als sie Gottes Werke in meinem Leben sahen. Ich bin ein lebendiges Zeugnis für Gottes Existenz und seine Gnade! Halleluja!*

Preis dem Herrn, ist das nicht ein großartiges Zeugnis? Diese Schwester wurde am Tiefpunkt ihres Lebens gerettet, weil sie eine mächtige Wahrheit erkannte: Gott verachtet oder verurteilt sie nicht. Er LIEBT sie, und es war diese Offenbarung seiner Liebe und Gnade (unverdienter Gunst), die ihr Leben vollkommen auf den Kopf stellte!

Lieber Freund, es ist für dich lebenswichtig, dass du das Geschenk empfängst, nicht mehr verurteilt zu werden. Denn das wird dir die Kraft geben, deine Schwachheiten und zerstörerischen Gewohnheiten und Süchte zu überwinden. Wenn du glaubst, dass Gott dich für dein Versagen verurteilt, würdest du dich dann an ihn wenden, wenn du Hilfe brauchst?

Sieh dir an, wie Jesus einer Sünderin die Kraft gab, nicht mehr zu sündigen. Er verteidigte die Frau, die beim Ehebruch ertappt worden war. Er schaute ihr liebevoll in die Augen und fragte sie: »Wo sind sie? Hat dich keiner von ihnen verurteilt?« Sie sagte: »Niemand, Herr.« Und Jesus sagte zu ihr: »Dann verurteile ich dich auch nicht … Geh und sündige nicht mehr.« (Joh 8,10-11 NLB).

Denn weißt du, die Zehn Gebote in all ihrer makellosen Heiligkeit können dich weder heilig machen noch die Sünde in deinem Leben beenden. Die Kraft, Sünde davon abzuhalten dein Leben zu zerstören, kommt, wenn du von Jesus das Geschenk empfängst, *nicht mehr verurteilt zu werden.* Dein Retter, der das Gesetz an deiner Stelle erfüllt hat, sagt dir: »Wo sind deine Ankläger? AUCH ICH VERURTEILE DICH NICHT. Geh und sündige von jetzt an nicht mehr.« Das, mein Freund, ist Gnade. Das ist seine unverdiente Gunst! Das Gesetz sagt, dass Gott dich nur dann nicht verurteilt, *wenn* du mit dem Sündigen aufhörst. Aber Gnade sagt: »Ich habe deine Verurteilung und Verdammnis am Kreuz getragen. *Jetzt* kannst du gehen und nicht mehr sündigen.«

Es ist für dich lebenswichtig, dass du das Geschenk empfängst, nicht mehr verurteilt zu werden. Denn das wird dir die Kraft geben, deine Schwachheiten und zerstörerischen Gewohnheiten und Süchte zu überwinden.

In Römer 6,14 heißt es: »*Denn die Sünde wird nicht herrschen über euch, weil ihr nicht unter dem Gesetz seid, sondern unter der Gnade [unverdienten Gunst].*« Wenn du immer noch mit Sünde zu kämpfen hast, dann ist es an der Zeit damit aufzuhören, dich auf das Gesetz zu verlassen. Baue wie Paulus auf seine unverdiente Gunst. Wenn du weißt, dass Christus dich unabhängig von deinen Werken gerecht gemacht hat und dass er dich durch seine unverdiente Gunst vollkommen gemacht hat, wird dich das dazu befähigen, jede sündhafte Versuchung, Gewohnheit und Sucht in deinem Leben zu überwinden!

Wenn du dich in diesem Moment nach deinem Retter Jesus ausstreckst, sieht Gott dich als vollkommen in ihm. Er verurteilt dich nicht wegen deiner vergangenen, gegenwärtigen oder gar zukünftigen Fehler, da alle Fehler, die du in diesem Leben machst, bereits ans Kreuz genagelt wurden. Du bist jetzt frei, nicht mehr zu sündigen und Sieg und Erfolg über jede Sünde und Bindung in deinem Leben zu erfahren!

KAPITEL 11

DIE TRANSFORMATION DER NÄCHSTEN GENERATION

Als ich Leiter der Jugendarbeit war, predigte ich gewöhnlich harte und strenge Botschaften und schärfte meinen Jugendlichen ein: »Ihr müsst Gott lieben! Ihr müsst den Herrn mit eurem ganzen Herzen, eurem ganzen Verstand und eurer ganzen Seele lieben!« Die ganze Zeit über, in der ich zu den Jugendlichen predigte, fragte ich mich selbst: »Wie in aller Welt soll ich das machen?« Ich schaute auf mich selbst und prüfte mein Herz, meinen Verstand und meine Seele – liebte ich den Herrn wirklich auf so vollkommene Weise? Wie konnte ich von meinen Jugendlichen erwarten, dass sie Gott auf diese Weise liebten, wenn ich doch wusste, dass ich selbst dabei versagt hatte? Zu dieser Zeit war ich noch nicht auf den neuen Bund der Gnade gegründet. Ich wusste nicht, dass ich durch diese Art von Verkündigung alle meine Jugendlichen unter das Gesetz stellte, weil die Quintessenz des Gesetzes lautet: »… Du sollst den Herrn, deinen Gott, lieben mit deinem ganzen Herzen und mit deiner ganzen Seele und mit deinem ganzen Denken …« (Mt 22,37–40; Mk 12,29–30).

Ich frage dich: Gab es jemals einen Einzigen, der fähig war, den Herrn mit ganzem Herzen, ganzer Seele und ganzem Verstand zu lieben? Keinen. Keine einzige Person war jemals dazu fähig. Gott wusste die ganze Zeit über, dass niemand unter dem Gesetz ihn so vollkommen lieben könnte. Weißt du, was er also getan hat? Die Bibel sagt: »Denn Gott hat die Welt so sehr geliebt, dass er seinen einzigen Sohn hingab …« (Joh 3,16 NLB). Ich liebe dieses kleine Wörtchen »so«. Es spricht von der Intensität, mit der Gott uns liebt.

Als Gott Jesus sandte, sagte er damit gewissermaßen Folgendes zu uns: »Ich weiß, dass ihr mich nicht auf vollkommene Weise lieben könnt, also seht euch an, was ich jetzt tue. *Ich* will euch mit ganzem Herzen, ganzer Seele, ganzem Verstand und ganzer Kraft lieben.« Und er breitete seine Arme aus und starb für uns. Die Bibel sagt uns über das, was Jesus am Kreuz getan hat: »Selbst für einen guten Menschen würde kaum jemand sterben – am ehesten noch für einen herausragenden Menschen. *Gott dagegen beweist uns seine große Liebe* dadurch, dass er Christus sandte, damit dieser für uns sterben sollte, als wir noch Sünder waren. Und da wir durch das Blut von Christus in Gottes Augen gerecht gesprochen worden sind, ist sicher, dass Christus uns vor dem Gericht Gottes bewahren wird« (Röm 5,7-9 NLB).

Wenn du von der Liebe Gottes überfließt, wirst du das Gesetz mühelos erfüllen, ohne es überhaupt zu versuchen.

Mein Freund, das Kreuz ist kein Beweis für unsere vollkommene Liebe oder Hingabe an Gott. Das Kreuz ist Gottes Beweis für *seine* vollkommene Liebe und *seine* vollkommene Gnade (unverdiente Gunst) uns gegenüber, weil Jesus für uns starb, als wir *noch* Sünder waren. Er starb für dich und mich nicht aufgrund unserer vollkommenen Liebe zu Gott. Er starb für dich und mich aufgrund SEINER vollkommenen Liebe zu uns! Um es noch deutlicher zu machen, will ich dir die biblische Definition von Liebe zeigen: »Darin besteht die Liebe – *nicht dass wir Gott geliebt haben, sondern dass er uns geliebt hat* und seinen Sohn gesandt hat als Sühnopfer für unsere Sünden« (1Joh 4,10). Lieber Freund, darauf liegt die Betonung des neuen Bundes der Gnade (der unverdienten Gunst) – auf SEINER Liebe zu uns und nicht auf unserer Liebe zu ihm!

Während wir eine neue Generation von Gläubigen aufstehen lassen, lass uns dafür sorgen, dass diese Generation von Gottes unverdienter Gunst geprägt ist und sich seiner Liebe zu uns rühmt. Wenn wir seine Liebe zu uns empfangen und anfangen zu glauben, dass wir seine Geliebten sind, dann schau dir das Ergebnis davon an, von dem 1. Johannes 4,11 (NLB) spricht: »Liebe Freunde, weil Gott uns so sehr geliebt hat, sollen wir auch einander lieben.« Beachte, dass die Liebe zueinander erst kommt, nachdem wir die Liebe Gottes erfahren haben! Erstere stammt aus dem Überfließen. Du kannst andere nicht lieben, wenn du nicht zuerst von seiner Liebe erfüllt wurdest. Und wenn du von seiner Liebe überfließt, wirst du das Gesetz mühelos erfüllen, ohne es überhaupt zu versuchen, weil in Gottes Wort steht: »Die Liebe tut dem Nächsten nichts Böses; *so ist nun die Liebe die Erfüllung des Gesetzes*« (Röm 13,10).

Fliehe vor der Versuchung, indem du Gottes Gnade kennst

Wir müssen unseren Jugendlichen nicht das Gesetz auferlegen, weil wir denken, dass sie ohne das Gesetz losziehen und sündigen würden. Josef war ein junger Mann, erst 17 Jahre alt, als er in die Sklaverei nach Ägypten verkauft wurde. Er lebte lange *vor den*

Zehn Geboten, aber sieh dir an, wie er auf die Verführungsversuche von Potifars Frau reagierte. Er berief sich auf Gottes unverdiente Gunst in seinem Leben und darauf, wie der Herr ihn befördert hatte und sagte: »Es ist niemand größer in diesem Haus als ich … Wie sollte ich nun eine so große Missetat begehen und gegen Gott sündigen?« (1Mo 39,9).

Josef wurde nicht durch die Zehn Gebote bestimmt. Er handelte auf der Grundlage von Gottes unverdienter Gunst auf seinem Leben. Er hatte eine lebendige Beziehung mit dem Herrn. Weißt du, was Josef tat, nachdem er Potifars Frau das soeben Zitierte gesagt hatte? Er rannte vor ihr davon. Ich denke, dass Jugendliche, die voll von Jesus sind, den gleichen Mut haben werden, vor der Versuchung zu fliehen! Es ist nichts falsch daran, vor der Versuchung zu fliehen. Josef rannte vor Potifars Frau davon, weil er sein Vertrauen nicht auf sein Fleisch setzte, um dieser Versuchung zu widerstehen. Er rannte davon, bevor er seine Meinung ändern konnte!

Auch der Apostel Paulus weist uns unter dem neuen Bund an, vor den jugendlichen Begierden zu FLIEHEN und stattdessen nach Gottes Gerechtigkeit zu streben. Er unterwies Timotheus: »Die jugendlichen Begierden aber fliehe, strebe aber nach Gerechtigkeit, Glauben, Liebe, Frieden …« (2Tim 2,22 ELB). Wenn Internetpornografie eine Versuchung ist, dann sollten wir unseren Jugendlichen beibringen, nicht auf ihr Fleisch zu vertrauen, um der Versuchung zu widerstehen, sondern vor ihr zu fliehen. Genauso könnt ihr Eltern ganz praktisch etwas ändern, indem ihr den Computer ins Wohnzimmer stellt und nicht in die Zimmer eurer Söhne und Töchter. Das ist Kindererziehung mit Gnade: Du kannst deinen Teenagern vertrauen, aber du kannst ihnen auch beibringen, nicht auf ihr Fleisch zu vertrauen und vor der Versuchung zu fliehen!

An alle Teenager und jungen Erwachsenen, die auf Partnersuche sind: Lernt vor der Versuchung zu fliehen, wie Josef es getan hat. Trefft euch nicht an dunklen, ruhigen Orten und sperrt euch nicht zu zweit in eure Zimmer ein, wo aufwallende Hormone euch dazu verführen können, weiter zu gehen, als ihr es eigentlich wollt. Gott hat Sex dafür bestimmt, im Bund der Ehe genossen zu werden. Er will euch nicht den Spaß verderben. Er liebt euch nur zu sehr, als dass er miterleben will, wie ihr von einer zerbrochenen sexuellen Beziehung in die nächste schliddert und euch am Ende ausgenutzt, hintergangen, manipuliert, billig und leer fühlt. Er liebt euch zu sehr, als dass er euch dem Risiko ausgesetzt sehen will, an sexuell übertragenen Krankheiten zu leiden. Er liebt euch zu sehr, als dass er erleben möchte, wie ihr ungewollt schwanger und Eltern werdet, bevor ihr dafür bereit seid.

Ihr seid kostbar in Gottes Augen und ich bitte euch, euch seine Bestimmung für euer Leben auszumalen. Seine Bestimmung für euch ist, dass ihr zur rechten Zeit eine gesegnete Ehe mit jemandem genießen könnt, dem ihr euch vollständig hingeben und mit dem ihr eine gesegnete Familie mit wunderschönen Kindern haben könnt. Vertraut ihm – überstürzt es nicht und habt keinen vorehelichen Sex. Er wird zu seiner Zeit alles wundervoll machen. Seid euch auch bewusst: Es spielt keine Rolle, wie eure Vergangenheit aussieht, es gibt deswegen jetzt keine Verdammnis mehr. Sein Blut wäscht euch weißer als Schnee und in ihm könnt ihr euer Leben neu beginnen!

Jesus zu begegnen führt zur Erfüllung des Gesetzes

Ihr Jugendleiter, Eltern und Prediger-Kollegen, es ist unverzichtbar, dass ihr den jungen Menschen ein Bild davon vermittelt, wie

Gottes Herz für sie im neuen Bund aussieht. Wenn unsere jungen Leute eine Begegnung mit der Person Jesu haben und seine Liebe empfangen, wird seine Liebe bewirken, dass sie das Gesetz erfüllen. Sie werden lernen, sich selbst zu lieben und sich nicht dadurch zu schaden, dass sie mit Sex, Drogen, Alkohol, Zigaretten oder anderen zerstörerischen Dingen experimentieren. Gnade bringt eine übernatürliche Beherrschung hervor. Gnade ist unsere Hoffnung für die Transformation der nächsten Generation.

Wir brauchen eine ganz neue Generation von Jugendleitern, in deren Herzen die Offenbarung von Gottes unverdienter Gunst brennt. Nur Gnade kann unsere jungen Menschen verändern. Mit Gesetzen nach ihnen zu werfen wird nichts anderes bewirken als Rebellion. Doch nur eine Begegnung mit Jesus, nur ein einziger Tropfen seiner unverdienten Gunst, und unsere Jugendlichen werden nie mehr dieselben sein, das garantiere ich euch. Denkt an euer eigenes Leben. Auf welche Weise seid ihr das erste Mal von Jesus ergriffen worden? Geschah es durch das Gesetz oder war es seine Gnade in eurem Leben, die euer Herz berührte? Wir alle haben unsere Beziehung zum Herrn begonnen, weil wir von seiner Liebe und Gnade erfasst wurden. Lasst uns also in dieser Gnade weitermachen.

Fang nicht mit der Gnade an, um dann beim Gesetz zu landen. Fang nicht im neuen Bund an, nur um wieder zum alten Bund zurückzukehren!

Paulus warnte die Galater davor, wieder zum Gesetz zurückzukehren, nachdem sie in der Gnade begonnen hatten. Er sagte: »Mich wundert, dass ihr euch so schnell abwenden lasst von dem, der euch durch die Gnade [unverdiente Gunst] des Christus berufen hat, zu einem anderen Evangelium, während es doch kein anderes gibt; nur sind etliche da, die euch verwirren und *das Evangelium von Christus verdrehen* wollen« (Gal 1,6–7). Paulus nimmt das sehr ernst. Er nennt jedes Evangelium außer dem Evangelium der Gnade [Gottes unverdienter Gunst] eine *Verdrehung*. Der Versuch, durch die Werke der Zehn Gebote *gerechtfertigt* zu werden, ist eine Verdrehung des Evangeliums Christi.

Paulus fragte die Gemeinde in Galatien geradeheraus: »… Habt ihr den Heiligen Geist etwa durch das Befolgen des Gesetzes empfangen? Natürlich nicht. Der Heilige Geist kam auf euch herab, nachdem ihr die Botschaft von Christus gehört und ihr geglaubt habt. Versteht ihr das denn wirklich nicht? Ihr habt begonnen, ein Leben mit dem Heiligen Geist zu führen. Warum wollt ihr jetzt auf einmal versuchen, es aus eigener Kraft zu vollenden?« (Gal 3,2–3 NLB). Paulus sagte zu ihnen: »Ihr habt mit dem Glauben an die Gnade angefangen, warum verlasst ihr euch nun auf eure Werke? Das ist reine Dummheit! Ihr solltet durch Gottes unverdiente Gunst weitermachen!« Das sind harte Worte, die Paulus da spricht. Fang nicht mit der Gnade an, um dann beim Gesetz zu landen. Fang nicht im neuen Bund an, nur um wieder zum alten Bund zurückzukehren! Es gibt Menschen, die behaupten, dass sie zwar nicht durch das Gesetz gerechtfertigt werden, die aber doch glauben, sie sollten das Gesetz halten, um heilig zu werden. Mein Freund, sowohl Rechtfertigung als auch Heiligung kommen einzig und allein durch unseren Glauben an das vollbrachte Werk Jesu.

»Pastor Prince, woher soll ich wissen, ob ich unter den alten Bund zurückgegangen bin?«

Genau genommen ist es ganz leicht, den Unterschied zwischen Lehrsätzen des alten und des neuen Bundes zu erkennen. Stell dir einfach die Frage, ob der Lehrsatz den Schwerpunkt darauf legt, was *du* tun musst, oder auf das, was *Jesus getan hat*. Sorgt er dafür, dass du ständig in *dich* hineinschaust, auf *dich* baust und darauf, wie gut oder schlecht du etwas gemacht hast? Oder lenkt er deinen Blick *von dir weg* und auf Jesus hin?

Wenn du auf den neuen Bund der Gnade gegründet bist, wirst du ein gewaltiges Gefühl des Vertrauens, der Zuversicht und der Sicherheit in Christus erfahren. Wenn dein Vertrauen auf seine unverdiente Gunst gerichtet ist und nicht auf deine Leistung, wirst du dich nicht mehr ständig so fühlen, als würdest du manchmal in seiner Gunst und Annahme leben und manchmal nicht.

Unglücklicherweise haben einige Gläubige sich, ohne es zu bemerken, zurück unter den alten Bund begeben. Manchmal haben sie das Gefühl, Gott wäre auf ihrer Seite, ein anderes Mal denken sie, Gott wäre weit von ihnen weg. Manchmal haben sie das Gefühl, dass Gott zufrieden mit ihnen ist, ein anderes Mal, dass Gott böse auf sie ist. Alle diese Gefühle gründen sich in erster Linie auf ihre eigene Einschätzung darüber, wie gut *sie* waren und wie sie über sich selbst denken, und nicht darauf, wie Gott sie sieht. Da es im neuen Bund keine biblische Grundlage für solche Bewertungen gibt, entscheiden sie irgendwann auf willkürliche Weise, ob sie Gottes Segnungen und Gunst in ihrem Leben verdienen oder nicht, obwohl sie in Wahrheit ständigen Zugang zu seinen Segnungen haben – einfach aufgrund von Jesus und seinem vollbrachten Werk am Kreuz.

Unterlegen wegen unseres Mangels an Erkenntnis

Als Teenager war ich Teil einer christlichen Gruppe. Wir haben damals folgendes Lied gesungen, das dir vielleicht bekannt ist. Es ging so: »Ist er zufrieden, ist er zufrieden, ist er zufrieden mit mir? Habe ich mein Bestes getan? Habe ich den Test bestanden? Ist er zufrieden mit mir?«[12] Ich muss dir sagen, dass ich, wenn wir es zehnmal sangen, zehnmal *nicht* glaubte, dass er mit mir zufrieden war. Wenn wir auf uns selbst schauen, sehen wir nur die Unzulänglichkeit und Nutzlosigkeit unserer Fähigkeiten und unseres Handelns. Aus uns selbst heraus werden wir niemals Gottes Maßstab gerecht werden, damit er mit uns zufrieden ist. Wir werden immer völlig unzureichend sein!

Wenn wir auf uns selbst schauen, sehen wir nur die Unzulänglichkeit und Nutzlosigkeit unserer Fähigkeiten und unseres Handelns.

Du kannst dir vorstellen, wie verdammt wir uns jedes Mal fühlten, wenn wir dieses Lied sangen. Schließlich waren wir nie gelehrt worden, dass Gott mit dem Opfer seines Sohnes am Kreuz zufrieden war, und wir verstanden nicht, worum es im neuen Bund der Gnade ging. Wir waren jung und eifrig für Gott, lebten aber wegen unseres Mangels an Erkenntnis in ständiger Niederlage. Ich wünschte, wir hätten in dieser Zeit ein solches Buch lesen können, wie du es gerade in den Händen hältst. Es hätte uns von dem ständigen Gefühl der Unzulänglichkeit und Unfähigkeit befreit!

Bei allem gebührenden Respekt für den Liederschreiber, von dem ich glaube, dass er dieses Lied mit den besten Absichten geschrieben hat, muss ich sagen, dass dieses Lied nicht auf dem neuen Bund der unverdienten Gunst Gottes gegründet ist. Es verleugnet das Kreuz, flößt Angst ein und legt den Schwerpunkt wieder auf dich – auf das, was *du* tun musst, was *du* erfüllen musst und was *du* erreichen musst, damit Gott mit dir zufrieden ist. Aber die Frage, um die es heute geht, lautet nicht, ob Gott mit dir zufrieden ist. Die Frage, die wir uns stellen müssen, lautet: Ist Gott mit dem Kreuz Jesu zufrieden? Und die Antwort ist: Er ist völlig zufrieden!

Am Kreuz finden wir unsere Annahme. Dort schrie Jesus mit seinem letzten Atemzug: »Es ist vollbracht!« (Joh 19,30). Das Werk ist vollendet. Die volle Bestrafung für unsere Sünden wurde an Jesus am Kreuz ausgeübt. Gott wird den Gläubigen nicht wieder bestrafen, aber nicht, weil er in Bezug auf Sünde nachsichtig geworden wäre, sondern weil alle unsere Sünden am Körper Jesu *bereits bestraft worden sind.* Gottes Heiligkeit und seine Gerechtigkeit sind nun auf deiner Seite! Gott beurteilt dich heute nicht aufgrund dessen, was du getan oder auch nicht getan hast. Er beurteilt dich aufgrund dessen, was Jesus getan hat. Ist Gott heute mit Jesus zufrieden? Ja, natürlich ist er es! Also ist Gott im gleichen Maße, wie er mit Jesus zufrieden ist, auch mit dir zufrieden.

Gott wird den Gläubigen nicht wieder bestrafen, aber nicht weil er in Bezug auf Sünde nachsichtig geworden wäre, sondern weil alle unsere Sünden am Körper Jesu bereits bestraft worden sind.

Klingt das zu schön, um wahr zu sein? Nicht wenn du dir dessen bewusst wirst, dass diese Realität des neuen Bundes einen hohen Preis hatte. Gottes einziger Sohn musste auf Golgatha zerbrochen werden, damit diese Segnung in deinem Leben real werden kann. Das Geschenk seiner unverdienten Gunst und seiner Gerechtigkeit ist für dich heute frei verfügbar, weil der volle Preis für diese Gabe an Jesu Körper bezahlt wurde. Das Kreuz hat alles verändert! Lass dir von niemandem den Bären aufbinden, du müsstest selbst für deine Sünden bezahlen. Lass dich von niemandem mit der Lüge irreführen, deine ewige Errettung in Christus sei unsicher und erschütterbar!

Verwandlung durch Offenbarung

Im vorigen Kapitel haben wir gelernt, dass du unter dem alten Bund des Gesetzes nur gesegnet werden konntest, wenn du Gottes Geboten vollkommen gehorsam warst, sowohl innerlich als auch äußerlich. Wenn du hingegen versagt hattest, wurdest du verflucht. Wir haben auch gesehen, dass Gott von Anfang an wusste, dass es für niemanden möglich war, unter dem alten Bund gesegnet zu werden, da kein Mensch die Zehn Gebote vollständig halten konnte. Daher sorgte Gott vor und schuf die Möglichkeit, mit dem Blut unschuldiger Opfertiere für das menschliche Versagen zu bezahlen. Aber heute wissen wir, dass die Tieropfer nur ein Schatten des Blutes waren, das Jesus, unser vollkommenes Lamm, am Kreuz für uns vergießen würde. Erinnere dich daran, dass wir nicht mehr unter dem *alten* Bund des Gesetzes leben, da wir den neuen Bund der Gnade haben (Hebr 8,7–9)!

Würdest du dennoch mit mir darin übereinstimmen, dass sich heute mehr Christen besser mit den Zehn Geboten auskennen als mit dem neuen Bund der unverdienten Gunst Gottes? Würdest du in New York den Times Square entlanggehen und willkürlich Menschen befragen, hätten die meisten wahrscheinlich schon mal etwas über die Zehn Gebote gehört, aber nichts über den neuen Bund der Gnade, der durch Jesus kam. Genau genommen stellt die Welt das Christentum mit den Zehn Geboten gleich. Ist es nicht traurig, dass die Welt uns mit dem Gesetz verbindet, das doch aufgehoben wurde, und nicht mit der unverdienten Gunst, die Jesus uns durch seinen Tod gibt?

Wenn junge Menschen eine Offenbarung über Jesus bekommen und erkennen, wie wertvoll sie in seinen Augen sind, wird ihr Leben auf übernatürliche Weise verwandelt werden.

Kein Wunder, dass wir eine ganze Generation junger Menschen an die Welt verlieren! Das Gesetz hat keinerlei Anziehungskraft und selbst die Bibel nennt es veraltet (Hebr 8,13). Wenn wir unseren jungen Leuten weiterhin die Zehn Gebote in den Rachen schieben, brauchen wir uns nicht zu wundern, dass sie von diesen gesetzlichen Ausprägungen des Christentums abgestoßen werden. Noch wichtiger ist, nicht zu vergessen, dass die Kraft der Sünde das Gesetz ist. Das Gesetz hat keine Kraft, Sünde aufzuhalten. Das Gesetz wird junge Leute nicht in ihrer kostbaren Identität in Christus verwurzeln, die ihnen die Kraft geben wird, vorehelichem Sex zu widerstehen, und die sie vor Drogenmissbrauch oder dem Verlust ihrer sexuellen Identität bewahren wird. Nur Gottes eigenes Opfer am Kreuz kann ihnen ihre neue Identität als neue Schöpfung in Christus Jesus geben!

Wenn junge Menschen eine Offenbarung über Jesus bekommen und erkennen, wie wertvoll sie in seinen Augen sind, wird ihr Leben auf übernatürliche Weise verwandelt werden. Sie werden nicht mehr von Selbstmordgedanken gequält. Sie wollen sich nicht mehr selbst gefährden, um »dazuzugehören« oder um die Aufmerksamkeit zu bekommen, nach der sie sich sehnen. Das Selbstwertgefühl unserer jungen Frauen wird sich dramatisch verbessern, wenn sie lernen, sich auf dieselbe Weise wertzuschätzen, auf die Jesus sie wertschätzt. Durch Jesu Annahme und seine überfließende Liebe zu ihnen werden sie nicht in der Illusion leben, sie müssten ihren Körper hingeben, um Annahme und Liebe von irgendeinem Mann zu bekommen. Sie werden sich selbst so lieben, wie Jesus sie liebt!

Was unsere jungen Männer betrifft, glaube ich, dass sie eine übernatürliche Selbstbeherrschung entwickeln werden, um ihre rasenden Hormone im Zaum zu halten. Das wird nicht durch ihre Willenskraft geschehen, sondern durch die Kraft Jesu, die in ihnen fließt. Sie werden lernen, wie man vor den jugendlichen Begierden flieht. Sie werden wissen, dass »cool« sein bedeutet, das andere Geschlecht zu respektieren und sich selbst und ihre Freundin nicht dem Risiko sexuell übertragbarer Krankheiten und ungewollter Schwangerschaften auszusetzen.

Wir werden eine Generation von Teenagern haben, die sich bewusst sind, dass Jesus für jeden von ihnen einen großartigen Plan bestimmt hat – und der Wunsch, in einer Gang zu sein, und zerstörende Aktivitäten wie Alkoholkonsum, Drogenmissbrauch und sexuelle Freizügigkeit werden durch die unverdiente Gunst und Liebe, die Jesus für sie hat, verschwinden. Auf übernatürliche Weise wird ihre Sehnsucht nach weltlichen Dingen verschwinden, weil sie durch die Sehnsucht nach Jesus ersetzt wird! Das ist die Macht der Gnade (unverdienten Gunst) Gottes und seiner bedingungslosen Annahme von uns durch das Kreuz. Was das Gesetz nicht tun konnte, hat Gott getan, indem er seinen einzigen Sohn sandte, Jesus Christus!

Ihr Jugendleiter, Eltern und Prediger-Kollegen, das ist die Lösung für unsere jungen Menschen. Es ist nicht zu spät, auf unsere jungen Menschen mit ausgebreiteten Armen der Gnade zuzugehen und sie mit dem echten Evangelium von Jesus zu umarmen. Lasst uns aufhören, unseren Jugendlichen die Zehn Gebote einzuhämmern, und damit anfangen, ihnen eine Offenbarung von Jesus zu vermitteln. Lasst uns damit anfangen, die Liebe des Vaters für sie sichtbar und erlebbar zu machen!

Wir brauchen eine neue Generation von Predigern, die voller Gnade und Barmherzigkeit sind, voll von unverfälschter Lehre in Übereinstimmung mit dem neuen Bund und erfüllt von der Person Jesu, von seiner Schönheit, seiner Liebe und seinem vollbrachten Werk am Kreuz. Wir dürfen nicht zulassen, dass die Welt das Christentum noch länger mit dem Gesetz in Verbindung bringt. Wenn wir die Welt und eine neue Generation wirklich mit Jesus beeinflussen wollen, dann muss die Gemeinde für das Kreuz und für die unverdiente Gunst, die aus den durchbohrten Händen unseres Retters hervorströmt, bekannt werden.

Gerettet durch die Liebe Jesu

Lass mich dir das Zeugnis einer Teenagerin erzählen, die der Herr vor einem knappen Selbstmord rettete. Diese Teenagerin war eine Schulsportlerin, die daran gewöhnt war, im Sport sehr erfolgreich zu sein. Allerdings bekam sie ernste gesundheitliche Probleme und ihr wurde gesagt, dass sie wahrscheinlich nie wieder an einem Sportwettbewerb teilnehmen könne.

Niedergeschmettert durch die Aussicht, wegen ihrer zunehmend geschwächten Verfassung zum Krüppel zu werden, verfiel sie in eine tiefe Depression. Als sie eines Tages allein in ihrem Zimmer war, entschied sie sich, einige Schmerztabletten und eine Flasche Wodka zu besorgen, und dachte darüber nach, sich das

Leben zu nehmen. In dieser Nacht durchsuchte sie die Musikdateien auf ihrem Computer, um sich ein letztes Lied anzuhören, bevor sie die tödliche Kombination einnahm, die sie vorbereitet hatte.

Nachdem sie willkürlich ein Lied aus ihrer Playlist gewählt hatte, hörte sie »zufällig« das Lied »Von deiner Liebe werde ich getragen«, das aus der Feder unseres Gemeindekeyboarders stammt und von einer unserer Lobpreisleiterinnen gesungen wird. Als die Worte auf sie einströmten, fing sie hemmungslos an zu weinen, während die Liebe Jesu ihr Herz erfüllte:

Von deiner Liebe gehalten
Gestützt durch deine Kraft
Auf deinen Schultern getragen
Durch deine Treue stehe ich fest
Wertgeschätzt von dir, Herr
Kostbar in deinen Augen
So nah an deinem Herzen
Deine Hände halten mich …[13]

Überwältigt von der spürbaren Gegenwart des Herrn schmolz ihre Entschlossenheit, sich umzubringen, dahin und sie schrie stattdessen zu Gott um Hilfe. Sie schrieb an unsere Gemeinde, und die Lobpreisleiterin, die dieses Lied gesungen hatte, traf sich mit ihr und erzählte ihr von Jesus. Heute ist diese junge Frau vollständig geheilt und braucht keine Medikamente mehr. Halleluja! Alle Ehre gebührt unserem Herrn Jesus!

Lass mich dir noch ein anderes Zeugnis von einem jungen Mann erzählen, dessen Leben auf wunderbare Weise von der unverdienten Gunst Gottes verändert wurde. Dieser junge Mann rauchte seine erste Zigarette, als er erst neun war. Mit vierzehn war er schon ein erfahrener Krimineller, der Drogen nahm und verkaufte und mit raubkopierten Filmen handelte. Mit dem Geld, das er verdiente, kaufte er seinen Gangmitgliedern angesagte Kleidung, lud sie zum Essen ein und übernahm sogar die Kosten für den Transport, damit sie sich zu Gangkämpfen treffen konnten. Mit fünfzehn wurde er gefasst und in eine Erziehungsanstalt für Jungen gebracht. Dort begriff er, dass sein Leben sich ändern musste. Und das war der Moment, als Gott auf der Bildfläche erschien. Der junge Mann berichtete:

> *Die Anstalt war der Ort, wo ich zum ersten Mal auf Gott stieß, obwohl ich damals noch nicht wusste, dass er es war. Eine meiner Betreuerinnen, eine Christin, betete für mich, und zum ersten Mal spürte ich, dass da »jemand« über mir wachte. Ich dachte damals nicht viel darüber nach, aber das war der Moment, in dem mein Herz und meine Lebenseinstellung sich zu verändern begannen.*
>
> *Im September 2005 besuchte ich die New Creation Church (NCC). Ein Freund hatte mich früher schon einmal in die NCC eingeladen, aber ich hatte abgelehnt. Eines Tages passierte es mir, dass ich im Zug einschlief und meine Station verpasste, weil ich nicht rechtzeitig aufwachte. Der Bahnsteig, an dem ich ausstieg, war völlig verlassen, aber ich bemerkte einen Plastikbeutel, der auf einer Bank liegen gelassen worden war. Ich sah nach, was er enthielt, um eventuell herauszufinden, wem er gehörte, und entdeckte dabei, dass es doch tatsächlich Predigt-CDs von der NCC waren!*
>
> *Das heißt, obwohl ich die NCC gar nicht besuchen wollte, sandte Gott die Gemeinde zu mir! Das war kein*

Zufall. Es war von Gott geführt! Als ich zu Hause aus Neugier die CDs abspielte, war die Gegenwart Gottes so real. Ich erlebte eine solche Intimität mit Gott. Während ich die Predigten von Pastor Prince hörte, wusste ich, dass das der Gott war, an den ich immer geglaubt hatte, ***ein Gott, der mich unabhängig davon liebt, wer ich bin oder was ich tue!***

Was Pastor Prince lehrt, hat mich frei gemacht und mir eine übernatürliche Kraft und Leidenschaft verliehen, Gottes Werk zu tun. Ich spüre keine Fesseln mehr, wenn es darum geht, mich mit Gott zu unterhalten, weil ich weiß, dass er mich in jeder einzelnen Situation führen kann.

Die bedeutendste Veränderung, die ich erfahren habe, war die in meinem Innern. Ich hatte oft sehr üble Laune gehabt, wegen der ich mich in eine Menge Kämpfe verstrickt hatte, ***weil ich so leicht provoziert werden konnte. Das Bewusstsein seiner Liebe zu mir*** *hat mich davon befreit. Nachdem ich früher in der Highschool immer durchgefallen war, wurde ich jetzt in der Fachhochschule so gut, dass ich mich sogar für einen Studienplatz an der Universität qualifizierte.*

Dieser junge Mann ist nun ein zuversichtlicher und fröhlicher Mensch mit einer aussichtsreichen Zukunft. Er hält nun Vorträge an Schulen und in der Jungenbesserungsanstalt, in der er gewesen war, um den Jugendlichen von seinem Leben zu erzählen und sie zu ermutigen. Sein Leben wurde so radikal verändert, dass ihn sogar eine Behörde anwarb, um mit Jugendlichen zu sprechen, die in Schwierigkeiten sind. Er berichtet, dass von dem Moment an, als Jesus in sein Leben kam, er seine Gnade und Gunst übermächtig in seinem Leben erfahren hat. Viele Türen haben sich ihm geöffnet und sein Leben wurde wirklich bereichert – mit Durchbrüchen in Arbeit, Studium, Familie und Beziehungen. Lasst uns Jesus alle Ehre dafür geben!

Das ist es, was unsere jungen Leute brauchen – eine Offenbarung über die vollkommene Liebe Jesu zu ihnen! Da draußen gibt es eine verlorene und sterbende Welt. Mein Freund, die Zehn Gebote *dürfen nicht* mehr das Einzige sein, was die Jugendlichen über das Christentum wissen! Wie könnten sie sonst anders, als zu denken, dass das Christentum nur aus Regeln, Gesetzen und Vorschriften besteht, die ihnen sagen, was man tun und lassen soll? Wie sollten sie sich da Gott anders vorstellen als jemanden, der böse auf sie ist und nur nach Gelegenheiten sucht, sie zu bestrafen? Sie haben keine Ahnung, dass das Christentum in Wahrheit eine innige *Beziehung* mit einem liebenden Gott ist. Wenn sie das wüssten, würden sie jeden Sonntag die Türen der Gemeinden einrennen, um sich Predigten über Jesus und seine Gnade anzuhören!

Wir brauchen eine Evangeliums-Revolution, um die nächste Generation mit dem wahren Evangelium zu erreichen und zu prägen.

Es ist eindeutig, dass die Welt noch nicht das unverfälschte Evangelium der Gnade gehört hat. Die Menschen haben noch nicht die frohe Botschaft von Gottes unverdienter Gunst gehört. Aber das kann sich ändern, wenn wir, die Gemeinde, anfangen, den neuen Bund der Gnade zu predigen! Es ist eine traurige Wirklichkeit, wenn mehr Christen die Zehn Gebote im alten Bund kennen als den neuen Bund der Gnade. Das müssen wir ändern! Wir brauchen eine Evangeliums-Revolution, um die nächste Generation mit dem wahren Evangelium zu erreichen und zu prägen. Nur eine Offenbarung von Gottes unverdienter Gunst wird die nächste Generation für Jesus verändern. Lasst uns nicht unsere kostbare Jugend an die Welt verlieren.

Wenn du ein junger Mensch bist, der dies gerade liest, sollst du wissen, dass alle deine Antworten in der Person Jesu zu finden sind. Er litt, blutete und starb für dich. Was für ein Durcheinander du auch immer gerade erlebst, es gibt Hoffnung. Es ist noch nicht vorbei, also gib nicht auf. Jesus wird dich *niemals* aufgeben! Finde deine Identität in ihm und er wird dir einen Neuanfang schenken – einen Neustart – und eine neue Seite aufschlagen, damit du ein spannendes Leben mit ihm beginnen kannst!

Wie bei Josef in der Bibel wird seine Gegenwart mit dir sein und dein Leben erfolgreich machen. Jesus wird bewirken, dass alles, was deine Hände berühren, erfolgreiche Ergebnisse hervorbringen wird. Deine Beziehungen werden gesegnet sein. Jesus wird dir gute Freunde schenken, die dich nicht verurteilen oder verachten werden. Er wird dir auch eine liebevolle Beziehung zu deinen Eltern geben. Deine Ausbildung oder dein Studium werden gesegnet sein. Deine Zukunft in Jesus wird Tag für Tag vielversprechender und herrlicher werden!

Mein kostbarer Freund: Jesus ist mit dir, und weißt du was? Er wird dich nicht aufgeben und dich niemals verlassen, egal welche Fehler du vielleicht gemacht hast (Hebr 13,5). Er vergibt dir völlig und alle deine Fehler sind für immer vergessen, weggewaschen durch sein Blut. Nun kannst du – mit Jesus an deiner Seite – von vorn anfangen und dein neues Leben der unverdienten Gunst und des Erfolgs beginnen!

KAPITEL 12

UNSERE AUFGABE IM NEUEN BUND

Beim Thema Bündnisse ist es wichtig zu wissen, dass es in jedem Bund gewisse »Geschäftsbedingungen« gibt, die genau beschreiben, wie wir Gottes Segnungen erfahren können. Beim Bund in Eden war die einzige Bedingung an Adam und Eva, nicht vom Baum der Erkenntnis von Gut und Böse zu essen. Wir wissen, dass man unter dem alten Bund des Gesetzes Gottes Segnungen nur dann genießen konnte, wenn man die Zehn Gebote tadellos befolgte.

Was ist mit dem neuen Bund? Da er vollständig auf die unverdiente Gunst Gottes gegründet ist und nicht auf unsere Fähigkeit, das Gesetz zu halten, oder darauf, was wir tun müssen – was ist dann eigentlich unsere Aufgabe in diesem Bund? Wie können wir die Segnungen Gottes im neuen Bund genießen, wenn er auf dem vollbrachten Werk Jesu am Kreuz basiert? Haben wir im neuen Bund der Gnade etwas beizutragen? Das sind wichtige Fragen; daher lass uns der Frage nach »unserer Aufgabe« im neuen Bund nachgehen.

Lass uns zu Beginn die Tatsache festlegen, dass es angesichts eines neuen Bundes keinen Sinn macht, Gottes Segnungen dadurch erfahren zu wollen, indem man wieder unter den alten Bund zurückgeht. Stell dir Folgendes vor: Deiner Firma wurde von einer großen internationalen Firma gerade ein neuer Auftrag erteilt und das Auftragsvolumen liegt zwölf Millionen Dollar über dem letzten Auftrag. Würdest du in so einem Fall die Zahlungsbedingungen in der Vertragsvereinbarung nach dem alten Auftrag oder nach dem neuen festlegen? Die Antwort ist offenkundig. Dennoch gibt es heute Gläubige, die versuchen, zu den Bedingungen des alten Bundes zurückzukehren. Sie verstehen nicht, dass der alte Bund nicht länger gültig ist und wir heute nicht einmal mehr die einzige Vorkehrung haben, die es den Kindern Israel ermöglichte, unter dem alten Bund zu leben: die Tieropfer, die ihre Sünden bedeckten.

Die Bedingungen des neuen Bundes

Da wir einen neuen Bund haben – wie sehen seine Bedingungen aus? Schlage mit mir Hebräer 8,10–13 (NLB) auf und sieh es selbst:

> *»Doch dies ist der neue Bund, den* **ich** *an jenem Tag mit dem Volk Israel schließen* **werde***, spricht der Herr:* **Ich werde** *ihr Denken mit meinem Gesetz füllen, und* **ich werde** *es in ihr Herz schreiben.* **Ich werde** *ihr Gott sein und sie werden mein Volk sein. Und keiner wird mehr seinen Mitbürger oder Bruder belehren müssen: ›Du musst den Herrn erkennen.‹ Denn jeder, vom Kleinen bis zum Großen, wird mich bereits kennen. Und* **ich werde** *ihr Unrecht vergeben und nie wieder an ihre Sünden denken.« Wenn Gott von einem neuen Bund spricht, bedeutet dies, dass er den ersten für veraltet erklärt …*

Im alten Bund des Gesetzes geht es ausschließlich darum, was *du* tun musst. Dagegen ist der neue Bund voll davon, was *Gott* tun will. Hast du gesehen, wie oft in diesem Abschnitt »Ich will« vorkommt? Statt dir in kalten Steinplatten eingegrabene Gesetze vorzusetzen, hat Gott im neuen Bund bestimmt, dass er selbst seine Gesetze in deinen Sinn und dein Herz schreiben will. Gott macht sehr deutlich, dass er mit dem alten Bund abgeschlossen hat – also denke nicht fälschlicherweise, die Gesetze, die er in dein Herz schreiben will, seien die Zehn Gebote. Welche Gesetze will er also stattdessen in dich hineinlegen?

In Johannes 13,34 sagte Gott, dass er uns ein neues Gebot gegeben hat: Einander zu lieben, wie er uns geliebt hat. In Römer 3,27 erwähnt der Apostel Paulus das Gesetz des Glaubens. Die Gesetze, die Gott in dein Herz legen will, sind also sein königliches Gesetz der Liebe und das Gesetz des Glaubens.

Die Liebe ist die Erfüllung des Gesetzes

Was bedeutet es, Gottes Gesetz der Liebe in unseren Sinn gelegt und in unser Herz geschrieben zu bekommen? Es führt zu solch gewaltigen Auswirkungen, dass ich nicht einmal weiß, wo ich anfangen soll! Wenn du anfängst, Gottes Liebe und unverdiente Gunst in deinem Leben zu erfahren, und du weißt, dass du seine Gnade nicht verdienst, wirst du dich Hals über Kopf in Jesus verlieben. Wenn du mit der Liebe Jesu erfüllt bist, wird diese Liebe in deine Beziehungen überfließen, zuerst in die Beziehung mit Gott und dann in die zu deinem Ehepartner, zu deinen Familienmitgliedern, Freunden, Kollegen und zu jedem, dem du begegnest.

Ohne irgendwelche Anordnungen von Gott wirst du dich wieder ganz neu in deinen Ehepartner verlieben. Romantik blüht auf und deine Ehe wird durch die Gnade Jesu erfrischt. Du wirst nicht mit dem Gedanken an Ehebruch spielen wollen, denn du bist in deinen Ehepartner verliebt. Tatsächlich kannst du die Anweisung von Paulus in Epheser 5,25 sogar nur dann erfüllen, wenn du mit der Liebe Jesu zu dir erfüllt bist: »Ihr Männer, liebt eure Frauen, *gleichwie auch der Christus die Gemeinde geliebt hat* und sich selbst für sie hingegeben hat«. Männer, erkennt ihr, dass der Schwerpunkt nicht auf unserem Tun oder auf unserer Liebe zu unseren Frauen liegt? Die Wahrheit ist, dass wir zuerst mit der Liebe erfüllt werden müssen, die Jesus für uns hat. Wir können nur lieben, weil er uns zuerst geliebt hat!

Entsprechend gilt auch: Wenn du von der Liebe Jesu verzehrt wirst, wirst du nicht von mordgierigem Zorn verzehrt werden, sogar wenn dir Unrecht getan wurde – stattdessen wirst du auf übernatürliche Weise dazu fähig sein, anderen zu vergeben. Deshalb sagte Paulus:

> *Denn das: »Du sollst nicht ehebrechen, du sollst nicht töten, du sollst nicht stehlen, du sollst nicht begehren«, und wenn es ein anderes Gebot gibt, ist* ***in diesem Wort zusammengefasst****: »Du sollst deinen Nächsten lieben wie dich selbst.« Die Liebe tut dem Nächsten nichts Böses.* ***Die Erfüllung des Gesetzes ist also die Liebe****. – Römer 13,9–10* ELB

Wenn du Gottes Liebe empfängst, wirst du in der Tat nicht nur mühelos das Gesetz erfüllen, sondern es sogar noch übertreffen. Im neuen Bund geht alles darum, eine lebendige, vitale und innige Beziehung zu Jesus zu haben. Das Gesetz ist dem weit unterlegen – *es kann dir nur befehlen, keinen Ehebruch zu begehen, aber es kann nicht bewirken, dass du deinen Ehepartner liebst*. Unter dem

Gesetz kann ein Mensch zu Hause bleiben und auf körperlicher Ebene keinen Ehebruch begehen, in seinem Herzen aber kann er seinem Ehepartner gegenüber kalt sein und seiner Fantasie, über das was er im Fernsehen oder im Internet sieht, freien Lauf lassen. Unter dem Gesetz kannst du eine *äußere Form* von Gesetzesgehorsam haben. Aber unter der Gnade wirst du die greifbare Wirklichkeit erfahren.

Beim Gesetz geht es ausschließlich um das Oberflächliche, aber Gnade geht in die Tiefe. Das Gesetz wird dir nicht sagen, wie du deine Ehe retten kannst. Aber heute, wenn Gott dir seine Gesetze in dein Herz legt, kannst du zu ihm laufen und sagen: »Herr, ich kann spüren, dass sich meine Frau von mir zurückzieht. Lehre mich, wie ich sie lieben kann«, und Gott wird dich leiten, weil er versprochen hat: »Denn es werden mich alle kennen, vom Kleinsten bis zum Größten unter ihnen« (Hebr 8,11). Wenn du das Drängen verspürst, ihr einige Worte der Ermutigung und Bestätigung zu sagen, dann tue es. Wenn du spürst, du solltest sie umarmen, dann tue es! Folge diesen Eindrücken und dem Drängen deines Herzens, denn der Herr wird dich anleiten, deine Partnerin zu lieben!

Heute spricht Gott direkt durch seine Eindrücke zu dir und er macht es dir leicht, seinen Willen zu erkennen.

Gott hat es uns im neuen Bund so leicht gemacht. Wir müssen nicht länger zu Propheten gehen, um seinen Willen für uns herauszufinden. Er selbst leitet uns! Für diejenigen von euch, die dem Herrn dienen wollen, aber nicht wissen, wo sie anfangen sollen: Fragt euch einfach, was in eurem Herzen ist. Wenn du den

Wunsch hast, mit Kindern zu arbeiten, dann tue es. Das ist die Art und Weise, wie dein Vater dich leitet, wenn du ein Gläubiger unter dem neuen Bund bist. Er legt dir seine Gesetze in deinen Sinn und schreibt sie in dein Herz!

Vielleicht empfindest du ein Drängen, jemanden finanziell zu segnen, obwohl diese Person wohlhabend aussieht. Folge diesem Eindruck, denn heute spricht Gott direkt zu dir und macht es dir leicht, seinen Willen zu erkennen. Wir alle wissen doch, wie sehr das Äußere täuschen kann. Zum Beispiel meinen viele Schwindler und Betrüger, Christen seien naiv. Also ziehen sie sich schäbig an und erzählen dir eine gut einstudierte, mitleiderregende Geschichte, um dich dazu zu bringen, ihnen etwas zu geben. Auf der anderen Seite gibt es ehrenwerte Menschen, die sich sonntags gut anziehen, um den Anlass zu ehren, eigentlich aber in ernsthaften finanziellen Schwierigkeiten sind. Deshalb müssen wir den Eindrücken unseres Herzens folgen und nicht dem Augenscheinlichen. Wenn du also den Wunsch hast, jemandem etwas Gutes zu tun, dann tue es in dem Wissen, dass du ein brandneues Herz hast, das Gott hört, und dass es Gott ist, der beides in dir bewirkt: das Wollen und das Vollbringen (Phil 2,13)!

Die Bestimmung, die den neuen Bund funktionieren lässt

Du weißt ja bereits, dass der alte Bund von den Werken und dem Gehorsam der Israeliten dem Gesetz gegenüber bestimmt war. Wovon ist der neue Bund also abhängig? Lieber Freund, Gott ist so gut. Der neue Bund, den *Gott* gemacht hat, ist nicht davon abhängig, dass du oder ich irgendetwas tun müssen, weil Gott weiß, dass wir immer versagen werden. Hör genau zu. Der neue Bund funktioniert nur aufgrund einer einzigen Tatsache und es handelt sich dabei um die Schlussbestimmung des neuen Bundes – sie steht in Hebräer 8,12. Entsprechend deiner Offenbarung über diese Bestimmung und all ihre Segnungen, wirst du auch darin leben. Bist du bereit, dir diese Bestimmung anzuschauen?

> ***Denn*** *ich werde gnädig sein gegen ihre Ungerechtigkeiten, und an ihre Sünden und ihre Gesetzlosigkeiten werde ich nicht mehr gedenken. – Hebräer 8,12*

Beachte das Wort »denn«. Es bedeutet »weil«. Der neue Bund funktioniert, *weil* Gott sagt, dass er gegen unsere Ungerechtigkeiten gnädig sein und unserer Sünden und Gesetzlosigkeiten nicht mehr gedenken wird! »Nicht mehr« bedeutet, dass es eine Zeit gab, in der Gott an unsere Sünden dachte und sie sogar bis in die dritte und vierte Generation bestrafte (2Mo 20,5 NLB). Das steht in den Zehn Geboten. Heute sagt Gott jedoch ausdrücklich: »Nicht mehr!« (im Griechischen ist es eine doppelte Verneinung). »Nicht mehr« bedeutet, dass Gott sich nie wieder an unsere Sünden erinnern wird, weil er sich an alle unsere Sünden erinnert hat (um sie zu bestrafen), als Jesus am Kreuz hing. Jesus trug die Strafe Gottes für unsere Sünden am Kreuz. Wir können nun unter dem neuen Bund leben und hören, wie Gott sagt: »Deiner Sünden und Gesetzlosigkeiten gedenke ich nicht mehr.«

Mein Freund, der neue Bund ist wirksam aufgrund dieser Schlussbestimmung. Mit anderen Worten heißt das: Aufgrund von Hebräer 8,12 kann Gott seine Gesetze in unseren Sinn legen und sie in unsere Herzen schreiben und jeder von uns kann ihn erkennen und von ihm geführt werden!

Unsere Aufgabe im neuen Bund der Gnade

Hier kommt also die »Eine-Million-Dollar-Frage«: Was ist unsere Aufgabe im neuen Bund der Gnade? Unsere Aufgabe im neuen Bund der Gnade besteht einfach darin, zu *glauben*!

Nächste Frage: Was sollen wir glauben? Die Antwort ist einfach. Wir sollen an Jesus glauben! Aber hör mir jetzt ganz aufmerksam zu: Diese Antwort ist vielleicht nicht gar so simpel, wie sie scheint. Wenn du Menschen auf der Straße befragen würdest, ob sie an Jesus glauben, würdest du wahrscheinlich alles Mögliche an Antworten bekommen. Da gäbe es diejenigen, die glauben, dass Jesus als historische Person, als Moralphilosoph, als charismatischer Führer oder als Prophet existierte. Traurigerweise ist die Wahrheit aber, dass sie, nur weil sie alle diese Dinge über Jesus glauben, nicht gerettet werden.

Deine Aufgabe im neuen Bund der unverdienten Gunst Gottes besteht darin, zu glauben, dass dir alle deine Sünden vollständig vergeben sind und dass das Blut Jesu dich von aller Ungerechtigkeit und Gesetzlosigkeit reinigt.

Heutzutage gibt es Bücher, die auf Lehrsätzen der Gnostiker beruhen, die nicht glauben, dass Jesus der Sohn Gottes ist. Diese Schriften versuchen, Jesus abzuwerten und irdisch erscheinen zu lassen, ihn zu einem einfachen Sterblichen und zu nichts anderem als einer historischen Figur zu machen. Nur weil in Büchern oder Buchtiteln der Name »Jesus« vorkommt, heißt das noch lange nicht, dass die Autoren auch an Jesus glauben. Viele dieser Werke sind sogar gegen Jesus gerichtet, gegen die Wahrheit des Wortes Gottes über Christus.

Was es bedeutet, an Jesus zu glauben

Lass uns also ergründen, was es bedeutet, an Jesus zu glauben. An Jesus zu glauben bedeutet zuallererst, ihn im Glauben als deinen persönlichen Herrn und Retter anzunehmen, der am Kreuz für alle deine Sünden gestorben ist. An Jesus zu glauben heißt zu glauben, dass Jesus der einzige Weg zur Errettung ist und dass du, sobald du ihn annimmst, das Geschenk des ewigen Lebens empfängst. Darüber hinaus bedeutet an Jesus zu glauben, ohne jeden Zweifel zu glauben, dass alle deine Sünden – vergangene, gegenwärtige und zukünftige – am Kreuz bestraft wurden und dass er sich heute (das ist es, worauf sich die Schlussbestimmung des neuen Bundes bezieht) NIE MEHR an deine Sünden und Gesetzlosigkeiten erinnert!

Woran sollst du auf der Grundlage des neuen Bundes der Gnade also glauben? Gott will, dass du von ganzem Herzen glaubst, dass er jedes einzelne Wort ernst meinte, als er sagte: »… ich werde gnädig sein gegen ihre Ungerechtigkeiten, und an ihre Sünden und ihre Gesetzlosigkeiten werde ich nicht mehr gedenken.« Weißt du, im neuen Bund gibt es für uns nichts anderes zu tun, als einfach nur zu glauben! Deine Aufgabe im neuen Bund der unverdienten Gunst Gottes besteht darin, zu glauben, dass dir alle deine Sünden vollständig vergeben sind und dass das Blut Jesu dich von aller Ungerechtigkeit und Gesetzlosigkeit reinigt.

In Gottes Augen bist du heute durch das vollbrachte Werk Jesu vollkommen gerecht gemacht. Der Schwerpunkt im neuen Bund ist zu wissen und zu glauben, dass dir alle deine Sünden vergeben sind und dass Gott sie buchstäblich aus seinem Gedächtnis gelöscht hat. Wenn du das nicht glaubst, wird es dir unmöglich sein, dich auf Gott zu verlassen und zu erwarten, dass er dich beschützt, versorgt und erfolgreich macht. Wenn du das nicht glaubst, wird es dich der Fähigkeit berauben, seine Güte, seine Segnungen, seine unverdiente Gunst und seinen Erfolg in deinem Leben zu empfangen.

Die Macht des Blutes Jesu

»Aber … aber … aber … Pastor Prince, Gott ist allwissend. Er kann doch unmöglich meine Sünden vergessen, oder?«

Unter dem neuen Bund kann Gott erklären, dass er nicht länger an deine Sünden denkt, weil deiner Sünden bereits im Körper Jesu am Kreuz gedacht wurde. Mein Freund, es gibt eine Sache, die Gott nicht tun kann – er kann nicht lügen. Deshalb *meint* er es auch ernst, wenn er sagt, dass er sich an deine Sünden nicht mehr erinnert. Unsere Aufgabe im neuen Bund der unverdienten Gunst Gottes ist zu *glauben*, dass Gott sich tatsächlich nicht mehr an unsere Sünden erinnert!

Jesu Blut hat die Macht, dir alle deine Sünden zu vergeben! Diese Wahrheit fürchtet der Feind am meisten und greift die Lehre über die Vergebung der Sünden deshalb auch so vehement an. Wenn der Feind es schafft, dir die Lüge zu verkaufen, dass dir nicht vollständig vergeben wurde und du deshalb ständig auf deine Sünden schaust, dann kann er dich in Niederlage, Verdammnis, Angst vor Gott und in einem Teufelskreis des Versagens gefangen halten.

Gnostische Schriften sind heimtückisch, weil sie die Lüge verbreiten, dass Jesus nur ein Normalsterblicher war, was wiederum bedeutet, dass sein Blut nicht die Macht hat, uns von allen unseren Sünden zu reinigen. Diese Lüge kommt direkt aus der Hölle! Jesus ist der Sohn Gottes und sein Blut ist tadellos und frei von jeglicher Sünde. Deswegen können wir durch das Vergießen seines reinen und unschuldigen Blutes von aller Ungerechtigkeit gereinigt werden. Sein Blut deckt die Sünden nicht nur vorübergehend zu wie das Blut von Stieren und Ziegen im alten Bund. Sein Blut vernichtet alle unsere Sünden und *löscht sie vollkommen aus*. Es ist Gottes eigenes Blut, das für die Vergebung aller unserer Sünden vergossen wurde! Wir müssen anfangen zu erkennen, dass dies keine »anfängliche Lehre« ist. Sie *ist* das Evangelium von Jesus Christus.

Wenn der Feind es schafft, dir die Lüge zu verkaufen, dass dir nicht vollständig vergeben wurde und du deshalb ständig auf deine Sünden schaust, dann kann er dich in Niederlage, Verdammnis, Angst vor Gott und in einem Teufelskreis des Versagens gefangen halten.

In der Endzeit werden die Menschen nicht anti-Gott sein, sondern anti-Christus. Die Anti-Christus-Bewegung der Endzeit wird versuchen, die Göttlichkeit Jesu, das Kreuz und seine Macht, uns alle unsere Sünden zu vergeben, zu entwerten. Deshalb brauchen wir in diesen letzten Tagen mehr Predigten über Jesus, sein vollbrachtes Werk und den neuen Bund seiner unverdienten Gunst. Wir brauchen mehr Prediger, die unter dem neuen Bund und Christus-zentriert sind und die das Kreuz Jesu in den Mittelpunkt aller ihrer Predigten stellen. Der einzige Weg, diese Täuschung daran zu hindern, sich in die Gemeinde einzuschleichen, besteht darin, die Person Jesu zu verherrlichen und uns auf den zentralen Lehrsatz des neuen Bundes zu konzentrieren: die vollständige Vergebung der Sünden! Das ist das Evangelium, und wenn die Wahrheit des Evangeliums gepredigt wird, werden Menschen frei.

Glaube, dass dir alle deine Sünden vergeben sind – das ist deine Aufgabe im neuen Bund.

Wenn es um das Evangelium Jesu geht, sollten keine Kompromisse gemacht werden. Die Vergebung der Sünden ist einzig und allein auf seine Gnade (unverdiente Gunst) gegründet und Zugang zu dieser Gnade haben wir durch den *Glauben*. Unsere Aufgabe ist, einfach nur zu glauben! Das macht das Evangelium zu einer frohen Botschaft. Wenn du die vollständige Vergebung der Sünden wegnimmst, ist es nicht länger das »Evangelium«, was übersetzt »frohe Botschaft« bedeutet. Glaube, dass dir alle deine Sünden vergeben sind. Das ist deine Aufgabe im neuen Bund.

Werde frei von einer Mentalität der Verurteilung

Im Grunde sagt Gott im neuen Bund der Gnade: »Ich will, dass du glaubst, dass dir vergeben ist. Ich will, dass du glaubst, dass du ein Mensch bist, der das Vorrecht meiner Barmherzigkeit hat. Ich will, dass du glaubst, dass ich nicht mehr an deine Sünden denke.« Nicht ich bin derjenige, der das sagt. Lies selbst noch einmal Hebräer 8,12.

Traurigerweise glauben einige Christen das genaue Gegenteil. Sie glauben nicht, dass ihnen ihre Sünden vollständig vergeben sind. Sie glauben nicht, dass Gott, wie in Hebräer 8,12 steht, nicht mehr an ihre Sünden denkt. Das wirkt sich auf ihre Beziehung zu Gott aus. Statt zu sehen, dass die Schuld für ihre Sünden durch Jesus vollständig getilgt wurde und Jesus sie stellvertretend für sie bezahlt hat, erwarten sie, dass Gott sie gemäß ihren Sünden behandelt. Wenn etwas Negatives in ihrem Leben geschieht, ist ihr erster Gedanke: »Ich hab's doch gewusst – die Sünden meiner Vergangenheit holen mich ein. Gott ist hinter mir her wegen der Dinge, die ich in der Vergangenheit getan habe!« Statt Gott bei seinem Wort zu nehmen, glauben diese Christen, dass ihnen negative Dinge geschehen, weil Gott sie für irgendeine Sünde in ihrem Leben bestraft.

Vielleicht hat ihnen irgendjemand erzählt, dass Gott sie bestraft, wenn sie versagen. Vielleicht wurde ihnen beigebracht, dass man erntet, was man gesät hat. Lieber Freund, wir ernten heute nicht, was wir gesät haben. Das ist die Sprache des alten Bundes. Im neuen Bund erfreuen wir uns an den Wohltaten, für die Jesus am Kreuz einen hohen Preis gezahlt hat. Nichts haben wir gesät, aber durch Jesus haben wir jeden Segen geerntet. Das nennt man unverdiente Gunst!

Es gibt Abschnitte in der Bibel, die fälschlicherweise dazu verwendet wurden, Gedanken der Verurteilung unter Gläubigen zu rechtfertigen und aufrechtzuerhalten, wie zum Beispiel in Galater 6,7–8, wo es heißt: »Irrt euch nicht: Gott lässt sich nicht spotten! Denn was der Mensch sät, das wird er auch ernten. Denn wer auf sein Fleisch sät, der wird vom Fleisch Verderben ernten; wer aber auf den Geist sät, der wird vom Geist ewiges Leben ernten.«

Säen und Ernten im Neuen Testament

Mein Freund, wenn du die Bibel liest, ist es wichtig, dass du das Wort richtig unterscheidest, und noch wichtiger, dass du die Bibelstelle in ihrem Zusammenhang studierst. Im Kontext von Galater 6,7–8 geht es um das Säen von *Geld*. Er hat nichts mit dem Säen von *Sünde* zu tun. Dennoch haben einige Prediger dieses Prinzip von Säen und Ernten dazu benutzt, Gläubige einzuschüchtern und sie denken zu lassen, dass sie, wenn sie Sünde säen, davon ausgehen müssen, von Gott Gericht, Verdammung und Bestrafung zu ernten.

Bedeutet das im Gegenzug also, wenn sie rechtschaffene Taten säen, dann dürfen sie erwarten, das ewige Leben zu ernten? Wenn das stimmt, wo ist in dieser Gleichung das Kreuz Jesu? Eine solche Auslegung dieses Abschnittes verleugnet das Kreuz und lässt unsere ewige Errettung in der Schwebe sein. In dieser menschengemachten Gleichung hängt unsere »Errettung« von dem ab, was wir tun und was wir vorsorglich nicht tun, anstatt in dem gegründet zu sein, was Jesus getan hat.

Jesus erntete die ganze Strafe für die Sünden, die wir gesät hatten, und wir haben alle Segnungen geerntet, die er gesät hat.

Lass nicht zu, dass dich irgendjemand mit falschen Auslegungen des Wortes verwirrt. Der Zusammenhang von Galater 6,7–8 ist das Säen und Ernten von Geld. Die Verse davor und danach (Verse 6, 9 und 10) zeigen deutlich, dass es im Kontext darum geht, die Lehrer des Wortes Gottes und die Glaubensgemeinschaft mit guten Dingen zu segnen. Somit bezieht sich das Säen auf das Fleisch hier darauf, Geld maßlos zu verprassen, anstatt dem Reich Gottes gegenüber großzügig zu sein. Der Vers sagt aus, dass es zu vergänglichen Ergebnissen führt, wenn Geld gesät wird, um sich selbst zu bereichern, wohingegen das Säen von Geld in das Reich Gottes zu Ergebnissen mit Ewigkeitswert führt.

Während es unter dem alten Bund (nach Hosea 8,7) richtig ist, dass der, der Wind sät, Sturm ernten wird (bezogen auf Sünde), so ist es doch jetzt nicht mehr wahr. Jesus hat am Kreuz ALLES verändert! Er erntete die ganze Strafe für die Sünden, die wir gesät hatten, und wir haben alle Segnungen geerntet, die er gesät hat. Halleluja!

Im neuen Bund gibt es keinen Vers über das Säen und Ernten, der im Kontext von Sünde verwendet wird! Das Prinzip von Säen und Ernten wird nur im Zusammenhang mit dem Säen und Ernten von Geld und dem Säen und Ernten von Gottes Wort verwendet (Lk 8,11). Es wird niemals auf Sünde bezogen! Lass also nicht zu, dass mangelhafte Auslegungen von Bibelabschnitten dich der Gewissheit berauben, dass dir ALLE deine Sünden vergeben wurden. Die vollständige Vergebung deiner Sünden wird in Schriftstellen wie Epheser 1,7 verdeutlicht, wo erklärt wird, dass wir in Christus »die Erlösung durch sein Blut, die Vergebung der Sünden [haben], *nach* dem Reichtum seiner Gnade [unverdienten Gunst]«!

Deine Vergebung ist auf Gottes vollkommenes Opfer gegründet

Dir ist nicht nach dem Reichtum deiner guten Werke vergeben worden, sondern nach dem Reichtum der Gnade Gottes (seiner unverdienten Gunst). Alle deine Sünden – vergangene, gegenwärtige und zukünftige – sind vergeben worden. Du darfst Gottes Vergebung deiner Sünden nicht als Teil eines Zeitstrahls betrachten. Es gibt einige Christen, die glauben, dass die Vergebung, die ihnen zuteilwurde, nur vom Tag ihrer Geburt bis zu dem Tag reicht, an dem sie Christen wurden. Ab diesem Zeitpunkt meinen sie dann, sehr vorsichtig sein zu müssen, um ihre Errettung nicht zu verlieren. Hast du gewusst, dass dieser Glaube nicht biblisch ist? Kolosser 2,13 stellt eindeutig fest, dass uns alle unsere Sünden vergeben wurden:

> *Und er hat euch mit ihm lebendig gemacht, die ihr tot wart in den Sünden und in der Unbeschnittenheit eures Fleisches, und hat uns vergeben **alle** Sünden.*
> *– Kolosser 2,13* LUT

Bedeutet für dich »alle« dasselbe wie für mich? Meine Bibel sagt, dass uns alle unsere Sünden durch das eine Opfer Jesu am Kreuz vergeben wurden. Uns wurde ein für alle Mal vergeben! Die Hohenpriester im alten Bund mussten täglich Opfer für Sünde darbringen. Jesus, unser vollkommener Hohepriester des neuen Bundes, tat es ein für alle Mal, als er sich selbst opferte (Hebr 7,27 NLB). Am Kreuz nahm er alle Sünden, die du in deinem Leben begehen wirst, auf sich und bezahlte ein für alle Mal den vollen Preis für alle deine Sünden. Christus muss nicht noch einmal für deine zukünftigen Sünden gekreuzigt werden. Tatsächlich lagen ja alle deine Sünden noch in der Zukunft, als er am Kreuz starb. Als du Jesus in deinem Herzen empfangen hast, wurden daher ALLE deine Sünden vollständig vergeben!

Warum eine Offenbarung deiner Vergebung so wichtig ist

»Aber … Pastor Prince, warum ist das Verständnis der vollständigen Vergebung meiner Sünden so wichtig für mich, um in Gottes unverdienter Gunst zu leben?«

Das ist eine großartige Frage. Ich will dir ein paar Konsequenzen mitteilen, die hierbei eine Rolle spielen. Erstens: Wenn du keine Zuversicht hast, dass dir alle deine Sünden vergeben wurden, werden deine ewige Sicherheit und Errettung immer in der Schwebe sein.

Zweitens: Wenn du denkst, dass deine Sünden am Kreuz nicht vollständig erledigt wurden, dann kannst du die Gegenwart des Herrn nie voller Zuversicht genießen, weil du nie sicher sein kannst, ob er auf deiner Seite ist oder ob er nur darauf wartet, dich für dein Versagen zu bestrafen. Weil du dein Verhalten beurteilst, wirst du dich ständig unwürdig fühlen und kannst niemals wirklich die Kühnheit haben, Gott um große Dinge zu bitten oder zu glauben, dass er dir Erfolg in deinem Leben schenken will.

Wenn du keine klare Erkenntnis über deine vollkommene Vergebung hast, wirst du ständig auf einer emotionalen Achterbahn sein.

Drittens: Wenn du nicht glaubst, dass Jesus dir bereits alle deine Sünden vergeben hat, und du versagst, wirst du glauben, dass du mit Gott nicht »im Reinen« bist und deshalb die Gemeinschaft mit ihm abgebrochen ist. Und anstatt dich auf seine unverdiente Gunst zu verlassen, um so dein Versagen zu überwinden, wirst du das Gefühl haben, deine Sünden bekennen zu müssen, reumütig zu sein und Gott gegenüber etwas wiedergutmachen zu müssen, bevor du die Gemeinschaft mit ihm wiederherstellen und dich wieder auf ihn verlassen kannst.

Es läuft darauf hinaus: Wenn du keine klare Erkenntnis über deine vollkommene Vergebung hast, wirst du ständig auf einer emotionalen Achterbahn sein. Manchmal wirst du denken, dass die Dinge zwischen dir und Gott im Reinen sind, aber zu anderen Zeiten glaubst du nicht, dass es so ist. Manchmal bist du zuversichtlich, dass der Herr mit dir ist, um dich erfolgreich zu machen, aber ein anderes Mal denkst du, dass du es verbockt hast und dass der Herr dir nicht helfen wird, solange du deine Sünden nicht gestanden und wiedergutgemacht hast.

Während er bereit ist dich zu segnen, dir Gunst zu geben und dich erfolgreich zu machen, wirst du durch den Unglauben an sein vollbrachtes Werk der Fähigkeit beraubt, seine Güte, seine Segnungen, seine unverdiente Gunst und seinen Erfolg in deinem Leben zu empfangen.

Du wirst ständig in einem Kreislauf sein, in dem du verunsichert bist und mal an Gottes Gunst glaubst und mal nicht. Alle diese Gefühle sind davon abhängig, wie gut du meinst, etwas gemacht zu haben, und sie lassen das Kreuz Jesu komplett außer Acht. Mein Freund, Gott bewertet dich nicht aufgrund deines Verhaltens. Er sieht nur das vollbrachte Werk Jesu. Aber weil du nicht glaubst, dass Jesus dir tatsächlich alle deine Sünden vergeben hat, fühlst du dich irgendwann wie ein totaler Heuchler und Versager.

Ich hoffe, dass du allmählich erkennst, dass die vollständige Vergebung deiner Sünden zu verstehen nicht nur etwas für Theologen ist. Zu denken, dass dir deine Sünden nicht vollständig vergeben sind, wird deine Beziehung zu Jesus grundlegend beeinflussen. Während er bereit ist, dich zu segnen, dir Gunst zu geben und dich erfolgreich zu machen, wirst du durch den Unglauben an sein vollbrachtes Werk der Fähigkeit beraubt, seine Güte, seine Segnungen, seine unverdiente Gunst und seinen Erfolg in deinem Leben zu empfangen.

Das Kreuz Jesu qualifiziert dich, aber der Unglaube an die wichtigste Bestimmung des neuen Bundes macht dich untauglich. Denke darüber nach, was Gott im neuen Bund über deine Sünden sagt, und werde innerlich dafür frei, heute von ihm zu empfangen. Der neue Bund ist vollständig auf seine unverdiente Gunst gegründet. Es gibt für dich nichts zu tun, nichts zu leisten und nichts zu vollbringen. Schau dir die Tabelle auf der nächsten Seite an. Sie enthält die wesentlichen Unterschiede zwischen dem alten und dem neuen Bund. Deine Aufgabe im neuen Bund ist, einfach Glauben an Jesus zu haben und zu glauben, dass dir vollständig vergeben ist und du die Freiheit hast, die Segnungen des neuen Bundes durch das vollbrachte Werk Jesu zu genießen!

Die Unterschiede zwischen dem alten Bund des Gesetzes und dem neuen Bund der Gnade

Unter dem alten Bund des Gesetzes …	Unter dem neuen Bund der Gnade …
erwartete Gott Gerechtigkeit von den Menschen.	gibt Gott den Menschen Gerechtigkeit durch das vollbrachte Werk Jesu (Röm 4,5–7).
verfolgt Gott deine Sünden bis in die dritte und vierte Generation (2Mo 20,5).	wird Gott auf keinen Fall an deine Sünden denken (Hebr 8,12; 10,17).
wurden die Kinder Israels nur gesegnet, wenn sie Gottes Gebote vollkommen erfüllten – innerlich und äußerlich (5Mo 28,13–14).	müssen sich Gläubige nicht auf ihre eigenen Anstrengungen verlassen, um Gottes Segnungen zu erhalten, weil Jesus jede Forderung des Gesetzes für sie erfüllt hat (Kol 2,14 LUT).
wurden die Kinder Israels verflucht, wenn sie Gottes Gebote nicht tadellos befolgten (5Mo 28,15–16.18.20).	können Gläubige Gottes Segnungen und unverdiente Gunst genießen, weil Christus am Kreuz für sie zum Fluch wurde (Gal 3,13).
führte die Abhängigkeit von eigenen Anstrengungen zu einer bloßen Verhaltensänderung, ohne dass dabei das Herz verwandelt wurde.	führt das Betrachten der Herrlichkeit Jesu und seines vollbrachten Werkes zu innerer Veränderung, die zu guten Werken führt, die durch die Liebe Gottes motiviert sind (2Kor 3,18).

Unter dem alten Bund des Gesetzes …	Unter dem neuen Bund der Gnade …
deckte das Blut der Tieropfer die Sünden der Kinder Israels nur für ein Jahr zu und der Vorgang musste jedes Jahr erneuert werden (Hebr 10,3).	entfernte das Blut Jesu die Sünden – vergangene, gegenwärtige, zukünftige – der Gläubigen, ganz und gar, ein für alle Mal (Hebr 10,11–12).
konnte der Gehorsam zum Gesetz den Kindern Israels nicht die Macht geben, die Sünde in ihrem Leben zu beenden. Das Gesetz hat nicht die Macht, jemanden heilig, gerecht und gut zu machen.	hat Sünde keine Herrschaft mehr über die Gläubigen (Röm 6,14). Denn die Macht Jesu, um den Versuchungen zu widerstehen, beginnt zu wirken, wenn sie sich darüber bewusst sind, dass sie in Christus, unabhängig von ihren Werken, gerecht sind (Röm 4,6).
wurden die Kinder Israels ihrer Zuversicht auf die Güte Gottes beraubt, weil sie ständig auf sich selbst schauten, um zu sehen, wie gut oder armselig sie handelten (Selbst-bewusst).	können Gläubige eine enorme Zuversicht und Sicherheit in Christus haben, weil sie auf Jesus schauen und nicht auf sich selbst (Christus-bewusst).
konnten die Kinder Israels keine innige Beziehung zu Gott haben, weil ihre Ungerechtigkeit eine Distanz zwischen ihnen und Gott schuf.	können Gläubige eine enge und innige Beziehung zu Gott als ihrem Vater genießen, weil sie durch Glauben an Christus gerecht gemacht wurden (2Kor 5,17; Röm 5,7–9; Hebr 10,10).

Unter dem alten Bund des Gesetzes …	Unter dem neuen Bund der Gnade …
konnten die Kinder Israels das Allerheiligste nicht betreten (wo die Gegenwart Gottes war). Nur der Hohepriester konnte es und das auch nur einmal im Jahr am Versöhnungstag (3Mo 16,2.17).	können Gläubige aufgrund der vollkommenen Sühne Jesu nicht nur in die heilige Gegenwart Gottes kommen, sie können auch zuversichtlich zum Thron seiner Gnade kommen, um Erbarmen und Gnade in Zeiten ihrer Not zu finden (Hebr 4,16).
waren die Kinder Israels unter dem Dienst des Todes (2Kor 3,7).	sind Gläubige unter dem Dienst des überreichen Lebens Jesu (2Kor 3,6; Joh 10,10).

KAPITEL 13

WIE UNVERDIENTE GUNST ABGEWERTET WIRD

Vor einigen Jahren, als ich in meinem Arbeitszimmer das Wort las und einfach die Gegenwart des Herrn genoss, stellte er mir folgende Frage: »Weißt du, wie Gnade (unverdiente Gunst) abgewertet wird?« Mit dieser einfachen Frage begann er mir aufzuzeigen, wie Gläubige seine Gnade (unverdiente Gunst) heutzutage abwerten.

Lass mich eines von vornherein klarstellen: Die Gnade (unverdiente Gunst), an der du und ich uns heute erfreuen können, ist NICHT billig. Gnade »billig« zu nennen bedeutet, das Kreuz Jesu Christi zu beleidigen! Gnade, Gottes unverdiente, nicht selbst erworbene, leistungsunabhängige Gunst, ist so wertvoll, dass sie unbezahlbar ist. Du kannst sie nicht kaufen, erarbeiten oder sie dir verdienen. Etwas, das unbezahlbar ist, kann nur geschenkt werden. Und genau das hat Gott getan – er gab dir seine Gnade (unverdiente Gunst), seine Gerechtigkeit, seine Güte und alle Wohltaten und Segnungen des Kreuzes als unentgeltliche Geschenke, als du Jesus als deinen persönlichen Herrn und Retter empfangen hast.

Wenn du dich jemals unsicher fühlst, ob Gott dich wirklich liebt oder ob er irgendetwas Wertvolles in dir sieht, dann schau einfach auf das Kreuz. Schau auf den Preis, den Gott bezahlt hat, um dich zu erlösen, und auf das Opfer, das er gebracht hat, um dich zu retten. Am Kreuz findest du die Gewissheit seiner Liebe und seinen Wunsch, dich zu segnen! Mein Freund, du musst das wissen, damit du dich nicht selbst als ungeeignet ansiehst, all das zu erhalten, was er für dich bereithält.

Falscher Glaube wertet Gottes Gnade ab

Leider gibt es einige Gläubige, die die Gnade und das vollbrachte Werk Jesu aufgrund ihrer falschen Glaubensüberzeugungen abwerten. Falscher Glaube führt immer zu falschem Verhalten. Wenn du falsch glaubst, wirst du unausweichlich falsch leben. Wenn du im Gegenzug dazu anfängst richtig zu glauben, wirst du richtig leben. Wenn du zum Beispiel anfängst zu glauben, dass du in Christus gerecht bist, wirst du anfangen rechtschaffen zu leben. Alles, was du tust, wird aus der Offenbarung deiner gerechten Identität in Christus kommen. Das ist eine mächtige Wahrheit. Es hat keinen Sinn, ausschließlich falsches Verhalten anzusprechen – wir wollen an die Wurzel gehen und die falschen Glaubensüberzeugungen ansprechen, die zur Abwertung von Gottes unverdienter Gunst geführt haben.

Wenn du glaubst, dass du etwas tun musst, um Gottes Vergebung zu verdienen, damit er dich segnen kann, dann wertest du damit die Gnade Gottes ab.

Wenn du glaubst, dass *du* etwas tun musst, um Gottes Vergebung zu verdienen, damit er dich segnen kann, *dann* wertest du damit die Gnade Gottes ab. Und das Problem dabei ist, dass es dir die Gewissheit raubt, in der Güte Gottes geborgen zu sein. Im vorigen Kapitel haben wir gesehen, wie die Bibel eindeutig feststellt, dass dir alle deine Sünden – vergangene, gegenwärtige und zukünftige – am Kreuz vergeben wurden. Wenn du denkst, dass Jesu Werk am Kreuz nicht genug ist – anstatt es als vollendet und endgültig anzunehmen – und du deshalb darauf bestehst, dass DU dazu beitragen musst, dir deine Vergebung zu sichern, untergräbst du, was Jesus am Kreuz vollbracht hat. Und ist *dein* Tun erst einmal mit einbezogen und deine Vergebung nicht mehr vollständig auf Gottes unverdienter Gunst gegründet, kann sie dir niemals sicher sein. Dann wiederum wirst du es schwer finden zu erwarten, dass Gott gnädig zu dir ist. Anstatt Gottes unverdiente Gunst in deinem Leben wirken zu sehen, wirst du vermutlich in ständiger Erwartung seines Gerichts leben.

Müssen wir unsere Sünden bekennen, um Vergebung zu empfangen?

Man hat dir wahrscheinlich schon eine Menge darüber beigebracht, was du tun musst, um Gottes Vergebung zu erlangen. Ich war jung und nahm es mit dem Christsein wirklich ernst, und man hatte mir gesagt, ich müsse alle meine Sünden bekennen, damit mir vergeben würde. Ich liebte den Herrn und wollte ihm auf jede Art Freude bereiten, also bemühte ich mich, diesen Lehrsatz zu befolgen, so gut ich nur konnte. Man sagte mir, man müsse sein »Schuldenkonto« beim Herrn »klein halten«, was bedeutete: Sobald du in Gedanken oder Taten gesündigt hattest, musstest du so schnell wie möglich deine Sünde bekennen, damit du immer »mit Gott im Reinen« sein konntest. Und weil ich keine einzige Minute lang mit Gott nicht »im Reinen« sein wollte, bekannte ich meine Sünde immer sofort, sobald ich einen falschen Gedanken hatte. *Jedes Mal*, wenn ich den Eindruck hatte, ich hätte versagt, hielt ich die Hand vor den Mund und flüsterte mein Sündenbekenntnis.

Ich nahm diese Lehrmeinung sehr ernst, was dazu führte, dass ich meine Sünden *die ganze Zeit* bekannte. Wenn ich mit meinen Freunden sprach, stoppte ich mitten im Satz, um meine Sünde zu bekennen, wenn ich erkannte, dass ich etwas gesagt hatte, was ich nicht hätte sagen sollen. Wenn mir während der Essenszeiten ein schlechter Gedanke in den Sinn kam, bekannte ich meine Sünde. Sogar beim Fußballspielen hielt ich inne, um mein Schuldbekenntnis zu flüstern, wenn ich mich dabei ertappte, wie ich meinem Gegner wütende Worte entgegenwarf! Kannst du dir vorstellen, wie seltsam ich den Menschen um mich herum erschien? Sie hatten keine Ahnung, warum ich ständig in meine Hand flüsterte. Ich versuchte mein Bestes, um immer sofort wieder mit Gott ins Reine zu kommen, aber in Wirklichkeit war ich ein schlechtes Zeugnis für meine Freunde, die dachten, Christen seien seltsam.

Das ständige und unaufhörliche Bekennen meiner Sünden machte mich so sündenbewusst und lenkte meine Aufmerksamkeit auf jeden meiner Gedanken, dass ich glaubte, es gäbe für meine Sünden keine Vergebung mehr und ich hätte meine Errettung verloren. Der Feind nutzte mein Sündenbewusstsein aus und brachte mich immer wieder unter Verdammnis. Der Druck war so heftig, dass ich an einen Punkt kam, an dem ich glaubte, meinen Verstand zu verlieren! Ich ging zu den Ältesten meiner damaligen Gemeinde, aber sie konnten mir nicht helfen. Einige ermutigten mich, weiter meine Sünden zu bekennen, und ein Ältester teilte mir sogar mit, dass ich meine Errettung tatsächlich verloren *hätte*! Kannst du das glauben? Es war für mich eine finstere und schreckliche Zeit und obwohl ich meine Sünden aus ganzem Herzen und wirklich ernsthaft bekannte, lag ich damit doch gänzlich und wirklich ernsthaft falsch. Das Bekennen von Sünde machte mich nicht frei. Es machte mich nur derart sündenbewusst, dass es mich fast um den Verstand gebracht hätte.

Diese Lehrmeinung über das Bekennen der Sünden hat in den Gemeinden so viel Gebundenheit und Unterdrückung verursacht. Aufrichtige und wohlmeinende Gläubige leben in der Angst, dass sie ihre Herzen nicht gründlich genug erforscht haben, um jede Sünde, die sie begangen haben, zu entdecken und zu bekennen. Und so glauben sie, dass sie ihre Gemeinschaft mit Gott und seine Segnungen verspielt haben. Aber in Wahrheit gibt es für diesen Lehrsatz keine biblische Grundlage! Epheser 1,7 erklärt ausdrücklich, dass die Sünden »*nach* dem Reichtum seiner Gnade (unverdienten Gunst)« vergeben sind. Nirgends in der Bibel steht, dass die Sünden nach – gemäß – dem Bekennen unserer Sünden vergeben sind. Nirgends! Mein Freund, die Wahrheit bei dieser Angelegenheit ist: Die Vergebung deiner Sünden beruht auf unverdienter Gunst. Du kannst sie dir nicht durch deine Bekenntnisse verdienen.

Die Vergebung deiner Sünden beruht auf unverdienter Gunst. Du kannst sie dir nicht durch deine Bekenntnisse verdienen.

Anstatt Vergebung durch Gnade zu empfangen, haben einige Christen ein Gesetz daraus gemacht, das niemand jemals perfekt halten kann. Wenn du glaubst, dass du mit Gott nicht im Reinen bist, bis du alle deine Sünden bekannt hast, dann will ich dir folgende Fragen stellen: Hast du heute schon *alle* deine Sünden bekannt? Hast du deine Sorgen bekannt? Hast du alles bekannt, »was nicht aus Glauben« geschehen ist, da die Bibel ja alles, was in diese Kategorie fällt, als Sünde ansieht (Röm 14,23)? Hast du jeden falschen Gedanken bekannt, den du in den letzten fünf Minuten gehabt hast? Wann hast du zum letzten Mal ein Bekenntnis abgelegt? Wie schnell bringst du zwischen dir und Gott alles wieder ins Reine?

Weißt du, wenn du erst einmal die Vergebung der Sünden zu *deiner* Verantwortung und zu einem Gesetz gemacht hast, das du einhalten musst, wirst du dabei mit Sicherheit versagen. Es ist unmöglich, dass ein Mensch alle seine Sünden restlos bekennen kann. Du wirst dich nur verrückt machen. Wenn du wirklich glaubst, dass deine Sünden nur dann vergeben werden, wenn du sie bekennst, kannst du nicht einfach willkürlich auswählen, welche Sünden du bekennen willst, und den Rest einfach ignorieren. Das Gesetz wirkt in seiner Ganzheit und die Bibel erklärt eindeutig, dass »wer alle Gesetze bis auf ein einziges befolgt, genauso schuldig [ist] wie einer, der alle Gesetze Gottes gebrochen hat« (Jak 2,10 NLB). Wenn du wirklich deine Sünden bekennen musst, damit dir vergeben wird, musst du *ständig jede* deiner Verfehlungen bekennen. Sonst hast du immer noch »alle Gesetze« gebrochen und »das Gericht wird ohne Barmherzigkeit sein« (Jak 2,13 ELB).

Erkennst du allmählich, wie absurd die Lehrmeinung vom Bekennen der Sünden ist und welche Gebundenheit und Unterdrückung sie mit sich bringt? Sie entspricht nicht dem Herzen Gottes für dich und sie ist ganz gewiss nicht auf dem neuen Bund seiner unverdienten Gunst gegründet, denn der besagt ja, dass Gott nicht länger an deine Sünden und Gesetzlosigkeiten denkt! Und wenn er nicht mehr an sie denkt, dann kann Sünde nicht mehr länger bewirken, dass du von ihm getrennt bist, und auch nicht verhindern, dass du die Segnungen empfängst, die du nach seinem Willen genießen sollst. Also, lass uns in dieser Angelegenheit Klarheit schaffen: Bist du mit Gott im Reinen, weil du alle deine Sünden vollständig bekannt hast oder aufgrund des einen ewigen Opfers Jesu für deine Sünden? Was von beidem ist es? Du kannst nicht beides gleichzeitig glauben. Wenn es um Vergebung geht, vertraust du entweder einzig und allein auf Jesus oder du vertraust auf dein Bekennen der Sünden.

Paulus schrieb nichts über das Bekennen von Sünde

»Aber Pastor Prince, was ist mit 1. Johannes 1,9, wo es heißt: ›Wenn wir aber unsere Sünden bekennen, so ist er treu und gerecht, dass er uns die Sünden vergibt und uns reinigt von aller Ungerechtigkeit‹?«

Gute Frage. Diesen Vers wollte ich gerade ansprechen. Jedes Mal, wenn es um den Lehrsatz über das Bekennen der Sünden geht, führt jemand 1. Johannes 1,9 an. Bevor ich zum Kontext von 1. Johannes 1,9 komme, will ich erst einmal darauf hinweisen, dass man eine Lehrmeinung nicht auf nur einen Vers aufbauen kann. Sie muss durch verschiedene Verse in der Bibel bestätigt und begründet werden, bevor sie solide sein kann.

Also, hast du dich jemals gewundert, warum Paulus, der Apostel der unverdienten Gunst Gottes, der Mann, der über Zweidrittel der Briefe des neuen Bundes geschrieben hat, gegenüber keiner der Gemeinden, denen er geschrieben hat, das »Bekennen von Sünde« auch nur im Geringsten erwähnte? Glaube mir nicht einfach aufs Wort. Durchforsche alle Briefe, die Paulus geschrieben hat: Römer, Korinther, Galater, Epheser, Philipper, Kolosser, Thessalonicher, Timotheus, Titus, Philemon und Hebräer (der Autor des Hebräerbriefes ist nicht eindeutig, aber viele bedeutende Bibelgelehrte glauben, wie auch ich, dass Paulus der Verfasser war). Paulus hat allen diesen Gemeinden ausführlich geschrieben und dennoch wird in allen seinen vom Geist inspirierten Briefen das Bekennen von Sünde nicht ein einziges Mal erwähnt. Warum ist das so?

Als Paulus den Korinthern schrieb, hatte er die perfekte Gelegenheit, sie zu belehren, ihre Sünden der Unzucht zu bekennen, da sie eindeutig gesündigt hatten. Aber was hat Paulus stattdessen getan? Er sagte: »... wisst ihr nicht, dass euer Leib ein Tempel des Heiligen Geistes in euch *ist*, der in euch lebt ...?« (1Kor 6,19 NLB). Er sagte nicht: »Wisst ihr nicht, dass euer Leib ein Tempel des Heiligen Geistes *war*? Nun geht und bekennt eure Sünden und erneuert eure Gemeinschaft mit Gott, vielleicht wird er dann den Heiligen Geist wieder in euch hineinlegen.« Es wurde nicht ein einziges Mal erwähnt, dass sie ihre Sünden bekennen müssten. Stattdessen hat Paulus sie an ihre Identität in Christus erinnert und sogar in ihrem Versagen blieb er dabei, dass ihr Leib immer noch ein Tempel des Heiligen Geistes *ist* (Gegenwart). Offensichtlich glaubte Paulus, dass der Schlüssel zum Sieg über ihre Sünden darin lag, die Gläubigen fortwährend daran zu erinnern, wer sie sind und was sie in Christus haben.

Wenn das Bekennen von Sünde für die Gemeinde so wichtig wäre, warum hat es dann Paulus in jedem seiner Briefe an die Gemeinden ausgelassen? Wenn die Vergebung unserer Sünden tatsächlich nur durch unser Bekennen von Sünde möglich ist, hat er uns dann nicht ein großes Unrecht angetan, als er diesen Lehrsatz in keinem seiner Briefe mit aufgenommen hat? Denkst du nicht, dass Paulus, der die Gemeinde geliebt hat, in jedem seiner Briefe über das Bekennen von Sünde geschrieben hätte und uns ganz genaue Anweisungen gegeben hätte, wie wir unsere Sünden bekennen sollen, wenn das Bekennen von Sünde wirklich notwendig gewesen wäre, damit wir Vergebung unserer Sünden erfahren?

Die ganze Bibel wurde ja durch die Eingebung des Heiligen Geistes geschrieben. Würde Gott selbst vergessen, diesen Lehrsatz in die Briefe von Paulus mit einzufügen, wenn die Vergebung unserer Sünden von unserem erfolgreichen Sündenbekenntnis abhängig wäre? Natürlich nicht! Stattdessen haben wir in allen Paulusbriefen deutliche und zuverlässige Abschnitte, die ohne jeden Zweifel aussagen, dass *alle* unsere Sünden vergeben sind und dass unsere Sünden »nach dem Reichtum seiner Gnade [unverdienten Gunst]« und nicht gemäß unseren Werken vergeben sind!

1. Johannes 1,9 wurde an Gnostiker geschrieben

Da Paulus in seinen Briefen das Bekennen von Sünde nicht erwähnt hat, bleibt nur noch ein Vers übrig – 1. Johannes 1,9 –, den Menschen über Jahre benutzt haben, um diese Lehrmeinung zu rechtfertigen. Bevor wir weitermachen, erinnere dich an das, was Miles Coverdale, der die erste englische Bibel übersetzte und herausbrachte, gesagt hat: »Es wäre dir eine große Hilfe, die Schrift zu verstehen, wenn du dir nicht nur merken würdest, was gesprochen oder geschrieben wurde, sondern auch, von wem und zu wem, mit welchen Worten, zu welcher Zeit, wo, zu welchem Zweck, unter welchen Umständen und unter Berücksichtigung dessen, was dem Text vorausgeht und was ihm folgt.« Wenn du die Bibel liest, dann schaue immer nach dem Zusammenhang der Verse. Wenn du den »Text« nimmst und ihn außerhalb seines »Kontexts« auslegst, dann bleibt dir nur das »Con«! Lies alles in seinem Kontext.

Wenn du 1. Johannes Kapitel 1 liest, musst du dir über eines im Klaren sein, und zwar an *wen* es geschrieben wurde. Beachte, dass es im ersten Teil von 1. Johannes keine Grüße an die Gläubigen gibt. Wenn du dir die Paulusbriefe anschaust, dann wirst du sehen, dass es in dieser Zeit für den Verfasser Sitte war, die Gläubigen zu begrüßen, denen er schrieb. Zum Beispiel schrieb Paulus »an die Heiligen in Ephesus« (Eph 1,1 LUT) oder »an die Gemeinde Gottes, die in Korinth ist, an die Geheiligten in Christus Jesus, an die berufenen Heiligen« (1Kor 1,2).

Wenn du die Grüße in 1. Johannes mit den Grüßen in 2. und 3. Johannes vergleichst, kannst du sehen, dass Johannes die Gläubigen in den anderen zwei Briefen direkt begrüßt. In 2. Johannes schreibt er: »… an die auserwählte Frau und ihre Kinder, die ich in Wahrheit liebe … Gnade, Barmherzigkeit und Friede sei mit euch von Gott …« (2Joh 1,1–3). In 3. Johannes schreibt er: »… an den geliebten Gajus, den ich in Wahrheit liebe. Mein Lieber, ich wünsche dir in allen Dingen Wohlergehen und Gesundheit, so wie es deiner Seele wohlgeht!« (3Joh 1,1–2). Im direkten Gegensatz dazu gibt es in 1. Johannes 1 keine Grüße an die Gläubigen. Warum ist das so? Weil Johannes in jenem Kapitel nicht an Gläubige schrieb. Er wandte sich an die Gnostiker, die die frühe Gemeinde unterwandert hatten. Gnostiker sind Irrlehrer, die nicht an die Existenz von Sünde glauben. Deshalb schrieb Johannes:

> *Wenn wir sagen, dass wir keine Sünde haben, so verführen wir uns selbst, und die Wahrheit ist nicht in uns. Wenn wir aber unsere Sünden bekennen, so ist er treu und gerecht, dass er uns die Sünden vergibt und uns reinigt von aller Ungerechtigkeit. Wenn wir sagen, dass wir nicht gesündigt haben, so machen wir ihn zum Lügner, und sein Wort ist nicht in uns. – 1. Johannes 1,8–10*

Johannes benutzt in seinem Brief das redaktionelle »wir«, aber wir wissen, dass er an die Existenz von Sünde glaubte. Dieser Abschnitt wurde eindeutig an die ungläubigen Gnostiker geschrieben, damit sie aufhörten, Sünde zu verleugnen. Stattdessen sollten sie die Wahrheit anerkennen, dass Sünde existiert, und einräumen, dass *sie* gesündigt haben. Er wurde geschrieben, um sie zur Erkenntnis zu bringen, dass »*alle* gesündigt [haben] und die Herrlichkeit [verfehlen], die sie vor Gott haben sollten« (Röm 3,23).

Im Grunde genommen predigte Johannes den Gnostikern das Evangelium und sagte ihnen, wenn sie ihre Sünden bekannten, würde Gott treu und gerecht sein, ihnen ihre Schuld zu vergeben und sie von aller Ungerechtigkeit zu reinigen. Deshalb sagt Johannes am Anfang von 1. Johannes: »Was wir gesehen und gehört haben, das verkündigen wir euch, *damit auch ihr Gemeinschaft mit uns habt*; und unsere Gemeinschaft ist mit dem Vater und mit seinem Sohn Jesus Christus« (1Joh 1,3). Johannes hat eindeutig zu Nichtgläubigen (in diesem Fall zu den Gnostikern) über Jesus und sein vollbrachtes Werk gepredigt und sie eingeladen, zusammen mit den anderen Gläubigen der Gemeinde zur Zeit der Apostel Gemeinschaft in Christus zu haben.

Genau in dem Moment, als du das Übergabegebet gebetet hast, wurden alle Sünden deines gesamten Lebens ein für alle Mal vergeben und alle Segnungen Gottes, seine Gunst, seine Gesundheit und sein Erfolg wurden dir geschenkt!

Vor dem Hintergrund dieses Kontexts wird deutlich, dass *1. Johannes 1,9 nicht an Gläubige gerichtet war.* Der Vers ist eine Anspielung auf das Gebet, das ein Sünder betet, um Jesus als seinen persönlichen Herrn und Retter anzunehmen. Es ist dir vielleicht als »Übergabegebet« oder »Gebet zur Vergebung der Sünden« bekannt. Wenn du heute ein Gläubiger bist, bedeutet das, dass du dieses Gebet bereits gebetet hast. Nun will ich dir eine Frage stellen: Wie oft musst du das Übergabegebet beten? Nur einmal! Du wirst nur einmal »wiedergeboren«! Du kannst nicht immer wieder wiedergeboren werden.

Desgleichen frage ich dich: Wie oft musst du deine Sünden bekennen, damit Jesus dir vergibt und dich von aller Ungerechtigkeit reinigt? Nur einmal! Genau in dem Moment, als du das Übergabegebet gebetet hast, wurden *alle* Sünden deines gesamten Lebens ein für alle Mal vergeben. Du hast das vollständige Erlösungswerk Jesu am Kreuz in deinem Leben empfangen und alle seine Segnungen, seine Gunst, seine Gesundheit und sein Erfolg wurden dir geschenkt! Lass es mich einfach ausdrücken: Du musst deine Sünden nicht wieder und wieder bekennen, damit dir vergeben wird. Dir *ist schon* vergeben! Du kannst mit deinem Vater offen und ehrlich über deine Verfehlungen und dein Versagen reden, weil du weißt, dass er dich liebt und dir bereits vergeben hat. Du bekennst ihm deine Sünden nicht, damit dir vergeben wird.

Während Kapitel 1 im 1. Johannesbrief an die Gnostiker geschrieben wurde, richtet sich Johannes in Kapitel 2 an die Gläubigen. Gleich zu Beginn des Kapitels wird deutlich, dass er zu Gläubigen spricht, da er schreibt: »*Meine Kinder*, dies schreibe ich euch, damit ihr nicht sündigt! Und *wenn jemand sündigt, so haben wir einen Fürsprecher bei dem Vater*, Jesus Christus, den Gerechten; und er ist das Sühnopfer für unsere Sünden, aber nicht nur für die unseren, sondern auch für die der ganzen Welt« (1Joh 2,1–2).

Sofort nachdem sich Johannes an die Gläubigen gewandt hat, macht er deutlich klar, dass wir beim Vater einen Beistand haben, wenn jemand von uns sündigt! Beachte, dass das Bekennen von Sünde überhaupt nicht erwähnt wird. Der Verfasser ist hier derselbe Johannes. Er hat auch den Vers 1. Johannes 1,9 geschrieben, der falsch ausgelegt wurde, um Gläubige zu lehren, dass sie alle ihre Sünden bekennen und schnell mit Gott ins Reine kommen müssen, um Gemeinschaft mit Gott zu haben. Nein, wenn wir als Gläubige heute versagen, kämpft unser Beistand für uns. Unser Beistand zeigt jedem Ankläger seine von Nägeln durchbohrten Hände, die als Quittung für die Zahlung dienen, die er am Kreuz für uns geleistet hat. Sooft wir heute versagen – im Bekennen unserer Sünden liegt keine Kraft. Doch im Bekennen unserer Gerechtigkeit in Christus, unserer Identität in Christus und unserer unverdienten Gunst in Christus – darin liegt Kraft!

Anstatt Sünden-bewusst zu sein, werde Gerechtigkeits-bewusst und empfange die Kraft Gottes, um aus deiner Sünde auszubrechen, die dich vermeintlich im Griff hat. Empfange die Kraft und Weisheit Gottes, um jedes Versagen in deinem Leben zum Guten zu wenden.

Weiterhin erklärt Johannes im selben Kapitel in Vers 12: »Ich schreibe euch, ihr Kinder, weil euch die Sünden vergeben sind um seines Namens willen.« Hier hält Johannes es für selbstverständlich, dass du ohne jegliches Bekennen die Vergebung deiner Sünden hast. Es wäre ein seltsames, doppeldeutiges Reden von Johannes gewesen, wenn er *sowohl* 1. Johannes 1,9 *als auch* 1. Johannes 2,12 an Gläubige geschrieben hätte.

Lieber Freund, anstatt Sünden-bewusst zu sein, werde Gerechtigkeits-bewusst und empfange die Kraft Gottes, um aus deiner Sünde auszubrechen, die dich vermeintlich im Griff hat. Empfange die Kraft und Weisheit Gottes, um jedes Versagen in deinem Leben zum Guten zu wenden. Sündenbewusstsein wird dich niederdrücken und dich in einem Kreislauf der Sünde gefangen halten, obwohl die unverdiente Gunst Gottes ja auf deiner Seite ist. Rate mal, was jedes Mal geschieht, wenn du in deinem Herzen nach Sünde und Versagen forschst? Du *wirst* etwas finden! Statt auf dein eigenes Versagen zu schauen, wende dich von dir selbst ab und schaue auf Jesus. Schaue auf sein Herz, das voller Liebe und Vergebung dir gegenüber ist. Wenn du weißt, dass du seine Gnade (unverdiente Gunst) nicht verdienst und sie dennoch empfängst, wie könntest du dann *nicht* verändert werden? Wie könntest du dann anders, als ihn zu preisen?

Jesus will nicht, dass du dir immer noch der Sünde bewusst bist. Stattdessen will er, dass du dir deiner Gerechtigkeit in ihm bewusst bist. Je mehr du dir deiner gerechten Identität in ihm bewusst bist, umso mehr wirst du durch seine unverdiente Gunst verändert, umso mehr verschwindet das Verlangen zu sündigen und umso mehr wirst du dich in einen echten Anbeter verwandeln. Mein Freund, Gläubige, die wissen, dass ihnen durch das Blut Jesu ihr gesamtes sündiges Leben vergeben ist, wollen nicht mit aller Macht sündigen. Stattdessen werden sie echte Anbeter Jesu, deren Herzen durch sein Blut gereinigt wurden und die kein Sündenbewusstsein mehr haben (Hebr 10,2)!

Gibt vollständige Vergebung uns einen Freibrief zum Sündigen?

Lass uns Lukas 7,36–50 (NLB) anschauen, um zu sehen, was Jesus über die Vergebung der Sünden gesagt hat. Simon, ein Pharisäer, hatte Jesus zu sich nach Hause eingeladen. Als Jesus bei Simon zu Tisch saß, kam eine Frau zu ihm. Sie begann zu weinen und wusch Jesu Füße mit ihren Tränen. Dann wischte sie ihm die Füße mit ihren Haaren trocken, küsste sie und salbte sie mit wohlriechendem Öl.

Als Simon das sah, dachte er bei sich: »Das beweist, dass Jesus kein Prophet ist. Wäre er wirklich von Gott gesandt, dann wüsste er, was für eine Frau ihn da berührt. Eine Sünderin!« Ist es nicht interessant, dass, obwohl Simon nicht laut gesprochen hatte, Jesus ihm antwortete und ihm folgende Frage stellte: »Ein Mann lieh zwei Leuten Geld – dem einen fünfhundert Denare und dem anderen fünfzig. Als keiner der beiden ihm das Geld zurückzahlen konnte, *erließ er ihnen ihre Schulden.* Wer von den beiden liebte ihn danach wohl mehr?« Simon antwortete: »Ich nehme an, derjenige, dem er die größere Schuld erließ.« Jesus sagte zu ihm: »Das stimmt.«

Dann wandte er sich der Frau zu und sagte zu Simon: »Schau dir die Frau an, die da kniet. Als ich dein Haus betrat, hast du mir kein Wasser angeboten, um mir den Staub von den Füßen zu waschen; sie hat meine Füße mit ihren Tränen gewaschen und mit ihrem Haar getrocknet. Du hast mir keinen Begrüßungskuss gegeben; sie hat mir unaufhörlich die Füße geküsst, seit ich hereingekommen bin. Du hast es versäumt, mir Gastfreundschaft zu erweisen und mir den Kopf mit Olivenöl zu salben; sie hat meine Füße mit kostbarem Salböl gesalbt. Ich sage dir, ihre Sünden – und es sind viele – sind ihr vergeben; deshalb hat sie mir viel Liebe erwiesen. Ein Mensch jedoch, dem nur wenig vergeben wurde, zeigt nur wenig Liebe.«

Die Frau liebte Jesus *viel*, weil sie *wusste*, dass ihr *viel* vergeben wurde. In Wahrheit wird natürlich niemandem nur wenig vergeben. Uns allen wurde viel vergeben. Aber diese Frau wusste es. Also ist das »Gefährlichste«, was bei der Lehre über die vollständige Vergebung der Sünden herauskommen kann, dass du dich in Jesus verliebst und dahin gelangst, ohne Anstrengung das größte Gebot zu erfüllen: »Du sollst den Herrn, deinen Gott, lieben mit deinem ganzen Herzen und mit deiner ganzen Seele und mit deinem ganzen Denken« (Mt 22,36–38). Halleluja!

Du wirst Jesus nur dann viel lieben, wenn du seine verschwenderische Gnade und unverdiente Gunst darin erfährst, dass er dir alle deine Sünden vergeben hat – vergangene, gegenwärtige und zukünftige.

Wenn du *denkst*, dass dir wenig vergeben wurde, dann wirst du wenig lieben. Aber wenn du weißt, wie viel dir in Wahrheit vergeben wurde, wirst du Jesus viel lieben! Zu wissen, wie viel dir vergeben wurde, ist der Schlüssel, um Jesus zu lieben! Zu wissen, wie viel dir vergeben wurde, ist der Schlüssel, um Jesus zu lieben! Mit anderen Worten: Du wirst Jesus nur dann viel lieben, wenn du seine verschwenderische Gnade und unverdiente Gunst darin erfährst, dass er dir alle deine Sünden vergeben hat – vergangene, gegenwärtige und zukünftige. Seine Gnade wird aber abgewertet, wenn du denkst, dass er dir deine Sünden nur bis zum Zeitpunkt deiner Errettung vergeben hat und du danach vom *Bekennen deiner Sünden* abhängig bist, damit dir vergeben wird.

Gottes Vergebung wird nicht in Raten gewährt. Lauf nicht herum und denke, dass er dir nur genau die Sünde vergibt, die du auch bekennst. Denn dann musst du, wenn du das nächste Mal sündigst, deine Sünde erneut bekennen, damit er dir wieder vergibt. Genau das ist die Glaubenseinstellung, die seine Gnade billig erscheinen lässt. Und weil du denkst, dass er dir wenig vergeben hat, liebst du ihn schlussendlich wenig und beraubst dich des Vorrechts, zu ihm zu laufen und zu erleben, wie er dir hilft, dich befreit und dir Gelingen schenkt.

Lieber Freund, mit dem einen Opfer am Kreuz hat Jesus alle Sünden deines gesamten Lebens ausradiert! Werte seine unverdiente Gunst nicht durch deine eigenen unvollkommenen Bemühungen ab, alle deine Sünden zu bekennen. Gib dem Geschenk, das Jesus dir gemacht hat, den Wert, der ihm gebührt, indem du heute seine unverdiente Gunst in vollem Umfang empfängst und erfährst!

KAPITEL 14

DAS GEHEIMNIS, UM GUTEN ERFOLG ZU HABEN

Gott will nicht einfach nur, dass du Erfolg in deinem Leben erfährst. Er will, dass du *guten Erfolg* hast. Gibt es so etwas wie »schlechten Erfolg«? Ja, den gibt es, und ich bin mir sicher, dass du ihn selbst auch schon gesehen hast. Es gibt Menschen, die nach weltlicher Definition überaus erfolgreich sind. Sie sind vielleicht treibende und einflussreiche Kräfte in der Wirtschaft, namhafte Berühmtheiten, die in sagenhaften Bauten leben, oder sie sind Sportstars, die pro Woche Millionenbeträge verdienen, indem sie einen Ball schlagen, werfen oder treten. Einige dieser Menschen haben jedoch nur in der Hinsicht Erfolg, dass sie großen Reichtum anhäufen können.

Aber, mein Freund, finanziellen Erfolg zu haben ist nicht gleichbedeutend damit, guten Erfolg zu haben. Guter Erfolg ist ganzheitlich und durchdringt jeden Bereich deines Lebens. Wenn du dir Leute, die nur finanziellen Erfolg haben, näher anschaust, dann wirst du sehen, dass andere Bereiche ihres Lebens zu kurz kommen. Zum Beispiel kann ihr Leben, obwohl sie einen Haufen Geld haben, von einer gescheiterten Ehe nach der anderen gezeichnet sein. Lieber Freund, es ist überhaupt kein guter Erfolg, in der Öffentlichkeit Erfolg zu haben und im Privaten zu versagen!

Es gibt Menschen, die die Karriereleiter so schnell erklimmen und so viel berufliche Verantwortung übernehmen, dass sie keine Zeit mehr haben, ihre eigenen Kinder ins Bett zu bringen und ihren Kleinen eine Gutenachtgeschichte vorzulesen. Sie werden Opfer ihres beruflichen Erfolges und lassen es zu, dass das Leben an ihnen vorbeirauscht, während sie an dem »Erfolg« festhalten, den sie sich in dieser mörderischen Geschäftswelt geschaffen haben. Sie haben vielleicht mehr Geld verdient, als sie jemals brauchen werden, aber sie können sich nicht an ihrem Ehepartner erfreuen und ihre Kinder wachsen auf, ohne sie wirklich zu kennen.

Sei dir bewusst: Selbst wenn du nach einem gehetzten Tag den gnadenlosen Kampf im Hamsterrad gewinnst, hast du dadurch lediglich den Status des »Hamsters Nummer eins« errungen! Mehr nicht. Willst du nur dafür wirklich deine Ehe und deine Kinder opfern? Lass dich doch nicht vom Erklimmen der Karriereleiter völlig in Beschlag nehmen. Vergewissere dich lieber, dass deine Leiter an das richtige Gebäude gelehnt ist, und warte nicht, bis du die Spitze erreicht hast, nur um festzustellen: Eigentlich wollte ich in meinem Leben doch etwas ganz anderes erreichen!

Nicht jede Beförderung ist unbedingt das Beste, was Gott für dich hat

Ich sage den Menschen in meiner Gemeinde oft, dass sie nicht nur darauf vertrauen sollen, dass Gott eine Arbeitsstelle für sie hat, sondern dass sie sich auf seine unverdiente Gunst verlassen sollen, um eine *einflussreiche Position* zu bekommen. Dennoch erinnere ich sie auch daran, aufzupassen, dass sie nicht *aus* ihrem Segensbereich *heraus* befördert werden, weil nicht jede Beförderung unbedingt das Beste ist, was Gott für sie hat.

Weißt du, dass du aus einer Position, in der du gerade guten Erfolg genießt, durch eine Beförderung in eine Stelle kommen kannst, in der du nur einen Teilerfolg genießt? Diese Beförderung kann auch neue Verantwortlichkeiten mit sich bringen, die dazu führen können, dass du Kompromisse eingehen musst, wenn es um die Zeit geht, die du mit deiner Familie oder in der Gemeinde verbringen willst. Plötzlich bist du an jedem Wochenende im Büro, anstatt sonntagmorgens in der Gemeinde zu sein und nach dem Gottesdienst mit deinen Kindern ein Picknick zu machen. Vielleicht musst du dringende E-Mails beantworten, schwerwiegende Krisen lösen, an dringlichen Ausschusssitzungen teilnehmen oder schon wieder auf eine wichtige Geschäftsreise gehen. Weißt du, das alles mag sehr berechtigt klingen, aber ist das der »gute Erfolg«, den Gott für dich will?

Achte genau auf das, was ich sage. Ich bin voll und ganz dafür, dass du in deiner Firma befördert wirst. Ich glaube sogar, dass Gott dich weit über das Qualifikationsniveau deiner Bildungsabschlüsse und deiner Berufserfahrung hinaus befördern kann! Sieh dir an, was er mit Josef gemacht hat. Dieser wurde von einem Sklaven (der niedrigsten Position) zu einem Aufseher in Potifars Haus befördert. Und selbst als er ins Gefängnis geworfen worden war, sorgte Gottes Gunst dafür, dass er wieder befördert und als Aufseher über alle Gefangene eingesetzt wurde.

Josef erlebte eine Beförderung nach der anderen, bis er Premierminister von Ägypten (die höchstmögliche Position) wurde! Es besteht gar kein Zweifel daran, dass Gott dich befördern und erhöhen will. Aber beachte, dass Josef sein Augenmerk auf keine der Beförderungen richtete, die er erhalten hatte. *Das* qualifizierte ihn für die nächste Beförderungsrunde und er wuchs in dem *guten Erfolg*, den der Herr für ihn hatte.

Angst raubt dir dein Erbe in Christus

Lass uns einen Blick auf Josua 1 werfen, wo ein entscheidender Augenblick der Geschichte Israels dokumentiert wurde, um etwas über den »guten Erfolg« zu erfahren, den Gott Josua versprochen hatte. Nachdem Mose gestorben war, wurde Josua zum neuen Anführer Israels auserwählt, und er sollte Gottes Volk in das verheißene Land bringen. Das war eine Riesenverantwortung. Vierzig Jahre zuvor waren die Kinder Israels kurz davor gewesen, in ihr verheißenes Land einzuziehen. Aber weil sie sich geweigert hatten, an die Verheißungen zu glauben, die Gott ihnen gegeben hatte, verbrachte diese Generation vierzig Jahre in der Wüste.

Das war nicht Gottes Wille für sie. Gott wollte sie in ein Land bringen, in dem Milch und Honig *flossen*. Er wollte ihnen ein Land geben mit großen und schönen Städten, die sie nicht gebaut hatten, mit Häusern, gefüllt mit Gütern, die nicht von ihnen stammten, mit aus den Felsen gehauenen Zisternen, die sie nicht ausgehauen hatten, und mit Weingärten und Ölbäumen, die sie nicht gepflanzt hatten (5Mo 6,10–11). Mit anderen Worten: Er wollte, dass sie die Früchte und die Arbeit anderer genossen.

Wir müssen uns nicht abmühen und unter Druck setzen, um gesegnet zu werden.

Lieber Freund, *das* ist guter Erfolg. Das ist die Art des Erfolges, bei der du in jedem Bereich deines Lebens die Fülle an Versorgung genießen kannst. Das ist die Art des Erfolges, die durch Ruhe gekennzeichnet ist, denn heute, heißt es in der Bibel, ist Gottes Ruhe unser verheißenes Land (Hebr 3,11). Wir genießen die Früchte und die Arbeit eines Anderen. Und das ist die Art des Erfolges, die Christus uns heute gegeben hat. Wir müssen uns nicht abmühen und unter Druck setzen, um gesegnet zu werden.

Was war der Grund dafür, dass eine komplette Generation ihres verheißenen Erbes beraubt wurde? Um diese Frage zu beantworten, müssen wir eine andere stellen: Wer waren die Leiter dieser Generation? Der Herr zeigte mir, dass Mose dem Rat seines Schwiegervaters gefolgt war, »ein paar fähige, gottesfürchtige und zuverlässige Männer aus[zuwählen], die unbestechlich sind …« (2Mo 18,21 NLB). Sie sollten ihm als Leiter dabei helfen, die Kinder Israels zu leiten.

Die zwölf Spione, die ausgesandt wurden, um Kanaan auszukundschaften, wurden wahrscheinlich aus dieser Leiterschaftsgruppe ausgewählt. Das bedeutet, dass sie alle fähige, *gottesfürchtige*, zuverlässige und unbestechliche Männer waren. (Nebenbei bemerkt: Als Jesus in der Wüste vom Teufel versucht wurde, sagte er: »Weiche, Satan! Denn es steht geschrieben: ›Du sollst den Herrn, deinen Gott, anbeten und ihm allein dienen!‹« (Mt 4,10). Jesus zitierte 5. Mose 6,13, wo es eigentlich heißt: »Du sollst den Herrn, deinen Gott, fürchten und ihm dienen …« Jesus ersetzte das Wort »fürchten« durch das Wort »anbeten«. Also bedeutet Gott zu fürchten laut Jesus, Gott *anzubeten*.) Aber trotz aller dieser Führungseigenschaften zog – außer Josua und Kaleb – keiner dieser Kundschafter bzw. Leiter, die Mose ernannt hatte, in das verheißene Land ein. Keiner! Warum war das so?

Die Antwort lautet: Ihnen fehlte der Mut! In 4. Mose 13,17–14,9 können wir einen Bericht über diese Geschichte lesen. Mose sandte zwölf Kundschafter in das verheißene Land aus. Nur Josua und Kaleb kamen mit einem positiven Bericht über dieses Land zurück und sagten: »Das Land, das wir durchwandert und ausgekundschaftet haben, ist sehr gut. Und wenn der Herr uns gut gesinnt ist, wird er uns in dieses Land bringen und es uns geben: Es ist ein Land, in dem Milch und Honig überfließen. Aber lehnt euch nicht gegen den Herrn auf und habt keine Angst vor den Bewohnern des Landes. Sie werden eine leichte Beute für uns sein! Sie haben keinen Schutz, aber mit uns ist der Herr! Habt also keine Angst vor ihnen!« (4Mo 14,7–9 NLB). Die anderen zehn Kundschafter gaben einen negativen Bericht ab und sagten: »Wir können nicht gegen sie in den Kampf ziehen, denn sie sind stärker als wir ... Die Menschen, die wir dort gesehen haben, sind sehr groß. Sogar die Riesen ... haben wir gesehen. Wir kamen uns neben ihnen wie Heuschrecken vor, und das waren wir in ihren Augen vermutlich auch« (4Mo 13,31–33 NLB).

Sie alle hatten dasselbe Land und dieselben Riesen gesehen, doch wie unterschiedlich waren ihre Berichte, als sie zurückkamen! Josua und Kaleb hatten (nach 4Mo 14,24) einen anderen Geist (den Geist des Glaubens) und richteten ihren Blick auf die Verheißungen und die Güte Gottes. Aber der Rest machte sich aus Angst klein und sah nur die Riesen und Hindernisse des Landes. *Sie besaßen zwar gute Führungsqualitäten, doch diese wurden alle durch ihre Angst zunichte gemacht.* Furcht hatte sie gelähmt! Das Volk Israel konnte nur so weit gehen, wie ihre Leiter sie brachten. Weil ihre Leiter ängstlich waren, wurde die ganze Generation der Verheißungen beraubt, die Gott für ihr Leben hatte!

Fürchte dich nicht davor, was andere Menschen über dich denken

Lass uns zu Josua 1 zurückgehen. In diesem einen Kapitel wurde Josua viermal dazu angehalten, stark und mutig zu sein (Jos 1,6–7.9.18). Das ist für Leiter eine mächtige Lektion. Von Gott eingesetzte Leiter müssen voll seiner Kraft und seines Mutes sein. Jeder Gläubige ist in irgendeiner Form ein Leiter, also gilt diese Aufforderung DIR. Es bedeutet, dass du wagen musst, anders zu sein. Du musst aufstehen für das, woran du glaubst, anstatt bei deinen christlichen Moral- und Wertevorstellungen Kompromisse einzugehen. Es bedeutet auch, nicht aus Furcht vor der Meinung anderer über dich heraus zu handeln oder zuzulassen, dass du deine Entscheidungen aus dem Bedürfnis nach menschlicher Bestätigung triffst.

Das Evangelium der Gnade ist kein Freibrief zum Sündigen. Im Gegenteil: Es ist die Kraft, aus der heraus Menschen nicht mehr sündigen!

Liebe Pastoren- und Predigerkollegen, seid stark und mutig. Eure Leute können nur so weit gehen, wie ihre Leiter sie führen. Sie brauchen euch, damit ihr sie in das verheißene Land führt. Sie brauchen euch, damit ihr sie an einen Ort bringt, an dem sie den guten Erfolg genießen können, den Jesus für sie erkauft hat! Hört auf, Kompromisse zu schließen, wenn es um die Verheißungen Gottes im neuen Bund geht. Schreckt nicht vor dem Evangelium der Gnade zurück, nur weil es eine kleine Minderheit an Menschen gibt, die es missbrauchen und es als ihren Freibrief zum Sündigen beanspruchen. Ob du nun Gnade predigst oder nicht – diese Handvoll Menschen wird ihren freien Willen ausüben und weiter in Sünde leben. Tatsächlich besteht der einzige Weg ihnen zu helfen darin, ihnen die Gnade radikal zu predigen, da nur Gnade (unverdiente Gunst) die Kraft hat, einen Sünder tiefgehend zu verändern und die Herrschaft der Sünde über ihm zu brechen (Röm 6,14).

Meine Leiter haben keine Skrupel, Menschen zu konfrontieren, die unsere Gemeinde besuchen, aber darauf bestehen, weiter in Sünde zu leben. Wenn es um das Evangelium der Gnade geht, geben sie nicht klein bei, auch wenn diese Menschen behaupten, sie hätten das Recht, weiter so zu leben, wie sie wollen, weil sie »unter der Gnade« sind. Vielmehr würden meine Leiter ihnen geradeheraus sagen, dass sie *nicht* unter der Gnade sind, denn nach Römer 6,14 hätte die Sünde keine Herrschaft über sie, wenn sie unter der Gnade wären! (Gott sei Dank gab es über die Jahre hinweg nur ein paar wenige solcher Menschen, und das allein ist schon ein Zeugnis der Kraft des Evangeliums der Gnade, das in unserer Gemeinde gepredigt wird). Das Evangelium der Gnade ist kein Freibrief zum Sündigen. Im Gegenteil: Es ist die Kraft, aus der heraus Menschen nicht mehr sündigen!

Ein Pastor erzählte mir einmal, dass er, nachdem er meine Lehre über die vollständige Vergebung der Sünden in die Hände bekam, alle Schriftstellen suchte und alle Verse studierte, die ich in meiner Lehre angeführt hatte. Er bestätigte, dass *alle* unsere Sünden – vergangene, gegenwärtige und zukünftige – tatsächlich vergeben wurden, als Jesus für uns starb. Aber obwohl er wusste, dass Gottes Wort sagt, dass alle unsere Sünden vergeben wurden und er mir bestätigte: »Ich sehe, dass es in der Bibel steht«, teilte er mir doch tatsächlich mit, dass er es seiner Gemeinde nicht predigen werde, weil »man nicht wissen kann, was sie tun werden«. Ich war entgeistert und tieftraurig. Dieser Pastor hatte mehr Vertrauen auf das Fleisch seiner Leute als auf den Heiligen Geist, der in ihnen wohnt.

Wir brauchen eine ganz neue Generation von Predigern der Gnade, die bei der Verkündigung des unverfälschten Evangeliums von Jesus, seiner Person und seines vollkommenen Werkes am Kreuz sehr stark und mutig sein kann. Wir brauchen Leiter, die im neuen Bund der Gnade (unverdienten Gunst) gegründet sind und die sich nicht damit zufriedengeben, neuen Wein in alte Schläuche zu füllen, indem sie einen Kompromiss eingehen und Gesetz und Gnade vermischen! Seid kühn und predigt das Evangelium, wie es ist, ohne etwas hinzuzufügen, indem ihr menschliche Werke verherrlicht, oder etwas wegzunehmen, indem ihr Gottes unverdiente Gunst aus der Gleichung entfernt. Es sind das Evangelium Jesu und seine unverdiente Gunst, die guten Erfolg erzeugen. Es ist Zeit für uns, die Menschen in ihr verheißenes Erbe zu bringen!

Sinne über Gottes Wort nach

Um auf die Berufung Josuas als Nachfolger Moses zurückzukommen, schau dir die Anweisungen an, die Gott Josua gegeben hat: »Dieses Buch des Gesetzes soll nicht von deinem Mund weichen, und du sollst Tag und Nacht darüber nachsinnen, damit du darauf achtest, nach alledem zu handeln, was darin geschrieben ist; denn dann wirst du auf deinen Wegen *zum Ziel gelangen*, und dann wirst du *Erfolg* haben« (Jos 1,8 ELB). Gott sagte Josua, dass er Tag und Nacht über das Gesetz nachsinnen solle, um guten Erfolg zu haben. Josua lebte unter dem alten Bund; wie können also wir, die wir unter dem neuen Bund leben, von dieser Schriftstelle profitieren?

Wir müssen diesen Teil der Bibel vom vollbrachten Werk Jesu her sehen. Deshalb war es für mich so wichtig, dich in den vorangegangenen Kapiteln auf ein felsenfestes Fundament des neuen Bundes der Gnade zu stellen. Jetzt wo du weißt, dass wir nicht mehr unter dem Gesetz stehen, gehen wir der Frage nach, auf welche Weise wir im neuen Bund gesegnet werden und guten Erfolg erleben. Josua konnte damals nur über das Gesetz nachsinnen, da das Neue Testament ja noch nicht geschrieben war. Für uns liegt das Geheimnis, guten Erfolg zu erleben, darin, über Gottes Wort im Licht des *neuen Bundes der Gnade* nachzusinnen.

Das Geheimnis, guten Erfolg zu erleben, liegt darin, über Gottes Wort im Licht des neuen Bundes der Gnade nachzusinnen.

Bevor wir uns damit befassen, was es bedeutet, über Gottes Wort nachzusinnen bzw. zu meditieren, möchte ich den Begriff »meditieren« klären.

Wenn die Bibel von Nachsinnen oder Meditation spricht, bezieht sich das nicht auf eine geistige Übung. Das hebräische Wort für Meditation im Alten Testament ist das Wort *hagah*, was bedeutet, etwas zu äußern oder zu murmeln.[14] Also bedeutet *hagah* zu flüstern oder vor sich hin zu murmeln. Beachte, dass der Herr zu Josua sagte: »Dieses Buch des Gesetzes soll nicht von deinem Mund weichen …« Er sagte nicht, es »soll nicht aus deinem Verstand weichen«. Der Schlüssel, um über Gottes Wort zu meditieren, liegt nicht in einem gedanklichen Nachsinnen. Er liegt darin, Gottes Verheißungen mit deinem Mund auszusprechen!

»Pastor Prince, bedeutet das, dass ich Gottes Wort immer wieder aufsagen soll? Sollte ich, wenn ich Heilung brauche, zum Beispiel immer wieder aussprechen: ›Durch seine Wunden bin ich geheilt‹?«

Über Gottes Wort zu meditieren ist nicht gleichzusetzen mit einem vergeblichen Aufsagen von Schriftstellen. Über Gottes Wort zu meditieren ist viel mehr und etwas, das zuerst tief in deinem Herzen geschieht. Der Psalmist David hat Meditation am besten auf den Punkt gebracht, als er sagte: »Mein Herz entbrannte in mir, durch mein Nachsinnen wurde ein Feuer entzündet, da redete ich mit meiner Zunge« (Ps 39,4). Während du über Gottes Wort nachsinnst, bitte den Heiligen Geist darum, dir Jesus neu zu offenbaren. Lass die Schriftstelle mit dieser Offenbarung dein Herz erwärmen. Und wenn du auf der Grundlage dieser Offenbarung sprichst, wird Gott die Worte salben, die aus deinem Mund kommen. Wenn du proklamierst: »Durch seine Wunden bin ich geheilt« und dir dabei der offenbarte Jesus bewusst ist und du an ihn glaubst, wird diese Proklamation voller Kraft sein.

Sinne nach über Jesus, das fleischgewordene Wort, und erlebe guten Erfolg

Unter dem neuen Bund dürfen wir über die *Person Jesu* nachsinnen, wenn wir über das Wort meditieren. Jesus ist das fleischgewordene Wort und während du über seine Liebe zu dir, sein vollbrachtes Werk, seine Vergebung und seine Gnade nachsinnst, versichert dir Gott, dass du guten Erfolg haben wirst.

Du kannst einen beliebigen Vers nehmen und über die Liebe Jesu zu dir meditieren. Zum Beispiel kannst du damit anfangen, Psalm 23,1 leise vor dich hin zu sagen: »Der Herr ist mein Hirte; mir wird nichts mangeln.« Während du über diesen einfachen Vers nachsinnst, wird dir allmählich bewusst, dass der Herr in der Tat dein Hirte *ist* (Gegenwartsform). Ein Hirte versorgt seine Schafe, füttert sie und beschützt sie. Weil Jesus dein Hirte ist, wird es dir an nichts mangeln. Dir wird es nicht an Weisheit, Führung oder Versorgung mangeln – an nichts. Du erkennst immer mehr, dass Jesus bei dir ist, dich versorgt, dich behütet und sicherstellt, dass du und deine Familie mehr als genug habt. Nun, genau in diesem Augenblick, in diesem kurzen Moment, während du über

Jesus nachsinnst, entsteht Glaube in dir und dein Herz wird ermutigt durch die Wirklichkeit, dass Jesus mit dir *ist*, auch wenn du einigen Herausforderungen gegenüberstehst.

Egal, ob du Hausfrau, Verkäufer oder Geschäftsinhaber bist – deine Seele wird genährt und gestärkt, wenn du über Jesus nachsinnst. Es ist sogar so, dass Jesus jedes Mal, wenn du über Gottes Wort nachsinnst, dir Erfolg gibt, ohne dass du es überhaupt merkst! Jesus wird deine Schritte lenken, ohne dass du Pläne schmieden, dir Dinge ausdenken oder alle möglichen Vorkehrungen treffen musst; er wird dich an den Ort führen, für den du bestimmt bist, und bewirken, dass sich dir auf übernatürliche Weise Türen zu günstigen Gelegenheiten weit öffnen. Wenn du über Jesus nachsinnst, wirst du auf deinen Wegen immer erfolgreich sein. Hab keine Angst vor dem Wort »erfolgreich«. Gott verheißt es uns in der Bibel. Wenn du Tag und Nacht über Jesus meditierst (vor dich hin sprichst), sagt die Bibel, »dann wirst du auf deinen Wegen zum Ziel gelangen, und dann wirst du Erfolg haben«!

Manche Menschen denken, dass sie dann erfolgreich sind, wenn sie ihre erste Million verdient haben. Aber wenn du ihr Leben genau betrachtest, wirst du feststellen, dass sie irgendwo in ihren Bemühungen, immer mehr Geld zu verdienen, genau das verloren haben, was wirklich wichtig ist. Vielleicht haben sie zwar einen beeindruckenden Kapitalbestand aufgebaut, aber ihre Kinder wollen nichts mehr mit ihnen zu tun haben und sie haben Menschen verletzt, von denen sie einst geliebt wurden. Das ist kein wirklicher Reichtum oder guter Erfolg.

Wenn Gott dich mit Erfolg segnet, dann sind finanzielle Segnungen zwar miteingeschlossen, bilden aber nur einen kleinen Teil des Ganzen. Guter Erfolg, der von Jesus kommt, wird dich niemals von deiner Gemeinde fernhalten. Er wird dich niemals von denen, die du liebst, entfremden. Und vor allem: Er wird dich niemals von dir selbst entfremden. Du wirst nicht eines Tages mitten in deinem Streben nach Erfolg aufwachen und feststellen, dass du den Menschen, der dich im Spiegel ansieht, gar nicht mehr kennst.

Mein Freund, lerne, über die Person Jesu nachzusinnen. *Er* ist dein guter Erfolg. Wenn du ihn hast, hast du alles. Die Bibel sagt uns, dass »der Glaube aus dem Hören kommt, das Hören aber aus dem Wort Gottes« (Röm 10,17)[15]. Das Wort für »Gott« wird im griechischen Grundtext mit »Christos« wiedergegeben und bezieht sich somit auf Christus. Das heißt also: Der Glaube kommt aus dem Hören, das Hören des Wortes *Christi*.

Jesus ist dein guter Erfolg.
Wenn du ihn hast, hast du alles.

Glaube kommt nicht nur durch das Hören von Gottes Wort. Glaube kommt aus der Botschaft von Jesus und seinem vollbrachten Werk. Genauso ist das Meditieren über Gottes Wort ein Nachsinnen, Murmeln und Hören über Jesus. Das bedeutet nicht, dass du nur die vier Evangelien von Matthäus, Markus, Lukas und Johannes liest. Nein, jede Seite der gesamten Bibel – von der ersten bis zur letzten – weist auf die Person Jesu hin!

Wenn du dir wünschst, guten Erfolg in deinem Leben zu erfahren, dann ermutige ich dich, über Predigten nachzusinnen, in denen es vor allem darum geht, die Person Jesu, seine Schönheit, seine unverdiente Gunst und sein vollkommenes Werk für dich am Kreuz zu verherrlichen. Höre dir Predigten an, die dem neuen Bund entsprechen, die nicht Gesetz und Gnade vermischen, sondern Gottes Wort richtig in den alten und den neuen Bund unterteilen und das unverfälschte Evangelium von Jesus verkünden. Je mehr du über Jesus und das Kreuz hörst, desto mehr Glaube wirst du bekommen und guten Erfolg in deinem Leben erfahren!

KAPITEL 15

DER GESEGNETE MENSCH IM VERGLEICH ZUM VERFLUCHTEN MENSCHEN

Um etwas zu lernen, ist es immer zuerst nötig, Grundlagen zu schaffen, um dann von dort aus weiterzugehen. In der Mathematik musst du erst addieren lernen, bevor du lernen kannst, zu multiplizieren. Um die englische Sprache zu erlernen, musst du zuerst die Buchstaben des Alphabets beherrschen, bevor du an die Grundlagen der Rechtschreibung, der Satzstruktur und der Zeichensetzung gehen kannst.

Genauso musst du, wenn du tiefer in das Wort Gottes eintauchen willst, zuerst in der Wahrheit gegründet sein, dass du nun unter dem neuen Bund der Gnade stehst. Jede Offenbarung in Gottes Wort baut darauf auf, eine Offenbarung von Jesus Christus und seinem vollbrachten Werk zu haben. Während du mich weiter durch die Seiten dieses Buchs begleitest, wünsche ich mir, dass du zu einer gewissen Reife gelangst, was dein Verständnis des neuen Bundes der Gnade angeht.

Der Hebräerbrief teilt uns mit: »Denn wem man noch Milch geben muss, der ist unerfahren in dem *Wort der Gerechtigkeit*, denn er ist ein kleines Kind« (Hebr 5,13 LUT). Das bedeutet, wenn du in deiner Gerechtigkeit in Christus (d. h. in dem Wort der Gerechtigkeit) gegründet bist, bist du geistlich gesehen kein kleines

Kind mehr. Sobald du die Offenbarung hast, dass deine Gerechtigkeit nicht von deinem richtigen *Tun* abhängt, sondern von deinem richtigen *Glauben* an Jesus, bist du in dem Wort der Gerechtigkeit reif und erfahren geworden.

Weißt du, um das Gesetz zu verstehen, braucht man den Heiligen Geist nicht. Wenn du auf einer beliebigen Straße Passanten befragen würdest, wie ein Mensch in den Himmel kommen kann, würden dir die meisten wahrscheinlich antworten, dass man in den Himmel kommt, wenn man sich gut verhalten und gute Taten vollbracht hat. Dieser Schwerpunkt auf das eigene Verhalten, die eigenen Anstrengungen und Verdienste sind genau genommen *Werke*, die auf dem System des Gesetzes beruhen.

Im Grunde genommen beruhen menschliche Glaubenssysteme auf dem System des Gesetzes. Einfach ausgedrückt: Wenn du Gutes tust, bekommst du Gutes. Wenn du Schlechtes tust, wirst du bestraft! Die Welt hat kein Problem damit, Konzepte wie Strafe und Gericht unter dem System des Gesetzes zu verstehen. Du hast vielleicht schon mal die Sitcom *My Name Is Earl*[16] gesehen. Die Menschen in dieser Welt sind gewöhnlich wie Earl. Wenn Earl etwas Gutes tut, erwartet er, dass ihm etwas Gutes widerfährt. Umgekehrt rechnet er mit einer Form von Bestrafung, wenn er etwas Schlechtes tut.

Jesus hat alles für uns getan und er hat uns für den Himmel qualifiziert und für jeden Segen, der guten Erfolg bringt!

Aber weißt du was? Du und ich haben etwas, was die Welt *nicht verstehen kann*, und das ist Gnade (unverdiente Gunst)! Wir haben nichts getan – Jesus hat alles für uns getan und er hat uns für den Himmel qualifiziert und für jeden Segen, der guten Erfolg bringt! Auch wenn wir versagen, können wir vertrauensvoll Gutes erwarten, anstatt ängstlich Bestrafung zu erwarten. Und das nicht, weil wir genügend Leistungen oder gute Taten angehäuft haben, sondern nur, weil uns das Blut Jesu weißer gewaschen hat als Schnee. Was wir als Gläubige des neuen Bundes haben, ist so gut, dass wir den Heiligen Geist brauchen, um den unermesslichen Reichtum der unverdienten Gunst Jesu uns gegenüber zu begreifen.

Verflucht ist der Mensch, der sein Vertrauen auf Menschen setzt

Ich will dir den Unterschied zwischen einem gesegneten und einem verfluchten Menschen zeigen. Die Bibel ist erstaunlich deutlich, wenn es darum geht, wie du ein verfluchter Mensch sein kannst. Aber nur für den Fall, dass es dich interessiert, dachte ich, ich sollte erwähnen, dass die Bibel dir auch zeigt, wie du ein gesegneter Mensch sein kannst. Möchtest du mehr darüber erfahren? Dann schlag mit mir Jeremia 17,5–8 auf:

> *… Verflucht ist der Mann, der auf Menschen vertraut und Fleisch zu seinem Arm macht und dessen Herz vom HERRN weicht! Er wird sein wie ein kahler Strauch in der Steppe und nicht sehen, dass Gutes kommt. Und an dürren Stätten in der Wüste wird er wohnen, in einem salzigen Land, wo sonst niemand wohnt. Gesegnet ist der Mann, der auf den HERRN vertraut und dessen Vertrauen der HERR ist! Er wird sein wie ein Baum, der am Wasser gepflanzt ist und am Bach seine Wurzeln ausstreckt und sich nicht*

fürchtet, wenn die Hitze kommt. Sein Laub ist grün, im Jahr der Dürre ist er unbekümmert, und er hört nicht auf, Frucht zu tragen. – Jeremia 17,5–8 ELB

Fangen wir damit an, wie ein Mensch verflucht werden kann. In Vers 5 sehen wir, dass ein Mensch, der »auf Menschen vertraut« und nicht auf den Herrn, zum Verfluchten wird. Auf Menschen zu vertrauen bezieht sich auch auf jemanden, der auf seine eigenen guten Werke und Anstrengungen vertraut; der für sich beansprucht, ein Selfmademan oder eine Selfmadefrau zu sein, und die Entscheidung trifft, sich lieber auf sich selbst zu verlassen und Gottes unverdiente Gunst abzuweisen.

Ein Mensch, der »Fleisch zu seinem Arm macht« (es als seine Stärke ansieht) ist ebenfalls verflucht. Wenn du das Wort »Fleisch« in der Bibel liest, dann bezieht es sich nicht immer auf deinen Körper. Du musst dir den Kontext des Verses anschauen. In diesem Zusammenhang kann »Fleisch« mit »eigener Anstrengung« umschrieben werden. Wir können Vers 5 also auch so lesen: »Verflucht ist der Mann, der auf Menschen vertraut und *eigene Anstrengung* zu seiner Stärke macht.«

Setze nicht deine ganze Gesundheit dafür ein, Reichtum nachzujagen, nur um später all deinen Reichtum dafür auszugeben, deine Gesundheit zurückzubekommen!

Mein Freund, es gibt im Wesentlichen zwei Arten, dieses Leben zu leben. Die eine ist, dass wir uns auf die unverdiente Gunst des Herrn verlassen und ihr völlig vertrauen. Die andere ist, dass wir uns auf unsere eigenen Bemühungen verlassen und nach Erfolg streben und um ihn ringen. Wir können den guten Erfolg, der von Gott kommt, niemals herbeiführen, indem wir uns auf unsere eigenen Anstrengungen verlassen. Egal, wie sehr wir uns auch bemühen und abrackern, wir können uns unsere Gerechtigkeit nicht erarbeiten oder unsere eigene Vergebung erwerben. Jeder Erfolg, den wir auf diese Weise erreichen, ist nur ein teilweiser Erfolg.

Auf der anderen Seite ist Gottes Erfolg vollständig und ganzheitlich und durchdringt jede Facette unseres Lebens: Geist, Seele und Körper. Gottes Wort sagt: »Der Segen des Herrn macht reich, und [eigene] Mühe fügt ihm nichts hinzu« (Spr 10,22). Gott gibt uns niemals Erfolg, der auf Kosten unserer Ehe, unserer Familie oder unserer Gesundheit geht. So wie ich immer zu den Geschäftsleuten in meiner Gemeinde sage: Setze nicht deine ganze Gesundheit dafür ein, Reichtum nachzujagen, nur um später all deinen Reichtum dafür auszugeben, deine Gesundheit zurückzubekommen! Wer ist ein reicher Mensch? Ein Mensch mit einem dicken Bankkonto, der aber aufgrund von Krankheit ans Bett gefesselt ist, oder einer, der vielleicht nicht viel auf seinem Bankkonto hat, sich aber göttlicher Gesundheit erfreut?

Wenn du dich umschaust, ist es klar, dass wahrer Reichtum und guter Erfolg nicht daran gemessen werden können, wie viel Geld wir auf dem Bankkonto haben. Mit der unverdienten Gunst Gottes *wird* der Mensch, der vielleicht nicht gerade viel sein eigen nennen kann, guten Erfolg erleben.

Heilung und Gesundheit für deinen Körper sind Teil von Gottes Segnungen. Wenn du ständig unter enormem Stress stehst und wegen der Art deiner Arbeit regelmäßig Panikattacken hast, dann ermutige ich dich, ein bisschen kürzer zu treten und Gott um Rat zu bitten. Stress beraubt dich deiner Gesundheit, während guter Erfolg vom Herrn bewirkt, dass dir deine Jugend erneuert wird.

Wenn du dich auf eigene Anstrengungen verlässt, dann kannst du dich viele Jahre lang abmühen und ein gewisses Maß an Erfolg erreichen. Aber Gottes Wege sind höher. In nur einem Moment seiner Gunst kannst du beschleunigte Segnungen und Beförderungen erleben, die durch Jahre der Mühe und des Sich-Abrackerns niemals möglich wären.

Schau dir Josefs Leben an. Er war bloß ein einfacher Gefangener. Und doch wurde er nur eine Stunde nach dem Treffen mit dem Pharao zum höchsten Beamten im gesamten ägyptischen Reich befördert. Lieber Freund, selbst wenn du an diesem Punkt deines Lebens ganz unten angekommen bist (wie es auch Josef war), kann dich der Herr übernatürlich im Nu befördern, wenn du dich entschließt, deine Augen auf ihn zu richten!

Lass uns den Abschnitt in Jeremia 17, in dem ein verfluchter Mensch beschrieben wird, weiterlesen: »Er wird sein wie ein kahler Strauch in der Steppe und *nicht sehen, dass Gutes kommt.*« Nun, das ist doch erstaunlich! Ich will dir eine Frage stellen. Begegnet dem verfluchten Menschen gemäß diesem Abschnitt Gutes auf seinem Weg? Ja, tut es! Aber die traurige Wahrheit ist, dass er es nicht sehen kann.

Als Pastor erlebe ich seit vielen Jahren Menschen, die ihr Vertrauen nicht auf den Herrn setzen, wenn es um ihre Ehe, Finanzen oder andere schwierige Bereiche geht. Sie sind entschlossen, ihren eigenen Anstrengungen zu vertrauen und neigen dazu, ziemlich arrogant und bitter enttäuscht von den Menschen um sie herum zu sein. Wenn du solche Menschen beobachtest, wirst du oftmals feststellen, dass sie nicht in der Lage sind, das Gute zu sehen, das sich direkt vor ihrer Nase befindet. Sie achten ihre Ehepartner nicht, vernachlässigen ihre Kinder, und selbst wenn andere Segnungen ihren Weg kreuzen, *verpassen sie diese*!

Warum können sie das Gute, das kommt, nicht sehen? Weil Menschen, die auf ihre eigenen Anstrengungen vertrauen, nicht *die Fähigkeit* haben, die Segnungen des Herrn zu sehen und zu empfangen. Sie glauben nur an das »Gute«, das durch ihre eigenen Anstrengungen kommen kann. Deshalb sind sie stolz. Du wirst wahrscheinlich feststellen, dass diese Menschen zu den Leuten um sie herum nicht sehr häufig »Danke« sagen. Was auch immer sie erhalten, sie denken, dass sie einen Anspruch darauf haben und es verdienen. Sie sind selten dankbar oder anerkennend und halten deshalb auch ihren Ehepartner für selbstverständlich, anstatt ihn oder sie als Segen vom Herrn anzusehen.

Menschen, die unter der Gnade leben, können sich wirklich an den Segnungen um sie herum erfreuen, weil sie wissen, dass diese Segnungen unverdient sind.

Im Gegensatz dazu sind Menschen, die unter der Gnade leben und auf die unverdiente Gunst Gottes vertrauen, ständig dankbar; sie preisen Gott und richten ihren Dank an Jesus. Sie sind den Menschen gegenüber dankbar und anerkennend.

Als ich noch Junggeselle war, hatte ich eine Vorstellung von der Frau, die ich wollte, und brachte mein Anliegen vor den Herrn. Aber weißt du was? Er hat mein Gebet mehr als nur erhört und gab mir Wendy! Ich bin dem Herrn wirklich dankbar für Wendy und ich weiß, dass es die unverdiente Gunst Jesu ist. Wenn ich meine Tochter Jessica anschaue, weiß ich, dass ich eine solch wunderschöne Tochter nicht verdiene, und doch hat mir der Herr dieses kostbare Mädchen geschenkt. Siehst du, mein Freund, ich habe nichts getan, um so etwas zu verdienen, aber der Herr hat mich mit einer fantastischen Familie gesegnet. Menschen, die unter der Gnade leben, können sich wirklich an den Segnungen um sie herum erfreuen, weil sie wissen, dass diese Segnungen unverdient sind.

Das Bild eines gesegneten Menschen

Lass uns einige der Bilder anschauen, die die Bibel uns in Jeremia 17 vor Augen malt. Gottes Wort ist erstaunlich. Gott spricht in der Bibel durch Bilder und Metaphern zu uns. Es heißt, dass ein verfluchter Mensch »wie ein kahler Strauch in der Steppe« sein wird. Was für ein trostloses Bild eines Menschen! Ein Mensch, der immer nur auf sich selbst vertraut, ist wie ein ausgetrockneter Strauch und sieht alt, müde und ausgemergelt aus.

Aber Gott sei Dank hört die Bibel nicht einfach bei der Beschreibung eines verfluchten Menschen auf. Sie fährt fort und zeichnet das wunderschöne Bild eines gesegneten Menschen. Jeremia 17,7–8 (ELB) sagt uns: »Gesegnet ist der Mann, der auf den HERRN vertraut und dessen Vertrauen der HERR ist! Er wird sein wie ein Baum, der am Wasser gepflanzt ist und am Bach seine Wurzeln ausstreckt und sich nicht fürchtet, wenn die Hitze kommt. Sein Laub ist grün, im Jahr der Dürre ist er unbekümmert, und er hört nicht auf, Frucht zu tragen.« Wow! Ich weiß, welcher Mensch ich lieber sein möchte. Ein Bild ist wirklich mehr wert als tausend Worte! Ich möchte, dass du dich heute selbst als diesen Baum sehen kannst, der am Wasser gepflanzt ist!

Als ich einmal mit Wendy in den atemberaubenden kanadischen Rocky Mountains Urlaub machte, wanderten wir viel umher und sogen die prächtige Schöpfung unseres himmlischen Vaters in uns auf. Als wir an der Böschung eines ruhigen Flusses, den wir zufällig gefunden hatten, entlangwanderten, fanden wir einen majestätischen Baum, der am Ufer verwurzelt war. Sein Stamm war robust und stark und seine Äste formten über ihm eine perfekte Baumkrone. Im Gegensatz zu den anderen Bäumen, die weiter vom Fluss entfernt standen, waren seine Blätter erfrischend grün und saftig. Das lag daran, dass er ständig vom Fluss versorgt wurde.

Als ich diesen beeindruckenden und wunderschönen Baum anblickte, konnte ich nicht anders, als an den gesegneten Menschen aus Jeremia 17 zu denken, und ich erinnere mich, wie ich zu mir selbst sagte: »Ich bin wie dieser Baum, in Jesu Namen!« Wenn du dich auf den Herrn verlässt und ihm vertraust, dann bist auch du wie dieser Baum. Jesus wird bewirken, dass du robuste Kraft, Vitalität und guten Erfolg verkörperst. Sieh dich selbst als wunderschönen Baum an, der am Wasser gepflanzt ist. Gottes Wort sagt, dass, selbst wenn Hitze kommt, du sie nicht fürchten wirst!

Der gesegnete Mensch ist sich der Zeiten der Hitze nicht bewusst, sondern bleibt weiterhin stark und gedeiht.

Ist dir der eine entscheidende Unterschied zwischen dem gesegneten und dem verfluchten Menschen aufgefallen? Während der verfluchte Mensch das Gute, das kommt, nicht sehen kann, fürchtet sich der gesegnete Mensch nicht, selbst wenn die Hitze kommt! In der englischen *King James Version* heißt es, dass der gesegnete Mensch »*nicht sehen* wird, wenn Hitze kommt«[17]. Das ist erstaunlich. Es bedeutet, dass die Hitze auch zu dem gesegneten Menschen kommt, er sich aber der Zeiten der Hitze nicht bewusst ist, sondern weiterhin stark bleibt und gedeiht. Er wird wie ein Baum sein, dessen Blätter grün bleiben. Wenn du wie der gesegnete Mensch bist, wirst du immergrün sein! Es bedeutet, dass du dich an göttlicher Gesundheit, Jugend, Lebendigkeit und Dynamik erfreuen wirst.

Wenn du gesegnet bist, wird dein Körper voller Leben sein, da der Herr deine Jugend und Lebenskraft erneuert. Weder wird es dir an Gesundheit fehlen noch wirst du deine Jugend verlieren. Es wird keinen Stress, keine Angst oder Panikattacken geben, denn »auch in einem dürren Jahr braucht er [der gesegnete Mensch] sich nicht zu sorgen«. Ein dürres Jahr steht für schwere Hungersnot und wäre in unserer heutigen Umgangssprache nichts anderes als die weltweite Finanzkrise, die Hypothekenkrise, der Zusammenbruch internationaler Investmentbanken, der schwankende Aktienmarkt und eine wachsende Inflation. Während das für die Welt vielleicht schlechte Nachrichten sind, kann der gesegnete Mensch die Ruhe bewahren und unbesorgt sein, weil Gott ihm versprochen hat, dass er sogar inmitten einer Krise nicht aufhören wird, »Frucht zu bringen«. Wie soll das geschehen? Es wird geschehen, indem er sein Vertrauen auf den Herrn setzt!

In den späten 1990er-Jahren stand ich eines Tages in meiner Gemeinde auf und teilte der Versammlung mit, der Herr habe mir ein Wort der Weisheit gegeben. Er sagte, dass eine Armut, eine finanzielle Hungersnot über Asien kommen werde. Aber zur selben Zeit sagte er auch, dass wir uns nicht sorgen müssten, wenn die Hungersnot begänne, weil er für uns und unsere Gemeinde sorgen werde und wir mehr als genug haben würden, um denen zu helfen, die in Not sein würden.

Ein paar Monate später fiel der thailändische Baht auf plötzliche und dramatische Weise. Dies verursachte einen Dominoeffekt bei allen regionalen Währungen und stürzte uns in die Asienkrise. Während dieser Zeit hatte unsere Gemeinde – durch die Gnade Gottes – das Vorrecht, andere Gemeinden in unserem Land und unserer Gegend finanziell zu segnen. Gott konnte durch uns einige dieser Dienste über Wasser halten und vor Mitarbeiterabbau bewahren. Uns war es auch möglich, ihren kostbaren Gemeindemitgliedern zu helfen, die von schweren finanziellen Rückschlägen betroffen waren.

Gottes Wort traf ein und wir gingen durch die Krise hindurch, ohne die Hitze zu sehen. Tatsächlich gab es sogar Leute in meiner Gemeinde, denen die Krise zugute kam, da sie neue Häuser und Autos zu deutlich herabgesetzten Preisen kaufen konnten. Sogar in Zeiten der Hungersnot florierten ihre Geschäfte, ihre Karrieren und Finanzen, und sie hörten nicht auf »Frucht zu bringen«.

Wir können uns für diese Segnungen nicht rühmen. Wir wissen, dass sie einzig und allein durch die unverdiente Gunst des Herrn zu uns kamen. Unsere Aufgabe bestand einfach darin, Jesus weiterhin zu vertrauen und unsere Hoffnung auf ihn zu setzen. Das griechische Wort für »Hoffnung« im Neuen Testament ist *elpis* und bedeutet die »Erwartung von Gutem«.[18] Hoffe weiterhin auf den Herrn!

Auch während der weltweiten Finanzkrise zwischen 2008 und 2009 erlebte unsere Gemeinde die gleichen Segnungen. Schon *bevor* die Hypothekenkrise ins Zentrum der Aufmerksamkeit rückte, bereitete der Herr unsere Leute vor. Während ich eines Sonntags predigte, ermahnte ich die Gemeinde, keine neuen Schulden zu machen. Ich bat sie eindringlich, damit zu warten, neue Häuser und Autos zu kaufen oder sonst eine große Ausgabe zu tätigen und ihre Schulden so gering wie möglich zu halten. Viele Menschen in unserer Gemeinde begannen, sich darauf einzustellen, und als die schwere Hungersnot anfing, waren sie darauf vorbereitet und gerüstet.

Bei einem anderen Ereignis, als der Aktienmarkt in meiner Nation vor seinem Kollaps auf dem *Allzeithoch* war, gab ich meiner Gemeinde ein prophetisches Wort und riet ihr, sich aus dem Aktienmarkt *zurückzuziehen*, obwohl jeder versuchte, auf den fahrenden Zug aufzuspringen. Dann, nach nur wenigen Monaten, brach Bears Sterns zusammen, gefolgt von Lehman Brothers. Wir alle wissen, dass dies zu einem massiven Einbruch auf den globalen Finanzmärkten geführt hat und dass während der Panikverkäufe, die folgten, Milliarden von Dollar vollständig wertlos wurden.

Einige Zeit später erzählte mir einer der Hauptleiter meiner Gemeinde, der in einer großen amerikanischen Bank arbeitet, dass er an dem Sonntag, an dem ich der Versammlung gesagt hatte, sie solle sich vom Aktienmarkt zurückziehen, einen Freund mit in die Gemeinde genommen hatte. Ich hätte das Wort »volatil« benutzt, um die kommende Situation zu beschreiben. Sein Freund, der in Finanzdingen geschult und versiert war, fing in Erwartung volatiler Verhältnisse an, bei seinen Investitionen Defensivstrategien anzuwenden, und machte mit seinen Investitionen beträchtliche Gewinne, anstatt Geld zu verlieren.

Für alle, die mich nicht kennen: Ich verfolge keine Börsennachrichten und verstehe nicht viel von Investitionen. Als ich vor Kurzem auf einer Konferenz im Ausland predigte, ging ich in eine Buchhandlung und blätterte in einem Buch mit dem Titel *Investing For Dummies*. Nun, das ist mir zwar ein wenig peinlich, aber ich erzähle es dir trotzdem – ich habe es nicht verstanden! Was sagt das wohl über mich und Investitionen aus? Lach nicht so. Ich bin Pastor und kein Börsenmakler. Aber so bin ich einfach. Frag irgendeinen von meinen Leitern und sie werden dir sagen, dass ich keine Wirtschaftszeitschriften lese und kein Interesse am Steigen und Fallen der Börsenkurse habe. ALLE Ehre gehört dem Herrn dafür, dass er die Gemeinde vorbereitet und unsere Leute vor dem bevorstehenden finanziellen Angriff geschützt hat!

Durch die unverdiente Gunst des Herrn hat unsere Gemeinde während der Krise weltweit andere Gemeinden, Dienste und Missionare unterstützt. Wir konnten den Bedürftigen und den völlig am Boden Zerstörten unseres Landes großzügig geben und dabei mithelfen, die Hungrigen mit Essen und die Armen mit Kleidung zu versorgen. Unsere gesamte Gemeinde, die zu dem Zeitpunkt aus über 19.000 Gottesdienstbesuchern bestand, war Teil einer nationalen Initiative, die den Armen mit Wagenladungen voller Lebensmittel half. Viele kauften auch neue Haushaltsgegenstände wie Betten, Kühlschränke und Waschmaschinen für Familien, die sich diese Dinge nicht leisten konnten. Es erfüllt uns mit Demut, dass der Herr uns während dieser Zeit weiter gesegnet hat, damit wir für andere ein Segen sein konnten. Aber wir sind nicht stolz auf unsere guten Werke. Wir sind stolz auf den Herrn und seine Liebe zu uns.

Die einzige Art, wie ein Gläubiger unter den Fluch kommen kann

»Pastor Prince, ist es möglich, Christ zu sein und sich dennoch auf die eigenen Leistungen zu verlassen?«

Ja, durchaus. Es gibt heute Gläubige, die sich lieber auf sich selbst verlassen als auf Jesus. Nur wenn es um ihre Errettung geht, verlassen sie sich auf Jesus, aber anschließend, wenn es um Erfolg in ihren Familien, in ihren Berufen und bei ihren Finanzen geht, setzen sie lieber auf sich selbst.

»Was geschieht, wenn ein Gläubiger sich auf seine eigenen Leistungen verlässt und Gottes Gnade zurückweist?«

Alle Gläubigen sind durch das vollbrachte Werk Jesu von dem Fluch des Gesetzes befreit. Aber wenn ein Gläubiger Gottes Gnade zurückweist und sich auf seine eigenen Werke verlässt, um gesegnet zu werden, fällt er unter den Fluch des Gesetzes zurück. Das ist die *einzige* Art, wie ein Gläubiger wieder unter den Fluch des Gesetzes kommen kann. Seine Zurückweisung der Gnade Gottes bedeutet nicht, dass er seine Errettung verliert. Es bedeutet nur, dass er sich nicht an dem vollen Segen erfreuen kann, den Jesus durch sein Blut für ihn erkauft hat, und er nicht zu dem gesegneten Menschen wird, über den wir in diesem Kapitel gesprochen haben.

Sobald du dich wieder auf deine eigenen Werke verlässt, um gesegnet zu werden, wendest du dich wieder dem System des Gesetzes zu und fällst unter den Fluch des Gesetzes zurück.

Die Zurückweisung von Gottes Gnade bedeutet, aus der Gnade zurück in die Werke zu fallen. Im Gegensatz zur landläufigen Meinung bedeutet aus der Gnade zu fallen nicht, in Sünde zu fallen. Gemäß der Bibel heißt aus der Gnade zu fallen, zurück in die *Werke* und unter den alten Bund des Gesetzes zu fallen. Galater 5,4 stellt eindeutig fest: »Ihr …, die ihr durchs Gesetz gerecht werden wollt; ihr seid *aus der Gnade gefallen*!«

Sobald du dich wieder auf deine eigenen Werke verlässt, um gesegnet zu werden, wendest du dich wieder dem System des Gesetzes zu und fällst unter den Fluch des Gesetzes zurück. Der Apostel Paulus macht dies in Galater 3,10 mehr als deutlich: »Denn alle, die aus *Werken des Gesetzes* sind, die sind unter dem Fluch.« Wir wollen hier eindeutig sein. Es ist *nicht* Gott, der dich verflucht. Es ist das Gesetz selbst, das dich verdammt. Keiner kann den vollkommenen Ansprüchen des Gesetzes genügen. Im Vers heißt es weiter: »Verflucht ist jeder, der nicht bleibt in *allem*, was im Buch des Gesetzes geschrieben steht, *um es zu tun.*« Das Gesetz ist ein Maßstab, der unmöglich einzuhalten ist, und es bringt in jedem das Schlechteste hervor. Niemand kann das ganze Gesetz fortwährend fehlerlos einhalten. Sobald du ein Gesetz übertreten hast, bist du schuldig, alle Gesetze gebrochen zu haben.

Galater 3,11–12 (NLB) fährt fort: »Deshalb ist klar, dass *niemand* je durch das Gesetz vor Gott gerecht gesprochen wird. Denn die Schrift sagt: ›Durch den Glauben hat ein Gerechter Leben‹ …« Ich hoffe inständig, dass du dahin kommst zu erkennen, dass niemand das Gesetz vollständig halten und dadurch gerecht werden kann. Nur durch den Glauben werden wir gerecht gemacht, deshalb werden die Gerechten – du und ich – durch den Glauben leben. Den Glauben an was? Glauben an das vollbrachte Werk Jesu! Lass uns der gesegnete Mensch sein, der sein Vertrauen auf den Herrn setzt und nicht auf sein eigenes Fleisch.

Ich will dir nun zwei sehr wichtige Verse zeigen, die du kennen musst. Galater 3,13–14 (NLB): »*Doch Christus hat uns vom Fluch des Gesetzes gerettet*; am Kreuz nahm er den Fluch auf sich. Denn in der Schrift heißt es: ›Verflucht ist jeder, der an einem Holz hängt.‹ Durch die Tat von Jesus Christus hat Gott allen Völkern den Segen geschenkt, den er Abraham zugesagt hatte …« Beachte, dass Jesus am Kreuz sterben musste, um uns von dem Fluch des Gesetzes und nicht von dem Fluch der Sünde freizukaufen. Die meisten Menschen denken, dass sie verflucht werden, wenn sie sündigen, aber das ist nicht, was Gottes Wort sagt. Es sagt stattdessen, dass Jesus uns von dem Fluch des Gesetzes freigekauft bzw. erlöst hat.

Deshalb kann dich das Gesetz nicht verurteilen, selbst wenn du versagst, weil dir vergeben wurde und du in Jesus gerechtfertigt bist. Es gibt Hoffnung für dich, wenn du versagst, und du bekommst die Kraft, durch Jesus *nicht mehr zu versagen*. Aber welche Hoffnung gibt es, wenn du in das System des Gesetzes zurückfällst und dich wieder auf deine eigenen Leistungen verlässt, um gerechtfertigt zu werden? Das Gesetz selbst würde dich dann verfluchen und der Segen Abrahams könnte nicht in dein Leben fließen. Sünde ist nicht länger das Problem, weil Jesus sich am Kreuz mit seinem eigenen Blut um deine Sünden gekümmert hat. Das Problem liegt in dem Beharren der Menschen, sich auf ihre eigenen Leistungen zu verlassen!

Wie König David einen gesegneten, glücklichen Menschen definiert

Willst du wissen, wie König David einen gesegneten bzw. glücklichen Menschen definierte? Schau dir Römer 4,6–8 (NLB) an: »Das meinte auch David, als er die Freude eines Menschen beschrieb, der unverdient gerecht gesprochen wird: ›Glücklich ist der, dessen Ungehorsam vergeben und dessen Schuld zugedeckt ist. Glücklich ist der, dem der Herr *die Sünden nicht mehr anrechnet.*‹« Erkennst du den Segen dieses Menschen? Die Bibel sagt nicht, dass dieser Mensch nicht sündigt. Sie sagt vielmehr: Selbst wenn er sündigt, liegt sein Segen darin, dass ihm diese Sünde *nicht* angerechnet wird! Warum? Weil alle seine Sünden bereits dem Körper Jesu angerechnet und an ihm bestraft wurden!

»Pastor Prince, behaupten Sie, dass ein Gläubiger immer noch sündigen kann?«

Nun, bevor ich dir diese Frage beantworte, wollen wir uns einmal die Definition von Sünde anschauen. Das griechische Wort für »Sünde« im Neuen Testament ist das Wort *hamartia*, was wörtlich übersetzt bedeutet: »das Ziel verfehlen«[19]. Hast du erst einmal die Definition von Sünde verstanden, wirst du feststellen, dass die angebrachtere und genauere Frage gewesen wäre, ob ein Gläubiger noch »das Ziel verfehlen« kann. Die Antwort ist offensichtlich – Gläubige werden immer noch von Zeit zu Zeit das Ziel verfehlen.

Die passendere Frage ist also, ob ein Gläubiger noch gerecht ist, wenn er das Ziel verfehlt. Davids Definition eines gesegneten bzw. glücklichen Menschen beantwortet diese Frage: »Glückselig der Mensch, dem Gott Gerechtigkeit unabhängig von seinen Werken anrechnet … dessen Gesetzlosigkeiten [Zielverfehlungen] vergeben sind und dessen Sünden [Zielverfehlungen] zugedeckt sind. Glückselig der Mensch, dem der Herr die Sünde [seine Zielverfehlungen] nicht anrechnet.«

Bringt dich das Wissen, dass Gott dir deine Sünde nicht anrechnet, wenn du das Ziel verfehlst, nun dazu, sündigen zu wollen? Keineswegs! Seine unverdiente Gunst verändert dich, erfüllt dein Herz mit Liebe und Dankbarkeit ihm gegenüber. Mit dem Wissen, dass dir vollständig und auf ewig vergeben ist, kannst du mutig zu ihm laufen und ihm jeden Bereich deiner Not bringen.

Weil du dein Vertrauen auf den Herrn setzt, brauchst du dich nicht zu fürchten, wenn die Hitze kommt; vielmehr werden deine Blätter grün sein und du wirst dich in einem Jahr der Dürre nicht sorgen, noch wirst du aufhören, Frucht hervorzubringen.

Du wirst jemand werden, der sein Vertrauen auf den Herrn setzt und dessen Hoffnung der Herr ist. Und was ist das Ergebnis davon? In Jesu Namen verkünde ich dir, dass du wie ein Baum sein wirst, der am Wasser gepflanzt ist und dessen Wurzeln sich zum Wasser hin ausstrecken. Weil du dein Vertrauen auf den Herrn setzt, brauchst du dich nicht zu fürchten, wenn die Hitze kommt;

vielmehr werden deine Blätter grün sein und du wirst dich in einem Jahr der Dürre nicht sorgen, noch wirst du aufhören, Frucht hervorzubringen. Du wirst auf einmal bemerken, wie du die Segnungen des gesegneten Menschen in jedem Bereich deines Lebens erfährst!

KAPITEL 16

IM SEGEN ABRAHAMS LEBEN

Im vorigen Kapitel habe ich dir den Unterschied zwischen einem gesegneten und einem verfluchten Menschen aufgezeigt. Was für ein großartiges und majestätisches Bild zeichnet die Bibel von dem gesegneten Menschen, der wie ein am Wasser gepflanzter Baum ist! Die Bibel ist so gehaltvoll und spannend. Allein wenn wir uns das Wort »segnen« näher anschauen, können wir noch so viel mehr über das Herz des Herrn für dich und mich erfahren. Ich glaube, dass der Herr dich darauf vorbereitet, in eine noch größere und tiefere Dimension seiner Segnungen für dich zu kommen, während wir dieses Wort betrachten. Lass uns also gleich eintauchen.

Das hebräische Wort für »segnen« ist *barak*, während das griechische Wort *eulogeo* ist. Nach dem *Theological Wordbook of the Old Testament* bedeuten beide Wörter: mit Kraft für Erfolg, Wohlergehen, Fruchtbarkeit (Kindergebären) und langer Lebensdauer versehen.[20]

Nun verstehe ich wirklich nicht, warum es einige Gläubige gibt, die christliche Dienste bekämpfen, die die Wahrheit darüber verkünden, dass Gott uns Erfolg, Wohlergehen und Gesundheit schenken will. Diese Gläubigen begreifen nicht, dass sie im Grunde dafür kämpfen, krank und arm zu bleiben. Erkennen sie denn nicht, dass Krankheit und Armut zum Fluch gehören? Verstehen sie nicht, dass Jesus den Weg schon freigemacht hat, damit wir durch seine unverdiente Gunst leben und ins Königreich seiner Segnungen eintreten können?

Es ist für die Gläubigen an der Zeit, wie der Apostel Paulus zu sein – hört auf, euch für die frohe Botschaft, die wir empfangen haben, zu entschuldigen. Paulus verkündete: »Denn ich *schäme* mich des Evangeliums von Christus *nicht*; denn es ist Gottes Kraft zur Errettung für jeden, der glaubt, zuerst für den Juden, dann auch für den Griechen; denn es wird darin geoffenbart die Gerechtigkeit Gottes aus Glauben zum Glauben, wie geschrieben steht: ›Der Gerechte wird aus Glauben leben‹« (Röm 1,16–17). Das Evangelium (die »frohe Botschaft«) von Jesus Christus ist DIE Kraft Gottes zur Errettung. Das bedeutet, dass es *keine* andere Kraft für deine Errettung gibt außer dem Evangelium Jesu Christi!

Nebenbei bemerkt: »Errettung« bezieht sich hier nicht nur darauf, vor der Hölle gerettet zu sein. Das griechische Wort hier für »Errettung« ist das Wort *soteria*. Seine Bedeutung umfasst Befreiung, Bewahrung, Sicherheit und Gesundheit.[21] Die Errettung des Herrn in deinem Leben gründet vollständig und ganzheitlich darauf, dass du an sie glaubst und dich im Glauben auf *seine* Gerechtigkeit verlässt. Schäme dich nicht dafür, *wie* gut die frohe Botschaft von Jesus tatsächlich ist. Schäme dich nicht, dass Jesus die Macht hat, dir guten Erfolg zu schenken, deinen Körper zu heilen, alles, was deine Hände berühren, aufblühen zu lassen, dich mit Kindern zu segnen und dich mit langem Leben zu sättigen!

Der Segen Abrahams

Jesus will, dass du seine Segnungen in deinem Leben erfährst. Gottes Segnungen sind Teil unseres Erbes im neuen Bund der

Gnade, welches Jesus uns durch seinen Tod gegeben hat. In Gottes Wort heißt es: »Christus hat uns losgekauft von dem Fluch des Gesetzes, indem er ein Fluch wurde um unsertwillen …, damit *der Segen Abrahams* zu den Heiden komme in Christus Jesus, damit wir durch den Glauben den Geist empfingen, der verheißen worden war« (Gal 3,13–14). Ist es nicht interessant, dass der Herr sehr spezifisch erwähnt, dass Christus für uns am Kreuz zum Fluch wurde, damit wir den Segen Abrahams erfahren und genießen können? Er will nicht, dass wir nur irgendeine Art von Segen erfahren. Er will, dass wir *den Segen Abrahams* erfahren. Ich denke daher, es ist unsere Aufgabe herauszufinden, was der »Segen Abrahams« ist und wer ihn empfangen kann.

Jeder an Christus Glaubende ist ein Erbe.

Die Bibel sagt uns: »Wenn ihr aber Christus angehört, so seid ihr Abrahams Same und nach der Verheißung Erben« (Gal 3,29). Gehörst du Christus an? Gehörst du zu Jesus? Dann macht dich das zu einem Erben *nach der Verheißung*. Jeder an Christus Glaubende ist ein Erbe. Wann immer du das Wort »Erbe« hörst, geht es um etwas Gutes. Es geht um eine Erbschaft, für die du nicht arbeitest, eine Erbschaft, die dir nicht aufgrund dessen gehört, was du tust, sondern aufgrund dessen, *zu wem du gehörst*. Als ein Gläubiger des neuen Bundes in Jesus gehörst du also zu Jesus und hast als der Same Abrahams ein mit Blut erkauftes Erbe in Christus. Du, lieber Freund, bist ein Erbe nach DER Verheißung!

Gottes Verheißung an Abraham

Nun gibt es ja viele Verheißungen in der Bibel, aber welche ist DIE Verheißung, die Gott Abraham gab? Wir können diese Verheißung nicht in Anspruch nehmen, wenn wir nicht wissen, was sie beinhaltet. Wir müssen ins Wort gehen (und die Bibel mithilfe der Bibel auslegen), um festzustellen, um welche Verheißung es geht. Die Antwort finden wir in Römer 4,13 (LUT): »Denn *die Verheißung*, dass er der *Erbe der Welt* sein solle, ist Abraham oder seinen Nachkommen nicht zuteil geworden durchs Gesetz, sondern durch die Gerechtigkeit des Glaubens.«

In Christus bist du ein Erbe der Welt – ihrer Güter, ihrer Begabungen, ihrer Reichtümer, ihrer Vorteile und ihrer Freuden.

Die Verheißung an Abraham und seinen Samen (d. h. seine Nachkommen, du und ich) ist die, dass er »Erbe der Welt« sein solle! Im griechischen Grundtext ist hier *kosmos* das Wort für »Welt«. Die Bedeutung dieses Wortes beinhaltet »den gesamten Umfang an irdischen Gütern, Begabungen, Reichtümern, Vorteilen, Freuden«[22]. Durch das vollbrachte Werk Jesu gehört also *das* alles zu deinem Erbe! In Christus bist du ein Erbe der Welt – ihrer Güter, ihrer Begabungen, ihrer Reichtümer, ihrer Vorteile und ihrer Freuden. Das ist DIE Verheißung, die Gott Abraham und seinen Nachkommen gegeben hat. Das ist dein Erbe in Christus!

Du bist ein Erbe der Welt

Was bedeutet es, ein Erbe der Welt zu sein? Lass uns einen Blick auf Abrahams Leben werfen, um zu sehen, was der Herr für ihn getan hat. Gottes Wort sagt uns, dass Abraham nicht einfach nur reich wurde. Er wurde sehr reich.

»Na ja, Pastor Prince, ein Erbe der Welt zu sein bezieht sich doch auf geistlichen Reichtum.«

Warte mal, das sagt meine Bibel nicht. Nach 1. Mose 13,2 war Abraham »sehr reich geworden an Vieh, Silber und Gold«. Wenn finanzielle Segnungen also nicht Teil der Segnungen des Herrn sind, willst du mir dann erzählen, dass er Abraham mit Reichtum verfluchte? Ich bin so froh, dass Gott Abrahams Reichtum sehr genau beschrieben hat. Gott muss vorausgesehen haben, dass es eine Generation von Leuten geben würde, die behaupten, er sei dagegen, wenn sein Volk finanziellen Erfolg erlebt. Deshalb hat er in seinem Wort deutlich gemacht, dass Abraham sehr reich an Vieh, Silber und Gold war. Abraham war nicht nur geistlich gesehen reich. Lieber Freund, Gott ist nicht dagegen, dass du Reichtum besitzt, aber er ist ganz sicher dagegen, dass der Reichtum dich besitzt und beherrscht.

Der Herr hat Abraham gesegnet, damit er ein Segen für andere sein konnte. Er sagte zu Abraham: »Ich will dich segnen … und du sollst ein Segen sein!« (1Mo 12,2 ELB). In gleicher Weise will er dich finanziell segnen, damit *du* ein Segen für andere sein kannst. Du kannst für die Menschen in deinem Umfeld – deine Angehörigen, Ortsgemeinde, Stadt und die Armen – kein Segen sein, wenn du nicht zuvor vom Herrn gesegnet wirst.

Stell dir vor, dass Gott dich zu etwas beruft, wie zum Beispiel auf eine Missionsreise zu gehen, einen Dienst zu unterstützen, eine Kirche zu bauen oder einen Missionar zu unterstützen. Aber du kannst es nicht tun, weil du nicht einmal genug hast, um deine Familie zu ernähren. Was ist in deinem Leben nun wichtiger geworden? Gott oder das Geld? Gott sagt »geh«, aber deine Brieftasche sagt »nein«. Wer oder was ist in dieser Situation größer? Hier ist doch eindeutig etwas verkehrt. Und doch gibt es heutzutage Gläubige, die sich auf traditionelle Glaubensinhalte berufen, die gar nicht biblisch sind, anstatt Gottes Wahrheit zu suchen. Diese Glaubensinhalte haben die Gemeinde jahrzehntelang gebunden und das ist auch der Grund, warum die Welt die Kirche generell als arm, unfähig und verschuldet ansieht. Darum sagt man in der Welt sogar: »arm wie eine *Kirchen*maus«. (Aber in der Welt ist selbst Mickymaus wohlhabend und besitzt ein magisches Königreich!)

Ein Erbe der Welt zu sein beinhaltet finanzielle Segnungen

Die Ironie dabei ist: Würdest du dir das Leben der Gläubigen anschauen, die gegen die Lehre kämpfen, dass Gott seine Kinder mit mehr als genug segnet, würdest du feststellen, dass sie keine Probleme damit haben, für ein schönes Zuhause zu sorgen und ihren Kindern die beste und teuerste Ausbildung zu ermöglichen. Obwohl sie nicht glauben, dass Gott uns finanziell segnen will, würdest du wahrscheinlich beobachten können, wie sie nach Investitionsmöglichkeiten Ausschau halten, darauf hoffen, in ihrem Beruf befördert zu werden, oder nach einer besseren Arbeitsstelle suchen, um mehr Geld zu verdienen.

Weißt du, sie haben keine Probleme damit, für sich selbst Reichtum anzuhäufen und gut zu leben, aber sie haben ein Problem damit, wenn wir ihnen erzählen, dass finanzieller Erfolg von Gott ist. Sie wollen lieber an ihre eigenen Leistungen glauben, damit sie sagen können, ihr Erfolg sei »selbstgemacht«, anstatt Gott die Ehre zu geben. Anstatt der Lehre zuzustimmen, dass Gott die Quelle allen Segens ist, greifen sie diese an. Aber lass dich nicht täuschen, mein Freund, jede Segnung in unserem Leben, jedes gute und vollkommene Geschenk fließt direkt aus dem Strom der unverdienten Gunst Gottes (Jak 1,17).

Der Erfolg von Gott, auf den wir als Gläubige des neuen Bundes vertrauen dürfen, ist ein guter, ganzheitlicher Erfolg, der jeden Bereich unseres Lebens durchzieht!

Unser himmlischer Vater will dich erfolgreich machen und das beinhaltet auch finanziellen Erfolg. Du weißt bereits, dass Finanzen allein noch keinen Erfolg ausmachen. Es gibt heute eine Menge »armer« Menschen in der Welt, die eine Menge Geld haben. Sie können dicke Bankkonten haben, aber ohne die Offenbarung der Liebe Jesu zu ihnen sind ihre Herzen leer. Du und ich besitzen etwas von Jesus, das viel höher und besser ist. Der Erfolg von Gott, auf den wir als Gläubige des neuen Bundes vertrauen dürfen, ist ein guter, ganzheitlicher Erfolg, der jeden Aspekt unseres Lebens durchzieht!

»Also na ja, Pastor Prince … die Bibel sagt, dass Geld die Wurzel allen Übels ist. Was sagen Sie dazu?«

Diesbezüglich wird die Bibel oft falsch zitiert. Sie sagt nicht, dass Geld die Wurzel allen Übels ist. Es steht dort, dass *»die Liebe zum Geld«* (1Tim 6,10 NLB) die Wurzel allen Übels ist. Weil diese Stelle nicht richtig wiedergegeben wurde und wegen der damit einhergehenden falschen Lehre sind viele Gläubige hinters Licht geführt worden. Wenn der Herr versucht sie zu segnen, scheuen sie seine Segnungen, weil sie glauben, der Besitz von mehr Geld könne sie zu allerlei Bösem verführen. Hör jetzt genau zu. Mehr Geld zu haben bedeutet nicht notwendigerweise, dass du Geld liebst. Sogar jemand, der keinen einzigen Cent auf dem Konto hat, kann ständig an Geld denken und davon besessen sein.

---

*Je mehr du dich mit Jesus beschäftigst,
desto mehr Geld wird dir nachfolgen!*

Das Wissen, dass deine Segnungen durch die unverdiente Gunst Jesu kommen, wird dich dauerhaft für finanziellen Erfolg geeignet sein lassen. Wenn du diese Offenbarung hast, wirst du dich nicht länger auf den Besitz von Geld konzentrieren, weil du nämlich ganz auf den Herrn fokussiert bist. Zu deinem Erstaunen wirst du feststellen, dass dir umso mehr Geld nachfolgen wird, je mehr du dich mit Jesus beschäftigst! Warum ist das so? Das liegt ganz einfach an Folgendem: Wenn du zuerst nach dem Reich Gottes trachtest und Jesus, seiner Gerechtigkeit (nicht deiner eigenen Gerechtigkeit), seiner Freude und seinem Frieden oberste Priorität gibst, dann, verspricht dir Gottes Wort, werden dir ALLE materiellen Dinge, die du brauchst, hinzugefügt (Mt 6,33). Der Herr gibt dir Geld immer mit einem Auftrag, und Erfolg und Wohlstand immer mit einer Absicht. Er segnet dich, und wenn du gesegnet bist, kannst du ein Gefäß sein, um andere zu segnen. Das Evangelium der Gnade kann gepredigt werden, Kirchen können gebaut werden, kostbare Leben können berührt werden, Sünder können von neuem geboren werden, Ehen können wiederhergestellt werden und Körper können geheilt werden, wenn du das Wort Jesu mithilfe deiner finanziellen Unterstützung aussendest.

Liebe nicht das Geld und benutze Menschen. Benutze vielmehr das Geld, um Menschen zu lieben. Möge es ein für alle Mal in deinem Herzen Wurzeln schlagen, dass es Gottes Wunsch für dich ist, finanziell erfolgreich zu sein und mehr als genug zu haben. Du bist der Same Abrahams und die Verheißung an dich lautet, dass du ein Erbe der Welt sein wirst. Es ist doch klar, dass du kein Erbe der Welt sein kannst, wenn du ständig pleite und verschuldet bist.

Deine Segnungen beinhalten Gesundheit und Erneuerung deiner Jugend

Jetzt wollen wir uns anschauen, was es noch bedeutet, ein Erbe der Welt zu sein. Welche anderen Segnungen hat Abraham erhalten? Wir wissen, dass Abraham gesund und stark war, und seine Frau Sarah ebenfalls. Der Herr hat ihre Jugend so drastisch erneuert, dass Abraham etwa 100 Jahre und Sarah etwa 90 Jahre alt war, als Sarah nach vielen Jahren der Unfruchtbarkeit Isaak empfing.

Zu Beginn dieses Kapitels hatte ich dir gezeigt, dass Gottes Segnungen auch Fruchtbarkeit beinhalten – die Fruchtbarkeit des Leibes. Niemand kann behaupten, dass die Erneuerung der Jugend bei Abraham und Sarah bloß geistlicher Natur war. Isaak ist der Beweis, dass die Erneuerung, die sie erfuhren, auch körperlicher Art war. Der Herr wird bei dir, einem Erben der Welt, ebenso bewirken, dass du stark und gesund bist. Es ist unmöglich, ein Erbe der Welt zu sein, wenn du ständig müde und krank bist und flachliegst. Völlig unmöglich! In Jesu Namen wird Gott dich gesund machen und dich in göttlicher Gesundheit bewahren!

Vor einigen Jahren fragte ich den Herrn, warum die Bibel jede gläubige Frau als eine Tochter Sarahs bezeichnet (1Petr 3,6). Es gab in der Bibel viele andere Frauen des Glaubens, wie beispielsweise

Rut und Ester. Warum also bezeichnete Gott weibliche Gläubige nicht als Töchter Ruts oder Töchter Esters? Der Herr zeigte mir dann in seinem Wort, dass Sarah die einzige Frau war, deren Jugend im hohen Alter erneuert wurde. Belege für die Erneuerung ihrer Jugend finden wir darin, dass Sarah zweimal von zwei verschiedenen Königen verfolgt wurde, die sie ihrem Harem hinzufügen wollten.

Weißt du, wie alt Sarah war, als Pharao, der erste dieser beiden Könige, sie begehrte? Sie war um die 65 Jahre alt! Falls das noch nicht Beweis genug für dich ist: Weißt du, wie alt Sarah war, als Abimelech, der König von Gerar, sie wollte? Sie war um die 90 Jahre alt! Hey, das waren *heidnische* Könige. Ich bin mir sicher, dass sie nicht von ihrer inneren oder geistlichen Schönheit in den Bann gezogen wurden. Sarahs körperliche Jugend musste erneuert worden sein, damit diese Könige sie begehrten, obwohl sie alt war. Liebe Frauen, versteht ihr das? Der Herr nennt euch Töchter Sarahs. Du kannst dem Herrn vertrauen, dass er deine Jugend so erneuert, wie er es bei Sarah getan hat!

Gottes Wort verheißt eine Erneuerung deiner Jugend und deiner Kraft. Es gibt zwei Abschnitte in der Bibel, die du selbst lesen solltest. In Psalm 103,1–5 heißt es:

> *Ein Psalm Davids. Mit meiner Seele will ich den Herrn loben und von ganzem Herzen will ich seinen heiligen Namen preisen. Mit meiner Seele will ich den Herrn loben und das Gute nicht vergessen, das er für mich tut. Er vergibt mir alle meine Sünden und heilt alle meine Krankheiten. Er kauft mich vom Tode frei und umgibt mich mit Liebe und Güte. Er macht mein Leben reich und* ***erneuert täglich meine Kraft, dass ich wieder jung wie ein Adler werde****. – Psalm 103,1–5 NLB*

Gleichzeitig verspricht Jesaja 40,31 Folgendes:

> *Aber die auf den HERRN hoffen, gewinnen neue Kraft;* ***sie heben die Schwingen empor wie die Adler****, sie laufen und ermatten nicht, sie gehen und ermüden nicht. – Jesaja 40,31* ELB

Wie in Sarahs Fall können wir eine buchstäbliche Erneuerung in unserem Körper erfahren. Lasst uns glauben, dass Gott unsere Jugend körperlich erneuert und dass wir nach dieser Erneuerung einen *brandneuen Körper,* aber gleichzeitig einen *weisen und erfahrenen Verstand* haben werden. Also das ist eine gewaltige Kombination und die Art von Erneuerung, die Gott uns schenken will.

Es gibt kein »Wohlstandsevangelium«. Es gibt nur das Evangelium von Jesus Christus.

»Pastor Prince, Sie reden die ganze Zeit über die Segnungen von Gesundheit, Reichtum und gutem Erfolg. Ich wusste doch, dass Sie einer von denen sind, die das Wohlstandsevangelium predigen … einer von diesen Reichtums- und Gesundheitspredigern!«

Mein Freund, es gibt kein »Wohlstandsevangelium«. Es gibt nur das Evangelium von Jesus Christus. Wenn du Jesus hast und dich auf seine unverdiente Gunst verlässt, werden dir alle diese Segnungen hinzugefügt werden. Welche Art von Predigt wäre dir denn lieber? Dass es Gottes Wille ist, dass du krank und arm bleibst? Stell dir einmal vor, du gehst zu deinen ungläubigen Freunden und erzählst ihnen: »Hey, Gott will, dass ihr arm und krank seid. Wollt ihr Christen werden?« Ihre Antwort wäre: »Nein danke, wir haben schon genug eigene Probleme!«

Es ist erstaunlich, dass es Gläubige gibt, die die Lehre bekämpfen, dass Gott heute noch heilt. Erkennen sie denn nicht, dass sie im Grunde für ihr Recht kämpfen, krank zu sein? Aber in dem Moment, wenn sie krank werden, haben sie keine Hemmungen, einen Arzt aufzusuchen, Medikamente zu nehmen und ins Krankenhaus zu gehen. Wenn sie wirklich glauben, es sei Gottes Plan für sie, krank zu sein, und er erteile ihnen damit eine Lektion, wieso handeln sie dann gegen seinen Willen, indem sie versuchen gesund zu werden? Hier gibt es eindeutig einige Ungereimtheiten.

Es ist *nicht* Gottes Plan, dass du krank bist. Krankheiten, Viren und Leiden sind nicht von ihm und er wird dir gewiss keine Krankheit auferlegen, um dir eine Lektion zu erteilen, genauso wenig, wie du *deinen* Kindern eine Krankheit auferlegen würdest, um ihnen etwas beizubringen! Du musst dir darüber im Klaren sein: Gott weist dich nicht mit Krankheiten, Unfällen oder anderen Leiden zurecht und er wird das auch niemals tun. Im Kampf gegen Krankheit stehen wir mit den Ärzten auf einer Seite.

Lieber Freund, es ist sehr wichtig, dass du diese Lehre richtig verstehst, damit du das Richtige glauben kannst. Welche Hoffnung gibt es und wie kannst du vertrauensvoll erwarten, geheilt zu werden, wenn du irrtümlich denkst, dass dein Leiden vom Herrn kommt? Es ist an der Zeit, dass du dich nicht mehr von falschen Lehren täuschen lässt. Sieh dir einfach den Dienst Jesu an, um Gottes Herz für dich zu erkennen. Forsche in den vier Evangelien nach. Was ist jedes Mal geschehen, wenn Jesus mit einem Kranken in Berührung kam? Der Kranke wurde geheilt! Nirgendwo siehst du, dass Jesus zu einem kerngesunden Menschen kommt und sagt: »Ich will dir eine Lektion über Demut und Geduld erteilen. Hier, empfange ein wenig Aussatz!« Auf keinen Fall! Allerdings behaupten einige Menschen heutzutage genau das über unseren Herrn.

Jesus will dich mit mehr als genug segnen, damit du ein Segen für andere sein kannst!

Nun sage mir, was ist jedes Mal geschehen, wenn Jesus einen Mangel gesehen hat? Als der kleine Junge fünf Laibe Brot und zwei Fische zu Jesus brachte, hat er sie da hinuntergeschlungen und gesagt: »Ich erteile dir jetzt eine Lektion in Armut«? Natürlich nicht! Jesus nahm die fünf Laibe Brot und die zwei Fische, vermehrte sie und gab mehr als 5000 Menschen zu essen – und es blieben sogar noch 12 volle Körbe übrig (Mt 14,20)! Das ist mein Jesus! Das ist mein Retter! Das Essen hat für die Menge nicht nur gerade so ausgereicht; Jesus hat sie mit *mehr als genug* gesegnet. Er ist der Gott des Überflusses, so macht er das eben! Genauso will Jesus dich mit mehr als genug segnen, damit du ein Segen für andere sein kannst!

Erkenne Gottes Segen auf Abrahams natürlichen Nachkommen

Nun wollen wir uns einmal die natürlichen Nachkommen Abrahams anschauen: das jüdische Volk. Hast du dich jemals darüber gewundert, wie so eine winzige Nation einige der größten Erfinder, Denker, Musiker, Unternehmer, Wissenschaftler, Ärzte, Akademiker und Philosophen der Menschheit hervorbringen konnte?

Hier sind nur einige der Juden, von denen du vielleicht schon gehört hast:

- Die Rothschilds aus Europa, die das Bankwesen revolutionierten.
- Albert Einstein, dessen Theorien zu zahlreichen Erfindungen und Durchbrüchen führten und dessen berühmte Gleichung $E=MC^2$ die wissenschaftliche Welt revolutionierte.
- Alan Greenspan, der von 1987–2006 Vorsitzender der US-Notenbank war.
- Steven Spielberg, der vielleicht Hollywoods berühmtester Regisseur und Produzent ist.
- Levi Strauss, dessen Unternehmen der wahrscheinlich angesehenste Jeanshosen-Hersteller der Welt ist.
- Stan Lee, den Millionen von Comicbuchfans als den Mann kennen, der hinter Figuren wie Spiderman, X-Men, Der Unglaubliche Hulk, Die Fantastischen Vier und Iron Man steht.
- Paul Allen, der zusammen mit Bill Gates Microsoft gegründet hat.
- Johann Strauss (Sohn), ein gefeierter Komponist, der über 170 Walzer (wie beispielsweise »An der schönen blauen Donau« und »Kaiserwalzer«) komponiert hat.
- Yehudi Menuhin, der landläufig als einer der größten Geigenvirtuosen des 20. Jahrhunderts angesehen wird.

Ich stimme zwar vielleicht nicht mit den Moralvorstellungen einiger dieser berühmten Juden überein, aber Fakt ist, dass die Liste ihrer Leistungen und Beiträge zur Menschheit noch viel länger ist! Für ein solch kleines Volk haben sie auch eine überproportional hohe Anzahl an Nobelpreisträgern hervorgebracht. Manchen Berichten zufolge gingen von den über 750 Nobelpreisen, die zwischen 1901 und 2008 verliehen wurden, mindestens 163, also über 21 %, an Juden.[23]

So eindrucksvoll die Leistungen der Juden auch sind, sie erleben doch nur einen Bruchteil und einen *Rest* des Segens Abrahams. Viele von ihnen kennen Jesus nicht und besitzen nur den Schatten, der auf ihn hinweist. Aber du und ich, die wir in unserem Leben nicht *einen Rest, sondern die umfassende Wirklichkeit von Jesus* haben, wie viel mehr sollten wir erwarten!

Das Geheimnis, um in dem Segen Abrahams zu leben, liegt darin, ihn sich nicht länger verdienen zu wollen. Stärke stattdessen deinen Glauben darin, dass du durch das vollbrachte Werk Jesu gerecht bist.

Wie ist es dann möglich, dass es so wenige Gläubige des neuen Bundes – die geistlichen Nachkommen Abrahams – gibt, die den vollen Segen Abrahams erleben? Die Antwort befindet sich in *Römer 4,13–16* (ZÜB), wo geschrieben steht:

> *Denn* ***nicht durch das Gesetz*** *wurde die Verheißung, Erbe der Welt zu sein, Abraham und seinen Nachkommen gegeben,* ***sondern durch die Gerechtigkeit, die aus dem Glauben kommt****. Wenn nämlich die, die aus dem Gesetz leben, Erben sind, dann ist der Glaube überflüssig, und die Verheißung gilt nicht mehr. Denn das Gesetz schafft Zorn; wo aber kein Gesetz ist, da ist auch keine Übertretung. Darum heißt es: aus Glauben, damit auch gilt: aus Gnade [unverdienter Gunst]. So hat die Verheißung für jeden Nachkommen Bestand …*

Für Gläubige des neuen Bundes wird der Segen Abrahams wertlos und unwirksam, wenn sie versuchen, ihn durch eigene Bemühungen zu erarbeiten und zu verdienen. Das Geheimnis, um in dem Segen Abrahams zu leben, liegt also darin, ihn dir nicht länger verdienen zu wollen. Stärke stattdessen deinen Glauben daran, dass du durch das vollbrachte Werk Jesu gerecht bist. Je Gerechtigkeits-bewusster du bist, umso mehr Segnungen wirst du erfahren. Beginne heute den Segen Abrahams zu erfahren – ein Erbe der Welt zu sein –, indem du vollständig auf die unverdiente Gunst Gottes in deinem Leben vertraust!

KAPITEL 17

EIN ERBE DER WELT WERDEN

Die Tatsache, dass es Gottes Wille für dich ist, ein Erbe der Welt zu sein, verdeutlicht seinen Wunsch nach einem Leben des Überwindens und des Sieges für dich. Es bedeutet, dass Gott will, dass du im Leben HERRSCHST. Er will, dass du über jede Krankheit, jeden finanziellen Mangel, jede Angst, Sucht und Sorge herrschst. Womit auch immer du gerade kämpfen magst, Jesus will dir helfen, darüber zu herrschen! Gottes Wort verspricht, dass »die, welche den Überfluss der Gnade [unverdienten Gunst] und das Geschenk der Gerechtigkeit *empfangen, im Leben herrschen* durch den Einen, Jesus Christus!« (Röm 5,17).

Mein Freund, die Betonung hier liegt auf »empfangen«. Im Leben herrschen bedeutet nicht, sich abzumühen. Das Einzige, was du tun musst, ist zu empfangen – empfange nicht nur unverdiente Gunst, sondern den ÜBERFLUSS an unverdienter Gunst und das GESCHENK der Gerechtigkeit! Du kannst niemals zu viel unverdiente Gunst haben. Der Herr will, dass du seine unverdiente Gunst immer weiter empfängst, bis du davon einen Überfluss hast, um so im Leben zu herrschen. Darum geht es in diesem Buch. Es geht darum, einen Überfluss der unverdienten Gunst Jesu in deinem Leben zu haben und ich bete, dass du, nachdem du dieses Buch gelesen hast, so mit der unverdienten Gunst Jesu gesättigt bist, dass du gar nicht mehr anders kannst, als in jedem Bereich deines Lebens guten Erfolg zu erleben!

Römer 5,17 stellt eindeutig fest, dass Gerechtigkeit ein *Geschenk* ist. Ein Geschenk kann man sich nicht verdienen. Es kann nur in Empfang genommen werden. Alles, was du dir zu verdienen versuchst, kann nicht als Geschenk bezeichnet werden. Es widerspricht der Definition des Wortes »Geschenk«! Die beste Reaktion auf das Geschenk der Gerechtigkeit ist, ein großes »Dankeschön« an Jesus zu richten – dafür, dass er dich durch sein Blut gerecht gemacht hat. Versuche nicht, dir sein Geschenk durch deine Werke zu verdienen. Das wäre eine Beleidigung gegenüber Jesus, der es dir bereits reichlich und ohne Gegenleistung gegeben hat. Nimm das Geschenk einfach an!

Die Verheißung, dass du ein Erbe der Welt sein wirst, gilt dir aufgrund dessen, wer du in Christus bist.

Gleichermaßen kannst du nichts dafür tun, um Gottes Verheißung, dass du ein *Erbe* der Welt sein wirst, zu verdienen. Die Verheißung gilt dir aufgrund dessen, *wer du in Christus bist.* Es ist dein Erbe. Und ebenso wie ein Geschenk kann auch ein Erbe nur angenommen bzw. empfangen werden. Gott will, dass du alle Segnungen, Verheißungen und Vorzüge deines Erbes empfängst, die durch das vollbrachte Werk Jesu für dich bereitstehen!

Im vorherigen Kapitel haben wir uns angeschaut, warum der Segen Abrahams nicht für alle Gläubige sichtbar wird, obwohl er durch Christus doch ihr Erbe sein sollte. Wir haben gesehen, dass gemäß der Bibel Abraham und seinem Samen (seinen Nachkommen) dieser Segen nicht durch das Gesetz gegeben wurde, sondern durch die Gerechtigkeit des Glaubens. Wir erhalten den Zugang zum Segen Abrahams also nicht durch unsere Leistung oder durch unsere Fähigkeit, die Zehn Gebote zu halten, sondern durch unser Vertrauen darauf, dass wir durch den Glauben an Jesus gerecht sind. In Römer 4,13 (LUT) steht: »Denn die Verheißung, dass er der Erbe der Welt sein solle, ist Abraham oder seinen Nachkommen nicht zuteil geworden durchs Gesetz, sondern *durch die Gerechtigkeit des Glaubens.*« Obwohl die Bibel hier sehr klar ist, denken viele Gläubige immer noch, dass sie Gott in einigen Bereichen ihres Lebens nicht gehorcht haben, wenn sie zum Beispiel krank werden. Die Gemeinde ist heutzutage sozusagen auf diese Denkweise programmiert worden. Wenn etwas Negatives geschieht, richten die Gläubigen ihre Augen immer auf sich selbst und fragen sich: »Wo habe ich versagt? Was habe ich falsch gemacht?«

Bitte erkenne, dass die einzige Frage, die wir uns stellen sollten, die folgende ist: »Wo habe ich falsch *geglaubt*?« Denn weißt du, was du glaubst, ist entscheidend. Glaubst du, dass du durch Werke gerecht bist, oder glaubst du, dass du durch den Glauben an Jesus gerecht bist, wie es dem Wort Gottes entspricht? Die Bibel ist eindeutig, wenn es darum geht, wie der Segen Abrahams in dein Leben kommen wird. Wenn diese Segnungen nicht offenbar werden, sei es im Bereich deiner Gesundheit, Finanzen, Beziehungen oder Arbeit, dann liegt es daran, dass du versuchst, dir Gottes Segnungen durch das Gesetz oder durch deine Leistung *zu verdienen*, obwohl diese Segnungen doch allein durch die Gerechtigkeit des Glaubens kommen.

Das richtige Leben ist die Folge des richtigen Glaubens

»Aber Pastor Prince, meinen Sie nicht, dass unsere Leistung wichtig ist?«

Doch, das tue ich, absolut. Aber ich glaube, dass unsere Leistung als Ehemänner, Ehefrauen, Eltern, Angestellte und Kinder Gottes das *Ergebnis* des Vertrauens darauf ist, dass wir durch Glauben gerecht sind. Ich sage es immer und immer wieder und ich werde niemals müde es zu sagen: Das richtige Leben ist die Folge des richtigen Glaubens. Es gibt viele Menschen, die ihren Fokus darauf legen, richtig zu leben. Für sie bedeutet das richtige Leben, immer heiliger zu werden, Gott mehr zu fürchten, mehr zu tun, mehr zu beten, mehr in der Bibel zu lesen, mehr in der Gemeinde zu dienen oder mehr Geld zu spenden, um den Bedürftigen zu helfen. Aber mein Freund, wenn du dich allein auf das äußere Verhalten ausrichtest, beschäftigst du dich nur mit oberflächlichen Faktoren.

Glaube das Richtige, und du wirst richtig leben. Und auch das Gegenteil ist wahr: Glaube das Falsche, und du wirst falsch leben.

Obwohl eine eindringliche Predigt über Heiligkeit einen zeitweiligen Einfluss auf das Verhalten der Menschen haben mag, wird sie doch keine anhaltende und dauerhafte Veränderung hervorbringen. Ich will dir einen Vergleich geben. Wenn du das Unkraut in deinem Garten abschneidest, aber vergisst, die Wurzel zu entfernen, wird das Unkraut in deinem Garten in ganz kurzer Zeit nachwachsen. Genau das geschieht, wenn in Gemeinden über das richtige Leben gepredigt wird. Kurzfristig scheint das Problem gelöst zu sein, aber solange die Wurzeln noch lebendig sind, werden dasselbe falsche Verhalten, dieselben üblen Gewohnheiten und dieselben Süchte wieder auftauchen – genau wie widerspenstiges Unkraut.

Jahrzehntelang hat die Gemeinde über das »richtige Leben« gepredigt, ohne langanhaltende Ergebnisse oder permanente Veränderungen im Verhalten der Menschen hervorzubringen. Es ist Zeit für uns, an die Wurzel zu gehen; und die Wurzel wird nicht dadurch erreicht, indem man das richtige Leben predigt, sondern den *richtigen Glauben*. Glaube das Richtige, und du wirst richtig leben. Und auch das Gegenteil ist wahr: Glaube das Falsche, und du wirst falsch leben. Im Christentum geht es nicht um Verhaltensänderung. Es geht um eine innere Verwandlung des Herzens. Fange an, dich mit der Wurzel zu befassen und besorge dir gute Predigten, bei denen sich alles um Jesus dreht und um die Gerechtigkeit, die aus dem Glauben an ihn kommt. Wenn du fest auf diese unerschütterlichen Fundamente gegründet bist, wird dein äußeres Verhalten in Übereinstimmung mit seinem Wort kommen und du wirst allmählich in sein Bild verwandelt werden – von Herrlichkeit zu Herrlichkeit! Du wirst die Früchte der Gerechtigkeit hervorbringen!

Nur für den Fall, dass es irgendein Missverständnis gibt, will ich Folgendes deutlich schwarz auf weiß festhalten: Ich, Joseph Prince, **hasse** Sünde und falsches Leben. Seit nun mehr als zwei Jahrzehnten bin ich Pastor einer ortsansässigen Gemeinde und habe die verheerenden Auswirkungen von Sünde aus erster Hand erlebt. Sie zerstört Ehen, spaltet Familien, verursacht Krankheiten und zerfleischt Menschen von innen heraus. Ich bin auf derselben Seite wie die, die gegen Sünde predigen und für richtiges Leben plädieren. Wodurch ich mich jedoch von ihnen unterscheide, ist meine Überzeugung, dass die Sünde nicht durch das richtige Leben gestoppt wird. Nein, die Lösung liegt vielmehr im *richtigen Glauben.*

Ich glaube an das Beste in den Kindern Gottes. Ich glaube, dass echte, von neuem geborene Christen nicht nach Gelegenheiten Ausschau halten, um zu sündigen, sondern nach der Kraft suchen, die Sünde zu *überwinden* und über sie zu herrschen. Auch wenn ihre Handlungen dem vielleicht noch nicht ganz entsprechen, glaube ich, dass sie bereits wissen, wie sie leben *sollten,* und auch den Wunsch haben, so zu leben. Deshalb glaube ich, dass meine Aufgabe als Pastor darin besteht, ihnen in erster Linie dabei zu helfen, richtig zu glauben. Wenn sie richtig glauben und wissen, dass sie durch Glauben und nicht durch ihre Werke gerecht sind, *werden* sie richtig leben.

In der Bibel sehen wir, dass die Merkmale des richtigen Lebens Selbstbeherrschung, Geduld, Liebe zu den Gläubigen und Liebe zu allen Menschen beinhalten (2Petr 1,5–7 NLB). Aber wusstest du, dass die Bibel uns auch sagt, warum manchen Gläubigen diese Qualitäten fehlen? In 2. Petrus 1,9 heißt es: »Wem dagegen diese Dinge fehlen, der ist blind und kurzsichtig und *hat die Reinigung von seinen früheren Sünden vergessen.*« Wow! Dieser Vers sagt uns im Prinzip: Der Grund, weshalb bei jemandem diese Qualitäten nicht sichtbar werden, liegt darin, dass er vergessen hat, dass all seine Sünden vergeben worden sind und er durch den Glauben an Jesus gerecht ist.

Also fange an, richtig zu glauben, und du wirst richtig leben! Wenn du in einem bestimmten Bereich deines Lebens siehst, dass du nicht richtig lebst – vielleicht kämpfst du mit einer geheimen Sucht –, dann finde heraus, was du in diesem Bereich glaubst. Irgendwo und irgendwann hast du einer Lüge geglaubt. Aber hier ist die gute Nachricht: Wenn du anfängst, deine Gerechtigkeit durch

Jesus in diesem Bereich zu bekennen, dann steht dein Durchbruch schon vor der Tür. Jesus will dich befreien!

Setze deinen Glauben ein und vertraue, dass du in Christus gerecht bist

Du kannst deinen Glauben in vielen Bereichen deines Lebens anwenden, wie etwa in deiner Familie, Gesundheit, bei materiellen Bedürfnissen und im Beruf. Aber der wichtigste Bereich, um deinen Glauben einzusetzen, ist der Bereich der Gerechtigkeit. Wenn du zuerst nach dem Reich Gottes trachtest und nach seiner Gerechtigkeit – nicht nach deiner eigenen Gerechtigkeit –, dann sagt die Bibel, dass dir »dies alles« – die Segnungen, die du dir von Gott erhoffst – hinzugefügt werden (Mt 6,33). Wenn im Neuen Testament (und besonders in den Schriften des Apostels Paulus) der Glaube erwähnt wird, dann meistens im Zusammenhang mit dem Folgenden: Der Glaube soll dafür eingesetzt werden, darauf zu vertrauen, dass man in Christus gerecht ist. Es geht meistens um Gerechtigkeit durch Glauben.

Kennst du das Gegenteil von Glaube? Viele Gläubige denken, es sei Angst. Aber das ist keine biblische Antwort. In Wirklichkeit sind *Werke* das Gegenteil von Glaube. Du kannst den Gegensatz zwischen Werken und Glaube in Galater 2,16 sehen, wo es heißt, dass »der Mensch nicht aus *Werken* des Gesetzes gerechtfertigt wird, sondern durch den *Glauben* an Jesus Christus«. Wir wissen auch, dass die Verheißung über Abraham als Erbe der Welt durch die Gerechtigkeit des *Glaubens* kam, und nicht durch die *Werke* des Gesetzes.

Und was ist, nebenbei bemerkt, das Gegenteil von Angst, wenn es nicht der Glaube ist? Die Bibel sagt uns in 1. Johannes 4,18, dass

»die *vollkommene Liebe* die Furcht aus[treibt]«. Das bedeutet, das Gegenteil von Angst ist Liebe. Die vollkommene Liebe Jesu zu dir steht im Gegensatz zur Angst! Wenn du gerade unter irgendeiner übermäßigen Angst in deinem Leben leidest, dann lerne, diese Angst durch die vollkommene Liebe und Annahme Jesu zu ersetzen. Wenn du mit der vollkommenen Liebe Jesu erfüllt bist, musst du dich nicht vor der Meinung anderer fürchten oder um Anerkennung bei Menschen kämpfen. Als ein gerechtes Kind Gottes wirst du mit seiner Liebe zu einer sicheren und vollständigen Persönlichkeit.

Sieh dabei zu, wie der Einfluss des Teufels auf dich zu Ende geht

Weißt du, dass in dem Moment, wenn der Segen Abrahams im Leben eines Gläubigen zum Zuge kommt, der Einfluss des Teufels auf ihn beendet ist? Nun stelle dir mal vor, du wärst der Teufel. Was für eine Strategie würdest du anwenden, wenn du wüsstest, dass ein Gläubiger die Verheißung hat, ein Erbe der Welt zu sein, und diese nicht durch das Gesetz, sondern durch die Gerechtigkeit des Glaubens kommt? Natürlich würdest du so viel wie möglich das Gesetz anpreisen und alle deine Dämonen als Vermarkter und Bewerber des Gesetzes tarnen. Gottes Wort sagt uns, dass »der Satan selbst sich als ein Engel des Lichts [verkleidet]. Es ist also nichts Besonderes, wenn auch seine Diener sich verkleiden als Diener der Gerechtigkeit; aber ihr Ende wird ihren Werken entsprechend sein« (2Kor 11,14–15). Und das wäre noch nicht alles. Du würdest einen radikalen Angriff auf die Botschaft von der Gerechtigkeit durch Glauben starten und gleichzeitig versuchen, den Ruf derer zu zerstören, die diese Botschaft predigen. Du würdest alles tun, was in deiner Macht steht, um genau den Kanal außer

Kraft zu setzen und lahmzulegen, über den Gott die Verheißung überträgt, dass Gläubige Erben der Welt sein werden.

Mein Freund, öffne deine Augen für die Fallen und Tricks des Teufels und lass nicht mehr zu, dass man dich beraubt! Als der Herr mir vor Jahren das erste Mal die Augen für das Evangelium der Gnade öffnete, hatte ich wirklich den Eindruck, dass ich in meinem Leben als Christ betrogen worden war. Es steht so deutlich in der Bibel und dennoch hatte ich so viele Jahre wegen eines falschen Glaubens gelitten. Wie sehr ich mir doch wünsche, mir hätte damals jemand die Wahrheiten beigebracht, an denen ich mich heute erfreue – solche Wahrheiten wie, dass ich durch den Glauben an Jesus gerecht bin und nicht durch meine eigenen Werke!

Beim Gesetz geht es um das Tun,
doch beim Glauben geht es ums Sprechen.

Es ist übrigens wichtig für dich zu wissen, dass Gerechtigkeit, die durch Glauben kommt, keine »anfängliche Lehre« ist. Nein, es ist eine mächtige Lehre. Und selbst wenn du denkst, dass du schon alles über diese Lehre weißt, fordere ich dich heraus, die Bereiche deines Lebens näher anzuschauen, in denen der Segen Abrahams bisher ausgeblieben und unwirksam zu sein scheint. Ich fordere dich heraus, dir wirklich die Zeit zu nehmen, diese Bereiche anzuschauen und dir selbst folgende Frage zu stellen: »Verstehe ich die Gerechtigkeit durch Glauben wirklich?« Ich will dich auch herausfordern, deine Gerechtigkeit durch Glauben in genau diese Bereiche hineinzusprechen.

Die Gerechtigkeit des Glaubens spricht

Ich will etwas über Glauben sagen. Du kannst keinen Glauben haben, ohne ihn auszusprechen. Wenn du dir Römer 10 anschaust, wirst du feststellen, dass es dort heißt, die »Gerechtigkeit, die aus dem Gesetz kommt … *tut* … Aber die Gerechtigkeit aus dem Glauben *spricht* …« (Röm 10,5–6 LUT). Beim Gesetz geht es um das Tun, doch beim Glauben geht es ums Sprechen. Es reicht nicht aus, in deinem Verstand zu wissen, dass du gerecht bist. Es reicht nicht aus, dieses Kapitel zu lesen oder dir eine Predigt über Gerechtigkeit anzuhören und gedanklich zuzustimmen, dass du gerecht bist. Du musst deinen Mund öffnen und im Glauben sprechen: »Ich bin die Gerechtigkeit Gottes in Christus.« Das ist der Punkt, an dem viele Gläubige sich den Segen Abrahams entgehen lassen. Sie sprechen ihre Gerechtigkeit, die sie durch Glauben haben, nicht aus.

Wenn du versagst und nicht an den vollkommenen Standard des Gesetzes heranreichst, dann ist das der perfekte Moment, deinen Glauben zu üben und auszusprechen: »Ich bin die Gerechtigkeit Gottes in Christus.«

Unsere erste Reaktion auf eine herausfordernde Situation spielt eine große Rolle. Wenn wir ein Symptom in unserem Körper feststellen, wenn wir eine schlechte Nachricht erhalten oder wenn wir auf die Probe gestellt werden, sollte die erste Reaktion immer die sein, dass wir aussprechen: »Ich bin die Gerechtigkeit Gottes in Christus.« Das ist der Moment, wo's drauf ankommt! Jetzt gilt es, die Wahrheit auszusprechen. Du musst nicht nur wissen, dass du gerecht bist, du musst auch glauben und aussprechen, dass du in Christus gerecht bist. Glaube spricht! Paulus sagte: »Weil wir aber denselben Geist des Glaubens haben, gemäß dem, was geschrieben steht: ›Ich habe geglaubt, darum habe ich geredet‹, so glauben auch wir, und darum reden wir auch« (2Kor 4,13). Beim Geist des Glaubens geht es eindeutig um Glauben und Sprechen. Es spielt also keine Rolle, wie viele Predigten oder Bücher du über Gerechtigkeit gehört bzw. gelesen hast. Du musst sie aussprechen.

Wenn du versagst und nicht an den vollkommenen Standard des Gesetzes heranreichst, dann ist das der perfekte Moment, deinen Glauben zu üben und auszusprechen: »Ich bin die Gerechtigkeit Gottes in Christus.« In dem Moment, in dem du gerade vor Wut über deine Ehefrau kochst oder deine Beherrschung im Straßenverkehr verloren hast, ist auszusprechen, dass du gerecht bist, ein Glaubensschritt, weil du weißt, dass du versagt hast. Und weißt du was? Im selben Moment, wenn du es aussprichst, sogar noch mitten in deinem Zorn, wird es sich so anfühlen, als hättest du etwas Gutes in die Situation hineingebracht. Während dir deine wahre Identität in Christus bewusst wird, nimmst du innerlich Abstand, entspannst dich, und der Zorn verflüchtigt sich.

Männer, wenn ihr eine knapp bekleidete Frau im Fernsehen oder auf der Titelseite einer Zeitschrift seht und ihr in Versuchung geratet, was ist dann eure erste Reaktion? Seid ihr euch eurer Sünde oder eurer Gerechtigkeit bewusst? Ein Sündenbewusstsein wird dazu führen, dass ihr der Versuchung erliegt, wohingegen ein Gerechtigkeitsbewusstsein euch die Kraft geben wird, jede Versuchung zu überwinden. Deshalb will der Feind, dass du dir deiner Sünde bewusst bleibst. Wenn du ständig alle deine Sünden bekennst, bleibst du sündenbewusst. Dann ist es so, als wäre Jesus am Kreuz nicht zu deiner Sünde geworden. Gerechtigkeitsbewusstsein führt dazu, dass du Jesus-bewusst bleibst. Jedes Mal, wenn du es aussprichst, verherrlichst du das Werk Jesu am Kreuz.

Du kannst die Gemeinschaft mit Gott nicht verlieren

Es gibt Christen, die glauben, dass du die Gemeinschaft mit Gott verlierst, wenn du sündigst, und dass du Gott deine Sünde bekennen und Vergebung erhalten musst, um wieder gerecht zu werden. Sie behaupten, dass zwar nicht deine *Beziehung* zu Gott zerbreche, wenn du sündigst, die *Gemeinschaft* mit ihm aber sehr wohl. Dann müssest du deine Sünde bekennen, um die Gemeinschaft mit ihm wiederherzustellen.

Als Gläubiger des neuen Bundes bist du nicht nur gerecht, bis du das nächste Mal sündigst. Du hast ewige Gerechtigkeit!

Das klingt sehr gut. Aber zu glauben, dass deine Gemeinschaft mit Gott abreißt, wenn du sündigst, wird sich auf deine Fähigkeit auswirken, vertrauensvoll und zuversichtlich vor seinen Thron der Gnade zu kommen, um von ihm zu empfangen. In Wahrheit teilen sich die beiden Wörter »Beziehung« und »Gemeinschaft« dasselbe griechische Stammwort *koinonia*.[24] Das bedeutet, dass *weder* die Beziehung *noch* die Freundschaft zerbricht, wenn du versagst. Warum? Weil für deine Sünden und dein Versagen bereits am Kreuz bezahlt worden ist. Wie kannst du deine Gerechtigkeit in Christus jemals verlieren, wenn sie doch vollständig auf seinem vollbrachten Werk beruht und nicht auf deiner Unvollkommenheit?

Um zu sehen, wodurch wir in Christus ewige Gerechtigkeit haben, schau dir einmal die Prophetie über das Werk Jesu auf Golgatha im Buch Daniel an. Die Bibel beschreibt seinen Auftrag sehr klar und deutlich: »… um der Übertretung ein Ende zu machen und die Sünden abzutun, um die Missetat zu sühnen und eine *ewige Gerechtigkeit* herbeizuführen …« (Dan 9,24). Lieber Freund, wir können uns heute freuen, weil Jesus jedes Jota dieser Prophezeiung erfüllt hat! Das Blut von Böcken und Stieren im Alten Testament brachte den Kindern Israels nur eine begrenzte und vorübergehende Gerechtigkeit und deshalb musste das Opfer nach jedem Versagen wiederholt werden.

Aber im neuen Bund hat das Blut Jesu der Sünde ein *Ende* bereitet und uns ewige Gerechtigkeit gegeben! Hör genau zu: Wenn du versagst, muss Jesus nicht jedes Mal erneut gekreuzigt werden, denn der Preis für jede Sünde ist am Kreuz bereits bezahlt worden. Wir müssen darauf vertrauen, dass sein vollbrachtes Werk allumfassend und vollkommen ist. Als Gläubiger des neuen Bundes bist du nicht nur solange gerecht, bis du das nächste Mal sündigst, sondern du hast ewige *Gerechtigkeit*!

Sei Gerechtigkeits-bewusst und erlebe den Segen Abrahams

Es gibt einen kraftvollen Vers in der Bibel, der häufig zitiert wird: »Keiner Waffe, die gegen dich bereitet wird, soll es gelingen« (Jes 54,17 LUT). Willst du das Geheimnis erfahren, wie du diesen verheißenen Schutz in deinem Leben freisetzen kannst? Dieser Vers wird selten vollständig zitiert: »Keiner Waffe, die gegen dich bereitet wird, soll es gelingen, und jede Zunge, die sich gegen dich erhebt, sollst du im Gericht schuldig sprechen. Das ist das Erbteil der Knechte des HERRN, und *ihre Gerechtigkeit kommt von mir,* spricht der HERR.« Wenn du weißt, dass deine Gerechtigkeit vom Herrn kommt, kann keine Waffe, die gegen dich geschmiedet wird, etwas ausrichten, und jede Zunge, die dich anklagt, jedes Urteil und jede Verdammung, die sich gegen dich erheben, werden scheitern!

Wenn du deinen Glauben und dein Bekenntnis, dass du in Christus gerecht bist, bewahrst, dann wird die Verheißung an Abraham, und damit der ganze Segen eines Erben der Welt, in jedem Bereich deines Lebens freigesetzt.

Wenn alles gut läuft, fällt es vielen von uns leicht zu bekennen, dass wir gerecht sind. Aber lass uns über die Zeiten reden, wenn du in deinem Berufsalltag mit einer Krise konfrontiert bist, wenn du einen Fehler gemacht hast, wenn du krank bist, wenn du versucht wirst oder wenn du niedergeschlagen bist. Das ist der Moment, in dem der Teufel als »Ankläger unserer Brüder« (Offb 12,10 NLB) gegen dich auftritt und anklagende Gedanken der Verdammnis in deine Ohren schreit: »Du nennst dich Christ? Denkst du etwa, dass Gott dein Gebet diesmal erhören wird?«

Mein Freund, genau *das* ist der Zeitpunkt, wo du anfangen musst, deine Gerechtigkeit auszusprechen, und dann wird keine gegen dich geschmiedete Waffe etwas ausrichten können. Der Ankläger will, dass du deine Aufmerksamkeit auf deine Leistung lenkst; und wenn du in den Bereich des Gesetzes gehst, wird der Glaube wertlos gemacht und die Verheißung bleibt ohne Auswirkung (Röm 4,14). Doch wenn du deinen Glauben und dein Bekenntnis, dass du in Christus gerecht bist, bewahrst, dann wird die Verheißung an Abraham, und damit der ganze Segen eines Erben der Welt, in jedem Bereich deines Lebens freigesetzt.

Der Feind ist sehr raffiniert. Er hat keine Schwierigkeiten damit, dass du deinen Glauben für andere Dinge benutzt, wie zum Beispiel für ein neues Auto oder für eine Beförderung, solange du deinen Glauben nicht für das Wichtigste einsetzt – zu glauben, dass du durch den Glauben an Jesus gerecht bist. Sobald du deinen ganzen Glauben darauf ausrichtest und dort hineinfließen lässt, wird nicht nur der Ankläger seine Macht über dich verlieren, sondern dir werden auch alle Segnungen, die du dir wünschst, hinzugefügt werden! Wie es Gottes Wort verspricht: »Trachtet vielmehr *zuerst* nach dem Reich Gottes und nach seiner Gerechtigkeit, so wird euch dies alles *hinzugefügt* werden!« (Mt 6,33).

Wenn wir unseren Glauben einsetzen und darauf vertrauen, dass wir gerecht sind, wird uns Gutes einfach so widerfahren!

Ich liebe es, dass der Herr es uns so einfach macht. Er will, dass wir uns schlichtweg darauf konzentrieren, unseren Glauben für das Folgende einzusetzen: Darauf zu vertrauen, dass wir gerecht vor ihm sind. Das ist alles, was wir tun müssen. Wenn wir das tun, werden uns Gottes Segnungen folgen. Wenn wir unseren Glauben einsetzen, um zu glauben, dass wir in Christus gerecht sind, werden wir Gutes in unserem Leben erfahren. Wir werden ein erstaunliches Wachstum erleben und uns werden sich Chancen bieten, um die wir Gott nicht einmal gebeten hatten. Wenn wir unseren Glauben einsetzen und darauf vertrauen, dass wir gerecht sind, wird uns Gutes einfach so widerfahren!

In Psalm 128,2–4 (NLB) heißt es: »… Du wirst glücklich sein und es wird dir gut gehen! Deine Frau wird sein wie ein fruchtbarer Weinstock, der in deinem Hause aufblüht. Und sieh nur die vielen Kinder. Sie sitzen um deinen Tisch, stark und gesund wie junge Olivenbäume. So segnet der Herr den, der ihn fürchtet.«. Dieser Vers spricht von DIR. Du bist der gesegnete Mann. Wenn du gesegnet bist, dann ist deine berufliche Laufbahn gesegnet, und wie bei Josef in der Bibel wird alles gedeihen, was deine Hände berühren. Darüber hinaus wird deine Frau – wenn du dir von Gott Kinder wünschst – wie ein fruchtbarer Weinstock sein, und deine Kinder werden wohlerzogen und gesalbt sein (Ölbäume stehen für Salbung). Sieh dich selbst als dieser gesegnete Mensch!

»Aber Pastor Prince, ich … ich verdiene diese Segnungen nicht.«

Da hast du absolut Recht, mein Freund. Keiner von uns verdient den Segen Abrahams, und deshalb ist es für uns auch so wichtig zu wissen, dass wir durch Glauben gerecht sind. Wir erhalten nicht, was unsere eigene Gerechtigkeit verdient. Wir erhalten das, was die Gerechtigkeit Jesu verdient. Nicht wir haben alles richtig gemacht, sondern Jesus hat für uns alles richtig gemacht. *Das* ist Gnade – Gottes unverdiente, nicht selbst erworbene, leistungsunabhängige Gunst. Seine Gnade ist der Schlüssel dazu, ein Erbe der Welt zu werden und die vollen Segnungen Abrahams zu erfahren.

Du musst diesen Abschnitt der Bibel selbst lesen:

> *Wie war es denn bei Abraham, unserem Stammvater? … Was hat dazu geführt, dass er für gerecht erklärt wurde? Seine eigenen Leistungen? Dann hätte er allen Grund, stolz zu sein. Aber sie sind nicht das, was vor*

Gott zählt. Und warum nicht? Die Schrift sagt: »Abraham glaubte Gott, und das wurde ihm als Gerechtigkeit angerechnet.« Wenn jemand durch eigene Leistungen für gerecht erklärt werden will, ist er wie ein Arbeiter, dessen Lohn auf der Grundlage des Geleisteten berechnet wird. Was er bekommt, bekommt er nicht aus Gnade, sondern weil man es ihm schuldet. ***Wenn hingegen jemand, ohne irgendwelche Leistungen vorweisen zu können, sein Vertrauen auf Gott setzt, wird sein Glaube ihm als Gerechtigkeit angerechnet, denn er vertraut auf den, der uns trotz all unserer Gottlosigkeit für gerecht erklärt.*** *– Römer 4,1–5* NGÜ

Das Geheimnis für die Segnungen Abrahams liegt in Vers 5. Was hat Abraham geglaubt? Er hat geglaubt, dass Gott die Gottlosen rechtfertigt. Nimm dir ein wenig Zeit, um darüber nachzusinnen. Gott will, dass du deinen Glauben einsetzt, um zu glauben, dass er – auch in deinem Versagen – ein Gott ist, der die Gottlosen rechtfertigt und sie gerecht macht. Das ist Gnade.

Mein Freund, setze deinen Glauben in seine unverdiente Gunst und nicht in deine Werke. Gerecht zu sein beruht nicht auf deiner fehlerlosen Leistung. Gerecht zu sein beruht auf seinem vollkommenen Werk. Deine Aufgabe besteht darin, deinen Glauben einzusetzen und darauf zu vertrauen, dass du tatsächlich durch Glauben gerecht bist. Denn so wirst du in diesem Leben herrschen, ein Erbe der Welt werden und ein überwindendes und siegreiches Leben führen.

Bitte lege deine Hand jetzt auf dein Herz. Lass uns Folgendes vor dem Herrn aussprechen – und ich glaube, dass Wunder geschehen werden. Bist du bereit? Sprich das Folgende aus:

»Vater Gott, ich danke dir, dass du mich nach deinem großen, liebevollen Plan in jedem Bereich meines Lebens segnen willst. Nach 3. Johannes 1,2 ist es dein Herzenswunsch, dass es mir in jeder Hinsicht gut geht und dass mein Körper und meine Seele gesund sind. Ich danke dir, dass meine Kinder, meine Ehe, mein Beruf und mein Dienst mit dem Segen Abrahams gesegnet werden. Ich weiß, dass er mir zuteilwird, weil es deine Verheißung ist und nicht wegen meiner Anstrengungen oder Werke. Daher bitte ich dich, Vater, in Jesu Namen, befreie mich aus einem leistungsorientierten Christenleben und gib mir deine Gnade, damit ich auf die Gerechtigkeit des Glaubens gegründet werde. Ich bekenne vor dir, dass ich die Gerechtigkeit Gottes in Christus bin. Jeder Segen eines Gerechten gehört daher mir. Das ist meine Berufung. Das ist meine Bestimmung. Der Teufel ist unter meinen Füßen. Ich stehe über dem Bösen, weil ich in Christus bin, der meine Gerechtigkeit ist. Ich habe ewige Gerechtigkeit. Ich bin nicht heute gerecht und morgen ungerecht. Ich bin für immer gerecht. Der Heilige Geist wohnt in mir, um mir zu zeigen, wie gerecht du mich gemacht hast. In Jesu Namen erkläre ich, dass ich im Leben herrschen und ein Erbe der Welt sein werde. Amen!«

Stell dich darauf ein, dass Gottes Segnungen dir folgen werden, während du dich weiter auf deine Gerechtigkeit in Christus konzentrierst und sie bekennst. Es passiert vielleicht nicht über Nacht, aber wenn du weiterhin im Glauben bekennst, dass du Gottes Gerechtigkeit bist, dann ehrst du das, was Jesus getan hat, um dich gerecht zu machen, und Gott wird sein Versprechen in deinem Leben wahrmachen!

KAPITEL 18

SELBSTBEZOGENHEIT IM GEGENSATZ ZU CHRISTUSBEZOGENHEIT

Es ist wunderbar zu wissen, dass Gott dich heute nicht aufgrund deiner Leistung bewertet und richtet. Stattdessen schaut er auf Jesus, und so wie Jesus ist, so sieht Gott auch dich. Sein Wort erklärt, dass »die Liebe bei uns [darin] vollkommen [ist], dass wir Zuversicht haben am Tag des Gerichts; denn *wie er ist, so sind auch wir in dieser Welt*« (1Joh 4,17 LUT).

Als Gläubige des neuen Bundes müssen wir uns vor dem Tag des Gerichts nicht fürchten, einfach deshalb, weil alle unsere Sünden am Kreuz vollständig gerichtet worden sind – und wie Jesus ist, so sind auch wir! Nimm zur Kenntnis, dass da nicht steht »wie Jesus auf Erden *war*, so sind auch wir in dieser Welt.« Das wäre schon erstaunlich genug, da Jesus während seines Dienstes auf Erden Heilungen, Segnungen und Überfluss folgten, wohin er auch ging. Doch das ist nicht, was das Wort sagt. Es sagt stattdessen: »wie Jesus *ist*« (beachte, dass die Gegenwartsform benutzt wird). Mit anderen Worten: Wie er *jetzt* ist, so sind auch wir in dieser Welt.

Was für eine gewaltige Offenbarung! Bedenke mal, wo Jesus heute ist. Die Bibel sagt uns:

> *… als er [Gott] ihn [Jesus] von den Toten auferweckte und ihn in den himmlischen Welten* ***an seine rechte Seite setzte****. Dort thront er jetzt, hoch über allen Gewalten, allen Mächten und Autoritäten; über allem, was Rang und Namen in dieser und auch in der zukünftigen Welt hat. Gott hat ihm alles zu Füßen gelegt, und er hat ihn, der über alles herrscht, auch zum Kopf der Gemeinde gemacht. Die Gemeinde stellt seinen Körper dar und seine Fülle. Es ist die Fülle von dem, der das All und alles erfüllt. – Epheser 1,20–23* NEÜ

Jesus sitzt heute zur Rechten des Vaters, in einer Position der Macht und Autorität. Wenn ich du wäre, würde ich mir etwas Zeit nehmen, um über diesen Abschnitt nachzusinnen, denn die Bibel verrät uns: So wie Jesus ist, so sind auch wir jetzt – in dieser Welt. Meditiere darüber, wie Jesus »hoch über jedes Fürstentum und jede Gewalt, Macht und Herrschaft und jeden Namen, der genannt wird« erhoben ist – denn wir sind es auch! Sieh es dir selbst im Wort Gottes an.

So wie Jesus hoch über jedes Fürstentum und jede Gewalt, Macht und Herrschaft und jeden Namen, der genannt wird, erhoben ist, sind auch wir es!

Für den Fall, dass du nicht überzeugt bist, erläutert die Bibel auch deutlich, dass wir – durch die unverdiente Gunst Gottes – zusammen mit Christus zur Rechten des Vaters sitzen:

Gott aber, der reich ist an Barmherzigkeit, hat um seiner vielen Liebe willen, womit er uns geliebt hat, auch uns, die wir in den Vergehungen tot waren, mit dem Christus lebendig gemacht – durch Gnade seid ihr gerettet! Er hat uns mitauferweckt und ***mitsitzen lassen in der Himmelswelt in Christus Jesus****, damit er in den kommenden Zeitaltern den überragenden Reichtum seiner Gnade in Güte an uns erwiese in Christus Jesus. – Epheser 2,4–7* ELB

Im vollbrachten Werk Jesu ruhen

Was bedeutet es, in Christus Jesus in die himmlischen Regionen mitversetzt zu sein? Es bedeutet, dass wir uns heute in Jesu vollbrachtem Werk in einer ruhevollen Position befinden. In Christus versetzt zu sein bedeutet zu ruhen, ihm zu vertrauen und zu empfangen, was unser wundervoller Retter für uns vollbracht hat. Mein Freund, Gott will, dass wir eine Haltung einnehmen, in der wir uns auf Jesus verlassen, damit wir in jedem Bereich unseres Lebens guten Erfolg haben, anstatt uns auf unsere guten Werke und menschlichen Anstrengungen zu stützen, um erfolgreich zu sein. Welch ein Segen ist es doch, in einer Position zu sein, in der wir uns auf unseren Retter verlassen!

Doch anstatt auf Jesus zu schauen, werden Gläubige durch den Teufel dazu verleitet, *auf sich selbst zu schauen*. Die Strategie des Teufels hat sich seit Tausenden von Jahren nicht verändert. Er ist ein Meister darin, dich anzuklagen, dir all deine Mängel, Schwächen, Fehler und Schandflecken aufzuzeigen. Er wird nicht aufhören, dich an deine vergangenen Fehler zu erinnern, und er wird Verdammnis benutzen, um den Kreislauf der Niederlage in deinem Leben aufrechtzuerhalten.

Als der Apostel Paulus sich dabei ertappte, wie er in Selbstbezogenheit versank, wurde er deprimiert und rief aus: »Ich elender Mensch! Wer wird mich erlösen …?« (Röm 7,24). Direkt im nächsten Vers erkennt er Gottes Lösung und sagt: »Ich danke Gott durch Jesus Christus, unseren Herrn!« Lieber Freund, genauso ist es auch für dich an der Zeit, dein Selbst-Bewusstsein und deine Selbstbezogenheit hinter dir zu lassen und stattdessen anzufangen, Christus-bezogen zu sein.

Dein liebender himmlischer Vater will, dass du in seiner unerschütterlichen Liebe zu dir verwurzelt, gegründet und verankert bist.

Heute solltest du dir nicht länger die Frage stellen: »Bin ich vor Gott angenommen?« Diese Frage legt den Schwerpunkt wieder auf dich und das bringt dich unter das Gesetz. Ich weiß, dass es Menschen gibt, die dich dazu ermutigen werden, dir diese Frage zu stellen, aber es ist ein Fehler, dich zu fragen, ob du vor Gott angenommen bist. Die richtige Frage lautet: »Ist Christus vor Gott angenommen?« Denn wie Christus ist, so bist auch du in dieser Welt. Frage nicht: »Gefalle ich Gott?« Frage stattdessen: »Gefällt Christus Gott?« Kannst du sehen, was für ein Unterschied das ist? Im alten Bund des Gesetzes dreht sich alles um *dich*, aber im neuen Bund der Gnade dreht sich alles um *Jesus*! Das Gesetz fordert von dir und macht dich Selbst-bewusst, wohingegen die Gnade die Forderung auf Jesus legt und dich Jesus-bewusst macht.

Kannst du dir ein kleines Kind vorstellen, das sich beim Aufwachsen permanent fragt: »Gefalle ich Papa? Gefalle ich Mama? Nehmen mich Papa und Mama an?« Dieses Kind wird mit einem emotionalen Schaden groß werden, wenn es nicht die Sicherheit und Gewissheit hat, dass seine Eltern es lieben und annehmen. Deshalb will dein liebender himmlischer Vater, dass du in seiner unerschütterlichen Liebe zu dir verwurzelt, gegründet und verankert bist. Er hat seine Liebe zu dir darin bewiesen, dass er Jesus sandte, um am Kreuz für dich zur Sünde gemacht zu werden, damit du seine Gerechtigkeit werden konntest. Unsere Aufgabe besteht jetzt darin, von uns selbst wegzuschauen und unseren Blick auf Jesus zu richten!

Auf Jesus zu schauen birgt Kraft

»Pastor Prince, Sie predigen immer, dass wir auf Jesus schauen und nicht Selbst-bezogen, sondern Christus-bezogen sein sollen. Aber welchen Nutzen hat es, Jesus zu sehen? Wie soll das dazu führen, dass Geld auf mein Konto und Essen auf den Tisch kommt? Wie soll es meinen Kindern beim Lernen helfen?«

Gläubige, die mir diese Fragen stellen, denken, dass sie lösungsorientiert sind, aber sie erkennen nicht, dass Wunder geschehen, wenn sie ihre Augen auf Jesus gerichtet halten. Schau dir an, was in Matthäus 14,22–33 mit einem Fischer namens Petrus, der einer der Jünger Jesu war, geschah. Wenn ein erfahrener Fischer mit seinem Boot mitten auf dem See war, war das Beste, was er tun konnte, in seinem Boot zu bleiben. Die Wissenschaft lehrt uns, dass man untergeht, wenn man sich ins Wasser begibt!

Aber das größte Wunder, das Petrus erlebte, geschah eines Nachts, als er auf Jesu Wort hin inmitten eines Sturms aus dem Boot stieg. Diese Nacht war stürmisch, aber solange er auf Jesus schaute, tat Petrus das Unmögliche – er lief auf dem Wasser. Jesus lief auf dem Wasser und als Petrus auf ihn sah, wurde er wie Jesus und konnte das Übernatürliche tun. Gottes Wort verkündet: »Wir alle aber, indem wir mit unverhülltem Angesicht die Herrlichkeit des Herrn *anschauen* wie in einem Spiegel, werden *verwandelt in dasselbe Bild* von Herrlichkeit zu Herrlichkeit, nämlich vom Geist des Herrn« (2Kor 3,18).

Lieber Freund, so wie Jesus ist, bist auch du in dieser Welt. Wenn du weiterhin deine Aufmerksamkeit auf Jesus richtest, wirst du von Herrlichkeit zu Herrlichkeit in sein Bild verwandelt werden. Du wirst durch Anschauen verwandelt, nicht durch Tun. Wenn du siehst, dass Jesus größer ist als die Stürme deines Lebens, wirst du dich mühelos über sie erheben. Keine noch so große eigene Anstrengung hätte Petrus helfen können, auf dem Wasser zu gehen. Als er es tat, geschah es einfach nur deshalb, weil er auf Jesus schaute.

Halte deinen Blick auf Jesus gerichtet. Obwohl es vielleicht klingt, als hätte es keinen praktischen Nutzen, ist es das Kraftvollste, was du tun kannst, und Jesus wird dadurch bewirken, dass du über jeden Sturm in deinem Leben herrschst!

Nun beobachte, was in dem Moment geschah, als Petrus seine Augen von Jesus abwandte und auf den Sturm und die Wellen um sich herum schaute. In diesem Moment begann Petrus wieder rein menschlich zu denken und ging unter. Stellen wir uns nun vor, dass es in dieser Nacht dort keinen Sturm, keine heulenden Winde und keine tosenden Wellen gegeben hätte. Stellen wir uns vor, es wäre ein vollkommen ruhiger Abend gewesen und der See Genezareth hätte, ohne die kleinste Welle auf seiner Oberfläche, still und spiegelglatt gelegen. Hätte Petrus dann über das Wasser gehen können? Natürlich nicht!

Niemand kann einfach so über das Wasser gehen, egal, ob das Wasser ruhig ist oder nicht. Petrus' Fähigkeit, auf dem Wasser zu gehen, hatte nichts mit dem Wind und den Wellen zu tun. Das Beste, was Petrus tun konnte war, seine Augen auf Jesus gerichtet zu halten und nicht auf den Sturm zu achten. Dasselbe gilt für dich. Anstatt darauf zu schauen, wie unüberwindlich deine Umstände und Herausforderungen sind, wende dich von ihnen ab und halte deinen Blick auf Jesus gerichtet. Obwohl es vielleicht klingt, als hätte es keinen praktischen Nutzen, ist es das Kraftvollste, was du tun kannst, und Jesus wird dadurch bewirken, dass du über jeden Sturm in deinem Leben herrschst!

Ich will dir das Zeugnis einer Frau aus unserer Gemeinde erzählen. Eines Morgens ging sie zu einer Mammografie und die Ärzte fanden einige Knoten in ihrer Brust. Sie sagten ihr, sie solle am Nachmittag noch einmal für weitere Tests in die Klinik kommen, um herauszufinden, ob es Krebsknoten seien. Diese Frau hatte mich aber gerade erst lehren hören, dass so wie Jesus ist, auch wir in dieser Welt sind. Bevor sie also zur Biopsie in die Klinik zurückkehrte, schrieb sie tatsächlich Folgendes auf ihren Arztbericht: »Hat Jesus Knoten in seiner Brust? Wie er ist, so bin auch ich in dieser Welt.« An diesem Nachmittag wurden weitere Tests gemacht und rate mal, was geschah! Die Ärzte sagten ihr, dass da ein Fehler vorliegen musste – sie konnten *keine* Knoten finden! Weißt du auch, warum? Denn so wie er ist, ist auch sie!

Du hast gerade die Kraft gesehen, die daraus kommt, wenn man auf Jesus schaut. Wenn du denkst, es hätte keinen praktischen Nutzen, einfach nur auf Jesus zu schauen, dann fordere ich dich heute heraus zu erkennen, dass das nicht stimmt. In Wirklichkeit ist es das Sinnvollste, was du überhaupt tun kannst. Halte deine Augen auf Jesus gerichtet und du wirst immer mehr so werden wie er.

Mache Jesus zu deiner Priorität und erlebe, wie dir die Segnungen hinzugefügt werden

»Nun, Pastor Prince, das wird aber meiner Firma nicht helfen. Mein Unternehmen ist in Schwierigkeiten und ich brauche jetzt Hilfe.«

Lieber Freund, du kannst über deine momentane Krise so viel klagen, wie du willst, aber das wird deine Situation kein bisschen verbessern oder ändern. Bitte verstehe mich nicht falsch, ich will nicht herunterspielen, was du gerade durchmachst. Ich biete dir nur die beste Lösung an, von der ich weiß, dass sie tatsächlich funktioniert. Dein Durchbruch wird nicht durch deine Bemühungen kommen. Er wird kommen, wenn du stattdessen in Jesus und seinem vollbrachten Werk ruhst.

Der Herr lässt täglich Wohltaten an uns geschehen!

Jesus sagte: »… Sorgt euch nicht um euer Leben, was ihr essen und was ihr trinken sollt, noch um euren Leib, was ihr anziehen sollt …« (Mt 6,25). Jesus hat nicht gesagt, diese Dinge – Essen, Trinken, Kleidung – seien unwichtig. Vielmehr hat er gesagt: »Euer himmlischer Vater weiß, dass ihr das alles benötigt« (Mt 6,32). Aber was Jesus von uns will, ist, dass wir »zuerst nach dem Reich Gottes und nach seiner Gerechtigkeit« trachten, und er verspricht uns, dass uns »dies alles hinzugefügt werden« wird (Mt 6,33).

Wer ist also Gottes Gerechtigkeit? Jesus Christus. Und wer ist der König des »Königreiches Gottes«, nach dem wir trachten sollen? Jesus Christus (Offb 19,16)! Als Jesus dies predigte, sprach er eigentlich über sich selbst. Wenn du in deinem Leben zuerst nach ihm trachtest und ihn täglich zu deiner Priorität machst, werden dir alle diese materiellen Güter – was du essen, trinken oder anziehen wirst – hinzugefügt werden. Gott geht es nicht darum, dir Dinge wegzunehmen. Es geht ihm voll und ganz darum, dir Dinge dazuzugeben, dich wachsen zu lassen, dich zu begünstigen und dich zu bereichern. In Psalm 68,20 heißt es: »Gepriesen sei der Herr, der *täglich* Wohltaten an uns geschehen lässt.«[25] Der Herr lässt täglich Wohltaten an uns geschehen! So gut ist unser Retter. Seine Barmherzigkeit und seine unverdiente Gunst sind jeden Morgen neu. Das ist die Art und Weise, wie du dein Leben führen und genießen solltest: in dem Wissen, dass Jesus bei jedem Schritt des Weges *mit dir* und *für dich* ist.

Setze Jesus bei allem, was du tust, an die erste Stelle. Ehre ihn und stelle ihn in deinem Alltag ganz vorne an. Ernähre dich täglich von seinem vollbrachten Werk, indem du seine dir geltenden, mit Leben gefüllten Worte liest. Mache dir die Gegenwart Jesu bewusst und erkenne, dass er mit dir ist; genauso wie Josef in der Bibel sich bewusst war, dass der Herr mit ihm war (siehe Kapitel 1 und 2 in diesem Buch). Jesus wird das Werk deiner Hände segnen und alles, was du anfasst, wird gewiss gelingen und guten Erfolg in dein Leben bringen.

Jesus ist das Brot des Lebens und Brot muss jeden Tag frisch gegessen werden. Wir können dies als biblisches Prinzip erkennen. Als die Kinder Israels in der Wüste waren, beachte, dass Gott ihnen auftrug, jeden Morgen frisches Manna zu sammeln und es noch am gleichen Tag zu essen. (Die einzige Ausnahme war der sechste Tag, an dem sie eine doppelte Portion sammeln sollten, damit sie am nächsten Tag, dem Sabbat, ruhen konnten – 2Mo 16,5.) Sieh dir an, was geschah, als einige der Israeliten Gottes Anweisungen nicht beachteten und über Nacht etwas Manna aufbewahrten – es wuchsen Würmer darin und es stank (2Mo 16,20). Du kannst nicht vom gestrigen Manna leben. Manna muss täglich gesammelt und frisch gegessen werden.

Wie man täglich vom Brot des Lebens isst

Nun erinnere dich, dass Jesus im Alten Testament *verborgen* und im Neuen Testament *offenbart* ist. Das Manna des Alten Testaments ist ein Schattenbild für Jesus, doch im Neuen Testament ist Jesus unsere greifbare Wirklichkeit und unser Brot des Lebens (Joh 6,35). Ebenso wie das Manna jeden Tag gesammelt und frisch gegessen werden musste, brauchen wir folglich täglich eine frische Offenbarung von Jesus! Wir bekommen sie, indem wir sein Wort lesen, gesalbte Botschaften hören, die uns auf sein vollbrachtes Werk hinweisen, Texte lesen, die voll von Jesus sind, Zeit mit ihm verbringen und uns täglich von seiner Liebe ernähren. Aber bitte versteh das nicht falsch. Es handelt sich hierbei nicht um eine Pflicht. Wenn du eine Offenbarung von der persönlichen Liebe Jesu zu dir hast, wirst du dich von ihm ernähren wollen, nicht weil du es musst, sondern weil du es *willst*. Etwas Gutes zu tun, weil du es tun musst, bedeutet, zurück unter das Gesetz zu gehen. Etwas Gutes zu tun, weil du ein *Verlangen* danach hast – das ist Gnade. Auf jeden Fall solltest du dich *nicht schuldig* fühlen, wenn du eine Zeit lang nicht Bibel gelesen hast. Du solltest dich stattdessen *hungrig* fühlen.

Wenn du die Bibel zum Beispiel nur deshalb liest, weil du denkst, du müsstest es tun, um gesegnet zu werden, dann wirst du zweifellos trotzdem durch sein lebendiges Wort gesegnet werden, doch dir wird die Puste ausgehen. Unter der Gnade liest du sein Wort, weil du mehr von Jesus sehen willst. Es ist dieselbe Handlung, doch die eine ist durch Gesetzlichkeit motiviert, die andere hingegen durch Jesu Liebe und seine unverdiente Gunst. Die eine entspringt der Selbstbezogenheit, während die andere durch Christusbezogenheit motiviert ist. Eine hängt von deiner Entschlossenheit und Willenskraft ab, wohingegen die andere davon abhängt, dass Gottes Kraft mächtig in dir wirkt (Kol 1,29). Wenn du Gottes Wort aus gesetzlicher Verpflichtung heraus liest, dann wirst du feststellen, dass sich fünf Minuten wie eine Ewigkeit anfühlen können. Und wenn du es im Bett liest, wirst du, ehe du dich versiehst, im Land der Träume sein. Hast du das schon einmal erlebt?

Wenn du auf der anderen Seite völlig von der Liebe Jesu eingenommen bist, vergeht die Zeit so schnell, dass du es gar nicht bemerkst. Du bist einfach in seine Gegenwart versunken und genießt dabei ihn, sein Wort und seine Gunst. Obwohl es oberflächlich so aussieht, als wäre es dieselbe Handlung, erlebst du, dass Welten dazwischen liegen. Warum? Während das eine der Gesetzlichkeit entstammt, ist das andere aus einer lebendigen und dynamischen Beziehung mit dem Retter selbst geboren!

Tu das Eine, das notwendig ist

Lass uns zu den Fragen zurückkommen, die wir uns vorhin angesehen haben. Denkst du, es ist von praktischem Nutzen, sich mit Jesus zu beschäftigen? Hilft es dir? Bringt es Essen auf deinen Tisch? Vermehrt es deine Finanzen? Macht es deinen Körper gesund? Wir haben uns angesehen, was es bei Petrus bewirkt hat. Nun wollen wir uns anschauen, was es bei Maria bewirkt hat. Du findest diese Geschichte von Maria und ihrer Schwester Marta in Lukas 10,38–42.

Als der Herr sie besuchte, setzte sich Maria zu den Füßen Jesu. Marta, die ältere Schwester, war eifrig in der Küche beschäftigt, brachte alles in Ordnung und stellte sicher, dass genügend Speisen und Getränke für ihren Gast da waren. Wem diente Marta so eifrig? Jesus. Und was machte ihre jüngere Schwester Maria, während Marta hektisch zwischen ihrem Gast und der Küche hin- und herlief? Inmitten dieser Geschäftigkeit und Aktivität saß Maria zu Jesu Füßen, betrachtete seine Schönheit und seine Herrlichkeit und hing an jedem Wort, das von seinen Lippen kam. Während Maria ruhte und lebendiges Wasser von Jesus aufsog, war ihre Schwester Marta ruhelos, hektisch und davon gestresst, Jesus zu bedienen. Der einen Schwester ging es nur ums Dienen, während die andere aufs *Empfangen* ausgerichtet war.

Sieh dir an, was nach einer Weile geschah. Martas Stress beim Bedienen führte schließlich zum folgenden Ausbruch der Frustration: »Herr, ist es nicht ungerecht, dass meine Schwester hier sitzt, während ich die ganze Arbeit tue? Sag ihr, sie soll kommen und mir helfen.« (Lk 10,40 NLB). In einem zornigen Augenblick tadelte sie zwei Personen: den Herrn Jesus sowie ihre Schwester Maria. Hör dir nun aufmerksam die Antwort Jesu an. Du wirst dich vielleicht darin wiederfinden, wie Jesus Marta beschreibt: »Meine liebe Marta, du sorgst dich um so viele Kleinigkeiten! Im Grunde ist doch nur eines wirklich wichtig. Maria hat erkannt, was das ist – und ich werde es ihr nicht nehmen« (Lk 10,41–42 NLB).

Das ist eine erstaunliche Antwort. Im Kontext der Kultur des Nahen Ostens war es angemessen, dass Maria in der Küche Essen zubereitete und ihren Gast bediente. Demzufolge wäre es für Maria beschämend gewesen, zu Jesu Füßen zu sitzen und Marta nicht in der Küche zu helfen, wenn Jesus ein gewöhnlicher Gast gewesen wäre. Aber Maria wusste etwas, das Marta entgangen war. Jesus war kein gewöhnlicher Gast. Er war menschgewordener Gott, und wenn Gott bei dir zu Hause einkehrt, kannst du ihm am besten dienen, indem du ihm zu Füßen sitzt und von ihm empfängst! Das gefällt unserem Herrn.

Jesus liebt es, wenn du zu ihm kommst und so viel von ihm nimmst, wie du nur kannst. Deshalb hatte Jesus Gefallen an Maria. Darum verteidigte er Marias Verhalten und sagte: »… nur eines [ist] wirklich wichtig. Maria hat erkannt, was das ist …« Was ist »das Eine«, das notwendig ist? Ist es, sich damit zu beschäftigen, dem Herrn zu dienen? Ist es, sich über viele Dinge Sorgen zu machen? Nein, nur eines ist notwendig – dass du zu Jesu Füßen sitzt und deine Augen, Ohren und dein Herz auf ihn ausrichtest. Die eine Schwester sah Jesus lediglich als einen Menschen, der ihren Dienst benötigte. Die andere Schwester sah ihn als Gott, in Fleisch gehüllt, von dessen Fülle sie nehmen konnte. Was glaubst du, welche der beiden Schwestern hat Jesus mehr geehrt und ihm eher das Gefühl gegeben, der Gott zu sein, der er ist? Maria. Marta hatte offensichtlich vergessen, dass dieser Gott-Mensch Brot und Fische vermehrt hatte, um damit einer großen Menschenmenge zu essen zu geben. *Er ist nicht gekommen, um Speise zu bekommen, sondern um Speise zu geben!*

Nur eines ist notwendig – dass du zu Jesu Füßen sitzt und deine Augen, Ohren und dein Herz auf ihn ausrichtest.

Leider ist es für uns manchmal am schwersten, uns einfach hinzusetzen. Es ist eine große Herausforderung, mit unseren eigenen Bemühungen aufzuhören und lediglich in der unverdienten Gunst Jesu zu ruhen. Oft sind wir wie Marta – über viele Dinge besorgt, geschäftig und beunruhigt. Es mögen alles berechtigte Dinge sein, um die wir besorgt sind. In Martas Fall versuchte sie ihr Bestes zu tun, um dem Herrn zu dienen. Am Ende des Tages hatte sie viele Dinge gemacht, dabei aber das *Eine* versäumt, das wirklich notwendig gewesen wäre.

Gläubige, die das Eine tun, das notwendig ist, machen sich über nichts anderes Sorgen. Auf der anderen Seite machen sich Gläubige, die versäumen, das *Eine* zu tun, Sorgen über *viele* Dinge. Glaubst du, dass nur eines notwendig ist – zu Jesu Füßen zu ruhen und von ihm zu empfangen?

Höre das »Jetzt-Wort«, das Gott für dich hat

Mein Freund, du hast dieses Buch nicht gekauft, um zu lesen, was Joseph Prince zu sagen hat. Du hast es genommen, um mehr von Jesus zu sehen, seine Worte zu hören und das »Jetzt-Wort« zu empfangen, das er für dich hat. Tausend Worte von einem gewöhnlichen Menschen können nichts bei dir bewirken. Aber nur ein Wort von Jesus kann dein Leben für immer verändern. Während ich dieses Buch schreibe, ist es mein Gebet, dass die Person Jesu auf diesen Seiten erhöht und verherrlicht wird, während er durch mich spricht. Ich bin nur ein Gefäß. Ich bete immer, dass der Herr mir die übernatürliche Fähigkeit gibt, seine Schönheit, seine Güte und sein vollbrachtes Werk auf eine frische und machtvolle Weise zu verkünden und zu enthüllen.

Ist es also von praktischem Nutzen, einfach nur mit Jesus beschäftigt zu sein? Absolut. Wir können das später im Johannesevangelium sehen. Maria nahm ein Pfund sehr kostbares Nardenöl, salbte seine Füße und wischte sie mit ihrem Haar ab, um Jesus für sein Begräbnis vorzubereiten (Joh 12,3–8 NLB). Am Morgen der Auferstehung wollten einige Frauen den Körper Jesu salben, aber da war es bereits zu spät. Sie taten zwar das Richtige, aber zur falschen Zeit. Der Herr war bereits auferstanden. Doch Maria tat das Richtige zur richtigen Zeit. Das zeigt uns: Wenn du das Eine tust, das notwendig ist, wirst du am Ende das Richtige zur richtigen Zeit tun und Gott wird bewirken, dass alles, was du berührst, unglaublich gesegnet sein wird.

Wenn du das Eine tust, das notwendig ist, wirst du am Ende das Richtige zur richtigen Zeit tun und Gott wird bewirken, dass alles, was du berührst, unglaublich gesegnet sein wird.

Richte wie Maria deine Aufmerksamkeit auf die Schönheit, Herrlichkeit und Liebe Jesu. Entscheide dich dafür, dich nicht wegen vieler Dinge zu sorgen oder ständig mit dir selbst beschäftigt zu sein. Wende dich wie Petrus vom Sturm ab und schaue auf Jesus – dann wirst du anfangen, über dem Sturm zu leben. Lieber Freund, entschließe dich, deine Aufmerksamkeit auf den Herrn zu richten und ruhe in seinem vollbrachten Werk. So wie Jesus ist, bist auch du in dieser Welt!

KAPITEL 19

DAS GEBET DES NAMENLOSEN KNECHTES

Wir haben das letzte Kapitel damit beendet, Folgendes aufzuzeigen: Wenn du das Eine tust, *das notwendig ist* – zu Jesu Füßen zu sitzen und von ihm zu empfangen –, wirst du das Richtige zur richtigen Zeit tun. Um noch einen Schritt weiterzugehen, will ich dir erzählen, wie du dich auf die unverdiente Gunst Jesu verlassen kannst, um dich *zur richtigen Zeit am richtigen Ort* zu befinden. Schlag mit mir Prediger 9,11 auf:

> *Nicht immer gewinnt der schnellste Läufer das Rennen, nicht immer siegt der mutigste Krieger im Kampf. Die Weisen haben oft nichts zu essen, die Klugen sind nicht immer reich, und die Gebildeten sind nicht unbedingt beliebt. Sie sind alle abhängig von Zeiten und Umständen. – Prediger 9,11 NLB*

Ein sehr interessanter Abschnitt, der von dem weisesten Mann (abgesehen von Jesus) geschrieben wurde, der jemals auf Erden lebte. Sein Name ist Salomo und er ist der Sohn von König David.

Im System der Welt gewinnen die Schnellen das Rennen, die Mutigen den Kampf, bekommen die Weisen das Essen, die Klugen den Reichtum und die Gebildeten die Beliebtheit. Das weltliche

System von Belohnung gründet sich auf Verdienst und Leistung. Mit anderen Worten wirst du im Leben Erfolg haben, wenn du schnell, mutig, weise, klug und gebildet bist. Er beruht also vollständig auf deinen Fähigkeiten.

Als Gläubiger des neuen Bundes in Christus hast du, obwohl du in dem weltlichen System von Verdienst und Leistung lebst, einen übernatürlichen Vorteil, weil du die unverdiente Gunst Jesu hast.

Höre aufmerksam zu, was ich sage. Es ist grundsätzlich nichts falsch an dem Belohnungssystem in der Welt. Die Leistungsgesellschaft ist ein gutes System und hat dazu geführt, dass Nationen sich wirtschaftlich gut entwickeln, Gemeinschaften wachsen und Menschen der Anreiz gegeben wird, für sich selbst Möglichkeiten zu schaffen. Als Gläubige des neuen Bundes in Christus haben wir jedoch, obwohl wir im weltlichen System von Verdienst und Leistung leben, einen übernatürlichen Vorteil, weil wir die unverdiente Gunst Jesu haben.

Gott erwählt das Schwache, um das Starke zuschanden zu machen

Gott ist an deinem Erfolg interessiert. Auch wenn du menschlich gesehen nicht der Schnellste, Stärkste, Gebildetste, Klügste und Geschickteste bist, kann Gott dich dennoch mit gutem Erfolg segnen, wenn du dich auf seine Gnade verlässt. Du kannst durch seine unverdiente, nicht selbst erworbene, leistungsunabhängige

Gunst über das System der Leistungsgesellschaft hinauswachsen. Das Weltsystem belohnt nur die Starken, während die Schwachen nicht beachtet und in einigen Fällen sogar verachtet werden. Aber in Jesus gibt es Hoffnung für die Schwachen. Gottes Weg steht in krassem Gegensatz zum weltlichen. In 1. Korinther 1,26 (NLB) heißt es: »Erinnert euch, liebe Brüder, dass nur wenige von euch in den Augen der Welt weise oder mächtig oder angesehen waren, als Gott euch berief.« Ist es nicht erstaunlich zu entdecken, dass zwar die Welt wohlwollend auf die Weisen, Mächtigen und Angesehenen schaut, Gott das aber nicht tut? Wir sehen im nächsten Vers, was Gott stattdessen erwählt: »Gott hat das auserwählt, was in den Augen der Welt *gering* ist, um so diejenigen zu beschämen, die sich selbst für weise halten. Er hat das *Schwache* erwählt, um das Starke zu erniedrigen.«

Ist das nicht erstaunlich? Gott hat das Geringe und Schwache für seine überfließenden Segnungen qualifiziert. Doch der Vers sagt nicht, dass das Geringe und Schwache gering und schwach bleiben wird. Stattdessen wird es, durch die unverdiente Gunst Gottes, die sogenannten Weisen und Starken in der Welt beschämen. In Gottes Händen der Gnade werden die Geringen und Schwachen sogar weiser und stärker als die Weisen und Starken der Welt.

Das ist etwas, das ich persönlich erlebt habe. In der Highschool stotterte ich. Ich sah zu, wie die anderen Kinder in der Klasse mühelos sprachen und vorlasen, während ich ein ernsthaftes Problem damit hatte, überhaupt Worte herauszukriegen.

Ich erinnere mich daran, dass es damals einen Lehrer gab, der mich immer aufstehen ließ, um im Unterricht laut vorzulesen. Er wusste genau, was geschehen würde, und tat dies nur zu seinem Vergnügen, um zu sehen, wie ich stammelte und stotterte. Und tatsächlich: Während ich versuchte, das erste Wort herauszubekommen – »d- d- d- d- der« –, lachten meine Mitschüler (vor allem die Mädchen), lachte dieser Lehrer, und meine Ohren wurden ganz heiß und rot. Das geschah jedes Mal, wenn er mich aufforderte, im Unterricht vorzulesen.

Ganz ehrlich, wenn du mir gesagt hättest, dass ich eines Tages jede Woche vor Tausenden von Menschen predigen würde, hätte ich mich ängstlich unter den Tisch verkrochen und gesagt: »Weiche von mir, Satan!« Jeder, der mich damals kannte, hätte geglaubt, wenn es einen Bereich gab, in dem ich versagen würde, wäre es das Reden in der Öffentlichkeit. Doch Gott schaute hinab und sagte: »Aus diesem Jungen mache ich einen Prediger.«

Eines Tages, als ich es leid war, mich elend zu fühlen, sagte ich zum Herrn: »Herr, ich habe nicht viel, was ich dir geben kann, aber was immer ich habe, das gebe ich dir.« Ich erinnere mich, dass meine Stimme das war, wofür ich mich am meisten schämte, also sagte ich: »Herr, ich gebe dir meine Stimme.« Als ich ihm das sagte, bemitleidete ich ihn, weil er jemanden wie mich bekam, der so viele Schwächen hatte.

Um es kurz zu machen: Nachdem ich dem Herrn alle meine Schwächen gegeben hatte, geschah etwas Übernatürliches. Ich hörte auf, mir meines Stotterns bewusst zu sein und es verschwand auf übernatürliche Weise. In den Bereich meiner Schwäche legte Gott seine Stärke hinein. Vor ungefähr zwei Jahren kam eine meiner Highschool-Lehrerinnen in meine Gemeinde zu einem Gottesdienst, in dem ich predigte. Nach dem Gottesdienst schrieb sie mir diese Nachricht: »Ich habe gerade ein Wunder gesehen. Das muss Gott sein!«

Ich glaube, der Grund, warum Gott jemanden wie mich dazu auserwählt hat, das Evangelium zu predigen, ist der, dass andere (speziell die, die mich vorher kannten) mich anschauen und sagen würden: »Das muss Gott sein!« – und Gott bekommt die Ehre.

Jetzt, da ich sehe, wie Gott meine Stimme (meine größte Schwäche) dazu benutzt hat, um Leben zu verändern und Wunder geschehen zu lassen – nicht nur bei den Menschen in Singapur, sondern durch unsere Fernsehsendungen auf der ganzen Welt –, erfüllt es mich mit Demut, weil ich weiß, wie ich war, bevor Gott mich berührte. Mein Freund, wenn du dich anschaust und nur Schwächen siehst, vergiss nicht, dass Gott genau dich gebrauchen kann. Diejenigen, die Gott nicht gebrauchen kann, sind die Stolzen und jene, die sich auf ihre menschliche Kraft verlassen.

Warum also erwählt der Herr das Geringe und Schwache, um die Weisen und Mächtigen zuschanden zu machen? Die Antwort ist einfach. Der Grund ist, *»damit kein Mensch sich je vor Gott rühmen kann«* (1Kor 1,29 NLB). Gott erwählt die, die menschlich gesehen schwach sind, damit kein Mensch mit seinen *eigenen* Fähigkeiten prahlen kann. Alle Ehre gebührt dem Herrn, und so sagt uns die Bibel: »Wer stolz sein will, soll auf das stolz sein, was der Herr getan hat« (1Kor 1,31 NLB).

Es ist Jesus, seine Weisheit in deinem Leben, seine Gerechtigkeit und sein vollkommenes Erlösungswerk am Kreuz, was dich erfolgreich macht. Wenn du dich also deines Erfolges rühmen willst, kannst du dich Jesu rühmen. Ohne Jesus hast du nichts, dessen du dich rühmen könntest. Aber mit Jesus in deinem Leben kannst du dich für jeden Erfolg und Segen, der durch seine unverdiente Gunst kommt, für Jesus und ihn allein rühmen. Wenn du aus dir selbst heraus stark, mächtig und weise bist, dann kann Gottes unverdiente Gunst nicht fließen. Aber wenn du deine Schwächen und Torheit erkennst und dich stattdessen auf Jesus verlässt, *dann* kann seine unverdiente Gunst ungehindert in deinem Leben fließen.

Wir sehen das in der Geschichte von Mose. In seinen ersten 40 Jahren als ägyptischer Prinz, zu dem die Menschen aufschauten und den sie bewunderten, dachte er, er wüsste alles. Die Bibel sagt, dass Mose in diesen ersten 40 Jahren »mächtig in Worten und in Werken« war (Apg 7,22), aber Gott konnte ihn nicht gebrauchen. In den nächsten 40 Jahren jedoch geschah etwas mit Mose. Er war aus Ägypten geflohen und ließ sich in der Wüste Midians nieder, nachdem er einen Ägypter getötet hatte, der einen Hebräer schlug. Er wurde Schafhirte und wurde nicht länger als mächtig in Wort und Tat angesehen. Er stammelte sogar (2Mo 4,10). Und an diesem Punkt seines Lebens, als er wahrscheinlich dachte, er wäre in Vergessenheit geraten – unbedeutend im Vergleich zu dem, was er einmal gewesen war – und seine glorreichen Tage lägen hinter ihm, erschien ihm Gott und sagte: »… ich will dich zu dem Pharao senden, damit du mein Volk, die Kinder Israels, aus Ägypten führst!« (2Mo 3,10).

Vierzig Jahre zuvor, auf dem Höhepunkt seiner Fähigkeiten, konnte Mose nicht einmal einen Ägypter, den er umgebracht hatte, richtig begraben – es kam ans Licht und er war gezwungen, zu fliehen (2Mo 2,11–15). Aber nun, des Vertrauens auf seine menschliche Kraft beraubt und im Bewusstsein seiner Schwachheit, trat er seine Berufung an und verließ sich ausschließlich auf die unverdiente Gunst Gottes. Und dieses Mal, als Mose seinen Stab über das Meer streckte, begrub es Zehntausende von Ägyptern vollständig (2Mo 14,26–28).

Die Bibel teilt uns mit: »Gott widersteht den Hochmütigen; den Demütigen aber gibt er Gnade [unverdiente Gunst]« (1Petr 5,5). Lieber Freund, Gott wird uns seine unverdiente Gunst nicht aufzwingen. Wann immer wir uns auf uns selbst und auf unsere Weisheit verlassen wollen, wird er uns dies erlauben. Seine unverdiente Gunst wird er denen gegeben, die demütig anerkennen, dass sie es durch ihre eigene Kraft und Fähigkeit nicht schaffen können.

Gott sandte einen Hirtenjungen, um einen Philisterkrieger zu schlagen

Als Gott einen mächtigen Riesen zu Fall bringen wollte, der das ganze Volk Israel terrorisierte, da sandte er jemanden, der menschlich gesehen schwach war. Denk mal darüber nach. Was könnte aus Sicht der Welt im Vergleich zu einem trainierten und furchterregenden Soldaten schwächer erscheinen als ein kleiner Junge, der keine formale militärische Ausbildung absolviert hatte, keine Rüstung besaß, mit einem bescheidenen Hirtengewand bekleidet war und nicht einmal eine richtige Waffe trug außer einer Schleuder und fünf glatten Steinen aus einem Bach? Kein Wunder, dass Goliat diesen Hirtenjungen und dessen Strategie auslachte. Als David das Schlachtfeld betrat, fragte Goliat ihn sarkastisch: »Bin ich denn ein Hund, dass du mit Stöcken zu mir kommst?« (1Sam 17,43).

Die Konsequenzen dieses Kampfes waren gewaltig. Es war nicht einfach nur ein Duell oder Wettbewerb zwischen zwei Individuen. Die Israeliten und die Philister hatten vereinbart, dass jeder einen Krieger stellen sollte, der jeweils sein Volk vertrat. Es wurde vereinbart, dass das Volk des bezwungenen Kriegers dem anderen Volk dienen musste. Zu sagen, dass eine ganze Menge von diesem Kampf abhing, wäre untertrieben. Und wen sandte Gott, um Israel zu vertreten? Menschlich gesehen sandte er die wohl unqualifizierteste Person überhaupt auf das Schlachtfeld im Tal von Elah.

David war nicht einmal Soldat in der israelitischen Armee! Kannst du dich daran erinnern, wie dieser Hirtenjunge überhaupt auf dieses Schlachtfeld gelangte? David war dort, um seinen Brüdern, die in der Armee waren, Brot und Käse zu bringen (1Sam 17,17–20)! Und dann stand David als Vertreter Israels gegen den hochmütigen Goliat plötzlich auf dem Schlachtfeld. Statt Brot und Käse zu verteilen, wurde ihm nun aufgetragen, das ganze Volk Israel zu befreien.

Verachte nicht die kleinen Anfänge

David war zur richtigen Zeit am richtigen Ort, weil er sich demütigte und sich den Anweisungen seines Vaters – seinen Brüdern Brot und Käse zu bringen – unterordnete. Ihr jungen Leute, das ist etwas, was ihr verstehen müsst. Unterordnung euren Eltern und den von Gott berufenen Leitern gegenüber wird immer bewirken, dass Gottes Gunst in eurem Leben fließt – und wie David werdet ihr zur richtigen Zeit am richtigen Ort sein!

In der Bibel heißt es, dass wir die kleinen Anfänge nicht verachten sollen (Sach 4,10 NLB). Brot und Käse auszuliefern hat nichts Glamouröses an sich, aber David hatte es nicht verachtet. Und das führte ihn direkt in das Tal von Elah – ein junger Hirte mit wehendem Haar und ohne militärische Erfahrung, der das Volk Israel gegen einen mächtigen Riesen vertrat, der von Jugend an ein Krieger gewesen war.

Gott liebt es, das Geringe und Schwache zu gebrauchen, um das Weise und Mächtige in der Welt zuschanden zu machen.

Gott liebt es, so zu handeln. Er liebt es, das Geringe und Schwache zu gebrauchen, um das Weise und Mächtige in der Welt zuschanden zu machen. Achte darauf, was dieser junge Hirte sagte, als er zum Kampf antrat: »Du trittst mir mit Schwert, Speer und Wurfspieß entgegen, ich aber komme im Namen des Herrn, des Allmächtigen – des Gottes des israelitischen Heeres, das du verhöhnt hast. Heute wird der Herr dich besiegen und ich werde dich töten und dir den Kopf abhauen …« (1Sam 17,45–46 NLB). Welch starke und kühne Worte für einen jungen Hirten!

Gottes Definition von Demut

»Aber Pastor Prince, haben Sie nicht gerade gesagt, dass Gott den Demütigen unverdiente Gunst gibt? Davids Rede klingt ganz bestimmt nicht sehr demütig.«

Das ist eine großartige Frage. Als ich ein junger Christ war, dachte ich, demütig zu sein bedeute, immer leise zu sprechen und anderen immer nachzugeben. In der Gemeinde, in die ich ging, gab es einen Leiter, der immer leicht nach vorne gebeugt zum Rednerpult ging. Er war immer sehr vorsichtig, seine Art zu sprechen war fast entschuldigend und für mich war dies das Bild eines demütigen Menschen. Aber in Wahrheit hat Demut nichts damit zu tun, leise zu sprechen oder gebückt herumzulaufen. Das ist die weltliche Definition von Demut.

Der einfachste Weg, um bei jemandem Demut auszumachen, ist herauszufinden, ob dieser Mensch auf Christus oder auf sich selbst bezogen ist. Wenn jemand arrogant, stolz und selbstsicher ist, dann ist er eindeutig selbstbezogen. Das andere Extrem, also jemand, der immer ängstlich ist, hat auch ein Problem mit Stolz, obwohl er sehr leise redet und sanftmütig erscheint. Statt seinen Blick auf Jesus zu richten, ist dieser Mensch mit sich selbst beschäftigt und schaut nur auf sich selbst. Beide Extreme sind verschiedene Erscheinungsformen von Stolz. Während sich bei dem einen

Extrem der Stolz in Form von Arroganz zeigt, tritt es bei dem anderen in Form von Schüchternheit auf. Solange ein Mensch mit sich selbst beschäftigt ist, handelt es sich immer noch um Stolz. Demut bedeutet also, mit Christus beschäftigt zu sein. Dieser Mensch weiß, dass er ohne den Herrn nicht erfolgreich sein kann, ihm aber mit dem Herrn alle Dinge möglich sind.

So lange ein Mensch mit sich selbst beschäftigt ist, handelt es sich immer noch um Stolz. Demut bedeutet also, mit Christus beschäftigt zu sein.

Wenn du dir die Rede von David anschaust, dann siehst du, dass er sich nicht selbst gerühmt hat. Er prahlte nicht mit seiner Tapferkeit und seiner Fähigkeit im Umgang mit Waffen. Nein, er zog in den Kampf »im Namen des Herrn der Heerscharen«. David war voll und ganz mit dem Herrn beschäftigt und war sich sicher, dass dieser das Volk Israel befreien würde. Er erwähnte nichts von seinen eigenen Fähigkeiten. Das verdeutlichte er noch, als er weitersprach und zu Goliat sagte: »Und diese ganze Gemeinde soll erkennen, dass der Herr nicht durch Schwert noch Spieß errettet; denn *der Kampf ist die Sache des Herrn*, und Er wird euch in unsere Hand geben!« (1Sam 17,47).

Ich liebe das optimistische Gemüt dieses jungen Mannes. David wusste, dass der Kampf nicht seine Sache war, sondern die Sache des Herrn, und das gab ihm die Kühnheit, gegen Goliat anzutreten, während sich der Rest der israelitischen Armee angsterfüllt verkroch. Es ist wunderbar zu sehen, dass dieser junge Hirtenjunge die Weisheit besaß, nicht die Ehre des Herrn anzutasten. Sogar noch bevor der Kampf stattfand, verkündete David, dass

Israel siegen würde und dass die ganze Ehre dem Herrn gebührte. Es ist also eindeutig, dass David, obwohl er kühn und mutig gesprochen hat, nicht arrogant war. Er litt nicht unter Stolz oder an einem Mangel an Demut. In Wirklichkeit stammten seine Kühnheit und sein Mut aus seiner demütigen Abhängigkeit vom Herrn. Wie herrlich ist doch der Unterschied zwischen einem Menschen, der sich seines eigenen fleischlichen Armes (seiner eigenen Stärke) rühmt, und einem Menschen wie David, der sich dessen rühmt, dass der mächtige Arm Gottes ihn befreien wird!

Wahre Demut bedeutet, mit Christus beschäftigt zu sein. Dann wirst du mit seiner Kühnheit und seinem Mut erfüllt werden, um deinen Riesen zu überwinden!

Mein Freund, in welchem Kampf du auch gerade stecken magst, du kannst dich wie David darauf verlassen, dass der Kampf die Sache des Herrn ist. Was auch immer dein Riese sein mag, vielleicht eine eheliche Not, finanzielle Schulden, Probleme an deinem Arbeitsplatz oder eine Krankheit, mit der du zu kämpfen hast, du darfst Folgendes wissen: Du magst schwach sein, aber *er* ist stark. Du magst unfähig sein, aber *er* ist mehr als fähig! Welchem Kampf du auch immer gegenüberstehst, der Kampf ist seine Sache. Wahre Demut bedeutet, mit Christus beschäftigt zu sein. Dann wirst du mit seiner Kühnheit und seinem Mut erfüllt werden, um deinen Riesen zu überwinden!

Richtige Zeit, richtiger Ort

Vergiss nie: »Nicht immer gewinnt der schnellste Läufer das Rennen, nicht immer siegt der mutigste Krieger im Kampf ... Sie sind alle abhängig von Zeiten und Umständen« (Pred 9,11 NLB). Gott will, dass du das richtige Timing hast: sein Timing. Dann bleibt nichts dem Zufall überlassen, weil du ein Kind Gottes bist. In Psalm 37,23 (NLB) steht: »Der Herr freut sich an einem aufrichtigen Menschen und führt ihn sicher.« Du bist dieser »aufrichtige Mensch«, weil du die Gerechtigkeit Gottes in Christus bist.

Nun schauen wir uns das Wort »treffen« an. Im hebräischen Bibeltext wird das Wort *qarah* benutzt, welches mit »zusammentreffen, sich begegnen (ohne Vereinbarung), zufällig gegenwärtig sein«[26] übersetzt wird. Kurz gesagt bedeutet es: das »richtige Ereignis«. Mein Freund, du kannst dich auf Gott verlassen. Er sorgt dafür, dass du zur richtigen Zeit am richtigen Ort bist, damit die richtigen Ereignisse in deinem Leben eintreffen! Gewiss wirst du mir zustimmen, dass es ein enormer Segen ist, zur richtigen Zeit am richtigen Ort zu sein. Du willst sicherlich nicht zur falschen Zeit am falschen Ort sein. Das kann katastrophale Folgen haben.

Eine Verspätung kann sich als Bewahrung Gottes vor einem Unfall entpuppen.

Doch selbst wenn du denkst, du seist zur falschen Zeit am falschen Ort, wenn du beispielsweise in einem Stau feststeckst oder deinen Zug verpasst, dann reg dich nicht zu sehr auf. Eine Verspätung kann sich als Bewahrung Gottes vor einem Unfall entpuppen. Manchmal kann eine Verspätung von einigen Sekunden zwischen Leben und Tod entscheiden!

2001 schrieb ein Bruder aus meiner Gemeinde einen Brief, um uns mitzuteilen, dass das Büro seines Sohnes sich in den New Yorker Twin Towers befunden hatte. Eines Morgens hatte der Wecker seines Sohnes nicht geklingelt; so verpasste er seinen regulären Zug und kam zu spät zur Arbeit. Wäre er an diesem Morgen pünktlich angekommen, wäre er in seinem Büro gewesen, als die Flugzeuge bei dem verheerenden Terrorangriff vom 11. September in das Gebäude rasten.

2003 war ein anderer Bruder aus meiner Gemeinde auf Geschäftsreise in Jakarta (Indonesien) gewesen. Er wohnte währenddessen im Marriott Hotel und befand sich in der Lobby, als unmittelbar vor dem Hotel eine Bombe hochging. Ihre ohrenbetäubende Druckwelle durchschlug die Lobby und er sah, wie ein Körper an ihm vorbeiflog.

Nachdem der Staub sich gelegt hatte, entdeckte er Blutspritzer an sich und überall um ihn herum lag Schutt, aber erstaunlicherweise war er völlig unverletzt. *Zufällig* lief er genau in dem Moment, als die Bombe explodierte, hinter einem Pfeiler entlang, der ihm vor der Druckwelle Schutz bot. Stell dir vor, was mit ihm geschehen wäre, wenn er diesen Pfeiler einige Sekunden bevor oder nachdem die Bombe hochging passiert hätte!

Egal, wie intelligent du bist, wie dick dein Sparkonto ist oder wie angesehen dein Familienname auch sein mag: Du hast keine Möglichkeit, im Voraus zu wissen, wann du dich hinter einen Pfeiler stellen musst, wenn eine Bombe, von der du nichts weißt, in deiner Nähe explodiert. Nur Gott kann dich zur richtigen Zeit an den richtigen Ort bringen. Es war der Herr, der diesen Bruder genau im richtigen Moment hinter den Pfeiler bugsierte. Seine Schritte wurden wortwörtlich vom Herrn gelenkt. Ihm sei alle Ehre! Jesus ist unser wahrer Schutzpfeiler!

Gottes Treue, mit der er seine Geliebten beschützt, indem er sie zur richtigen Zeit an den richtigen Ort stellt, zeigte sich vor Kurzem in einem noch stärkeren Ausmaß. Am Morgen des 17. Juli 2009 wurde Jakarta (Indonesien) durch zwei weitere gewaltige Explosionen erschüttert, und diesmal waren sowohl das Marriott- als auch das Ritz-Carlton-Hotel die Ziele der Terroranschläge.

Eine Frau aus unserer Gemeinde befand sich in der Lobby des Ritz-Carlton, als eine der Bomben im benachbarten Restaurant detonierte, in dem einige Gäste frühstückten. Durch die Wucht der Explosion flogen Glassplitter an ihr vorüber und bohrten sich in das Fleisch der anderen Gäste, die vor ihr standen. Erstaunlicherweise blieb sie völlig unverletzt!

Sie erzählte uns, dass sie eigentlich vorgehabt hatte, genau zu der Zeit, als die Bombe explodierte, in eben jenem Restaurant zu frühstücken. Das wäre sicherlich der falsche Ort zur falschen Zeit gewesen. Wenn sie das getan hätte, wäre sie durch die Explosion in dem Restaurant möglicherweise getötet worden. Sie sagte jedoch, dass sie an jenem Morgen ihre gewöhnliche Frühstückszeit verpasst hatte, weil sie in ihrem Hotelzimmer Zeit mit Gott verbracht hatte und in das Lesen einiger Andachten aus meinem Buch *Zur Herrschaft bestimmt – 365 Andachten* vertieft gewesen war. Die »Verspätung«, die sie durch das Lesen meines Buches hatte, hielt sie von dem Restaurant fern und rettete ihr das Leben! Preis sei Jesus!

Setze dein Vertrauen auf den Herrn und glaube, dass er alle Dinge zum Guten zusammenwirken lässt. Wenn es darum geht, zur richtigen Zeit am richtigen Ort zu sein, dann geht es nicht immer um Schutz vor Unheil. Vielleicht will der Herr dich mit jemandem zusammenbringen, den du seit Jahren nicht mehr getroffen hast, und auf dich wartet einfach eine Gelegenheit, gesegnet zu werden.

Ich weiß nicht, wie oft die Menschen in meiner Gemeinde *zufällig* auf alte Bekannte trafen oder neuen Leuten begegneten, die sich später als ein Segen für sie herausstellten. Wir haben Zeugnisse von übernatürlichen Kontakten, die zu erstaunlichen Geschäftsmöglichkeiten führten, ebenso wie Zeugnisse von Menschen, die Arbeitsplätze bekamen, nachdem sie zufällig Freunden begegneten, die sie seit Jahren nicht mehr gesehen hatten.

Mein Freund, nichts geschieht zufällig – der Herr weiß, wie er dich zur richtigen Zeit an den richtigen Ort bringen kann! Wenn es um die richtigen Ereignisse geht, kannst du dich auf Jesus verlassen. Sie alle geschehen durch seine unverdiente Gunst und es übersteigt deine Fähigkeit bei Weitem, sie durch sorgfältiges und strategisches Planen herbeizuführen. In der Welt heißt es: »Ohne Plan kein Erfolg.« Aber du kannst ein *qarah* nicht planen. Das wird anhand der Zeugnisse deutlich, die du gerade gelesen hast.

Nichts geschieht zufällig – der Herr weiß, wie er dich zur richtigen Zeit an den richtigen Ort bringen kann!

Ich habe gewiss nichts gegen Planung. Alles, was ich sagen will, ist, dass du nicht gestresst und verkrampft sein solltest, wenn die Dinge anders laufen, als du sie geplant hattest. Halte nicht so stur an deinen Plänen fest, dass du dabei vergisst, Raum für die unverdiente Gunst Jesu zu lassen, damit sie fließt, dich beschützt und dich an den richtigen Ort bringt. Die Bibel sagt, dass unter dem neuen Bund der Gnade der Herr selbst dir seine Gesetze ins Herz schreibt (Hebr 8,10). Er kann zu dir reden und dich bei allem, was du tust, führen. Erlaube ihm, dich übernatürlich zu führen!

Ich habe ein weiteres Zeugnis von einem Paar aus meiner Gemeinde erhalten, das genau das erlebt hat. 2004 hatten sie sich entschlossen, ihre Weihnachtsferien in Penang (Malaysia) zu verbringen. Ursprünglich wollten sie den ganzen Tag am Strand liegen, aber einer der beiden hatte auf einmal das unwiderstehliche Bedürfnis, etwas zu essen, das nur auf der anderen Seite der Insel zu bekommen war. Sie beschlossen, diesem Verlangen nachzugehen, und machten sich auf die Suche nach dieser Speise. Später wurde ihnen klar, dass nur kurze Zeit, nachdem sie aufgebrochen waren, der damalige verheerende Tsunami auf den Strand traf, an dem sie gelegen hatten, und alles zerstörte, was auf seinem Weg lag.

Wie du siehst, mein Freund, gibt es hier keine Formeln. Der Herr tut, was immer notwendig ist, um seine Kinder in Sicherheit zu bringen. Beziehe Jesus in deine Pläne mit ein und erlaube ihm, dich zu führen!

Die erste Erwähnung des Wortes *qarah* in der Bibel

Bei der Auslegung von Gottes Wort gibt es ein Prinzip, bekannt als das »Prinzip der ersten Erwähnung«. Immer wenn ein Wort in der Bibel zum ersten Mal erwähnt wird, hat es für gewöhnlich eine besondere Bedeutung und es gibt etwas Besonderes, das wir lernen können. Schauen wir uns das erste Vorkommen des Wortes *qarah* an. Wir finden es in 1. Mose 24, als Abraham seinen namenlosen Knecht[27] aussendet, um eine Braut für seinen Sohn Isaak zu finden.

Der namenlose Knecht erreichte am Abend einen Brunnen außerhalb der Stadt Nahor und entschloss sich, an jenem Ort zu lagern. Dort hatten sich so viele junge Frauen versammelt, um Wasser zu schöpfen, dass er nicht wusste, welche die richtige Frau für Isaak wäre. Also sprach dieser namenlose Knecht folgendes Gebet: »Herr, Gott meines Herrn Abraham … lass meine Reise *erfolgreich* sein und sei gut zu meinem Herrn‹« (1Mo 24,12 NLB).

Das Wort »erfolgreich« hier ist im Hebräischen das Wort *qarah* und erscheint dort in der Bibel zum ersten Mal. Im Grunde betete der Knecht: »Gib mir heute *qarah*.« Und natürlich fand er mithilfe des *qarah* des Herrn bzw. dadurch, dass er für die richtigen Ereignisse am richtigen Ort platziert wurde, eine wundervolle Frau namens Rebekka, die dann Isaaks Frau wurde.

Wir sind darauf angewiesen, dass der Herr uns täglich *qarah* gibt. Ich ermutige dich, das Gebet des namenlosen Knechtes zu beten. Bitte den Herrn: »Gib mir heute Erfolg – *qarah*«, und verlasse dich darauf, dass seine unverdiente Gunst dich zur richtigen Zeit an den richtigen Ort führt!

Die Geschichte von Rut

Es gibt in der Bibel eine wundervolle Geschichte von einer Moabiterin namens Rut. Menschlich gesehen sprach alles gegen Rut. Sie war eine sehr arme Witwe und eine Moabiterin, eine Heidin im jüdischen Volk. Aber sogar nachdem ihr Mann gestorben war, blieb Rut bei ihrer Schwiegermutter Noomi. Sie verließ ihre Familie, um mit Noomi zurück nach Bethlehem zu ziehen, und machte Noomis Gott – den Gott Abrahams, Isaaks und Jakobs – zu ihrem Gott.

Nun konnten Noomi und Rut wegen ihrer Armut kein Getreide kaufen und Rut musste aufs Feld gehen und sich der schmählichen Aufgabe widmen, alles aufzulesen, was die Schnitter zurückgelassen hatten. Bitte beachte, dass Rut sich auf die Gunst des Herrn verließ, denn sie sagte zu Noomi: »… Ich möchte gern aufs Feld gehen und etwas von den Ähren mit auflesen hinter dem her, in dessen Augen ich *Gunst* finden werde …« (Rut 2,2 ELB). Rut war zuversichtlich, dass Gott ihr Gunst geben würde, obwohl sie Ausländerin war und keine Beziehungen zu irgendjemandem auf dem Feld hatte. Sie wusste nicht einmal, auf wessen Teil des Feldes es ihr möglich sein würde, Ähren aufzulesen.

Lass uns den biblischen Bericht anschauen, um zu sehen, was als Nächstes geschah: »Da ging sie hin, kam und las auf dem Feld hinter den Schnittern her auf. Und sie *traf zufällig* das Feldstück des Boas, der aus der Sippe Elimelechs war« (Rut 2,3 ELB). Von allen Abschnitten auf dem Feld, auf die Rut hätte kommen können, *traf sie zufällig* auf das Feld, das Boas gehörte, einem Mann, der großen Reichtum besaß und der *zufällig* auch ein Verwandter Noomis war. Das Wort »zufallen« kommt vom mittelhochdeutschen »zuoval« und bedeutet: »das, was jemandem zufällt, zuteilwird, zustößt«[28]. Im hebräischen Bibeltext ist die Wurzel der Phrase »zufällig treffen« wiederum das Wort *qarah*![29]

Als Rut auf die unverdiente Gunst Gottes vertraute, *qarahte* sie bzw. geriet sie zufällig auf den Abschnitt des Feldes, der Boas gehörte. Um es kurz zu machen: Boas sah Rut, verliebte sich in sie und heiratete sie. Rut war wohl am Tiefpunkt ihres Lebens angekommen, kurz bevor sie Boas traf. Alle natürlichen Umstände sprachen gegen sie. Aber weil sie ihr Vertrauen auf den Herrn setzte, der sie zur richtigen Zeit an den richtigen Ort führte, wendete sich das Blatt für sie vollkommen. Sie wurde sogar eine der wenigen Frauen, die im Stammbaum Jesu in Matthäus 1,5 erwähnt werden, wo es heißt: »Boas zeugte den Obed mit der Rut«. Was für eine Ehre ist es, zum Stammbaum Jesu Christi zu gehören. Soviel zum Thema, zur richtigen Zeit am richtigen Ort zu sein!

Mein Freund, ganz gleich, welche natürlichen Umstände heute vielleicht gegen dich sprechen, vertraue auf die unverdiente Gunst Jesu und der Herr wird dir geben, was ich als »*qarah*-Erfolg« bezeichne. Er wird bewirken, dass du zur richtigen Zeit am richtigen Ort bist, damit du in allen Bereichen Erfolg erfährst, wie zum Beispiel körperliche Bewahrung, Erfolg in Beziehungen, Beruf und Finanzen.

Vertraue auf die Gnade Gottes in deinem Leben. Deine Segnungen stehen schon vor der Tür!

Es spielt keine Rolle, ob du die richtige Ausbildung oder die nötige Erfahrung hast. Du stammst vielleicht aus einer armen Familie, bist vielleicht geschieden oder alleinerziehend, aber was auch immer auf dich zutrifft: Gib die Hoffnung auf die überreiche Gnade Gottes in deinem Leben nicht auf, sie kann das Blatt für dich wenden. Alles, was du brauchst, ist ein *qarah*-Moment – und Gottes unverdiente Gunst führt dich zur richtigen Zeit an den richtigen Ort. Vertraue auf die Gnade Gottes in deinem Leben. Deine Segnungen stehen schon vor der Tür!

In meiner Gemeinde gibt es eine Frau, die als Waise aufgewachsen ist und aus dem Ausland kommt. Als sie zum ersten Mal zu uns kam, besaß sie nicht viel und niemand wusste, wer sie war. Nachdem sie das Evangelium der Gnade gehört hatte, fing sie an, sich auf die unverdiente Gunst Jesu zu verlassen und darauf zu vertrauen, dass Gott Großes tut. Sie nahm an einem Geschäftskongress in Israel teil, wo sie einige Wissenschaftler traf, die eine spezielle Membrantechnologie für die Wasseraufbereitung hatten – und das war ihr *qarah*-Moment.

Weil Gottes unverdiente Gunst auf ihr lag, wollten diese Wissenschaftler mit ihr zusammenarbeiten. Sie gründete ein Unternehmen in der Wasseraufbereitungsbranche und war in kurzer Zeit in der Lage, mit dem Unternehmen an die Börse zu gehen. Der Zeitpunkt, an dem sie sich dafür entschied, war perfekt, da die Wasserknappheit gerade überall in den Medien thematisiert wurde. Das führte dazu, dass beim Börsengang ihrer Firma die ausgegebenen Aktien mehrfach überzeichnet wurden. Soviel zum Thema, zur richtigen Zeit am richtigen Ort zu sein!

Doch dort hörte ihr Erfolg noch nicht auf. Durch die unverdiente Gunst und Weisheit Jesu baute sie ein weiteres Unternehmen auf, das heute mehrere Hundert Millionen Dollar wert ist. Sie erhielt zudem mehrere bedeutende Auszeichnungen und wird heute als reichste Frau in Südostasien angesehen.

Vor Kurzem haben einige meiner Ältesten und ich uns mit ihr getroffen. Als ich ihr zuhörte, war es für mich offensichtlich, dass diese Geschäftsfrau nicht nur demütig ist, sondern auch jemand, der die unverdiente Gunst Jesu versteht und in ihr lebt. Sie ist viel auf Geschäftsreisen rund um die Welt und sie erzählte mir, dass sie überall hin meine Gottesdienst-DVDs mitnimmt und sie in ihrem Hotelzimmer anschaut. Sie betonte, wie lebensnotwendig es für sie sei, das Evangelium der Gnade immer wieder zu hören, um in der unverdienten Gunst Jesu gegründet und verwurzelt zu bleiben. Als ich sie das sagen hörte, bekam ich Lust, meine eigenen DVDs anzuschauen, sobald ich nach Hause käme! Sie hat wirklich die Offenbarung erfasst, das Evangelium Jesu in ihrem Leben zur Priorität zu machen, egal, wie sehr ihr Unternehmen sie einspannt. Sie ist ein ausgezeichnetes Beispiel für einen Menschen, der für guten Erfolg geeignet ist. Sie weiß ganz genau, wer die Quelle ihrer Segnungen ist. Wie Josef in der Bibel ist sie sich der Gegenwart des Herrn bewusst und weiß, dass alles, was sie berührt, durch seine unverdiente Gunst, die auf ihr liegt, gesegnet wird. Das nenne ich guten Erfolg.

Schau nicht auf deine natürlichen Umstände. Diese Geschäftsfrau fing buchstäblich mit nichts an und menschlich gesehen war es, als hätte sich die ganze Welt gegen sie verschworen. Als sie jedoch anfing, sich auf die Gnade Gottes (unverdiente Gunst) zu verlassen, wendete der Herr – in nur einem *qarah*-Moment – das Blatt schlagartig zu ihrem Besten. Lieber Freund, Jesus kann für dich dasselbe tun. Bete das Gebet des namenlosen Knechtes und bitte den Herrn darum, dir heute *qarah* zu geben!

KAPITEL 20

GÖTTLICHE WEISHEIT, DIE ZUM ERFOLG FÜHRT

In diesem Kapitel will ich darüber sprechen, wie du dich auf Gottes Weisheit verlassen kannst, die dich zum Erfolg führt. Weisheit vom Herrn kommt durch die unverdiente Gunst Gottes. Es ist nichts, was du studieren oder durch eigene Anstrengungen erlangen kannst. Weisheit vom Herrn ist etwas, das die Welt nicht haben kann. Das bedeutet nicht, dass die Welt keine Weisheit hat. Wenn du heute irgendeine Buchhandlung betrittst, wirst du Regale voller Bücher mit Theorien und Methoden von Experten zu allen möglichen Themen finden. Die große Mehrheit von ihnen stammt jedoch aus *menschlicher Weisheit*, die nur die menschliche Natur stärkt und aufbaut. Ob sie sich dessen bewusst sind oder nicht, die Menschen in der Welt schreien förmlich nach der wahren Weisheit vom Herrn. Sieh dir nur den ständigen Bedarf an Selbsthilfebüchern an. Aber was wir brauchen, ist nicht noch mehr »Selbsthilfe«. Was wir brauchen, ist die Hilfe des Herrn! Lies von geisterfüllten Gläubigen und christlichen Leitern geschriebene Bücher, die dich ermutigen, dich auf Jesus zu verlassen und nicht auf dich selbst.

Psalm 1,1 (NLB) sagt uns das gleich zu Anfang: »Glücklich ist der Mensch, der nicht auf den Rat der Gottlosen hört …« Das bedeutet, dass es in menschlicher Weisheit tatsächlich Rat *gibt*. Und doch ist der Mensch, der *nicht* der Weisheit der Welt folgt, der gesegnete Mensch. Wenn er sich stattdessen an Jesus erfreut und Tag und Nacht über Jesus nachsinnt, sagt Psalm 1,3 (NLB) über ihn: »Er ist wie ein Baum, der am Flussufer wurzelt und Jahr für Jahr reiche Frucht trägt. Seine Blätter welken nicht, und alles, was er tut, gelingt ihm.« Kommt dir das bekannt vor? Gottes Wort ist sehr beständig. Die Verheißungen über den gesegneten Menschen in Psalm 1 sind dieselben wie die, die wir in Jeremia 17 gesehen haben.

Als Jesus auf der Erde war, war er niemals in einer Situation, in der es ihm an Weisheit gemangelt hätte.

Mein Freund, entscheide dich dafür, nach dem Rat der Gottesfürchtigen zu wandeln und nicht nach dem Rat der Welt, und du wirst sehen, wie alles, was du tust, erfolgreich sein wird. Gott hat Männer und Frauen aufstehen lassen, die in den Wahrheiten des neuen Bundes gegründet sind und die dir helfen werden, deine Augen auf Jesus gerichtet zu halten. In ihm wirst du alle Weisheit finden, die du zum Leben brauchst. Die Bibel sagt uns, dass in ihm »alle Schätze der Weisheit und der Erkenntnis verborgen sind« (Kol 2,2–3), die zum Erfolg führen.

Die Weisheit Christi in Aktion

Schau dir selbst die Weisheit Jesu in Aktion an. Als Jesus auf der Erde war, war er niemals in einer Situation, in der es ihm an Weisheit gemangelt hätte. Sieh, was geschah, als die Pharisäer die Frau zu ihm brachten, die beim Ehebruch ertappt worden war. Die

Pharisäer kamen zu ihm, zitierten aus dem Gesetz und sagten: »Meister, … diese Frau ist auf frischer Tat beim Ehebruch ertappt worden. Nach dem Gesetz Moses muss sie gesteinigt werden. Was sagst du dazu?« (Joh 8,4–5 NLB).

Sie dachten, sie hätten Jesus erfolgreich in die Falle gelockt. Denn hätte er ihnen gesagt, sie sollten sie steinigen, dann hätten sie ihn beschuldigen können, er würde die Vergebung und Gnade, die er gepredigt hatte, verleugnen. Wenn Jesus ihnen gesagt hätte, sie sollten sie nicht steinigen, hätten die Pharisäer ihn öffentlich beschuldigen können, das Gesetz Moses gebrochen zu haben und hätten ihn dafür angeklagt.

Die Pharisäer waren vermutlich voll zuversichtlicher Schadenfreude über die schlaue Falle, die sie sich ausgedacht hatten. Deshalb konfrontierten sie Jesus mit dieser Frau auf einem öffentlichen Platz in der Nähe des Tempels. Sie wollten ihn vor der Menge in Verlegenheit bringen, die gekommen war, um ihn lehren zu hören. Nun aber beobachte die Weisheit Jesu in Aktion. Er sagte ihnen einfach: »Wer von euch ohne Sünde ist, der soll den ersten Stein auf sie werfen!« (Joh 8,7 NLB).

Welch majestätische Erhabenheit! Sie kamen zu Jesus mit dem Gesetz Moses und Jesus konfrontierte sie mit den vollkommenen Forderungen des Gesetzes. Ohne mit der Wimper zu zucken, forderte er einfach die Person, die vor dem Gesetz vollkommen war, dazu auf, den ersten Stein zu werfen. Die Pharisäer, die gekommen waren, um Jesus in die Falle zu locken, verstummten und begannen, einer nach dem anderen, wegzugehen. Derselbe Jesus, mit all seiner Weisheit, ist heute unser in den Himmel aufgefahrener Christus, der zur Rechten des Vaters sitzt und von dem die Bibel sagt, dass er »zu unserer Weisheit gemacht« wurde (1Kor 1,30 NLB)!

Bevor wir die Geschichte von Jesus und der Frau, die beim Ehebruch ertappt worden war, hinter uns lassen, wünsche ich mir, dass du etwas sehr Wichtiges erkennst. Wer war der einzige Mensch in dieser Szene, der ohne Sünde war? Es war Jesus selbst. Doch anstatt die Frau zu verurteilen, ließ er ihre Ankläger verstummen, zeigte ihr seine Gnade und fragte sie: »Wo sind sie? Hat dich keiner von ihnen verurteilt? … Dann verurteile ich dich auch nicht … Geh und sündige nicht mehr« (Joh 8,10–11 NLB).

Ist es nicht erstaunlich, dass das mächtigste Wesen im Universum zugleich auch das freundlichste, gnädigste und versöhnlichste ist? Es ist für dich äußerst wichtig zu wissen, dass »Gott seinen Sohn nicht in die Welt [sandte], um sie zu verurteilen, sondern um sie durch seinen Sohn zu retten« (Joh 3,17 NLB). Jesus ist nicht gekommen, um uns zu verurteilen. Er kam, um uns zu erretten! Indem er der Frau, die beim Ehebruch ertappt wurde, das Geschenk anbot, nicht mehr verurteilt zu werden, gab er ihr gleichzeitig die Kraft, »zu gehen und nicht mehr zu sündigen«. Genauso bewirkt die unverdiente Gunst Jesu uns gegenüber, dass wir Buße tun, und sie gibt uns die Kraft, unser Versagen im Leben zu überwinden!

Unser Retter ist ganz und gar liebevoll. Er ist niemals zu früh und kommt niemals zu spät. Er ist immer zur richtigen Zeit am richtigen Ort. Er ist immer im völligen Frieden und vermittelt uns nicht das Gefühl, gehetzt zu sein. Als es an der Zeit war, sanftmütig zu sein, war er unendlich freundlich. Als es an der Zeit war, die Tische der Geldwechsler umzuwerfen, tat er es mit Leidenschaft. Die Versuche der Pharisäer, ihm eine Falle zu stellen, brachten ihn niemals aus dem Konzept und stets war er im Fluss göttlicher Weisheit. Er ist hart wie Stahl und weich wie Samt, sanftmütig und majestätisch, vollkommen Mensch und vollkommen Gott. Das ist Jesus, und du bist *in ihm*!

Du bist in Christus

Was bedeutet es, in Christus zu sein? Es bedeutet, dass wir eine neue Schöpfung sind (2Kor 5,17). Wenn wir in Christus sind, sind wir mit jedem Segen gesegnet (Eph 1,3). Wenn wir in Christus sind, ruhen wir im Schatten des Allmächtigen (Ps 91,1 NLB) und sind geschützt. Wenn wir in Christus sind, sind wir der Kopf und nicht der Schwanz; es wird mit uns immer weiter aufwärts gehen und nicht bergab (5Mo 28,13 NLB). Sei nicht wie die Welt und sage Dinge wie: »Es geht mir den Umständen entsprechend ganz gut.« Du musst nicht den Umständen »entsprechen« und dich damit unter sie begeben. Der Herr kann bewirken, dass du dich über alle deine Umstände erhebst!

Du brauchst dich von deinen Umständen nicht einschüchtern zu lassen. Ob sich dir Riesen in Form von finanziellem Mangel, Krankheit oder Depression entgegenstellen, sie sind alle leichte Beute für dich.

Gottes Wort sagt uns: »Ihr [seid] *in Christus Jesus*, der uns von Gott gemacht worden ist zur Weisheit, zur Gerechtigkeit, zur Heiligung und zur Erlösung« (1Kor 1,30). Wenn wir in Christus sind, macht Gott Jesus zu unserer Weisheit, Gerechtigkeit, Heiligung und Erlösung. Durch dieses ganze Buch hindurch haben wir über Gerechtigkeit, Heiligung und deine Erlösung durch das vollbrachte Werk Jesu gesprochen. Ich hoffe, dass du inzwischen weißt, dass die Frage, um die es heute geht, nicht mehr die ist, ob du in Gottes Augen gerecht oder heilig bist. Die zu stellenden Fragen lauten: »Ist Christus in Gottes Augen gerecht?« und »Ist Christus in Gottes

Augen heilig?« Wenn du in Christus bist, dann gilt: So wie Christus ist, *bist auch du* (1Joh 4,17)! Ist Christus heute gesund, voller Gunst und Gott wohlgefällig? Dann bist du es also auch!

Alle Segnungen der Gerechten, von denen in Gottes Wort berichtet wird, gehören heute auch dir. Wenn es in der Bibel heißt: »Das Gebet eines gerechten Menschen hat große Macht und kann viel bewirken« (Jak 5,16 NLB), dann brauchst du dir nicht zu wünschen, ein gerechter Mensch zu sein oder dich auf die Suche nach einem gerechten Menschen zu machen, der für dich betet. Mein Freund, du bist in Christus. Christus hat dich gerecht gemacht. So wie er gerecht ist, bist es auch du. Auf der Grundlage von Gottes Wort bedeutet das, du kannst beten und zuversichtlich erwarten, dass deine Gebete viel ausrichten werden! Gott wird deine Gebete hören und beantworten. Die Bibel sagt, dass du nicht hast, weil du nicht bittest (Jak 4,2). Also sei kühn und sehr mutig und bitte Gott um große Dinge!

Es gibt noch eine andere Beschreibung der Gerechten: »... die Gerechten sind furchtlos wie ein junger Löwe« (Spr 28,1). Das beschreibt *dich*, lieber Freund. Du brauchst dich von deinen Umständen nicht einschüchtern zu lassen. Du bist furchtlos und du hast den Mut, gegen jeden Riesen in deinem Leben anzugehen. Ob sich dir also Riesen in Form von finanziellem Mangel, Krankheit oder Depression entgegenstellen, sie sind alle leichte Beute für dich.

Aber weißt du was? Wenn du in Gerechtigkeit gegründet bist, ist die größte Kühnheit, die du haben kannst, die, ohne Angst oder Sündenbewusstsein vor Gott zu stehen und seine unverdiente Gunst zu empfangen. Wenn du dir deines gerechten Standes sicher bist, den du aufgrund der Gerechtigkeit Christi hast, brauchst du dich nicht davor zu fürchten, dass Gott hinter dir her ist, um dich zu richten oder dich zu verdammen. Du hast die Freiheit, kühn vor den Herrn zu treten und seine Verheißungen für dich einzufordern, selbst wenn du versagt hast – eigentlich sollte ich sagen: *besonders* dann, wenn du versagt hast.

Wenn du Jesus als deine Weisheit empfängst, wirst du erhöht werden und zu Ehren kommen.

Gott will, dass wir »hinzutreten mit Zuversicht zu dem *Thron der Gnade* [unverdienten Gunst], damit wir Barmherzigkeit empfangen und Gnade [unverdiente Gunst] finden zu der Zeit, wenn wir Hilfe nötig haben« (Hebr 4,16 LUT). Beachte, dass der Thron für den Gläubigen kein Thron des Gerichts ist. Es ist ein Thron der Gnade, ein Thron der unverdienten Gunst. Du kannst nur den Mut haben, an Gottes Gunst in deinem Leben zu glauben, wenn du in deiner Gerechtigkeit in Christus sicher gegründet bist. Daher achte darauf, dass du heute das Richtige glaubst.

Weisheit steht an erster Stelle

Nimm nun zur Kenntnis, dass in 1. Korinther 1,30 Christus für uns *zuerst zur Weisheit* gemacht wurde, dann zur Gerechtigkeit, Heiligkeit und zur Erlösung. Zuerst kommt die Weisheit! Jesus als unsere Weisheit steht an erster Stelle. Es gibt einen Unterschied zwischen Weisheit und Erkenntnis. Die Erkenntnis macht überheblich (1Kor 8,1 NEÜ). Sie kann uns stolz und arrogant werden lassen. Aber Weisheit macht uns demütig und belehrbar. Man kann sehr viel lesen und eine Menge Wissen anhäufen, aber dennoch kann die Weisheit fehlen. Man wird auch nicht weiser, nur weil man älter und lebenserfahrener wird. Weisheit entwickelt sich nicht auf natürliche Weise. Es spielt keine Rolle, ob du jung oder alt bist, erfahren oder unerfahren, hoch gebildet oder nicht. Weisheit kommt durch die unverdiente Gunst Gottes.

Höre, was das Wort Gottes über die Bedeutung der Weisheit sagt: »Der Anfang der Weisheit ist: Erwirb Weisheit, und erwirb Verstand mit deinem ganzen Besitz. Halte sie hoch, und sie wird dich erhöhen, sie bringt dich zu Ehren, wenn du sie umarmst. Sie legt einen schönen Kranz[30] auf dein Haupt, eine prächtige Krone schenkt sie dir« (Spr 4,7–9 ZÜB). Du siehst: Wenn du Jesus als deine Weisheit empfängst, wirst du erhöht werden und zu Ehren kommen.

Ich erinnere mich, dass Gottes Weisheit das war, wofür ich in den Anfängen unserer Gemeinde jeden Tag hauptsächlich gebetet habe. Ich betete darum, dass Gottes Weisheit uns bei allem leiten würde, was wir taten. Darauf lag mein Fokus. Ich wollte die Gemeinde nicht mit meiner eigenen Weisheit führen. Ich wollte mich auf die Weisheit Jesu verlassen. Tatsächlich geschah es während dieser Zeit, in der ich Gott um Weisheit bat, dass der Herr meine Augen für das Evangelium der Gnade öffnete!

Als meine Augen für das Evangelium der unverdienten Gunst Jesu geöffnet wurden, wurden Menschenleben auf wunderbare Weise verwandelt und unsere Besucherzahl im Sonntagsgottesdienst erhöhte sich von einigen Hundert Mitte der Neunzigerjahre auf über 22.000 kostbare Menschen im Jahr 2010. Wann immer man mich bittet zu erklären, wie wir die Gemeinde zum Wachsen gebracht haben, ist meine Antwort schlicht und einfach: Es ist vollständig durch die unverdiente Gunst Jesu geschehen. Ich weiß, dass es einzig und allein Gnade ist, die in unserer Gemeinde ein solch explosionsartiges Wachstum bewirkte.

Bevor unsere Gemeinde diesen fulminanten Zuwachs erlebte, fragte mich der Herr, ob ich etwas tun würde. Eines Tages, während ich Zeit in seiner Gegenwart verbrachte und sein Wort las, fragte er mich, ob ich in jedem Gottesdienst Jesus predigen könnte. Mein erster Gedanke war, um ehrlich zu sein, dass viele Leute nicht mehr kommen und unsere Gemeinde schrumpfen würde, wenn ich in jeder Botschaft nur noch über Jesus spräche. Dann fragte mich der Herr: »Wenn die Leute nicht mehr kommen, wirst du dann immer noch in all deinen Botschaften Jesus predigen?« Wie alle jungen Pastoren war ich ehrgeizig und wollte die Gemeinde wachsen sehen, aber ich ordnete mich dem Herrn unter und sagte: »Ja, Herr, auch wenn die Gemeinde schrumpft, will ich weiterhin Jesus predigen!«

Weisheit wird dich immer zu einer persönlichen Begegnung mit Jesus und zum Kreuz führen!

Ich konnte nicht ahnen, dass das eigentlich ein Test vom Herrn war, denn von dem Moment an, als ich anfing, jeden Sonntag Jesus zu predigen und seine Herrlichkeit und die Vollkommenheit seines vollbrachten Werkes zu enthüllen, haben wir als Gemeinde niemals zurückgeblickt. Ich bemerkte nicht, dass über all die Jahre hinweg, in denen ich um Weisheit bat, die Weisheit Gottes mich dahin führte, das Evangelium der Gnade zu enthüllen – das Evangelium der Gnade, das ungetrübt ist durch das Gesetz und menschliche Werke und vollständig auf dem vollbrachten Werk Jesu beruht. Das ist, was Weisheit tut. Sie führt dich immer zu einer persönlichen Begegnung mit Jesus und zum Kreuz!

Heute wird dasselbe Evangelium der Gnade, das wir jeden Sonntag in unserer Gemeinde predigen, in Millionen Haushalte in Amerika, Europa, im Nahen Osten und im asiatisch-pazifischen Raum übertragen. Wir begannen als kleine Gemeinde in

Singapur, von der noch niemand etwas gehört hatte. Doch Gottes unverdiente Gunst hat uns damit gesegnet, ein internationaler Dienst zu werden, der die Welt mit der guten Nachricht seiner unverdienten Gunst verändert. Wir rechnen es uns nicht als Verdienst an, weil diese Weisheit von Jesus stammt, und wir rühmen uns einzig und allein in ihm.

Der Geist der Weisheit

Wir haben darüber gesprochen, dass Weisheit an erster Stelle steht bzw. der Anfang ist, aber weißt du, was der »Geist der Weisheit« ist? Sieh dir das Gebet an, das der Apostel Paulus über die Gemeinde in Ephesus gebetet hat:

> *… Der Gott unseres Herrn Jesus Christus, der Vater der Herrlichkeit, [gebe] euch [den]* ***Geist der Weisheit und Offenbarung in der Erkenntnis seiner selbst****, erleuchtete Augen eures Verständnisses, damit ihr wisst, was die Hoffnung seiner Berufung und was der Reichtum der Herrlichkeit seines Erbes in den Heiligen ist, was auch die überwältigende Größe seiner Kraftwirkung an uns ist, die wir glauben, gemäß der Wirksamkeit der Macht seiner Stärke. – Epheser 1,17–19*

Verstehst du das? Der Geist der Weisheit und der Offenbarung ist in *der Erkenntnis Jesu*! Je mehr du Jesus erkennst und eine Offenbarung seiner unverdienten Gunst in deinem Leben hast, umso mehr wirst du auch den Geist der Weisheit haben. Ich rate dir, dieses Gebet um Weisheit regelmäßig zu beten, denn wenn du in der Erkenntnis Jesu wächst, wird er sicherlich bewirken, dass du in jedem Bereich deines Lebens guten Erfolg hast.

Je mehr du Jesus erkennst und eine Offenbarung seiner unverdienten Gunst in deinem Leben hast, umso mehr wirst du auch den Geist der Weisheit haben.

Beachte: Als Paulus dieses Gebet für die Gläubigen in Ephesus betete, waren sie bereits mit dem Heiligen Geist erfüllt. Und trotzdem hat Paulus gebetet, dass Gott ihnen den Geist der Weisheit und Offenbarung der Erkenntnis Jesu geben möge. Es ist eine Sache, den Heiligen Geist in dir zu haben, aber eine andere, den Heiligen Geist als den Geist der Weisheit und Offenbarung in dir fließen zu lassen. Wenn der Heilige Geist dich in der Weisheit Jesu führt, wird es keine unmögliche Situation, kein unlösbares Problem und keine unüberwindbare Krise geben. Die Weisheit Jesu in dir wird dir dabei helfen, dir erfolgreich einen Weg durch deine Herausforderungen zu bahnen, und bewirken, dass du über alle deine Anfechtungen die Oberhand gewinnst.

Das Geheimnis der Weisheit Salomos

Lass uns einen Blick auf das Leben Salomos werfen: Als Salomo König wurde, war er nur ein junger, ungefähr achtzehnjähriger Mann und hatte als Thronfolger Davids keine leichte Aufgabe zu erfüllen. Als Salomo zu Beginn den Thron bestieg, war er noch nicht mit Weisheit erfüllt, aber er war eindeutig aufrichtig bemüht. Er ging zum Berg Gibeon, wo die Stiftshütte Moses stand, um dem

Herrn tausend Brandopfer darzubringen. Auf dem Berg Gibeon erschien der Herr Salomo in einem Traum und sagte: »Was willst du haben? Bitte, und ich werde es dir geben!« (2Chr 1,7 NLB).

Nun denk mal einen Moment darüber nach: Um was hättest du gebeten, wenn du an Salomos Stelle gewesen wärest? Salomo hat nicht um Reichtümer gebeten. Noch hat er darum gebeten, von allen Menschen geehrt zu werden. Stattdessen sagte er zum Herrn: »Schenk mir *Weisheit und Erkenntnis*, damit ich gute Entscheidungen fälle, denn wer wäre fähig, dein großes Volk zu regieren?« (2Chr 1,10 NLB). Die Bibel berichtet uns: Das Anliegen Salomos »war dem Herrn wohlgefällig« (1Kö 3,10) und der Herr antwortete: »Weil dies dein Wunsch ist und weil du nicht um Reichtum, Schätze und Ehre oder um den Tod deiner Feinde und auch nicht um ein langes Leben gebeten hast, sondern um Weisheit und Erkenntnis, damit du mein Volk gut regieren kannst, über das ich dich zum König eingesetzt habe, darum will ich dir die Weisheit und Erkenntnis schenken. Doch darüber hinaus werde ich dir auch Reichtum, Schätze und Ehre schenken, wie noch kein König vor dir sie hatte und auch keiner nach dir sie haben wird!« (2Chr 1,11–12 NLB).

Jesus macht dich für jenen guten Erfolg tauglich,
der von Generation zu Generation andauernde und
beständige Frucht hervorbringt.

In 1. Könige wird uns berichtet, dass Salomo dem Herrn sagte: »So gib du deinem Knecht doch ein *verständiges Herz*, dass er dein Volk zu richten versteht und unterscheiden kann, was gut und böse ist. Denn wer kann dieses dein großes Volk richten?« (1Kö 3,9). Als Salomo also um Weisheit und Einsicht bat, bat er um ein verständiges Herz. Lass uns noch tiefer gehen. Für das Wort »verständig« wird hier das hebräische Wort *schama* gebraucht, was »klug zu hören«[31] bedeutet. Mit anderen Worten: Salomo bat um ein *hörendes* Herz, eines, das vom Geist Gottes – der uns in alle Wahrheit führt – hört und geleitet wird (Joh 16,13). Du brauchst ein hörendes Herz, damit die Weisheit Gottes durch jeden Bereich deines Lebens fließen kann!

Ich glaube, dasselbe Anliegen, das dem Herrn damals gefiel, gefällt ihm auch heute noch. Gott gefällt es, wenn wir Jesus um Weisheit bitten. Ihn um Weisheit zu bitten bringt uns in eine Haltung des Vertrauens und der Abhängigkeit gegenüber seiner unverdienten Gunst. Nur die Demütigen können Jesus um Weisheit und ein hörendes Herz bitten. Obwohl Salomo nur um Weisheit gebeten hatte, fügte ihm der Herr »Reichtum, Schätze und Ehre« hinzu. Zu viele Menschen jagen Reichtum, Schätzen und Ehre nach und erkennen dabei nicht, dass alles durch die Weisheit Jesu kommt. Selbst wenn jemand plötzlich zu Reichtum käme, würde er das Geld ohne die Führung durch die Weisheit Jesu verschwenden. Aber mit der Weisheit Jesu wirst du nicht nur gesegnet werden, sondern die Segnungen in deinem Leben auch festhalten können. Jesus macht dich für jenen guten Erfolg tauglich, der von Generation zu Generation andauernde und beständige Frucht hervorbringt.

Zurück zu Salomo. Lass uns sehen, was er tat, direkt nachdem er von Gott Weisheit empfangen hatte: David hatte die Anbetung auf dem Berg Zion eingeführt, nicht auf dem Berg Gibeon. Auf dem Berg Gibeon waren von der Stiftshütte Moses lediglich die materiellen Gegenstände, das Gerüst und die Form übrig geblieben. Es befanden sich dort noch der Leuchter, der Tisch für die Schaubrote und der Altar für das Räucherwerk. Doch das wichtigste Stück in der Stiftshütte fehlte – die Bundeslade mit der Gegenwart Gottes.

König David hatte eine besondere Offenbarung über die Bundeslade gehabt, sie nach Jerusalem zurückgebracht und auf dem Berg Zion aufgestellt. Wir können sehen, dass Salomo, bevor er Weisheit empfing, aus irgendeinem Grund der Tradition folgte: Obwohl er auf dem Berg Gibeon ernsthaft den Herrn suchte, war die Gegenwart des Herrn in Wirklichkeit auf dem Berg Zion zu finden. Die Stiftshütte Moses hatte nur die äußere Form, aber die greifbare Wirklichkeit der Gegenwart des Herrn befand sich mit der Bundeslade in Jerusalem. Doch jetzt beachte Folgendes: Als Salomo aufwachte, nachdem er Weisheit vom Herrn erhalten hatte, war *das Erste*, was er tat, nach Jerusalem zu gehen. Dort »trat er vor die Bundeslade des Herrn und opferte Brandopfer und Friedensopfer und veranstaltete ein Mahl für alle seine Knechte« (1Kö 3,15).

Durch Weisheit erkennst du, wie wertvoll die Gegenwart Jesu ist

Wie kannst du erkennen, ob jemand Weisheit vom Herrn erhalten hat? Das Erste, was er tun wird, ist die Gegenwart Jesu wertzuschätzen! Nachdem Salomo von der Weisheit Gottes überflutet wurde, ließ er das offizielle Bauwerk der Stiftshütte Moses hinter sich und ging nach Jerusalem, um die Gegenwart des Herrn zu suchen. Nachdem er Weisheit und ein hörendes Herz empfangen hatte, wurde ihm die Gegenwart des Herrn wertvoll. In gleicher Weise wird es dich nicht von der Gemeinde wegführen, wenn du die Weisheit Gottes empfängst. Stattdessen wird sie bewirken, dass du mehr von Gottes Wort und von der Gegenwart Jesu empfangen willst.

»Pastor Prince, was ist an der Bundeslade so bedeutend?«

Die Bundeslade ist ein Bild auf Jesus hin. Sie ist aus Holz gemacht, was sich auf das Menschsein Jesu (Jes 55,12; Mk 8,24) bezieht, und mit Gold überzogen, was auf die Göttlichkeit Jesu (Jes 2,20; Hld 5,11.14–15) hinweist. Jesus ist zu 100 Prozent Mensch und zu 100 Prozent Gott. In der Lade befinden sich drei Gegenstände: die Steintafeln mit den Zehn Geboten, der Stab Aarons, der Knospen getrieben hatte, und ein goldenes Gefäß mit Manna. Diese Gegenstände repräsentieren das Versagen der Menschen und die Rebellion gegen Gottes vollkommenes Gesetz, seine auserwählte Leiterschaft beziehungsweise seine Versorgung.[32]

Nun sieh dir Gottes Herz für sein Volk an. Er gab die Anweisung, dass diese Symbole der menschlichen Rebellion in die Lade gelegt und mit dem Gnadenthron bedeckt werden sollten! Der Gnadenthron ist die Stelle, auf die der Hohepriester das Blut des Opfers sprengt, um alle Versäumnisse und die ganze Rebellion der Kinder Israels zu bedecken.

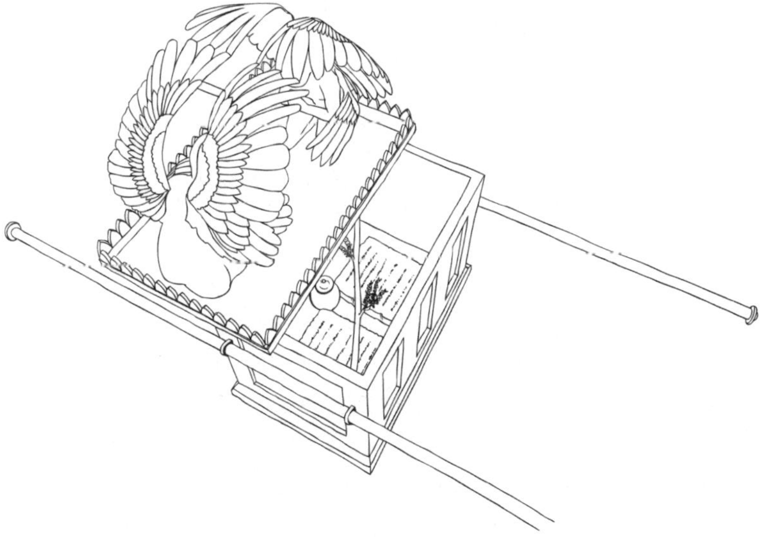

Die Bundeslade enthält drei Gegenstände:
Die Steintafeln mit den Zehn Geboten, den Stab Aarons, der getrieben hatte und eine goldene Schale mit Manna.

Die Bundeslade ist nur ein Schatten. Heute haben wir die greifbare Wirklichkeit des vollbrachten Werkes Jesu am Kreuz, an dem das Blut von Gottes eigenem Sohn (und nicht das geringwertigere Blut von Stieren und Böcken) vergossen wurde, um *alle* unsere Sünden, unser Versagen und unsere Rebellion *ein für alle Mal* auszuradieren!

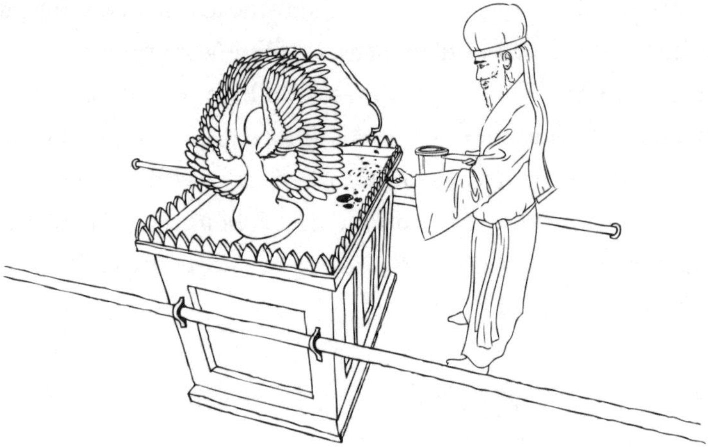

Der Hohepriester besprengt den Gnadenthron mit dem Blut des Opfers, um alle Versäumnisse und die ganze Rebellion der Kinder Israels zu bedecken.

Es ist kein Wunder, dass die Kinder Israels aus den Schlachten siegreich hervorgingen, bei denen sie *den Wert der Lade wertgeschätzt hatten.* Genauso ist es heute ein deutliches Zeichen von Gottes Weisheit in deinem Leben, wenn du Jesus und das, was er für dich am Kreuz getan hat, anerkennst und wertschätzt. Und weil die wahre Bundeslade die ganze Zeit über mit dir ist, kannst du nicht anders, als jeden Kampf, in dem du vielleicht gerade steckst, triumphierend, erfolgreich und siegreich zu verlassen.

Salomo erkannte das und suchte sofort, nachdem er aus seinem Traum aufgewacht war, die Gegenwart des Herrn. Mein Freund, strecke dich nach der Gegenwart Jesu in deinem Leben aus. Er ist hier und jetzt deine Weisheit und dein Sieg bei allen deinen Kämpfen!

Weisheit und langes Leben

Die Bibel verheißt dir noch etwas anderes, wenn du Weisheit hast: »Glücklich ist der Mensch, der Weisheit findet … *In ihrer rechten Hand hält sie für dich langes Leben bereit* und in ihrer linken Reichtum und Ehre« (Spr 3,13–16 NLB). Leider hatte Salomo nur die linke Hand der Weisheit, in der Reichtum und Ehre liegen. Der Herr hatte ihm gesagt: »… *wenn* du mir gehorchst und meine Gesetze und Gebote hältst …, *schenke ich dir auch ein langes Leben*« (1Kö 3,14 NLB).

Für Salomo war der Segen eines langen Lebens an eine Bedingung geknüpft, weil er sich unter dem alten Bund des Gesetzes befand. Er konnte ihn nur erhalten, wenn er fähig war, das Gesetz vollkommen zu halten. Doch Salomo versagte dabei und konnte sich nicht an einem langen Leben erfreuen, das aus der rechten Hand der Weisheit kommt. Aber weil wir heute unter dem neuen Bund der Gnade sind, ist Jesus die rechte Hand des Vaters und unsere Weisheit. Und wenn wir Jesus haben, können wir – aufgrund seines vollbrachten Werkes am Kreuz – mit beiden Händen der Weisheit gesegnet werden. Das bedeutet, dass uns sowohl Reichtum und Ehre als auch ein langes Leben gehören! Welch einem großartigen Gott dienen wir doch!

Lieber Freund, folge Jesus nach und du wirst in jedem Bereich deines Lebens Weisheit erfahren. Du kannst dir die Weisheit Gottes nicht aneignen, indem du versuchst, sie dir zu verdienen, zu erarbeiten oder sie zu studieren. Sie kommt durch die unverdiente Gunst Gottes. Seine Weisheit wird dir in deinem Beruf guten Erfolg verschaffen. Sie wird bewirken, dass du als Schüler, Student, Elternteil oder Ehepartner erfolgreich bist.

Wenn du zum Beispiel in deiner Ehe Problemen gegenüberstehst, wird Gott deinen Ehepartner nicht einfach »schwuppdiwupp« auf magische Weise verändern und ihn dann zu dir zurückbringen! Was deinen Ehepartner beim ersten Mal vertrieben hat, wird ihn oder sie wieder vertreiben. Was du brauchst, ist Weisheit für deine Ehe!

Gottes Weisheit führt immer zu Beförderung und gutem Erfolg.

Wenn du auf der Arbeit eine Krise durchmachst, dann verlass dich auf den Herrn und seine Weisheit. Es gibt keine »Geldprobleme«, nur »Einstellungsprobleme«. Vertraue darauf, dass der Herr dich mit Weisheit vom Himmel segnet und bewirkt, dass du bei allem, was du an deiner Arbeitsstelle in die Hand nimmst, Erfolg hast. Gottes Weisheit führt immer zu Beförderung und gutem Erfolg.

Gottes Weisheit bewirkt Beförderung

In 1. Mose 39,3–4 sehen wir Folgendes: Als Potifar erkannte, dass der Herr mit Josef war und alles, was er berührte, Erfolg hatte, beförderte Potifar Josef auf der Stelle und übertrug ihm die Verantwortung für alle Aufgaben in seinem Haus. Genauso übertrug ihm der Pharao die Verantwortung über ganz Ägypten (1Mo 41,38–41), als er sah, dass der Geist Gottes in Josef war und keiner so weise und scharfsinnig war wie Josef. Aber eines musst du beachten: Josef *wusste*, dass Gott die Quelle seiner Weisheit war. Als der Pharao sagte: »Ich habe einen Traum gehabt, aber es kann ihn niemand deuten; nun habe ich über dich vernommen, dass du einen Traum zu deuten vermagst, wenn du ihn hörst«, erwiderte Josef sofort: »Das steht nicht bei mir. Gott wird verkündigen, was dem Pharao zum Wohl dient!« (1Mo 41,15–16). Josef wusste, dass seine Weisheit das Ergebnis von Gottes unverdienter Gunst war, und wollte sich nicht mit fremden Federn schmücken. Eindeutig stand hier ein Mann, der etwas von Gnade verstand und dem man Wachstum, Beförderung und mehr guten Erfolg anvertrauen konnte.

Beobachte die Weisheit Josefs in Aktion. Josef hatte nicht einfach nur den Traum des Pharaos gedeutet. Er beriet den Pharao auch, wie er aus den sieben Jahren des Überflusses Nutzen ziehen konnte, um damit für die sieben Jahre der Dürre, die in seinem Traum offenbart wurden, vorzusorgen. Ist dir aufgefallen, wie die weisen Ratschläge Josefs ihn in eine einflussreiche Stellung führten? So funktioniert die Weisheit des Herrn. In Sprüche 18,16 heißt es: »Das Geschenk macht dem Menschen Raum und verschafft ihm Zutritt zu den Großen.« Josef wusste, dass seine Weisheit ein Geschenk vom Herrn war. Er wusste, dass er sie sich nicht verdient hatte und dass sie aus der unverdienten Gunst des Herrn kam.

Die Wege des Herrn sind erstaunlich. Schau dir das Ausmaß von Josefs Beförderung in 1. Mose 41 an. In weniger als einer Stunde stieg er von einem niederen Gefangenen zum ranghöchsten Beamten in ganz Ägypten auf. Das, mein Freund, ist die unverdiente Gunst Gottes! Keine Anstrengungen, keine eigenen Bemühungen, keine Kompromisse und keine Manipulation, einzig und allein reine Gnade machte den entscheidenden Unterschied in Josefs Leben aus!

Vergiss nicht, was wir am Anfang dieses Buches behandelt haben. Wenn der Herr mit dir ist, bist du eine erfolgreiche Person. Es fühlt sich vielleicht so an, als wärst du im Moment in einer hoffnungslosen Situation – gefangen, weggeworfen und vergessen wie Josef –, aber die Geschichte ist noch nicht zu Ende! Die Beförderung des Herrn steht schon vor der Tür. In welcher Situation du gerade sein magst, gib nicht auf.

Wenn du Gottes Weisheit empfängst, werden dir Reichtum, Ehre und ein langes Leben nachfolgen.

Wenn du in einer Situation feststeckst und nicht weißt, was du tun sollst, dann demütige dich und bitte den Herrn um Weisheit. Es heißt in der Bibel: »Wenn es aber jemand unter euch an Weisheit mangelt, so erbitte er sie von Gott, der allen gern und ohne Vorwurf gibt, so wird sie ihm gegeben werden« (Jak 1,5). Den Herrn um Weisheit zu bitten, das geht so: »Ich kann nicht, Herr, aber du kannst. Ich gebe meine eigenen Anstrengungen auf und vertraue vollständig auf deine unverdiente Gunst und Weisheit.« Wenn du Gottes Weisheit empfängst, laufen dir Reichtum, Ehre und ein langes Leben hinterher. Lauf zu Gott! Jetzt!

KAPITEL 21

ÜBERREICH GESEGNET, HÖCHST BEGÜNSTIGT UND INNIG GELIEBT

Wir haben eine aufregende Reise unternommen, um die unverdiente Gunst des Herrn zu verstehen, und sind nun beim vorletzten Kapitel unserer Reise angekommen. Ich bete, dass Gott deine Augen für den überaus großen Reichtum seiner Gnade (unverdienten Gunst) geöffnet hat, die er uns in seiner Güte durch Christus Jesus erweist, und dir eine Offenbarung darüber gegeben hat, was es wirklich bedeutet, durch Glauben und nicht durch Werke gerecht zu sein.

Jesus ist allezeit mit uns. Das bedeutet, dass wir jederzeit erfolgreich sein können, bei allem, was wir tun!

Wir sind durch das Blut Jesu gewaschen, erfüllt mit dem Heiligen Geist und bekleidet mit seiner Gerechtigkeit. Als Jesus für unsere Sünden am Kreuz starb, zerriss der Vorhang, der uns von Gottes heiliger Gegenwart trennte (Mt 27,51), und ein neuer und lebendiger Weg zu Gottes heiliger Gegenwart wurde geöffnet. Heute können wir ohne Angst und Bangen *vertrauensvoll und zu-*

versichtlich in das Allerheiligste eintreten, weil wir nicht in unserer eigenen Heiligkeit stehen, sondern in der Heiligkeit Christi. Lieber Freund, weißt du, was für ein außerordentliches Privileg das ist? Unter dem alten Bund des Gesetzes wäre das unmöglich gewesen.

Unter dem alten Bund des Gesetzes konnte nur eine einzige Person das Allerheiligste, wo die Bundeslade stand, betreten: der Hohepriester von Israel. Und auch der Hohepriester konnte nicht jederzeit eintreten. Nur *einmal im Jahr*, am Versöhnungstag, wurde ihm erlaubt, in die Gegenwart Gottes zu kommen. Aber heute haben du und ich jederzeit freien und uneingeschränkten Zugang zur Gegenwart Jesu. Jesus ist immer mit uns. Das bedeutet, dass wir jederzeit erfolgreich sein können, bei allem, was wir tun!

Der göttliche Austausch am Kreuz

Da wir zum Ende dieses Buches kommen, will ich sicherstellen, dass du, bevor du es schließt, die volle Gewissheit über deine vollkommene Stellung in Christus hast. Lass mich noch einmal mit einfachen Worten zusammenfassen, was der neue Bund ist: Im alten Bund des Gesetzes teilte Gott dem Volk Israel mit, er könne es nur annehmen, wenn es seine Gebote in vollkommener Weise einhielte. Aber Gott selbst bemängelte den alten Bund, weil der Mensch dessen Forderungen nicht erfüllen konnte, und so folgte er seinem Plan und schloss einen neuen Bund, dessen Grundlage ausschließlich das vollbrachte Werk Jesu war.

Im neuen Bund der unverdienten Gunst sagte Gott im Wesentlichen: »Ich habe einen besseren Weg. Lass Jesus die Gesetze an deiner Stelle vollständig halten. Und obwohl keine Sünde in ihm ist, lass ihn den Preis für alle deine Gesetzesübertretungen zahlen. Lass ihn die ganze Strafe tragen, die du verdienst. Sind erst einmal alle deine Sünden am gekreuzigten Körper Jesu gerichtet, will ich dich für diese Sünden nie wieder bestrafen. Alles, was du tun musst, ist Jesus anzunehmen und an all die guten Dinge zu glauben, die er getan hat. Und alles, was er erfüllt hat, werde ich dir anrechnen und all die Segnungen, die Gunst und den Erfolg, die mein Sohn verdient, werde ich dir geben.«

»Und was all die falschen Dinge betrifft, die du getan hast und jemals tun wirst, die werde ich ihm anrechnen – am Kreuz wird er das ganze Gericht, die Verurteilung und die Bestrafung tragen, die du für deine Sünden verdienst. Auf diese Weise werden all die guten Dinge, die er getan hat, zu deinen und alle schlechten Dinge, die du getan hast und tun wirst, werden auf Golgatha zu seinen.«

Deshalb nennen wir es das Evangelium der Gnade. »Evangelium« bedeutet »frohe Botschaft« und das ist in der Tat eine FROHE BOTSCHAFT! Selbst wenn du die theologischen Unterschiede zwischen dem alten und dem neuen Bund nicht völlig verstehst, musst du einfach nur den göttlichen Austausch verstehen, der am Kreuz stattgefunden hat – und schon wirst du ein tiefes und inniges Verständnis von dem Evangelium Jesu haben. Worauf will ich hinaus? Ich sage dir, dass du kein Bibelgelehrter sein musst, um das Evangelium zu verstehen. Du musst einfach nur Jesus als Person erkennen und alles sehen, was er für dich getan hat! Du musst wissen, dass in dem Moment, als du Jesus angenommen hast, Gott dir eine ewige »1+« gegeben hat, weil du vor ihm gerecht bist. Du musst wissen, dass du heute bei Gott Gunst genießen darfst. Sie ist völlig unverdient und wird nicht durch eigene Leistung erworben, und sie gehört dir aufgrund dessen, was Jesus am Kreuz getan hat!

Wie man an Gottes unverdienter Gunst zunimmt

Gottes Wort sagt uns: »Und Jesus *nahm zu* an *Weisheit* und Alter und *Gunst* bei Gott und Menschen« (Lk 2,52 ELB). Das ist ein guter Vers, um ihn betend über deinen Kindern auszusprechen – dass sie zuerst an Gunst bei Gott zunehmen und dann an Gunst bei den Menschen. Deine »vertikale Beziehung« zu Gott sollte immer Priorität vor deiner »horizontalen Beziehung« zu den Menschen um dich herum haben.

Genau wie Jesus kannst du an Weisheit und an Gottes unverdienter Gunst zunehmen. Wie? Du hast vermutlich festgestellt, dass einige Gläubige scheinbar viel mehr unverdiente Gunst erleben als andere. Ich glaube, dass diese Gläubigen den Zugangsschlüssel zu Gottes Gunst erkannt haben. Römer 5,2 erklärt sehr deutlich, dass »wir *im Glauben* ... Zugang erlangt haben zu der Gnade [unverdienten Gunst], in der wir stehen«. Um Zugang zu deinem Computer oder deinem Bankkonto zu erhalten, brauchst du ein Passwort. Um Zugang zu Gottes unverdienter Gunst zu erhalten und in ihr zuzunehmen, ist Glaube das Passwort oder der Schlüssel, den wir brauchen: Glaube, um darauf zu vertrauen, dass DU ________________ (setze deinen Namen ein) höchst begünstigt *bist*!

Das ist eines der Dinge, die ich meinen Gemeindegliedern beigebracht habe: über sich selbst auszusprechen, dass sie *überreich gesegnet, höchst begünstigt und innig geliebt sind.*

»Woher wissen wir, dass wir überreich gesegnet sind, Pastor Prince?«

Lies es selbst in Hebräer 6,13–14 (NLB). Gott wollte, dass wir in dem sicheren und unerschütterlichen Wissen verankert sind, dass er uns, die Nachkommen Abrahams, segnen *will* und dass er bei sich selbst schwor und sagte: »Ich werde dich reich segnen, und deine Nachkommen sollen zahllos sein.«

»Wie können wir sagen, dass wir höchst begünstigt sind?«

Epheser 1,6 sagt uns, dass Gott uns mit seiner Gnade (unverdienten Gunst) *»begnadigt* hat in dem Geliebten«. Im griechischen Grundtext ist das Wort für »begnadigt« das Wort *charitoo*, was »höchst begünstigt« bedeutet.[33]

»Und werden wir von Gott wirklich innig geliebt?«

Gott hat uns nicht einfach nur geliebt. Johannes 3,16 (NLB) sagt: »Denn Gott hat die Welt so sehr geliebt, dass er seinen einzigen Sohn hingab«. Er hat uns bewiesen, dass er uns SO SEHR liebt, als er Jesus sandte, um für uns am Kreuz zu sterben.

Ich bete, dass die Verse, auf die ich dich an dieser Stelle und im gesamten Buch aufmerksam gemacht habe, dir helfen werden zu glauben, dass *du* in der Tat überreich gesegnet, höchst begünstigt und innig geliebt bist. Wenn diese Wahrheiten noch nicht in deinem Herzen verankert sind, dann fange an, sie auszusprechen. Schau dich jeden Morgen im Spiegel an und verkünde kühn: »Aufgrund des vollkommenen Werkes Jesu am Kreuz bin ich gerecht durch sein Blut, überreich gesegnet, höchst begünstigt und innig geliebt! Ich erwarte, dass mir auf meinem Weg Gutes begegnet. Ich erwarte guten Erfolg und voller Vertrauen erwarte ich Gutes!«

Aufgrund des vollkommenen Werkes Jesu am Kreuz
bist du gerecht durch sein Blut, überreich gesegnet,
höchst begünstigt und innig geliebt!

Sobald du Jesus annimmst, befindest du dich im Land der Gunst. Du lebst nicht länger im Land der Verdammnis. Gott sieht dich als sein Lieblingskind an!

»Aber Pastor Prince, wie kann Gott so viele Lieblingskinder haben?«

Hey, er ist Gott. Versuche nicht, einen unbeschränkten Gott mit deinem beschränkten Verstand zu begrenzen. Die Bibel sagt uns, dass Gott sogar jedes einzelne Haar auf dem Kopf eines jeden von uns zählt (Mt 10,30). (Ich liebe meine Tochter sehr, ich habe aber noch nie die Anzahl der Haare auf ihrem Kopf gezählt.) Seine Liebe für jeden von uns ist innig und zutiefst persönlich. In seinen Augen sind wir alle seine Lieblingskinder!

Die Geschichte von Ester

Wenn du weißt, dass du überreich gesegnet, höchst begünstigt und innig geliebt bist, dann musst du dich nicht auf eigene Anstrengungen verlassen. Schau dir zum Beispiel die Geschichte von Ester an. Als König Ahasveros nach einer neuen Königin Ausschau hielt, wurden die schönsten Frauen des Landes in den Palast gebracht. Allen Frauen wurde die Gelegenheit gegeben, sich mit allem zu schmücken, was immer sie aus den Frauenquartieren begehrten, bevor sie zur Audienz vor den König gebracht wurden. Aber als Ester an der Reihe war, »verlangte sie nichts, außer was der königliche Eunuch, Hegai, der Hüter der Frauen, ihr sagte«. Und sieh dir die Ergebnisse an: »Und Ester *erlangte Gunst* in den Augen aller, die sie sahen« (Est 2,15 ELB). »Und der König gewann Ester lieb, mehr als alle Frauen, und *sie erlangte Gunst und Gnade vor ihm*, mehr als all die andern Jungfrauen. Und er setzte das königliche Diadem auf ihr Haupt und machte sie an Wastis Stelle zur Königin« (Est 2,17 ELB).

Während die anderen Frauen die besten Kleidungsstücke, Parfums und Accessoires an sich gerissen hatten, um sich zu verschönern, verließ Ester sich nicht auf ihre eigenen Fähigkeiten. Sie ordnete sich stattdessen Hegai unter, dem vom König ausersehenen Aufseher über die Frauen. Ihre Entscheidung war voller Weisheit und Demut. Kannst du die Schönheit Esters sehen? Sie vertraute nicht auf ihre eigenen Anstrengungen. Während die anderen Frauen versuchten, sich gegenseitig zu übertreffen, indem sie auf ihre eigenen Bemühungen vertrauten, ordnete Ester sich weise der Person unter, die die Vorlieben des Königs am besten kannte – und die Ergebnisse sprechen für sich.

Das Ereignis beweist uns auch, dass sich Ester völlig auf die unverdiente Gunst des Herrn verließ. Wenn du dich völlig auf die unverdiente Gunst des Herrn verlässt, dann lebst du aus Ruhe, Vertrauen und Leichtigkeit heraus. Ester musste nicht kämpfen. Als sie im Herrn ruhte und sich demütigte, beförderte der Herr sie und erhob sie über all die anderen schönen Frauen. Gott widersteht den Stolzen, aber den Demütigen gibt er unverdiente Gunst (1Petr 5,5). Wenn du dich demütigst und von deinen eigenen Anstrengungen ablässt, um dich selbst zu befördern, und dich einzig und allein auf Jesus verlässt, wird der Herr selbst deine Beförderung und deine Zunahme sein. Wie Ester wirst du aus einer Menge herausragen und Gnade und Gunst bei Gott und den Menschen bekommen.

Wenn der Herr dich befördert, dann gibt er dir Einfluss, damit du ein Segen und ein Schutz für die Menschen um dich herum sein kannst.

Weißt du, warum die Geschichte von Ester so wichtig ist? Bitte lies die Einzelheiten im Buch Ester. Weil Ester zur Königin befördert wurde, war sie in der begünstigten Lage, alle Juden im Reich davor zu bewahren, getötet zu werden. Wenn der Herr dich befördert, dann gibt er dir Einfluss, damit du ein Segen und ein Schutz für die Menschen um dich herum sein kannst. Es gibt keine Zufälle, nur Gottes-Fälle. Der Herr wird dich segnen, damit du ein Segen bist!

Gunst zu haben bedeutet nicht, dass du nicht mit Problemen konfrontiert wirst

Wenn Gottes unverdiente Gunst über dir aufleuchtet, *werden* dir gute Dinge widerfahren. Dennoch will ich dich gleichzeitig darauf aufmerksam machen, dass du vielleicht mit einigen Problemen konfrontiert wirst, die durch die Gunst auf deinem Leben entstehen. Wenn du zum Beispiel ein Geschäftsmann bist, wirst du mehr zu tun haben, als du bewältigen kannst. Wenn du ein Arzt bist, werden Patienten Schlange stehen, um von dir behandelt zu werden. Aber das sind »erfreuliche Probleme«.

Weil der Herr nicht aufhört, unsere Gemeinde zu segnen, haben wir Schwierigkeiten, all die kostbaren Menschen aufzunehmen, die jeden Sonntag das Evangelium der Gnade und das »Jetzt-Wort« Gottes an sie hören wollen. Im Moment haben wir jeden Sonntag bereits vier Gottesdienste, die »live« in mehrere Säle übertragen werden; viele Besucher stehen jede Woche mehr als eine Stunde Schlange, um einen Sitz in unserem Auditorium zu bekommen. Unser größter Übertragungsraum fasst über 2000 Menschen. Es ist ein »erfreuliches Problem«, aber es ist eine ständige Herausforderung, neue Übertragungsräume zu finden. Derzeit warten wir darauf, ein wesentlich größeres Auditorium fertigzustellen, das gerade gebaut wird, während ich dies schreibe.

Unverdiente Gunst bedeutet also nicht, dass du in deinem Leben nicht mit irgendwelchen Problemen konfrontiert wirst. Aber denke daran, dass dir Gottes allmächtige Gnade selbst mitten in diesen Problemen genügt und seine Kraft in deiner Schwachheit vollkommen wird (2Kor 12,9)!

Gunst zu haben bedeutet nicht, dass jeder dich mag

Sich an der unverdienten Gunst Gottes in deinem Leben zu erfreuen, bedeutet auch nicht, dass jeder, dem du begegnest, dich mögen wird. Ich glaube, dass du bei der großen Mehrheit der Menschen Gunst finden wirst, aber es mag eine Handvoll Menschen geben, bei denen du anscheinend einfach keine Gunst hast. Lass uns das Leben Jesu anschauen, denn die gleiche Gunst, die auf seinem Leben ist, ist heute auf deinem.

Als Jesus im Alter von 30 Jahren seinen Dienst begann, kamen die Menschen, wohin er auch ging, in Scharen zu ihm. Zum Beispiel heißt es in Matthäus 4,24 (NLB): »Die Neuigkeiten über ihn verbreiteten sich weit über die Grenzen Galiläas. Bald strömten die Kranken sogar aus Syrien herbei, um sich von ihm gesund machen zu lassen. Und ganz gleich, welche Krankheit und welche Beschwerden sie quälten, ob sie von Dämonen besessen, Epileptiker oder Gelähmte waren – er heilte sie.«

Jesus hatte so viel Gunst, dass Pontius Pilatus, als Jesus vor ihm stand, verschiedene Gründe dafür suchte, ihn frei zu lassen. Jesus musste sogar seinen Mund halten, um sich kreuzigen zu lassen. Er wusste, dass er freigelassen worden wäre, wenn er seinen Mund geöffnet und mit der Gunst und Weisheit Gottes gesprochen hätte.

Hör zu, mein Freund, Jesus wurde nicht ermordet! Er gab sein Leben freiwillig hin. Er entschied sich dafür, wie ein Lamm ins

Schlachthaus geführt zu werden. Er hatte jederzeit die Macht, die Soldaten aufzuhalten, die ihn gefangen hielten. Die Männer, die gekommen waren, um ihn im Garten Gethsemane zu verhaften, fielen sogar zu Boden, als er sagte: »Ich bin …« (Joh 18,6). Jesus musste warten, bis sie aufgestanden waren, um verhaftet zu werden!

Jesus *entschied sich dafür*, geschlagen, missbraucht und gegeißelt zu werden. Er *entschied sich dafür*, am Kreuz auf Golgatha gekreuzigt zu werden. Bei all dem dachte er an dich und mich. Er erduldete jede Art von Folter, damit er all unsere Sünde wegwaschen und uns mit Gott versöhnen konnte. Wie könnten wir unseren Retter, der für unsere Erlösung einen solch hohen Preis bezahlt hat, nicht lieben und anbeten?

Während Jesus bei fast allen Gunst fand, gab es doch eine Gruppe von Menschen, bei denen er sie nicht hatte – bei den selbstgerechten, selbstsüchtigen und gesetzlichen Pharisäern. Genauso wirst du in Josefs Leben feststellen, dass er bei seinem Vater Jakob so viel Gunst hatte, dass Jakob ihm einen herrlichen Mantel aus erlesenem, feinem Leinen gab. Aber bei seinen älteren Brüdern hatte Josef keine Gunst. Sie waren so voller Neid und Hass auf Josef, dass sie ihn in eine Grube warfen und ihn als Sklaven verkauften.

Leider sind die selbstgerechten Pharisäer und die eifersüchtigen »älteren Brüder« heute immer noch unter uns. Sie verlassen sich auf ihr eigenes Fleisch und handeln nach dem System »verdienter Gunst«, das auf dem Gesetz beruht. Deshalb hassen und beneiden sie Menschen, die ihren Weg unter der Gnade Gottes gehen – denn das ist leistungsunabhängige, unverdiente, nicht selbst erworbene Gunst. Sei also nicht überrascht, wenn du in Gottes Gunst lebst und bei selbstgerechten Menschen keine Gunst findest. Während du in der Gunst Gottes wächst, wirst du wahrscheinlich sogar feststellen, dass einige Menschen versuchen werden, deinen Ruf zu zerstören und deinen Namen durch den Dreck zu ziehen, indem sie schreckliche Dinge über dich verbreiten.

Gottes Gunst ist wie ein Schild, der dich umgibt und vor denen beschützt, die sich gegen dich erheben.

Mach dir aber ihretwegen keine Sorgen. Sie werden schnell zu einer kleinen Minderheit. In der ganzen Welt gibt es eine Evangeliums-Revolution, weil Menschen das Evangelium wiederentdecken, das unser Retter uns durch seinen Tod geschenkt hat. Halte deine Augen einfach auf die Gunst des Herrn in deinem Leben gerichtet und glaube fest daran: »Keine Waffe, die gegen dich geschmiedet wird, wird erfolgreich sein. Und wer dich vor Gericht verklagt, den wirst du widerlegen« (Jes 54,17 NLB). Du musst nicht versuchen, dich selbst zu verteidigen, weil der Schutz Gottes die Gerechten umgibt. Der Psalmist David sagt: »Denn du, Herr, segnest den Gerechten; du umgibst ihn mit Gnade wie mit einem Schild« (Ps 5,13). Was für eine schöne Verheißung aus Gottes Wort. Gottes Gnade bzw. Gunst ist wie ein Schild, der dich umgibt und vor denen beschützt, die sich gegen dich erheben. Stell dir das für dein eigenes Leben vor und erlebe Gottes liebenden Schutz!

Nimm Gottes Gunst persönlich

Früher dachte ich, unter den zwölf Jüngern wäre Johannes der Lieblingsjünger des Herrn und derjenige, der ihm am nächsten stände, weil die Bibel Johannes als »den Jünger …, den Jesus liebte« (Joh 21,20) bezeichnet. Ich hatte den Eindruck, dass Johannes eine besondere Gunst bei Jesus hatte, und fragte mich immer, was er Besonderes hatte, das ihn von den anderen Jüngern abhob. Willst du nicht auch als der Jünger bekannt sein, den Jesus liebt? Wenn du mich fragst: Ich will das!

Dann eines Tages, als ich Gottes Wort las, dämmerte mir, was das Geheimnis von Johannes' Gunst war. Der Herr öffnete mir die Augen und zeigte mir, dass der Satz »der Jünger, den Jesus liebte« überhaupt nur in Johannes' *eigenem* Buch vorkommt! Schau selbst nach. Du wirst diesen Satz weder in Matthäus' noch in Markus' oder Lukas' Evangelium finden. Er steht nur im Johannesevangelium. Es ist eine Formulierung, die *Johannes* benutzte, um sich selbst zu beschreiben!

Was hat Johannes hier getan? Er machte sich *die Liebe, die Jesus für ihn hatte, bewusst und nahm sie persönlich*. Wir alle sind Gottes Lieblinge, aber Johannes kannte das Geheimnis, die unverdiente Gunst Jesu für sich selbst in Anspruch zu nehmen. Es ist dein Vorrecht, dich selbst als den Jünger oder die Jüngerin zu betrachten, den oder die Jesus liebt, und dich selbst so zu nennen!

Als ich anfing zu lehren, dass das Geheimnis um Johannes' Gunst darin lag, Gottes Liebe auf sich persönlich zu beziehen, betraten die Menschen in meiner Gemeinde buchstäblich eine neue Dimension, in der sie Gottes unverdiente Gunst in ihrem Leben erfuhren. Ich sah, wie einige von ihnen diese Offenbarung wirklich erfassten und mit ihr lebten. Einige von ihnen schrieben auf die Hintergrundbilder ihrer Handys: »Der Jünger, den Jesus liebt«. Andere wiederum unterschrieben ihre SMS und E-Mails mit diesem Satz.

Während sie sich immer wieder daran erinnerten, dass sie der Jünger sind, den Jesus liebt, wurde ihnen mehr und mehr bewusst, dass und wie sehr der Herr sie liebt. Gleichzeitig wurden sie sich immer deutlicher bewusst, dass sie begünstigt sind! Ich habe stapelweise Zeugnisse davon, wie Mitglieder unserer Gemeinde dadurch gesegnet wurden, dass sie sich einfach der Gunst Jesu in ihrem Leben bewusst waren. Einige von ihnen wurden befördert, andere erhielten enorme Gehaltserhöhungen und wieder andere gewannen bei betriebsinternen oder anderen Wettbewerben verschiedene Preise (darunter auch All-inclusive-Urlaube).

Während einer besonderen Werbeaktion, bei der neue Antragsteller die Möglichkeit hatten, zahlreiche Preise zu gewinnen, unterschrieb ein Bruder aus meiner Gemeinde für eine bestimmte Kreditkarte. Vermutlich gab es Hunderttausende von Bewerbern, die an dieser Werbeaktion teilnahmen; aber dieser junge Mann glaubte einfach, dass *er* höchst begünstigt ist und *er* deswegen den ersten Preis gewinnen würde.

Für Gläubige gibt es keinen glücklichen Zufall. Es gibt nur die unverdiente Gunst Jesu!

Der Tag der Ziehung kam und tatsächlich gewann dieser junge Mann den ersten Preis – einen umwerfenden schwarzen Lamborghini Gallardo! Als er der Gemeinde schrieb, um sein Zeugnis zu erzählen, fügte er ein Bild von sich bei, auf dem er neben seinem brandneuen Lamborghini posiert und über das ganze Gesicht strahlt. Er wisse, dass er dieses Auto durch die unverdiente Gunst Gottes gewonnen habe, sagte er; und nachdem er das Auto verkauft hatte, brachte er seinen Zehnten in die Gemeinde und gab Jesus allen Ruhm und alle Ehre. Die Welt nennt das »Glück«, aber für Gläubige gibt es keinen glücklichen Zufall. Es gibt nur die unverdiente Gunst Jesu!

Wie Gottes Gunst mich rettete

Ich danke Gott, dass er mir die Wahrheit über die unverdiente Gunst Gottes am Ende meiner Teenagerzeit offenbarte. Während meines Militärdienstes, der für alle männlichen Bürger in Singapur Pflicht ist, geschah etwas, das mich wirklich in der Gunst Gottes festigte.

Im Dschungeltraining war ich einem Gruppenführer unterstellt, der als Sadist bekannt war. Er schikanierte uns bis auf die Knochen. Jeden Abend, wenn die anderen Gruppen schon längst Schluss gemacht hatten, scheuchte er uns immer noch von einer Übung zur nächsten. Das gnadenlose Training richtete unsere Körper böse zu; gleichzeitig überhäufte uns dieser Gruppenführer mit Beschimpfungen und vernichtete so auch noch den letzten Rest von Selbstachtung, die noch in unseren schweißgebadeten und schmerzenden Körpern war.

An einem besonderen Abend zwang uns der Gruppenführer wieder und wieder dazu, einen Hügel zu erklimmen, bis ich ernsthaft glaubte, dass ich es nicht länger ertragen könnte. Ich sah, wie andere Gruppen sich bereits bettfertig machten, während wir immer wieder gezwungen wurden, diese zermürbende Exerzierübung zu machen. Nachdem wir den Hügel unzählige Male auf und ab gelaufen waren, kam ich mit meinem blitzschnellen Verstand endlich auf den Gedanken, Jesus um Hilfe zu bitten. Keuchend schrie ich also um Gunst! Ich hatte zuvor noch nie auf diese Weise gebeten, aber Gott hatte nur darauf gewartet, dass ich meinen Mund öffnete, um seine Gunst über mir freizusetzen. Diese Nacht endete schließlich irgendwann, aber am nächsten Tag sollte etwas Unerwartetes geschehen.

Am nächsten Morgen versammelte uns der Gruppenführer. Als wir alle gleichermaßen erschöpft aussehend auf dem Boden saßen, teilte er uns Folgendes mit: »Letzte Nacht hatte ich einen Traum. Einer von euch ist mir im Traum erschienen und als ich dieses Gesicht sah, spürte ich, wie etwas in meinem Herzen geschah … und ich erkannte, dass ich euch alle sehr schlecht behandelt habe. Wollt ihr wissen, wen ich gesehen habe?«

Mit seinem sonnengebräunten Finger zeigte er direkt auf mein Gesicht.

Von diesem Moment an verfiel unser Gruppenführer in das andere Extrem. Wenn unsere Gruppe mit ihm allein war, sagte er uns immer, wir sollten uns ausruhen und nicht so hart trainieren. Statt uns zu Hunderten von Sit-ups zu zwingen, setzte er sich nun mit uns allen hin und erzählte uns eine Geschichte nach der anderen. Wir interessierten uns nicht besonders für die Geschichten, die er von seinem Vater, seinem Großvater und von wer weiß wie vielen Leuten aus früheren Generationen seiner Familie erzählte, aber wir hatten absolut keinen Grund uns zu beschweren. Das Militärleben war plötzlich ein Kinderspiel!

Wie dem auch sei, kurz nach diesem Vorfall wurde ich zu verschiedenen anderen militärischen Ausbildungsprogrammen geschickt und sah diesen Gruppenführer deshalb fast ein ganzes Jahr lang nicht mehr. Aber am letzten Tag meines Militärdienstes kreuzten sich unsere Wege zufällig und von weitem rief er meinen Namen. Da ich sehr wohl wusste, dass er jedes Jahr Hunderte von Auszubildenden hatte, die alle gleich aussahen (wir trugen alle die gleiche Uniform und hatten den gleichen Bürstenhaarschnitt), wusste ich, dass er einen *wirklich* eindringlichen Traum von mir gehabt haben musste. Inzwischen war ich völlig davon überzeugt, dass die Gunst Gottes funktioniert!

Lieber Freund, ich bete, dass du lernst, die *Gunst Gottes persönlich zu nehmen und auf dich zu beziehen.* Wenn du erkennst, dass du nicht nur einfach ein Gesicht in der Menge bist, sondern jemand, in den Gott – der Schöpfer des Himmels und der Erde – leidenschaftlich verliebt ist, dann kannst du gar nicht anders als ein Leben führen zu wollen, das deinen Abba verherrlicht. Je mehr dir bewusst ist, wie kostbar du für Jesus und wie begünstigt du seinetwegen bist, umso mehr wirst du an Gunst bei Gott und den Menschen zunehmen. Bereite dich darauf vor, guten Erfolg in deinem Leben zu erfahren, während du immer Jesus-bewusster wirst. Und denke daran: Du bist überreich gesegnet, höchst begünstigt und innig geliebt!

Je mehr dir bewusst ist, wie kostbar du für Jesus und wie begünstigt du seinetwegen bist, umso mehr wirst du an Gunst bei Gott und den Menschen zunehmen.

KAPITEL 22

DAS GEHEIMNIS DES GELIEBTEN

Mein Freund, wir befinden uns im letzten Kapitel dieses Buches und bevor ich zum Ende komme, will ich sicherstellen, dass du das Geheimnis des Geliebten kennst – nämlich, dass du von dem allmächtigen Gott tief und innig geliebt bist. Diese Wahrheit zu kennen, wird dazu führen, dass du in der unverdienten Gunst Gottes gegründet bist. Und überall, wohin du gehst, wirst du das Bewusstsein in dir tragen, dass du begünstigt bist.

Vermutlich glaubt jeder Christ, dass Gott die *Macht* hat, zu segnen, zu heilen, zu bewahren, Gelingen zu schenken und jemanden erfolgreich zu machen. Dennoch wissen wir, dass nicht alle Christen glauben, dass Gott all das auch *für sie tun will.* Matthäus 8,1–3 berichtet von einem Leprakranken, der zu Jesus ging, um geheilt zu werden. Er sagte: »Herr, wenn du willst, kannst du mich reinigen!« Der Leprakranke zweifelte nicht daran, dass Jesus fähig war, ihn zu heilen, aber er war sich unsicher darüber, ob Jesus *ihn*, einen Leprakranken, der von allen geächtet wurde, auch heilen *wollte.* Anders ausgedrückt glaubte er zwar an die Allmacht Gottes, war sich aber nicht sicher, ob Gottes Herz für ihn voller Liebe und unverdienter Gunst war. Ich bin mir sicher, dass du solche Gläubigen kennst. Sie mögen an Gottes Macht glauben, aber sie sind sich nicht sicher, wie Gottes Herz für sie aussieht. Sie wissen, dass Gott kann, aber sie sind sich nicht sicher, ob er auch will.

Das ist eine der größten Tragödien in der heutigen Gemeinde. Wenn diese Gläubigen Zeugnisse von anderen Gläubigen hören, die vom Herrn geheilt wurden, dann fragen sie sich, ob Gott auch *sie* heilen will. Wenn sie in den Dankesberichten lesen, wie der Herr andere mit Beförderungen und Finanzen segnet, dann fragen sie sich insgeheim, ob Gott das wohl auch für sie tun würde. Sie fragen sich, was diese Menschen *getan* haben, dass Gott sie dermaßen segnet.

Noch tragischer ist, dass sie auf ihr eigenes Leben, ihre Unvollkommenheiten und ihr Versagen schauen und anfangen, sich das Recht auf Gottes Segnungen selbst abzuerkennen. Sie denken: »Warum sollte Gott mich segnen? Schau, was ich getan habe. Ich bin so unwürdig.« Statt Glauben zu haben, um Gott vertrauensvoll um ihre Durchbrüche zu bitten, empfinden sie ein zu starkes Gefühl der Verdammnis, um noch an Gottes Güte glauben und irgendetwas Gutes von ihm empfangen zu können.

Mein Freund, sei nicht wie dieser Leprakranke, der Jesus völlig missverstand! Schauen wir uns an, was Jesus ihm antwortete. Das ist wichtig, weil es dieselbe Antwort ist, die Jesus heute dir geben würde, wenn du dich an ihn wendest.

»Ich will«

Matthäus 8,3 hält fest: »Und Jesus streckte die Hand aus, rührte ihn an und sprach: Ich will; sei gereinigt! …« Kannst du sehen, wie persönlich der Dienst Jesu ist? Er hat nicht jeden berührt, den er heilte. Manchmal sprach er einfach nur und der Kranke wurde geheilt. Aber in diesem Fall streckte Jesus seine Hand aus und

berührte den Leprakranken sanft. Ich glaube, dass Jesus das nicht nur getan hat, um ihn von seinem Aussatz bzw. der Lepra zu heilen, sondern auch von den emotionalen Narben, die er durch die Jahre der Zurückweisung erlitten hatte.
Lepra ist eine hoch ansteckende Krankheit und das Gesetz verbot Leprakranken, mit irgendjemandem in Kontakt zu kommen. Das bedeutete, dass dieser Leprakranke jahrelang von jedem gemieden wurde, der seinen Zustand sah – sogar von den Mitgliedern seiner eigenen Familie. Er stank vermutlich nach faulendem Fleisch und Verwahrlosung und seine Erscheinung muss abstoßend gewesen sein.

Egal, um welchen Durchbruch du Jesus vertrauensvoll bittest, er sagt zu dir: »ICH WILL.«

Doch ohne mit der Wimper zu zucken, berührte Jesus ihn und gab ihm damit die erste menschliche Berührung, seitdem dieser Mann erkrankt war. Die Bibel berichtet uns, dass der Mann augenblicklich von seiner Lepra gereinigt wurde und er geheilt war.

Jesus ist derselbe gestern, heute und in Ewigkeit (Hebr 13,8). Egal, um welchen Durchbruch du Jesus vertrauensvoll bittest, er sagt zu dir: »ICH WILL.« Zweifle nicht länger an seinem liebenden Herz für dich. Hör auf, dich ständig selbst zu disqualifizieren, und tauche ganz in seine Liebe und Gnade (unverdiente Gunst) ein, die dir gilt!

Komm zu Jesus, wie du bist

»Aber, Pastor Prince, warum sollte Gott mich segnen wollen? Mein Leben ist ein einziges Durcheinander.«

Mein Freund, aufgrund *seiner* unverdienten Gunst bist du genau jetzt von Gott begünstigt und angenommen. Er kann dein Durcheinander nehmen und daraus etwas Schönes machen. Komm zu ihm, so wie du bist.

Vor Jahren hatte ein Mann aus meiner Gemeinde plötzlich aufgehört zum Gottesdienst zu kommen. Ich traf mich mit ihm, um herauszufinden, wie es ihm ging, und um zu sehen, ob alles in Ordnung war. Er war mir gegenüber sehr ehrlich und berichtete mir, dass er eine Menge Probleme in seiner Ehe hatte und er nun alkoholabhängig war. Dann sagte er Folgendes: »Lass mich mein Leben in Ordnung bringen und dann komme ich zurück in die Gemeinde.«

Ich lächelte und fragte ihn: »Wäschst du dich, bevor du ein Bad nimmst?« An seinem Gesichtsausdruck konnte ich erkennen, dass er durch meine Frage aus der Fassung gebracht worden war. Also sagte ich ihm: »Komm, *wie du bist,* zum Herrn. Er ist das Bad. Er wird dich rein waschen. Er wird dein Leben für dich in Ordnung bringen und er wird bewirken, dass keine Sucht dich mehr im Griff hat. Du musst dich nicht reinigen, bevor du ein Bad nimmst!«

Ich freue mich, berichten zu können, dass dieser kostbare Bruder bald darauf wieder in die Gemeinde kam und Jesus sein Leben völlig veränderte. Heute ist er glücklich verheiratet, mit einer wunderbaren Familie gesegnet und einer meiner zuverlässigen Hauptleiter. Das tut der Herr für dich, wenn du zu ihm kommst, wie du bist, und dich von ihm in völlige Heilung hineinlieben lässt. Er will in deinem Leben alles wunderschön machen.

Heutzutage gibt es viele Menschen wie diesen Bruder. Sie wollen ihr Leben selbst in den Griff bekommen, bevor sie zu Jesus kommen. Sie haben den Eindruck, dass sie sich selbst heiligen müssen, bevor sie in Gottes heilige Gegenwart treten können. Sie kommen sich wie Heuchler vor, wenn sie in die Gemeinde gehen, ohne vorher ihr Leben in Ordnung gebracht zu haben.

Nichts könnte von der Wahrheit weiter entfernt sein. Du wirst dich *niemals* genug heiligen können, um dich für Gottes Segnungen zu qualifizieren. Du wirst durch das Blut Jesu Christi heilig, gerecht und rein gemacht und es ist *sein* gerechter Stand, der dich qualifiziert – nicht mehr und nicht weniger. Hör also mit dem Versuch auf, dich selbst zu reinigen, bevor du zum Herrn gehst. Komm mit deinem ganzen Durcheinander zu Jesus, mit all deinen Süchten, all deiner Schwachheit und all deinem Versagen. Gott liebt dich, so wie du bist. Allerdings liebt er dich zu sehr, um dich nicht zu verändern. Mein Freund, wenn du zu Jesus kommst, wird er dein »Bad« sein. Er wird dich rein waschen, weißer als Schnee! Spring noch heute in das Bad und erlaube Jesus, dich in Gottes Augen vollkommen, gerecht und heilig zu machen!

Höchst begünstigt in dem Geliebten und Gott wohlgefällig

In Epheser 1,6 heißt es: »zum Lob der Herrlichkeit seiner Gnade, mit der er uns begnadigt hat in dem Geliebten.« Es ist für uns unmöglich, uns selbst zu begnadigen. Wir werden begnadigt durch die Herrlichkeit der unverdienten Gunst des Herrn. Im vorigen Kapitel haben wir gelernt, dass das Wort »begnadigt« in Epheser 1,6 das griechische Wort *charitoo* ist. Das Stammwort von *charitoo* ist *charis*[34], was »Gnade« bedeutet. Also bedeutet *charitoo* ganz einfach »höchst begnadigt« oder »höchst begünstigt«. Mit anderen Worten: Du bist höchst begünstigt in dem Geliebten!

Wir wissen, dass es sich bei »dem Geliebten« in Epheser 1,6 um Jesus handelt. Wenn du weiter liest, heißt es im nächsten Vers: »In ihm haben wir die Erlösung durch sein Blut, die Vergebung der Übertretungen nach dem Reichtum seiner Gnade«. Warum hat die Bibel also nicht einfach gesagt, dass wir in Jesus oder in Christus höchst begünstigt sind? (Es gibt keine unbedeutenden Details in der Bibel.) Warum hat der Heilige Geist ausdrücklich gesagt, dass wir *»in dem Geliebten«* höchst begünstigt sind?

»Geliebter« ist ein herzlicher Begriff der Vertrautheit, den Gott am Jordan gebrauchte, um Jesus zu beschreiben. Sofort nachdem Jesus im Jordan getauft worden war und wieder an die Wasseroberfläche kam, heißt es in der Bibel: »… sah er den Himmel zerrissen und den Geist wie eine Taube auf ihn herabsteigen. Und eine Stimme ertönte aus dem Himmel: Du bist mein *geliebter Sohn*, an dem ich *Wohlgefallen* habe!« (Mk 1,10–11). In diesem Bibelabschnitt kannst du den dreieinigen Gott sehen – Gott, den Vater, den Sohn und den Heiligen Geist. Daran erkennen wir, dass wir hier etwas sehr Wichtiges lernen können.

Gott der Vater sprach öffentlich und seine Worte wurden aufgeschrieben, damit du weißt: »Begnadigt in dem Geliebten« zu sein bedeutet, dass Gott heute *Wohlgefallen* an *dir* hat. Sieh dich selbst wie einen Sandwichbelag genau in der Mitte von Jesus, Gottes Geliebtem. Wenn Gott dich anschaut, dann sieht er dich nicht in deinem Versagen und in deinen Unzulänglichkeiten. Er sieht dich in der Vollkommenheit und Schönheit Jesu! Weil du in Christus bist, sagt Gott zu *dir*: »Du, ________________ (füge hier deinen Namen ein), bist mein geliebtes Kind, an dem ich Wohlgefallen habe.« Jesus ist Gott wohlgefällig, weil er das Gesetz vollständig gehalten hat. Du und ich sind Gott wohlgefällig, weil wir begnadigt wurden und höchst begünstigt in dem Geliebten sind, der alle unsere Sünden nahm und das Gesetz an unserer Stelle erfüllte!

Denke immer daran, dass du Gottes Geliebter bist

Sofort nachdem Jesus getauft worden war, wurde er in die Wüste geführt, um vom Teufel versucht zu werden. Der Teufel kam zu Jesus und sagte: »Wenn du der Sohn Gottes bist, dann verwandle diese Steine in Brot« (Mt 4,3 NLB). Vergiss nicht, dass Jesus gerade erst die Stimme seines Vaters gehört hatte, die ihn mit den Worten bestätigte: »Du bist mein geliebter Sohn«. Als ich vor Jahren die Versuchung Jesu durch den Teufel studierte, fragte mich der Herr: »Ist dir aufgefallen, dass der Teufel ein Wort ausgelassen hat, als er kam, um meinen Sohn zu versuchen?«

Der Teufel darf dich nicht daran erinnern, dass du Gottes Geliebter bist, wenn seine Versuchungen funktionieren sollen.

Ich hatte noch niemanden je darüber predigen hören oder etwas darüber in irgendeinem Buch gelesen, aber Gott öffnete meine Augen, damit ich sehen konnte, dass der Teufel das Wort »geliebter« ausgelassen hatte! Gott hatte gerade erst zu Jesus gesagt: »Du bist mein *geliebter* Sohn«. Aber kurz darauf kam der Teufel zu Jesus und sagte: »Wenn du Gottes Sohn bist …« Das Wort »geliebter« fehlt hier! Die Schlange hat das Wort »geliebter« ganz bewusst weggelassen!

Der Herr zeigte mir dann, dass der Teufel dich nicht daran erinnern darf, dass du Gottes Geliebter bist, wenn seine Versuchungen funktionieren sollen. Sobald du an deine Identität als Gottes Geliebter in Christus erinnert wirst, wird der Teufel keinen Erfolg haben können! Es ist also kein Wunder, dass er den Gläubigen ihr Empfinden dafür rauben will, Gottes Geliebte zu sein.

Gott wird niemals zornig auf dich sein

In 1. Petrus 5,8 wird eine Warnung gegeben: »Seid nüchtern und wacht! Denn euer Widersacher, der Teufel, geht umher *wie ein brüllender Löwe* und sucht, wen er verschlingen kann.« Ich weiß, dass ein Löwe brüllt, um einzuschüchtern und Angst zu verbreiten, aber ich habe mich früher immer gefragt, was für eine Art von Angst der Teufel den Gläubigen einzuflößen versucht. Doch wir müssen *die Bibel von der Bibel auslegen lassen.* Wir dürfen unsere Auslegungen nicht auf unseren konfessionellen Hintergrund oder auf unsere Erfahrungen gründen.

Eines Tages, als ich Sprüche 19 las, stieß ich auf Vers 12: »Wie *das Brüllen des Löwen* ist der Zorn des Königs, und seine Gunst wie der Tau auf grünem Gras.« Wer ist der König, auf den sich dieser Vers bezieht? Es ist unser Herr Jesus! Wenn der Teufel also umhergeht *wie ein brüllender Löwe*, versucht er sich als König auszugeben. Er versucht dir das Gefühl zu geben, dass Gott zornig auf dich ist. Rate mal, was jedes Mal passiert, wenn du eine Predigt hörst, die dir das Gefühl gibt, dass Gott zornig auf dich ist? Dann bist du gerade angebrüllt worden! Aber sei dir gewiss, Geliebter: Gott wird NIEMALS mehr zornig auf dich sein. Er müsste uns das lediglich sagen, aber er wollte uns eine so große Sicherheit darüber geben, dass er in seinem Wort *schwor*, er würde niemals mehr zornig auf uns sein. Bitte lies diese Schriftstelle selbst:

> *»Wie ich zur Zeit Noahs geschworen habe, dass ich die Erde nie mehr überfluten will,* ***so schwöre ich jetzt, dass ich dir nie mehr zürnen und nie mehr drohen werde.*** *Auch wenn Berge weichen und Hügel beben, soll meine Gnade nicht von dir gehen; und der Bund meines Friedens soll niemals wanken«, spricht der Herr, der Erbarmen mit dir hat. – Jesaja 54,9–10* NLB

Dieser Abschnitt aus Jesaja 54 steht direkt nach dem berühmten messianischen Kapitel in Jesaja 53, in dem es um die Leiden Christi geht. Deshalb verdeutlicht Jesaja 54 die Triumphe und den Gewinn seiner Leiden.

Weißt du, warum Gott nie mehr zornig auf uns sein wird? Aufgrund dessen, was Jesus für uns vollbracht hat! Am Kreuz hat Gott all seinen Zorn auf den Körper seines Sohnes ausgegossen. Jesus nahm die ganze feurige Entrüstung eines heiligen Gottes gegen *alle* unsere Sünden auf sich, und nachdem das ganze Gericht Gottes über unsere Sünden erschöpft war, rief er aus: »Es ist vollbracht!« (Joh 19,30). Und weil unsere Sünden damit bereits bestraft wurden, wird Gott – der ein heiliger und gerechter Gott ist – uns heute *nicht* bestrafen, wenn wir an das glauben, was Christus getan hat. Gottes Heiligkeit ist nun auf deiner Seite. Seine Gerechtigkeit ist jetzt *für* dich und nicht gegen dich. Du bist sein Geliebter, an dem er Wohlgefallen hat!

Was für eine kraftvolle Offenbarung. Wenn dich also die Offenbarung erfüllt, dass *du* in dem Geliebten höchst begünstigt bist, kannst du jede Versuchung überwinden, die dir entgegengeschleudert wird. Das nächste Mal, wenn der Teufel versucht, dir dein Empfinden dafür zu rauben, ein Geliebter zu sein, und dir einreden will, dass Gott zornig auf dich ist, dann ignoriere ihn. Ignoriere ihn, wenn er sagt: »Wie kannst du dich nur Christ nennen?« Du bist Gottes Geliebter! Nebenbei bemerkt: Wusstest du, dass der Name David im Hebräischen »Geliebter« bedeutet? Wenn du weißt, dass du Gottes Geliebter bist, wirst du in der Lage sein, alle Riesen in deinem Leben in die Knie zu zwingen!

Wenn du weißt, dass du Gottes Geliebter bist, wirst du in der Lage sein, alle Riesen in deinem Leben in die Knie zu zwingen!

Gott nah sein – in dem Geliebten

Nachdem Josef sich seinen Brüdern offenbart hatte, trug er ihnen auf, zu ihrem Vater zurückzukehren und ihm zu sagen: »... Komm schnell herab zu mir! Zögere nicht! Du kannst in der Provinz *Goschen* wohnen, damit du *in meiner Nähe* bist, du und deine Kinder und Enkelkinder, deine Schaf- und Rinderherden und dein ganzer Besitz« (1Mo 45,9–10 NLB). Der Name »Goschen« bedeutet »näher kommen«.[35] Gott möchte dich in Goschen haben – nah bei sich – und es gibt keinen Ort, an dem man ihm näher wäre als in dem Geliebten. Gottes Herz der Liebe gibt sich nicht damit zufrieden, nur deine Sünden von dir zu entfernen. Nein, er will mehr. Er will dich in seiner Gegenwart. Er will dich an dem Ort, an dem er dich mit seiner verschwenderischen Liebe aus seinem Herzen überschütten kann!

Schau dir an, was passiert, wenn du dich Jesus näherst. Josef trägt seinen Brüdern auf, ihrem Vater auch zu sagen: »*Ich will dich dort versorgen* – denn noch fünf Jahre dauert die Hungersnot –, dass du nicht verarmst, du und dein Haus und alles, was du hast« (1Mo 45,11). Wenn du dich deinem himmlischen Josef näherst, wird er für dich und deine Kinder sorgen. Inmitten einer weltweiten Finanzkrise, inmitten steigender Benzin- und Lebensmittelpreise ... verzweifle nicht. Nähere dich Jesus, denn dort in »Goschen«, an diesem Ort der Nähe, wird er für dich und dein Haus sorgen. Dein Gott wird ALLEN deinen Mangel ausfüllen nach SEINEM Reichtum (nicht gemäß deinem Kontostand oder der weltweiten ökonomischen Lage) in Herrlichkeit in Christus Jesus (Phil 4,19)!

Schutz im Geliebten

Das ist noch nicht alles, mein Freund. Ein weiterer Segen, an dem du dich erfreuen kannst, wenn du in dem Geliebten bist, ist göttlicher Schutz. In den letzten Jahren haben immer wieder neue tödliche Virenstämme Schlagzeilen gemacht. Aber was für ein Virus es auch sein mag, die Vogelgrippe, die Schweinegrippe oder sonst eine Seuche, kannst du ohne Zweifel Psalm 91 für dich in Anspruch nehmen. Du kannst erklären: »Ob tausend fallen zu deiner Seite und zehntausend zu deiner Rechten, so wird es doch dich *nicht* treffen« (Ps 91,7)!

Schau, was Gott über die Kinder Israels sagte, als es in ganz Ägypten Plagen und Seuchen gab, weil der Pharao sich weigerte, Gottes Volk ziehen zu lassen: »In der Provinz *Goschen* aber, wo mein Volk lebt, wird es anders sein. Dort wird man keine einzige Fliege finden. Daran sollst du erkennen, dass ich der Herr bin und auch in deinem Land die Macht habe. Ich werde einen Unterschied zwischen deinem Volk und meinem Volk machen …« (2Mo 8,18–19 NLB). Es gibt einen Unterschied zwischen den von Gott geliebten Menschen und denen der Welt. Obwohl Ägypten durch Schwärme von Stechmücken und andere Plagen heimgesucht wurde, waren die Kinder Israels im Land Goschen sicher und wurden von den Unruhen nicht berührt!

Selbst wenn in der heutigen Welt also schlimme Dinge geschehen, erinnere dich daran, dass du als geliebtes Kind Gottes zwar *in* der Welt, aber nicht *von* der Welt bist (Joh 17,11.16). Keine Seuche, nichts Böses und keine Gefahr können sich dir oder deiner Bleibe nähern, weil du im Schatten des Allmächtigen sicher bist. So wie die Kinder Israels in Goschen sicher und beschützt waren, so sind es auch du und ich als solche, die Gott seine Geliebten nennt!

Ernähre dich täglich von der Zuversicht, dass du Gottes Geliebter bist

Schauen wir uns nun einmal die Antwort Jesu auf die Versuchung des Teufels in der Wüste an. Jesus sagte: »Es steht geschrieben: ›Der Mensch lebt nicht vom Brot allein, sondern von einem jeden *Wort*, das aus dem Mund Gottes hervorgeht!‹« (Mt 4,4). In der Antwort Jesu liegt eine kraftvolle Offenbarung verborgen. Im griechischen Grundtext lautet der Begriff, der hier für »Wort« gebraucht wird, *rhema* und bedeutet: »das, was durch die lebendige Stimme geäußert wird oder wurde, etwas Ausgesprochenes«.[36] Ich bezeichne dies als das »Jetzt-Wort« oder als »das Wort zur rechten Zeit«. Jesus bezog sich hier auf ein ganz spezielles Wort. Kannst du dich daran erinnern? Das Jetzt-Wort für Jesus war, was der Vater gerade am Jordan zu ihm gesagt hatte – »Du bist mein geliebter Sohn, an dem ich Wohlgefallen habe.« Jedes einzelne Wort, das hier vom Vater geäußert wurde, war Brot für Jesus. Auch für uns sind diese Worte Brot, von dem wir leben. Und weil Jesus in dem Bewusstsein lebte, dass er der geliebte Sohn seines Vaters war, konnte er jeder Versuchung des Teufels widerstehen.

Jesus sagte, dass der Mensch »nicht nur von Brot [lebt], sondern von jedem Wort, das aus Gottes Mund kommt«. »Brot« steht hier für Nahrung für den physischen Körper. Jesus sagte damit, dass es nicht genügt, nur Brot für den Körper zu essen. Wir müssen auch Nahrung aus dem *Rhema* beziehen und daraus leben. Wir müssen wissen, welches spezifische Jetzt-Wort Gott an uns richtet. Es ist wichtig, uns auf körperliche Weise zu ernähren, und ebenso wichtig ist es für uns, geistliche Nahrung von Jesus und seinen Worten zu bekommen.

Ernähre dich jeden Tag von Gottes Liebe, Gnade, vollkommener Annahme und unverdienter Gunst.

Mein Freund, Gott will, dass du jeden Tag die Zuversicht hast, dass du sein geliebtes Kind bist, an dem er Wohlgefallen hat. Das ist deine tägliche Nahrung, die von ihm kommt: zu wissen, zu glauben und zu bekennen, dass du sein Geliebter oder seine Geliebte bist und ihm jederzeit wohlgefällst.

Ernähre dich also jeden Tag von Gottes Liebe, Gnade, vollkommener Annahme und unverdienter Gunst. Wenn du dies tust, erinnerst du dich selbst daran, dass du sein Geliebter bist, egal was dir passiert. Wenn du dir seiner Gunst auf deinem Leben ständig bewusst bist, kann dich nichts runterziehen. Du wirst solch ein Vertrauen in die Güte Gottes dir gegenüber haben, dass du weißt: Selbst wenn der Teufel dich mit Zitronen bewirft, wird Gott aus diesen Zitronen erfrischende Limonade für dich machen! Du wirst anfangen, Gutes zu erwarten, auch wenn deine Umstände rein menschlich gesehen nicht so rosig aussehen. So sieht es aus, nicht im Schauen, sondern im Glauben an die Güte Jesu zu leben. Du schaust nicht länger auf deine Herausforderungen. Du schaust in das Gesicht Jesu, das über dir leuchtet und Gnade in deine Situation bringt.

Wenn du die Zuversicht hast, dass du Gottes Geliebter bist, wirst du nicht nur die Versuchungen des Teufels überwinden, sondern Gott auch vertrauensvoll darum bitten, dich sogar in den kleinen Dingen zu segnen. Vor vielen Jahren, als Wendy mit Jessica schwanger war, gingen wir beide zum Abendessen in ein Restaurant. Als wir gerade unser Essen bestellen wollten, nahm ein Mann, der nicht sehr weit weg von uns saß, ein Päckchen Zigaretten heraus, um zu rauchen. Ich wollte wirklich nicht, dass Wendy den Qualm dieser Zigarette abbekam, aber es gab in diesem Restaurant keinen Nichtraucherbereich. Rate mal, was ich tat? Ich habe gebetet! Ich flüsterte zum Herrn: »Herr, ich weiß, dass ich dein Geliebter bin. Bitte hindere diesen Mann daran, in diesem Restaurant zu rauchen.« Das war alles, was ich sagte – ein schnelles und einfaches Gebet.

Wenn es dir wichtig ist, ist es auch Gott wichtig.

Stell dir vor, was geschah: Der Mann versuchte, seine Zigarette anzuzünden, aber sein Feuerzeug funktionierte einfach nicht! Er ließ nicht locker und versuchte es weiter, aber egal, was er tat, sein Feuerzeug funktionierte einfach nicht. Nach einiger Zeit schob er seine Zigaretten frustriert in seine Hemdtasche zurück. Preis sei Jesus! Selbst wenn es um kleine Dinge geht, hört und beantwortet

Gott die Gebete seiner Geliebten. Nichts ist für deinen Papa-Gott zu groß oder zu klein. Wenn es dir wichtig ist, ist es auch ihm wichtig. Wenn du weißt, dass du sein Geliebter oder seine Geliebte bist, kannst du immer und in jeder Situation seine unverdiente Gunst erwarten!

Denn so sehr hat Gott dich geliebt

Vor einigen Jahren nahm ich in New York ein Taxi und nutzte die Gelegenheit, mit der Fahrerin über die Liebe Jesu zu sprechen. Ihre Antwort war ziemlich typisch. Sie sagte flapsig: »Mann, Gott liebt doch jeden!«

Es ist absolut wahr, dass Gott jeden liebt, aber um seine Liebe aus erster Hand zu erfahren, musst du seine Liebe auf *dich persönlich* beziehen. Jesus starb für dich. Aber weißt du auch, dass selbst dann, wenn du der einzige Mensch auf der Welt gewesen wärst, Gott dennoch seinen Sohn gesandt hätte, um für dich am Kreuz zu sterben? So kostbar bist DU für ihn!

Du musst Johannes 3,16 auf dich persönlich beziehen, indem du aussprichst: »Denn so sehr hat Gott ________________ (trage deinen Namen ein) geliebt, dass er seinen einzigen Sohn sandte, um für ________________(trage deinen Namen ein) am Kreuz zu sterben.« Sei wie Johannes, der die Liebe des Herrn auf sich bezog und sich selbst als »der Jünger, den Jesus liebte« bezeichnete.

Die Sonne scheint auf jeden Grashalm auf dem Feld. Aber wenn du über einen bestimmten Grashalm eine Lupe hältst, wird sich die Hitze der Sonne gebündelt auf den Halm konzentrieren und er wird Feuer fangen.

Das habe ich mir durch dieses Buch erhofft. Ich habe die Lupe der Liebe und der unverdienten Gunst Jesu über dein Leben gehalten. Ich wünsche dir ein so starkes Bewusstsein der unverdienten Gunst Jesu, dass dein Herz mit seiner bedingungslosen Liebe für dich in Brand gesteckt werden kann.

Jesus sagte in Matthäus 8,20 (NLB): »... Die Füchse haben Gruben, und die Vögel des Himmels haben Nester; aber der Sohn des Menschen hat nichts, wo er sein Haupt *hinlegen* kann.« Das griechische Wort für »hinlegen« ist hier *klino*.[37] Es ist dasselbe Wort, das in Johannes 19,30 verwendet wird: »Als nun Jesus den Essig genommen hatte, sprach er: Es ist vollbracht! Und er *neigte* das Haupt und übergab den Geist.« Das griechische Wort für »neigen« ist auch hier *klino*. Mit anderen Worten: Nachdem Jesus gesagt hatte: »Es ist vollbracht!«, legte er sein Haupt zur Ruhe. In der LIEBE ZU DIR fand er schließlich seine Ruhe.

Wenn du dieses Buch schließt, mögest du mit der Offenbarung brennen, dass Gott, der dich innig liebt, auf DEINER Seite ist. Und deswegen *darfst* du dich über guten Erfolg freuen, bei allem, was du tust!

Gott, der dich innig liebt, ist auf deiner Seite. Und deswegen darfst du dich über guten Erfolg freuen, bei allem, was du tust!

SCHLUSSWORT

Das ganze Buch hindurch habe ich mich bemüht, dir zu zeigen, was für eine Freude es Gott bereitet, dich durch seine unverdiente Gunst in jedem Bereich deines Lebens mit gutem Erfolg zu segnen. Für die Welt kommt Erfolg aus eigener Anstrengung, Willenskraft und eigenem Streben. Doch Gottes übernatürlicher und müheloser Erfolg besteht darin, dass du dich völlig auf seine unverdiente Gunst verlässt. Diese unverdiente Gunst, die du nicht verdient hast und die du dir nicht erarbeiten kannst, wird jede Unvollkommenheit in deinem Leben vollkommen machen und jeden Bereich, in dem du schwach bist und dich abmühst, in ein Zeugnis seiner Gnade und Macht verwandeln.

Viele Gläubige leben heutzutage in ständiger Niederlage, weil sie sich auf ihren eigenen Gehorsam dem Gesetz gegenüber verlassen, um gesegnet zu werden. Sie wissen nicht, dass die unverdiente Gunst Jesu der neue Bund IST, an dem wir uns heute erfreuen können – das ist allein durch das Kreuz und den Gehorsam Jesu Christi möglich. Das bedeutet, wir sind nicht mehr darauf beschränkt, hier und da ein wenig von seiner unverdienten Gunst zu erleben, sondern können erfahren, wie sie jeden Bereich unseres Lebens durchdringt.

Ich glaube von ganzem Herzen, dass Gott auf unserer aufregenden Reise in das Herz unseres himmlischen Vaters – der uns durch das vollbrachte Werk Jesu segnen will – in dir ein festes Fundament geschaffen hat, das jeden Erfolg in deinem Leben möglich macht. Du wirst mehr und mehr erleben, wie sich die unverdiente Gunst Jesu in deinem Familienleben, deinem Beruf und deinen Beziehungen offenbart – und immer seltener wirst du dich mit weniger als mit Gottes besten Absichten für dich begnügen.

Es ist mein Herzenswunsch, Gottes Gnade und Frieden in jedem Bereich deines Lebens zunehmen zu sehen. Lass mich noch einmal deine Aufmerksamkeit auf 2. Petrus 1,2 lenken, wo es heißt: »Gnade [unverdiente Gunst] und Friede werde euch mehr und mehr zuteil in der Erkenntnis Gottes und unseres Herrn Jesus!« Je mehr du Jesus kennst und erkennst, umso mehr werden Gottes unverdiente Gunst und sein Friede in deinem Leben zunehmen. Deshalb habe ich in jedem Kapitel den Fokus darauf gelegt, die Person Jesu und die Vollkommenheit seines vollbrachten Werkes zu enthüllen. Je mehr du ihn siehst, umso mehr wirst du die Selbstbezogenheit hinter dir lassen, die Stress, Frustration und Niederlage mit sich bringt. Stattdessen wirst du dich zur Christusbezogenheit hinbewegen, die Friede, Freude und göttliche Weisheit bewirkt und dich übernatürlich dazu befähigt, jede Herausforderung im Leben zu bewältigen.

Ich will, dass dein Leben radikal gesegnet wird, und das kann nur geschehen, wenn dir die unverdiente Gunst Gottes radikal gepredigt wird – und ich bete, dass ich genau das in diesem Buch getan habe. Als ich 1997 mit meiner Frau in den herrlichen Schweizer Alpen Urlaub machte, sagte der Herr etwas zu mir, das für mich heute noch genauso lebendig ist wie damals: »Wenn du Gnade (unverdiente Gunst) nicht radikal predigst, werden Menschenleben niemals radikal gesegnet und radikal verändert werden.«

Mein Freund, ich hoffe, du hast dieses Buch genauso gern gelesen, wie ich es geschrieben habe. Wenn du durch die vielen Wahrheiten, die ich aufgezeigt habe, gesegnet wurdest und Hunger nach mehr hast, dann kannst du weitere dieser kraftvollen und grundlegenden Wahrheiten und Offenbarungen über die Gnade (unverdiente Gunst) Gottes in meinem Buch *Zur Herrschaft bestimmt* finden. Darin erkläre ich ausführlicher, wie man Gottes Wort richtig einordnet, wie der neue Bund der Gnade überfließendes Leben hervorbringt und wie wir im Leben herrschen können, wenn wir die Fülle von Gottes Gnade und sein Geschenk der Gerechtigkeit empfangen. Und so wie viele Menschen, deren Leben durch das Lesen von *Zur Herrschaft bestimmt* auf wunderbare Weise gesegnet und verwandelt wurde, mögest auch du durch die grundlegenden und lebensverändernden Wahrheiten in diesem Buch wunderbar gesegnet werden.

Wie ich es schon in meinem vorherigen Buch *Zur Herrschaft bestimmt* zum Ausdruck gebracht habe, wird alles, von dem ich berichtet habe, am kraftvollsten und effektivsten im Rahmen einer Ortsgemeinde umgesetzt. Diese Wahrheiten sind für das Gemeinwohl des Leibes Christi gedacht und sollten niemals dazu führen, dass du nur nach deinen eigenen Gesetzen lebst. Lieber Freund, mir ist es ein Anliegen, dass du den Schutz einer örtlichen Gemeinde genießt, in der es Verantwortlichkeiten und Unterordnung gibt. Dort werden unsere Segnungen ungemein vervielfacht.

War das eine Reise! Ich habe mich wirklich an deiner Gesellschaft erfreut. Ich bete, dass in deinem Herzen ein starker Eindruck davon geblieben ist, dass du durch unseren Herrn überreich gesegnet, höchst begünstigt und innig geliebt bist. Denke daran, dass er ebenso mit dir ist wie mit Josef in der Bibel. Und wenn er mit dir ist, wird er bewirken, dass alles, was du in die Hand nimmst, mit Erfolg gekrönt sein wird. Wie bei Josef wird er dafür sorgen, dass auch du zur Ehre Gottes in jedem Bereich deines Lebens guten Erfolg erfährst. Ich freue mich darauf zu hören, auf welche Weise die Worte in diesem Buch dich gesegnet, befähigt und dir guten Erfolg im Leben geschenkt haben.

Bis zum nächsten Mal!
Joseph Prince

ANMERKUNGEN

1. *Jamieson, Fausset, and Brown Commentary,* Electronic Database, Copyright © 1997, 2003, 2005, 2006 by Biblesoft, Inc. All rights reserved.
2. Wortspiel im Englischen: Kontext heißt dort »context« und »Con« ist ein englisches Wort für Schwindler, Betrüger.
3. NT: 3364, *Biblesoft's New Exhaustive Strong's Numbers and Concordance with Expanded Greek-Hebrew Dictionary.* Copyright © 1994, 2003, 2006 Biblesoft, Inc. and International Bible Translators, Inc.
4. Übersetzt aus der englischen *Amplified Bible.*
5. Wortspiel im Englischen: sunlight (Sonnenlicht) und Son-light (Licht des Sohnes).
6. Übersetzt aus der englischen *New King James Version.*
7. OT: 7065, *The Online Bible Thayer's Greek Lexicon and Brown Driver & Briggs Hebrew Lexicon*, Copyright © 1993, Woodside Bible Fellowship, Ontario, Canada. Licensed from the Institute for Creation Research.
8. Übersetzt aus der englischen *New Living Bible.*
9. Oder *richtig unterscheidet.*
10. Coverdale's Declination and Preface, *Coverdale's Bible.* www.bible-researcher.com/coverdale1.html (01.09.2014).
11. *Good Things Happen to People Who Believe God Loves Them,* www.josephprince.com.
12. Carl Stuart Hamblen, »Is He Satisfied With Me?« *I Believe*, Hamblen Music Company, 1952.
13. Karen Lim, »I'm Held By Your Love« *You Gave*, CD album by New Creation Church, Singapore, 2005.
14. OT: 1897, *The Online Bible Thayer's Greek Lexicon and Brown Driver & Briggs Hebrew Lexicon*, Copyright © 1993, Woodside Bible Fellowship, Ontario, Canada. Licensed from the Institute for Creation Research.
15. Übersetzt aus der englischen *New King James Version.*
16. *My Name Is Earl* ist eine US-amerikanische Comedyserie über einen Kleinkriminellen, der nach einem Unfall an das Karma zu glauben beginnt und im Verlauf der Serie all seine schlechten Taten rückgängig zu machen versucht. www.de.wikipedia.org/wiki/My_Name_Is_Earl (03.12.2014).
17. Übersetzt aus der englischen *King James Version.*

18. NT: 1680, *Thayer's Greek Lexicon, Electronic Database*. Copyright © 2000, 2003, 2006, by Biblesoft, Inc. All rights reserved.
19. NT: 266, *Thayer's Greek Lexicon, PC Study formatted Electronic Database*. Copyright © 2006, by Biblesoft, Inc. All rights reserved.
20. *Theological Wordbook of the Old Testament*. Copyright © 1980 by The Moody Bible Institute of Chicago. All rights reserved. Used by permission.
21. NT: 4991, *Thayer's Greek Lexicon, Electronic Database*. Copyright 2000, 2003, 2006, by Biblesoft, Inc. All rights reserved. NT: 4991, *Biblesoft's New Exhaustive Strong's Numbers and Concordance with Expanded Greek-Hebrew Dictionary*. Copyright © 1994, 2003, 2006 Biblesoft, Inc. and International Bible Translators, Inc.
22. NT: 2889, *Thayer's Greek Lexicon, Electronic Database*. Copyright 2000, 2003, 2006, by Biblesoft, Inc. All rights reserved.
23. Jewis Virtual Library, A Division Of The American-Israeli Cooperative Enterprise. (o. J.). *Jewis Nobel Prize Winners*. www.jewishvirtuallibrary.org/jsource/Judaism/nobels.html (19.08.2014).
24. NT: 2842, *Biblesoft's New Exhaustive Strong's Numbers and Concordance with Expanded Greek-Hebrew Dictionary*. Copyright © 1994, 2003, 2006 Biblesoft, Inc. and international Bible Translators, Inc.
25. Übersetzt aus der englischen *King James Version*.
26. OT: 7136, *The Online Bible Thayer's Greek Lexicon and Brown Driver & Briggs Hebrew Lexicon*, Copyright 1993, Woodside Bible Fellowship, Ontario, Canada. Licensed from the Institute for Creation Research.
27. Der namenlose Knecht ist wahrscheinlich Elieser von Damaskus, Abrahams oberster Bediensteter.
28. www.duden.de/rechtschreibung/Zufall (09.12.2014).
29. OT: 4745, *Biblesoft's New Exhaustive Strong's Numbers and Concordance with Expanded Greek-Hebrew Dictionary*. Copyright © 1994, 2003, 2006 Biblesoft, Inc. and international Bible Translators, Inc.
30. Engl. Kranz der Gnade (unverdienten Gunst).
31. OT: 8085, *Biblesoft's New Exhaustive Strong's Numbers and Concordance with Expanded Greek-Hebrew Dictionary*. Copyright © 1994, 2003, 2006 Biblesoft, Inc. and international Bible Translators, Inc.
32. Joseph Prince, *Zur Herrschaft bestimmt*, Schotten: Grace today Verlag, [2]2016, S. 235–237.
33. NT: 5487, *Biblesoft's New Exhaustive Strong's Numbers and Concordance with Expanded Greek-Hebrew Dictionary*. Copyright © 1994, 2003, 2006 Biblesoft, Inc. and international Bible Translators, Inc.
34. NT: 5485, *Biblesoft's New Exhaustive Strong's Numbers and Concordance with Expanded Greek-Hebrew Dictionary*. Copyright © 1994, 2003, 2006 Biblesoft, Inc. and international Bible Translators, Inc.
35. *Hitchcock's Bible Names Dictionary, PC Study Bible formatted electronic Database*. Copyright 2003, 2006 Biblesoft, Inc. All rights reserved.

36. NT: 4487, *Thayer's Greek Lexicon, PC Study formatted Electronic Database*. Copyright © 2006, by Biblesoft, Inc. All rights reserved.
37. NT: 2827, *Biblesoft's New Exhaustive Strong's Numbers and Concordance with Expanded Greek-Hebrew Dictionary*. Copyright © 1994, 2003, 2006 Biblesoft, Inc. and international Bible Translators, Inc.

BIBELSTELLEN

1Mo 12,2 45, 261
1Mo 24 321
1Mo 24,12 322
1Mo 37 32
1Mo 37,8 33
1Mo 37,19–20 33
1Mo 39,1–2 19
1Mo 39,2 20, 26
1Mo 39,3 35, 37
1Mo 39,3–4 344
1Mo 39,4–5 52
1Mo 39,9 54, 170
1Mo 39,10 54
1Mo 39,21–23 66
1Mo 41 345
1Mo 41,15–16 345
1Mo 41,38–41 345
1Mo 41,39–41 68
1Mo 45,9–10 372
1Mo 45,11 373
2Mo 2,11–15 311
2Mo 3,10 311
2Mo 4,10 311
2Mo 8,18–19 374
2Mo 14,11 130
2Mo 14,26–28 311
2Mo 15,23–25 131
2Mo 15,25 77
2Mo 16,3 131
2Mo 16,5 300
2Mo 16,20 300
2Mo 18,21 229
2Mo 19,4–6 133
2Mo 19,8 133
2Mo 19,9–13 134
2Mo 20 140, 141
2Mo 20,3 135
2Mo 20,5 192, 205
2Mo 20,14 55
2Mo 20,25 141
2Mo 20,26 141
2Mo 29,38–39 149
3Mo 142
3Mo 16,2.17 207
4Mo 13,17–14,9 229
4Mo 13,31–33 230
4Mo 14,7–9 230
4Mo 14,24 230
4Mo 21,5 135
4Mo 21,6 135
5Mo 6,10–11 228
5Mo 6,13 229
5Mo 28,3–4.12 137
5Mo 28,13 331
5Mo 28,13–14 137, 205
5Mo 28,15–16.18.20 138
5Mo 28,15–20 205
Jos 1,6–7.9.18 230
Jos 1,8 233
Jos 6,20 25
Rut 2,2 323
Rut 2,3 323

1Sam 13,14	114	Spr 19,12	370
1Sam 16,18	78	Spr 22,1	80
1Sam 17,17–20	312	Spr 25,2	142
1Sam 17,43	312	Spr 28,1	332
1Sam 17,45–46	314	Pred 9,11	306, 317
1Sam 17,47	315	Hld 5,11.14–15	341
1Kö 3,9	338	Jes 2,20	341
1Kö 3,10	338	Jes 40,31	267
1Kö 3,14	343	Jes 53	371
1Kö 3,15	340	Jes 53,5	46, 90
2Chr 1,7	338	Jes 54,9–10	110, 371
2Chr 1,10	338	Jes 54,17	59, 101, 102, 285, 357
2Chr 1,11–12	338	Jes 55,12	340
Est 2,15	352	Jer 9,22–23	51
Est 2,17	352	Jer 17	247, 328
Ps 1,1	327	Jer 17,5	242
Ps 1,3	328	Jer 17,5–8	242
Ps 3,4	73	Jer 17,7–8	246
Ps 5,13	357	Dan 9,24	285
Ps 23,1	235	Hos 4,6	117
Ps 34,3	83	Hos 8,7	200
Ps 35,27	9	Sach 4,10	313
Ps 37,23	317		
Ps 37,23–24	62	Mt 1,5	323
Ps 39,4	235	Mt 1,19	22
Ps 57,2	101	Mt 1,20–21	22
Ps 68,2	84	Mt 1,22–23	23
Ps 68,20	299	Mt 4,3	369
Ps 91,1	331	Mt 4,4	374
Ps 91,1.4	100	Mt 4,10	229
Ps 91,7	373	Mt 4,24	355
Ps 97,5	72	Mt 5,22	150
Ps 103,1–5	115, 266	Mt 5,28	151
Ps 127,1	42	Mt 5,29–30	151
Ps 127,2	103	Mt 6,25	298
Ps 128,2–4	288	Mt 6,25–32	51
Spr 3,5–6	61	Mt 6,32	298
Spr 3,13–16	343	Mt 6,33	50, 264, 279, 287, 298
Spr 4,7–9	334	Mt 7,11	48
Spr 4,20–22	105	Mt 8,1–3	363
Spr 10,22	243	Mt 8,3	364
Spr 18,16	345	Mt 8,16–17	120
Spr 18,24	62	Mt 8,20	378

Mt 10,30 352
Mt 14,20 269
Mt 14,22–33 295
Mt 22,36–38 223
Mt 22,37–40 167
Mt 27,46 63
Mt 27,51 347
Mk 1,10–11 368
Mk 2,1–12 57
Mk 2,22 124
Mk 4,37–39 11
Mk 8,24 340
Mk 12,29–30 167
Mk 15,25 149
Lk 2,52 350
Lk 5,6–7 48
Lk 7,36–50 222
Lk 8,11 200
Lk 10,38–42 302
Lk 10,40 302
Lk 10,41–42 302
Lk 12,7 74
Lk 12,32 9
Lk 23,44–46 149
Joh 1,14 105, 129
Joh 1,17 128
Joh 3,16 168, 351, 377
Joh 3,17 330
Joh 6,13 48
Joh 6,35 103, 300
Joh 8,4–5 329
Joh 8,7 11, 329
Joh 8,10–11 11, 164, 330
Joh 10,3.14 75
Joh 10,10 207
Joh 12,3–8 305
Joh 13,34 188
Joh 14,27 107
Joh 16,13 339
Joh 17,11.16 374
Joh 18,6 356
Joh 19,30 141, 176, 371, 378
Joh 21,20 357
Apg 4,13 79
Apg 7,22 311
Apg 13,22 114
Röm 1,16–17 258
Röm 3,10.19–20 152
Röm 3,20 155
Röm 3,23 218
Röm 4,1–5 289
Röm 4,2–3 132
Röm 4,5–7 205
Röm 4,6 161, 206
Röm 4,6–8 254
Röm 4,13 260, 275
Röm 4,13–16 271
Röm 4,14 287
Röm 5,2 350
Röm 5,7–9 168, 206
Röm 5,17 273, 274
Röm 6,14 165, 206, 231, 232
Röm 6,23 146
Röm 7,7–8 153
Röm 7,9 154
Röm 7,9–10 154
Röm 7,12 157
Röm 7,14–15 157
Röm 7,19 158
Röm 7,24 158, 294
Röm 7,25 158
Röm 8,1 159
Röm 8,3 120
Röm 8,31 57
Röm 10,5–6 282
Röm 10,17 237
Röm 11,6 92
Röm 13,9–10 189
Röm 13,10 169
Röm 14,17 50
Röm 14,23 213
1Kor 1,2 217
1Kor 1,26 308
1Kor 1,29 310
1Kor 1,30 329, 331, 333
1Kor 1,31 310

1Kor 6,19 215
1Kor 8,1 333
1Kor 15,10 15
1Kor 15,56 135, 153
2Kor 3,6 207
2Kor 3,7 207
2Kor 3,18 48, 205, 296
2Kor 4,13 283
2Kor 5,17 206, 331
2Kor 5,21 88
2Kor 8,9 47
2Kor 11,14–15 280
2Kor 12,9 355
Gal 1,6–7 173
Gal 2,16 279
Gal 2,21 89, 91
Gal 3,2–3 173
Gal 3,10 252
Gal 3,11–12 253
Gal 3,13 205
Gal 3,13–14 253, 259
Gal 3,24–25 121
Gal 3,29 45, 259
Gal 5,4 42, 252
Gal 6,6–10 199
Gal 6,7–8 198, 199
Eph 1,1 217
Eph 1,3 331
Eph 1,6 351, 367
Eph 1,7 200, 212
Eph 1,17–19 336
Eph 1,20–23 292
Eph 2,4–7 293
Eph 5,25 189
Phil 2,13 191
Phil 3,8–9 97
Phil 4,6–7 31
Phil 4,7 110
Phil 4,19 373
Kol 1,29 301
Kol 2,2–3 328
Kol 2,13 201
Kol 2,14 205
Kol 2,14–15 156
Kol 2,17 139
1Tim 1,8–10 121
1Tim 6,10 45, 263
2Tim 2,15 119
2Tim 2,22 170
Hebr 3,11 228
Hebr 4,16 207, 333
Hebr 5,13 239
Hebr 6,13–14 350
Hebr 7,27 201
Hebr 8,6 123
Hebr 8,7 14, 113
Hebr 8,7–8 113
Hebr 8,7–9 177
Hebr 8,10 56, 321
Hebr 8,10–13 187
Hebr 8,11 190
Hebr 8,12 192, 197, 198, 205
Hebr 8,13 112, 178
Hebr 9,13–14 14
Hebr 10,1 139
Hebr 10,2 221
Hebr 10,3 206
Hebr 10,10 206
Hebr 10,11–12 206
Hebr 10,12–14 119
Hebr 10,17 205
Hebr 13,5 27, 43, 62, 64, 122, 185
Hebr 13,5–6 63
Hebr 13,8 365
Jak 1,5 346
Jak 1,17 81, 263
Jak 2,10 150, 213
Jak 2,13 213
Jak 4,2 332
Jak 5,16 332
1Petr 3,6 265
1Petr 5,5 311, 353
1Petr 5,7 73
1Petr 5,8 370
2Petr 1,2 15, 380
2Petr 1,5–7 278

2Petr 1,9 278
1Joh 1 216, 219
1Joh 1,3 218
1Joh 1,8–10 217
1Joh 1,9 214, 216, 218, 220, 221
1Joh 2 219
1Joh 2,1–2 219
1Joh 2,12 221
1Joh 4,10 169
1Joh 4,11 169
1Joh 4,17 88, 291, 332
1Joh 4,18 109, 279
2Joh 1,1–3 217
3Joh 1,1–2 217
3Joh 1,2 290
Offb 12,10 286
Offb 19,16 299

GEBET FÜR DEINE ERRETTUNG

Wenn du alles empfangen willst, was Jesus für dich getan hat, und ihn zu deinem Herrn und Retter machen möchtest, sprich bitte dieses Gebet:

> *Herr Jesus, danke, dass du mich liebst und am Kreuz für mich gestorben bist. Dein kostbares Blut wäscht mich von jeder Sünde rein. Du bist jetzt und für immer mein Herr und mein Retter. Ich glaube, dass du von den Toten auferstanden bist und heute lebst. Durch dein vollbrachtes Werk bin ich nun ein geliebtes Kind Gottes und mein Zuhause ist der Himmel. Danke, dass du mir ewiges Leben schenkst und mein Herz mit deinem Frieden und deiner Freude erfüllst. Amen.*

WIR WÜRDEN UNS FREUEN, VON DIR ZU HÖREN

Wenn du das Gebet für deine Errettung gebetet hast oder uns nach dem Lesen dieses Buches gerne dein Zeugnis erzählen möchtest, schreib uns: **www.josephprince.de/zeugnis**

BLEIBE MIT JOSEPH IN KONTAKT

Über die folgenden Social-Media-Kanäle kannst du mit Joseph in Kontakt bleiben und täglich inspirierende Impulse (in englischer Sprache) erhalten:

Facebook.com/JosephPrince
Twitter.com/JosephPrince
Youtube.com/JosephPrinceOnline
Instagram: @JosephPrince

Kostenlose tägliche E-Mail-Andachten

Trage dich unter **JosephPrince.com/meditate** in den Verteiler für Josephs KOSTENLOSE E-Mail-Andachten ein und erhalte kurze Botschaften, die dir helfen, in der Gnade zu wachsen.

Zur Herrschaft bestimmt

Menschen sind zu einem erfüllten und siegreichen Leben berufen. Durch Jesus hat Gott alles dafür vollbracht. Joseph Prince zeigt, wie wir Krankheiten, finanziellen Notlagen, zerbrochenen Beziehungen und zerstörerischen Gewohnheiten mit Zuversicht und Autorität entgegentreten können.

348 Seiten, gebunden, ISBN 978-3-943597-70-7
Auch als E-Book erhältlich.

Zur Herrschaft bestimmt Hörbuch

Gelesen von Philipp Schepmann
600 Min. – ungekürzte Lesung

1 MP3-CD: ISBN 978-3-943597-73-8
8 Audio-CDs: ISBN 978-3-943597-72-1
Auch als Download erhältlich.

Lass los und lebe

Finde heraus, dass du nicht dazu geschaffen bist, besorgt und gestresst zu leben. Vielmehr beruft dich Gott dazu, ein Leben der Ruhe zu führen. Erfahre, wie du von Stress frei wirst und Gottes Gnade in den sorgenfreien Bereichen deines Lebens unvermindert fließen sehen kannst.

347 Seiten, gebunden, ISBN 978-3-95933-070-1
Auch als E-Book erhältlich.

Lass los und lebe
Hörbuch

Gelesen von Philipp Schepmann
567 Min. – ungekürzte Lesung

1 MP3-CD: ISBN 978-3-95933-072-5
8 Audio-CDs: ISBN 978-3-95933-73-2
Auch als Download erhältlich.

Die Kraft des richtigen Glaubens

Was du glaubst, hat Macht! Wenn du ändern kannst, was du glaubst, kannst du dein Leben verändern; du kannst frei werden von Ängsten, Schuldgefühlen und Abhängigkeiten. Darum ist es so wichtig, das Richtige zu glauben. Pastor und Bestsellerautor Joseph Prince stellt sieben täglich anwendbare biblische Prinzipien vor, die dir zum Sieg verhelfen.

393 Seiten, gebunden, ISBN 978-3-943597-80-6
Auch als E-Book erhältlich.

Die Kraft des richtigen Glaubens
Hörbuch

Gelesen von Philipp Schepmann
626 Min. – ungekürzte Lesung

1 MP3-CD: ISBN 978-3-95933-092-3
8 Audio-CDs: ISBN 978-3-95933-093-0
Auch als Download erhältlich.

Das Gebet des Schutzes

Wir leben in Zeiten, in denen wir jederzeit Opfer eines Terroranschlags werden könnten. Die Unsicherheit ist groß. Doch in Psalm 91 hat Gott uns ein kraftvolles Gebet geschenkt, mit dem wir uns bewusst unter seinen Schutz stellen können. In diesem Buch wird uns der Psalm erläutert und wir lesen davon, wie andere Christen Gottes Schutz erlebt haben.

246 Seiten, gebunden, ISBN 978-3-95933-040-4
Auch als E-Book erhältlich.

Das Gebet des Schutzes Hörbuch

Gelesen von Philipp Schepmann
327 Min. – ungekürzte Lesung

1 MP3-CD: ISBN 978-3-95933-042-8
5 Audio-CDs: ISBN 978-3-95933-043-5
Auch als Download erhältlich.

Gesund und heil durch das Abendmahl

Falsche Vorstellungen über das Abendmahl haben viele Christen eines von Gott festgelegten Kanals der Heilung und Gesundheit beraubt. Das Herrenmahl sollte keine Angst machen, sondern Segen spenden! Dieses Buch erklärt, welche Bedeutung die Elemente des Abendmahls wirklich haben: das Blut Jesu zur Vergebung der Sünden, sein Leib für unsere Heilung.

89 Seiten, Taschenbuch, ISBN 978-3-943597-85-1
Auch als E-Book erhältlich.

Gesund und heil durch das Abendmahl – Hörbuch

Gelesen von Philipp Schepmann
83 Min. – ungekürzte Lesung

1 MP3-CDs: ISBN 978-3-943597-89-9
2 Audio-CDs: ISBN 978-3-943597-93-6
Auch als Download erhältlich.

Weitere Bücher von Pastor Joseph Prince:

Verankert
Schluss mit negativen Gedanken
Gedanken für ein Leben des Loslassens
Das Gebet des Schutzes – Andachten
Die Revolution der Gnade
Herrliche Gnade
Herrsche im Leben
100 Tage in der Kraft des richtigen Glaubens
100 Tage der Gunst
Heilungszusagen
Versorgungszusagen
Ein lebenswertes Leben
Die Benjamin-Generation
Dein Wunder liegt in deinem Mund
Zur richtigen Zeit am richtigen Ort
Geistliche Kampfführung